L'HOMME A LA DÉCOUVERTE DE SON AME

C. G. Jung

L'homme à la découverte de son âme

Structure et fonctionnement de l'inconscient

Préfaces et adaptation par le
Dr Roland Cahen

Nouvelle édition
(entièrement revue et augmentée)

LE GRAND LIVRE DU MOIS

ISBN 2-7028-1898-6

AVANT-PROPOS

Les « psy » en question

Qu'en l'an du Seigneur 1987, alors qu'un livre qui connaît le succès retient l'attention, dans le flot des écrits et des médias, au maximum, si tout va bien, durant une période de quelques mois, que *L'Homme à la découverte de son âme* depuis 1943 n'ait cessé de devoir être réédité, et qu'il ait eu les honneurs, par-delà son édition normale, de toutes sortes d'éditions, des éditions de poche aux éditions de luxe, et même aux éditions pirates, et tout cela, au fond, de bouche à oreille et pratiquement sans publicité, montre bien que cet ouvrage est un document essentiel et qu'il constitue un evénement : la découverte, par chaque lecteur, de lui-même, l'ouverture pour chaque lecteur sur ce qu'il y a en lui de plus intime, de plus secret, de plus précieux aussi.

Quarante ans de vie ininterrompue, voilà de nos jours, dans le monde des livres, un record que peu d'ouvrages contemporains peuvent, je crois, disputer à cette œuvre de Jung, que j'ai composée et traduite durant les années de guerre, « *alors que le verbe était au seul explosif* » ; cela était vraiment, comme je l'écrivais en 1943, « *un acte de foi dans la vie, dans l'homme* », et dans ses prodigieuses capacités de trouver, d'inventer des contre-poisons à ses propres nuisances.

En 1943, par ce livre, j'exprimais l'espoir, obscur mais tenace, dont était porteuse la psychologie des profondeurs. Dans les années 1960 (Préface à la sixième édition), je relevais le désarroi où l'homme se débattait et se débat. Dans les années 1980, puisque la vie m'a donné la chance du recul, il apparaît que tout reste à faire.

Ce n'est pas parce que *L'Homme à la découverte de son âme* est devenu sujet de dissertations et de commentaires dans les lycées, ce n'est pas parce qu'il y a un millier de praticiens jungiens de par le monde, sans oublier les représentants des autres écoles, que l'on peut se donner pour satisfait. Nous assistons depuis la fin de la guerre à une multiplication des méthodes psycho-corporelles. On en a dénombré, aux U.S.A. en particulier, un grand nombre ! Certaines sont précieuses mais il y a vraiment de quoi s'y perdre.

Cela nous oblige à constater, non sans quelque tristesse certes, mais avec réalisme, qu'après un siècle de psychologie des profondeurs — née dans les années 1880, grâce à Charcot et à la encore aujourd'hui toujours mystérieuse hypnose, puis dès la fin du siècle, avec la psychanalyse de Freud, la volonté de puissance d'Adler, l'épopée archétypique de Jung —, cela nous oblige à constater que le bilan d'ensemble, tel qu'il s'offre aujourd'hui à nos yeux, est fortement contrasté, des clartés éblouissantes le disputant à des ombres abyssales[1].

Au crédit des clartés, des guérisons qui, un siècle plus tôt, auraient fait crier au miracle ; nous savons guérir bien des états névrotiques, voire psychotiques, même si nous ne pouvons pas épingler avec précision toutes les articulations qui aident l'ancien malade à sortir de ses labyrinthes et de ses prisons mentales. Or, même si les psychanalyses n'avaient à leur actif qu'une seule guérison, elles seraient pour les hommes d'aujourd'hui et de demain un prodigieux défi, un point d'Archimède en raison duquel le monde d'avant l'analyse basculera forcément, peut-être non sans convulsions, en un monde autre, meilleur — nous voulons l'espérer de toutes nos forces —, plus compréhensif, moins violent, plus juste, moins tyrannique, plus tolérant, moins rigide dans ses étroitesses et ses débilités.

Mais dans la période de transition où nous sommes, les ombres sont encore bien lourdes. Quelles sont les plus grossières embûches sur la voie de *L'Homme à la découverte de son âme* ? Force nous est de constater que cette quête, cette découverte empirique de l'âme, cette révélation quasi expérimentale qu'il était un vivant doté d'âme, n'a pas apporté à l'homme, à l'humanité, le bonheur qu'ils pouvaient en espérer. Bien au contraire, avouons que, pour une certaine part, peut-être moins mince qu'on ne le pense, la psychologie des profondeurs a contribué, certes sans le vouloir, mais de façon inévitable, ne serait-ce qu'en minant les certitudes dont s'entouraient les attitudes anciennes, à déstabiliser le monde.

Très vite, les habiles ont reconnu dans notre psychologie moderne une instrumentation conceptuelle et langagière, dont ils se servent à tort et à travers, n'en gardant que les apparences et en dénaturant l'esprit, essentiellement positif et thérapeutique, lui portant ainsi un grave dommage.

[1] René Huyghe, *Formes et Forces*, Paris, Flammarion, 1971.

Dans l'avancée à tâtons dans les obscurités psychologiques, ce qui a tout d'abord surgi, c'est la réalité, le poids de ces travers psychiques que les hommes de l'art résument sous l'appellation de psychopathie. D'où, entre autres, les barrières, les montagnes de résistances qui ont surgi de tous les horizons, aussi bien individuels que sociaux, voire économiques, pour limiter et étouffer cette psychologie qui avait l'impudence de mettre l'homme, sa fragilité et ses structures rationnelles et encore plus ses structures irrationnelles, au centre et au premier plan de tout.

Certes, notre psychologie est encore partiellement au berceau. Elle est loin d'avoir fait son unité en elle-même. Les luttes d'écoles, les zizanies, les exclusives font rage autant, même plus qu'aux premiers jours. Le taire pudiquement ne servirait de rien, bien au contraire, puisque par voie de presse ou de bouche à oreille les échos de ces luttes intestines viennent conforter le public dans son scepticisme face à tant d'irresponsabilité, à tant d'étroitesse et d'obscurantisme.

Ce scepticisme est accru par le fait que notre discipline échappe aux méthodes habituelles et traditionnelles de l'enseignement. Cette inenseignabilité par les voies habituelles nécessite une formation par un contact direct et individuel entre maître et élève, le maître renonçant — autant que faire se peut — à tout savoir préalable et se contentant d'être un catalyseur-accoucheur de l'évolution psychoaffective et de la maturation du sujet.

Cela, bien sûr, a ouvert la porte, dans notre société marchande et de consommation, au mercantilisme, à la médiocrité triomphante dans un no man's land vierge de toute protection légale.

A côté d'un corps de praticiens, médecins et psychologues non médecins, sérieux, solides, admirables même souvent, sont apparus beaucoup d'esprits attirés, fascinés par ces latitudes et ces lassitudes de l'âme, mais insuffisamment préparés ou armés pour ces thérapies pleines de dangers et de chausse-trappes.

A l'évidence, il n'y a pas de praticiens parfaits, chacun ayant ses structures, ses lacunes, ses limites et ses imperfections ; mais trop souvent, il faut bien le constater, ce sont d'anciens analysés, plus ou moins mal guéris, qui se proclament, parfois de leur propre chef, et souvent très prématurément, praticiens dans ces nouvelles disciplines, meneurs de groupes et de publications en tous genres où ils ne peuvent finalement, bien sûr, derrière les vernis et les poudres aux yeux, que propager leurs propres déséquilibres, voire leurs propres délires.

De sorte que ce monde merveilleux mais fragile, sensible et délicat de la psychologie des profondeurs est aussi victime en son sein des faux analystes, des fanatiques, comme l'Église le fut des faux dévots...

Or, une discipline qui échappe en soi à l'enseignabilité traditionnelle et qui n'est exercée, pour une part, que par des êtres en mal d'équilibre, a bien de la peine pour rester à la longue une discipline saine et une thérapeutique valable, à l'abri des charlatans et des illuminés de tous bords. C'est dans ce contexte actuel que la présente réédition de *L'Homme à la découverte de son âme* prend tout son sens, tout son poids, comme un retour aux sources et aux vertus originelles, au milieu de la confusion ambiante.

Dans un monde né du judéo-christianisme, mais dont le mythe, pour beaucoup, n'est plus guère porteur, qui s'est réfugié dans la science, science qui sent l'infini reculer toujours plus loin devant lui, où donc trouver un nouvel ancrage, de nouvelles valeurs, de nouvelles sources de vie sinon au cœur même de l'homme?

Si dans les années 40 «*le verbe était au seul explosif*», dans les années 80, de façon moins éclatante mais plus sournoise et non moins dévastatrice, le verbe ne risque-t-il pas d'être à la seule *banalisation*, au seul étalement des confusions, des idéologies parcellaires, des impudences subjectives et doctrinales?

Personnellement, j'ai toujours été convaincu, depuis qu'à vingt-deux ans j'ai eu la chance de rencontrer Jung, l'homme et son œuvre, que dans les siècles futurs on parlera de Freud et de Jung un peu comme aujourd'hui nous parlons d'Aristote et de Platon. C'est pourquoi il ne faut pas laisser banaliser, polluer les sources essentielles de la vie psychologique de l'homme.

L'œuvre de Jung constitue, à côté et au-delà de l'œuvre de Freud, magistrale certes, mais par trop unilatérale, une des sources majeures de nos connaissances sur le conscient et l'inconscient. Bien des notions révélées par ce livre, telles, par exemple, l'introversion et l'extraversion, les complexes, ont déjà diffusé dans la vie quotidienne et le langage de tous les jours. C'est que Jung nous révèle, au-delà même de son écrit, des noyaux de l'humain qui sommeillent en chacun et qui dès lors nous concernent tous.

Source d'une conscience confortée, élargie, trouvant sa santé dans son élargissement même, cet ouvrage est une des meilleures synthèses de la pensée de l'auteur, à partir duquel le lecteur pourra rayonner, selon ses tendances et ses goûts, dans toutes les grandes avenues dorénavant largement ouvertes.

Ce livre entrouvert, dont il m'a souvent été dit qu'il compte parmi les plus beaux livres écrits de main d'homme, le lecteur m'accordera sûrement, touché par la vraie vérité de la vie profonde qui s'éveille et vit en chacun, que ce dont il s'agit c'est d'être attentif à l'immensité de la vie intérieure, à la complexité de l'affrontement et de l'ajustement du psychisme conscient et du psychisme inconscient ; c'est d'être attentif à la diversité des êtres, à la compréhension qu'ils requièrent *tous*.

Une donnée, heureusement, peut et doit nous aider, une manière de petit ou de grand miracle psychologique : une étincelle de bonté pour lui-même comme pour autrui naît en tout sujet dès qu'il prend un contact véridique, par exemple, grâce à ses rêves, avec son inconscient et qu'il assume en lui-même et autour de lui les ajustements nécessaires pour trouver un peu de paix entre lui et lui-même.

Quant au plan général, à l'heure où notre civilisation se sent et est menacée, susciter toutes les synthèses possibles entre le conscient et l'inconscient, faire la somme des œuvres des pionniers au lieu de les opposer sottement, telle devrait être la force de frappe indispensable à la pacification du monde et des hommes !

A l'aube du XXIe siècle surgit dès lors une double exigence. La redécouverte et la réhabilitation du corps ne doivent pas entraîner une rechute dans la minimisation, voire l'oubli de la psyché. Cela ne pourrait en effet qu'engendrer à nouveau séparation-dissociation de l'être, schizophrénisation de l'individu et de la société. La seconde exigence découle de la première : le besoin, la naissance d'une *éthique* rénovée qui fasse, en particulier, sa place aux valeurs du sentiment, de l'amitié, de l'honnêteté, de l'entraide, permettant l'émergence, dans un cadre relationnel solide, des données de l'irrationnel, des données profondes de l'être et des êtres qui, irrationnelles aujourd'hui, seront demain peut-être partiellement raison[1].

Contribuer à la résolution des conflits — individuellement et collectivement — par l'élévation à la conscience de leurs polarités contraires, voilà l'œuvre doublement civilisatrice à laquelle — par-delà toutes les diversités d'écoles — aspire la psychologie des profondeurs. Car il n'y a pas d'autre voie pour affronter, comprendre, apaiser et résoudre le risque majeur de notre époque, l'agressivité et les agressivités !

[1] Je viens de recevoir, sans doute point un hasard, de Jacques Lacan : *Séminaire sur l'Ethique* publié au Seuil, non sans grands mérites, par J. A. Miller, Paris 1986. Certes oui, tout ou presque tout, en tout cas l'essentiel de ce qui est de l'ordre de la communication, passe par le langage et les multiples discours !

Je souhaite à chaque lecteur de trouver dans la méditation de cet ouvrage son diapason personnel. Car, c'est en cela que notre psychologie aidera, dans la dérive actuelle, par un véritable ressourcement, à un renouveau de la civilisation et c'est en cela aussi qu'elle sera mère de liberté et de tout ce qui ne peut naître que d'elle : compréhension, responsabilité, positivité, harmonie, bonheur, amour. Ce livre fut le cri de paix du jeune chercheur que je fus. Il reste un appel pathétique à la paix, peut-être la seule possible, celle qui naît de l'homme intérieur.

DOCTEUR ROLAND CAHEN
Paris, décembre 1986.

PRÉFACE A LA PREMIÈRE ÉDITION

Quand un discours naturel peint une passion, ou un effet, on trouve dans soi-même la vérité de ce qu'on entend, laquelle on ne savait pas qu'elle y fût, en sorte qu'on est porté à aimer celui qui nous le fait sentir; *car il ne nous fait pas montre de son bien, mais du nôtre*; et ainsi ce bienfait nous le rend aimable: outre que cette communauté d'intelligence que nous avons avec lui incline nécessairement le cœur à aimer.

PASCAL (*Pensées*, IX, 27)

La parole aujourd'hui appartient à ce qui n'a pas encore parlé.

ANDRÉ GIDE *(Journal)*

Une démonstration de véracité.

J. de LACRETELLE
(Conférence de Montpellier, 1940)

Faire paraître un livre dans une Europe en ruines – alors que le verbe est au seul explosif – est un acte de foi. Et lorsque ce livre est un livre de psychologie, c'est un acte de foi en l'homme et une expression de cet espoir tenace que l'homme conduisant l'homme parviendra à le mener à un emploi plus humain de ses forces!

Le psychologue, sans doute, est bien le dernier à s'illusionner sur les limites de son savoir, sur la fragilité de son art, sur la ténuité de ses moyens d'action. Il n'en reste pas moins vrai que *la science psychologique moderne doit signaler des résultats* qui retiendront, qui forceront même l'attention de l'être contemporain, marqué au coin d'un profond et radical désarroi.

* * *

Nous ne voulons pas dans cette préface rapporter l'essentiel de la psychologie de C. G. Jung. Les travaux réunis ici en exposent les bases et les textes parleront d'eux-mêmes. L'édifice élevé sur ces bases fera l'objet de volumes ultérieurs. Dans un domaine où l'expérience vécue est tout, on ne saurait trop prendre garde aux défloraisons précipitées et aux rationalisations improductives. Un lecteur insuffisamment averti de sa psychologie propre, de ses données spécifiques, pourrait en être facilement victime. Nous désirons seulement exposer les motifs qui ont présidé au projet et à l'exécution de cet ouvrage et guider le lecteur vers sa compréhension.

A l'origine de cet ouvrage et de l'ambition de présenter cette traduction au public français figure un étonnement. Nous nous sommes étonné de ce que l'œuvre de C. G. Jung, qui jouit dans les pays de langue anglaise et de langue allemande d'une renommée grandissante, soit si peu connue en France, où, même lorsqu'elle est connue, elle est rarement comprise et appréciée comme elle le mérite. Or, à l'étude, l'œuvre du maître de Zurich nous est apparue d'un captivant intérêt, qui rendait l'ignorance dont elle est entourée en France surprenante et symptomatique. Fallait-il en imputer la cause à C. G. Jung lui-même, à l'état d'esprit du public français ou à l'esprit français tout court? Fallait-il accuser quelque antinomie ou quelque incompatibilité foncière? Yves Le Lay a depuis, dans un remarquable travail sur la *Psychologie de l'inconscient et l'esprit français* [1], donné réponse à ces interrogations et montré combien la mentalité française, avec ses qualités et ses défauts, était peu préparée à accueillir de façon fructueuse les messages de la psychologie des profondeurs en général et ceux de la psychologie analytique de C. G. Jung en particulier. C. G. Jung, auquel le silence fait dans notre pays autour de son œuvre n'a pas échappé, a bien voulu nous dire à quelles causes cela lui paraissait dû. A son sens, les Français sont, dans les choses de l'esprit, peu ouverts au point de vue empirique et aux exigences de la phénoménologie. Ils sont soit dans le giron de l'Eglise, qui donne réponse aux questions qui lui semblent licites et entrave les autres, soit sortis de l'Eglise et ils tentent alors, du dehors, de lui livrer assaut. Mais, dans un cas comme dans l'autre, l'Eglise occupe une place d'honneur pour l'esprit français qui s'essouffle et s'épuise à se demander si la vérité de l'Eglise est vraie ou ne l'est pas. Cette préoccupation centrale laisse peu de place, peu de fraîche réceptivité en faveur de données nouvelles qui viendraient bouleverser le débat traditionnel. Car, si la perception des faits psychiques se heurte toujours à des difficultés spéciales, celles-ci sont multipliées dans un pays où l'Eglise et la philosophie du moyen âge ont modelé les esprits de façon indélébile. Des faits nouveaux y ont toujours un relent diabolique, même pour un être qui se croit affranchi des croyances de ses pères, mais dans lesquelles ses racines plongent à son insu et dont il est tout imprégné. D'ailleurs, être sorti du giron de l'Eglise, ne plus lui être attaché que de façon négative, revient souvent à rompre le

[1] En français dans une œuvre publiée en hommage à Jung à l'occasion de son 60e anniversaire: *Die Kulturelle Bedeutung der Komplexen Psychologie*, Julius Springer, Berlin, 1935.

contact avec son inconscient, ce qui entraîne une perte énorme de substance psychique et rend aussi peu réceptif pour les faits de l'âme que l'envoûtement exclusif exercé par le dogme. Ainsi, d'une façon comme de l'autre, le Français est peu prédisposé à accepter une révision de postulats qui se sont enracinés en lui depuis bientôt deux mille ans et qui forment une partie de sa substance actuelle. Or, il faut s'avouer que de la psychologie analytique se dégagent spontanément des enseignements qui tendent à nous faire approfondir et reconsidérer les fondements mêmes de notre être. Mais ceci est déjà une autre histoire... Il est certain que, bien que la psychologie soit respectueuse des vérités théologiques ou métaphysiques qui ne sont pas de son ressort, la théologie elle-même – c'est la conviction de Jung – doit prendre l'initiative, si elle veut éviter le raidissement et la pétrification, de *tenir compte des faits psychologiques nouveaux*.

Outre ces raisons générales, nous avons pensé à des motifs plus terre à terre qui expliquent aussi pour leur part l'indifférence de la pensée française à l'égard d'une œuvre contemporaine éminente. Nous nous sommes demandé si l'œuvre de C. G. Jung n'avait pas été mal présentée au public français et si cette présentation n'était pas en partie à l'origine de notre malentendu d'indifférence.

C. G. Jung, citoyen de Bâle, est né en 1875. Après de brillantes études de médecine dans sa ville natale et à l'étranger, en particulier à Paris où il fut élève de Pierre Janet, C. G. Jung, chargé de cours à l'Université de Zurich, initiait avec son maître, le professeur Bleuler, les étudiants à la clinique psychiatrique et voyait s'ouvrir devant lui l'avenir professoral. Il y renonça cependant, pour pouvoir se consacrer uniquement à sa clientèle toujours croissante de psychothérapeute et d'analyste et pour pouvoir s'adonner en toute indépendance à ses travaux personnels psychologiques, mythologiques, linguistiques, etc., qui l'incitèrent aussi à entreprendre de 1924 à 1926 des voyages d'études en Afrique et en Amérique, au cours desquels il observa les psychologies primitives. Il fut, par la suite, amené à accepter à nouveau des chaires professorales, créées pour une bonne part en sa faveur, à l'Ecole polytechnique de Zurich, puis à la Faculté de médecine de l'Université de Bâle, où il enseigne actuellement la psychologie médicale.

C. G. Jung a rapporté ses recherches et ses travaux en de nombreux ouvrages et communications. (On a compté exactement cent douze publications jusqu'en 1935, auxquelles sont venues s'ajouter un nombre respectable d'autres, et non des moindres.) C'est dire que notre auteur est un esprit d'une rare fécondité et d'un universalisme rarement atteint. Il faut cependant, pour bien le comprendre, le situer dans son cadre suisse. La Suisse, en effet, est un centre où viennent se mêler, en un alliage spécifique, les courants de la latinité et ceux du germanisme. Les tensions spirituelles y sont grandes, mais la présence de forces discordantes et les corrections réciproques qu'elles exercent y font apprécier les bienfaits d'un équilibre jalousement recherché. L'œuvre de Jung est tout imprégnée de cette *recherche de l'équilibre* et son génie demeure inséparable de sa patrie suisse. Est-ce un de ces hasards de la vie auxquels souvent nous ne sommes pas étrangers, Jung, jeune médecin, fut surtout attiré par les pays anglo-saxons où il fut rapidement apprécié, alors que ses travaux, au début, tant dans son pays que surtout dans les pays latins, n'éveillaient pas un très grand intérêt.

Le défaut dans la présentation de l'œuvre de Jung au public français réside à nos yeux dans le choix des œuvres traduites jusqu'ici. Chaque traducteur éventuel s'intéresse, selon son inclination personnelle, à l'aspect de l'œuvre du maître qui lui paraît le plus attachant. Il en résulte – C. G. Jung dans son libéralisme accordant volontiers carte blanche à ses collaborateurs – que c'est tantôt tel aspect et tantôt tel autre qui se trouve mis en avant. Cette façon de procéder ne pouvait manquer d'avoir les conséquences fâcheuses déjà signalées plus haut: C. G. Jung n'a pas été compris en France.

La pensée de Jung, en effet, depuis ses premiers écrits jusqu'à ses plus récentes publications, suit un développement organique, une courbe harmonieuse; elle exige, pour être appréciée, d'être considérée, sinon dans son ensemble, du moins dans l'ordre progressif de son élaboration. Présenter la pensée de Jung sans tenir compte de son devenir, c'est en barricader l'accès, en interdire la compréhension, en amoindrir singulièrement le message et la force persuasive. Jung, en effet, est un empiriste, et il ne faut jamais perdre de vue que derrière le sage du lac de Zurich se profile toujours le jeune médecin, avide d'expérimentation. A montrer l'arbre sans ses racines, le fruit sans l'arbre, on éveille à son égard une singulière méfiance. Une pensée originale qui aboutit à des résultats inattendus doit, si elle ne veut pas dérouter, témoigner de sa genèse et de son cheminement, de ses matériaux et de ses outils. C'est sans doute parce qu'il n'en a pas été assez tenu compte que Jung, dans la mesure où il est connu en France, passe facilement pour un philosophe abscons et spéculatif, alors que le souci expérimental ne l'a jamais quitté. Car Jung expérimente journellement sur lui-même et sur ses patients les retentissements psychiques et psycho-physiologiques de ses conceptions [1]. Singulier laboratoire, et singuliers objets d'expérience, en vérité, que ces natures compliquées et délicates qui viennent journellement demander au médecin son aide pour dénouer leurs contradictions intérieures.

Jung n'est ni un philosophe spéculatif ni un philosophe dogmatique, comme on l'entend prétendre à l'occasion. Certes, ses travaux comportent une philosophie – toute science d'ailleurs n'aboutit-elle pas à la philosophie ? — mais nous nous plaisons à voir en lui un homme de science devenu philosophe comme à contrecœur et seulement sous la pression de ses observations ; dans sa prudence, il ne va d'ailleurs jamais plus loin que ne l'y poussent ses expériences de l'âme, que l'âme se manifeste à lui à travers les troubles de ses malades, à travers les extériorisations des siècles passés ou des civilisations lointaines. *Jung a un pieux respect du phénomène* et s'il est, de psychologue, par l'ampleur et la profondeur de ses vues, devenu, un peu malgré lui, philosophe, c'est que son génie a implicitement élaboré en une conception de l'âme, de l'être et de la vie une multitude de faits scientifiques, scrupuleusement observés, qui demeuraient imperceptibles à d'autres ou qui ne constituaient à leurs yeux qu'un labyrinthe désordonné.

* * *

[1] Le terme de « patient » demande dans ce livre à être compris dans son acception la plus large. Le mot de « client », s'il ne s'était par trop éloigné de son sens étymologique pour ne plus guère éveiller que des associations d'ordre commercial, ou le terme de « consultant », s'il n'était employé dans un sens différent, seraient infiniment préférables; car le « patient » peut être tantôt un malade souffrant d'une névrose ou des prodromes d'une psychose, tantôt un être bien portant, qui, bien qu'il se meuve dans les latitudes du normal, est attiré par la psychologie, travaillé par les problèmes latents de l'homme, contemporains ou universels, en bref un être bien portant qui est curieux de l'humain, et qui pressent, à juste titre, les espoirs qu'il y a lieu de placer dans une connaissance raisonnée et approfondie de soi-même et d'autrui.

De ces considérations se dégage le *but de notre ouvrage*. Jung, jeune médecin, est devenu chercheur par nécessité thérapeutique. Curieux des choses de l'âme, il découvrit les complexes psychologiques, puis, avec Freud d'abord, se mit à l'étude des rêves. Penseur fécond autant que thérapeute-né, il s'efforça de réunir en une image cohérente les faits multiples, conquêtes de la psychologie des profondeurs en lutte avec les débordements et les incohérences névrotiques.

Il nous a semblé que pour assurer, également dans les pays de langue française, aux conceptions de C. G. Jung le salutaire et fructueux rayonnement qu'elles méritent, le meilleur moyen était de commencer par en exposer l'*empirisme et les fondements*. Nous avons choisi avec l'auteur un groupe de travaux formant un ensemble organique et exposant la base psychologique sur laquelle il a édifié sa psychothérapie et sa vision de l'humain. Cet ouvrage est consacré aux éléments psychologiques qui sont les piliers de sa pensée et qu'il a utilisés, comme on fait d'instruments, pour pénétrer l'âme humaine: *les complexes et les rêves*. Ce sont eux, en effet, qui, constituant son instrumentation psychologique, ont permis à Jung « cette expérience immédiate de l'homme » sur laquelle repose toute sa psychologie. Nous avons cru que c'est en se familiarisant lui-même avec ces instruments que le lecteur pourra le plus facilement et le plus spontanément faire siennes quelques-unes des pensées majeures du maître. Le lecteur nous en voudra sans doute d'employer l'expression barbare d'« instrumentation psychologique » en l'appliquant à des données pures et simples de la vie psychique, qui constituent aussi peu des instruments que ne le feraient des plantes, par exemple. Si nous avons maintenu l'expression litigieuse, c'est que Jung a su faire de ces données de la conscience, sans rien leur enlever de leur nature spontanée, des moyens d'investigation et de recherche qui lui permirent d'édifier sa psychologie analytique.

Ce but immédiat en implique un plus vaste, celui d'aider l'âme humaine, d'aider l'âme française, à se retrouver elle-même dans le désarroi d'une catastrophe sans précédent. Lorsque toutes les réalités croulent, les réalités intérieures demeurent, et leur juste appréciation peut aider et, peut-être dans une certaine mesure, peut seule aider à réédifier un monde en ruine. Au sein des bouleversements militaires et politiques l'homme demeure, éternellement semblable à lui-même et confronté avec ses erreurs. La lutte fratricide qui déchire l'humanité en deux camps ennemis ne serait-elle, du point de vue de l'esprit, que l'expression dévastatrice d'un combien grave malentendu psychologique ? Si cette façon de voir, volontairement simpliste, présente, dans son approximation, quelque conformité avec la réalité des choses, elle est susceptible de nous révéler la vanité d'un débat purement militaire. Lorsque la balance des forces, quittant son sanglant et cruel équilibre, se sera inclinée, une tâche essentielle ne restera-t-elle pas à accomplir, à savoir élaborer la synthèse viable de certains principes essentiels et contradictoires ? Cette synthèse est-elle édifiable sans une connaissance approfondie des forces agissantes en l'homme, forces civilisatrices et forces désordonnées, forces spirituelles et forces bestiales, forces d'amour et forces de haine ? S'il est vrai, comme le prétend Jung – et comment ne pas partager son point de vue ? – que l'humanité est ce que sont les hommes, l'ouvrage que nous présentons aujourd'hui au lecteur français est une pierre apportée à l'édifice de l'après-guerre. Que chacun – voici l'essentiel de l'enseignement du maître zurichois – que chacun réalise en soi la synthèse complexe, irrationnelle et spécifique de ses incompatibilités, et l'humanité de demain sera sans coup férir une humanité autre, une humanité où, chacun vivant mieux, *il fera pour tous meilleur vivre*.

Ce message justifie-t-il qu'on lui consacre, en ces temps de pénurie de papier, un gros volume ? Nous ne le croirions pas s'il s'arrêtait à ce que nous venons d'en dire. Car il se rangerait, sans même l'avantage d'une originalité profonde, au côté des innombrables messages bien intentionnés que l'humanité, au cours de son devenir bouleversé et douloureux, a enregistrés sans grand profit. Jung, philosophe, doit toute son originalité et toute son audience au Jung médecin et praticien – dans la mesure où il est loisible à la critique de compartimenter de la sorte une personnalité, qui est essentiellement faite de cohésion intérieure et d'équilibre. Le message de Jung, en soi, ne serait rien ou pas grand-chose si le savant psychologue n'avait au préalable, par ses travaux, ouvert des possibilités à sa réalisation. Les faisceaux de lumière qu'il a projetés, les voies qu'il a tracées dans le maquis psychique, l'étude de sa structure et de son ordonnance qui devint l'œuvre de sa vie, voilà ce qui assure une résonance profonde aux leçons de sa sagesse, dont le message sans cela demeurerait, comme bien d'autres, lettre morte.

* * *

A qui s'adresse cet ouvrage ? A une époque qui passera peut-être plus tard pour le début de l'ère psychologique, rares sont ceux auxquels il n'a rien à apporter. Car il traite de choses qui ont occupé l'homme de toute éternité. Si sa compréhension exige un certain effort de la part du lecteur, il n'est, ni dans son fond ni dans sa forme, inabordable à personne. Voulant initier le lecteur à la psychologie moderne et à celle de Jung en particulier, qui en constitue actuellement, dans une large acception, l'extrême pointe, il se tourne naturellement vers le grand public, vers les esprits non encore déformés par des théories particularistes, curieux des choses de l'âme et des problèmes humains. C'est eux qu'il désire prendre pour juges ! Commençant par le commencement et s'attachant aux méthodes, non à la doctrine de Jung – renverser cet ordre reviendrait à mettre la charrue devant les bœufs et à placer le lecteur dans une situation sans espoir – il ne réclame aucun savoir technique préalable.

Il s'adresse à l'être humain en toute généralité. Car, si les travaux qu'il contient traitent de questions psychologiques, toute l'œuvre de Jung demeure centrée – le lecteur s'en apercevra vite – sur le souci de la guérison de l'âme. Or, la misère psychique est sans doute la pire de toutes les misères. Elle commande à un grand nombre d'autres, et toutes les autres, en général, ne tardent pas à s'exprimer par son truchement. Si, dans la fatalité universelle que nous traversons, nous assistons à une recrudescence des problèmes individuels qui donne à cet ouvrage une partie de sa raison d'être, voire son urgence, il n'en demeure pas moins que la misère psychique – Jung y fait clairement allusion, quoique nous ayons ici délibérément laissé de côté tous les problèmes relevant directement de la psychothérapie [1] – est un mal que l'on peut en partie combattre avec les moyens du bord, avec des moyens que chacun porte en soi et qui y demeureront jusqu'à la consommation des siècles.

Par-delà toute thérapie d'ailleurs, il peut être intéressant pour l'individu, seul en face de lui-même, au milieu d'une ambiance qui, avec ses soubresauts, bouleverse sa conscience, d'essayer de voir quels remous en résultent pour lui, de se demander quelle

[1] Voir à ce propos C. G. Jung : *La Guérison psychologique*, Georg, Genève, et Buchet-Chastel, Paris, 1953, 2e édition, 1970 et Dr Roland Cahen : *La Psychothérapie de C. G. Jung* (dans les volumes de psychiatrie de l'Encyclopédie médico-chirurgicale, Paris, 1955, parus sous la direction du Dr Henry Ey).

est sa réaction, vraie et durable, en face de la momentanéité de l'actuel. Peut-être ce livre permettra-t-il à certains de voir plus clair et plus profond en eux-mêmes. « Les plus belles vérités du monde ne servent de rien tant que leur teneur n'est pas devenue pour chacun une expérience intérieure originale [1]. » C'est une grande tâche que *de travailler au perfectionnement mental et spirituel de l'être*. Jung s'y est attaché par les moyens d'un minutieux et patient empirisme. Mais l'efficacité de son œuvre reste dépendante de la réceptivité de chacun.

La voie entrouverte par ce livre n'est pas facile, certes. Mais, facile ou non, il est des cas où l'individu, et avec lui l'humanité tout entière, n'a pas le choix de la voie à suivre. Le « connais-toi toi-même » cher à Socrate s'est ici, grâce à de longs détours scientifiques et médicaux, ouvert une brèche; dès lors, il ne se peut que les énergies humaines ne s'y engouffrent point. Car c'est seulement à ce prix qu'il sera possible à l'homme moderne d'apporter, en marge des perfectionnements scientifiques et matériels, un peu de paix dans son cœur, un peu de santé dans son être, un peu de stabilité et de vraie bienveillance dans ses rapports humains. Avouons-le, il peut être plus important d'apprendre à réparer « l'abominable » que de ne l'avoir point commis [2] !

La lecture de ce livre ne portera pour le lecteur tous ses fruits que si elle est accompagnée – et le lecteur intéressé ne manquera pas de lui-même de se reporter à ses expériences et rêves personnels – d'une transposition dans la sphère individuelle des problèmes généraux exposés et débattus ici. De ce fait, ce livre achemine vers l'analyse psychologique. Celle-ci sera tout d'abord observation introspective et examen de conscience, qui demanderont, dans tous les cas nécessaires, à être suivis d'une analyse psychologique et médicale proprement dite [3]. Mais que l'on nous comprenne

[1] C. G. Jung: *Problèmes de l'âme moderne*. Traduction de Yves Le Lay. Editions Buchet-Chastel, 2e édition, 1961.

[2] Nous effleurons ici le problème de la culpabilité, sur le plan de l'individu et des nations. Nous ne pouvons nous y attarder, quelque capital qu'il soit, avec son corollaire : l'indispensable et difficile déculpabilisation (1966).

[3] Ces cas nécessaires seront fréquents dès que les connaissances psychologiques se seront répandues. Car l'homme a besoin d'un soutien pour aborder avec profit ses fonctions psychologiques inférieures. Comment avoir, en effet, de la compréhension, de la sympathie, des sens ouverts et déliés à l'égard de ce que l'on pressent, au fond de soi, aux antipodes de soi-même, ou à l'égard

bien. *L'analyse est une source de mieux-être*, c'est quelquefois un plaisir fait de surprises et de révélations, mais c'est souvent une amère potion et toujours, au moins à ses débuts, une somme de jugements de soi-même, par soi-même, que l'on amoncelle sur sa tête. Par certains côtés, extérieurs d'ailleurs, mais qu'il faut tout de même mentionner, l'analyse est comme une amitié où l'un ouvrirait son cœur, le partenaire répondant, entre autres, par l'acceptation indispensable des honoraires de consultations [1] !

Faire intervenir dans la sphère de l'esprit le critère de la vie, de la vie saine, constitue sans doute une des tendances de l'esprit du temps. Elle n'a trouvé en personne une incarnation plus vivante, plus entraînante et convaincante qu'en C. G. Jung. L'expérience intime de ce critère de la vie saine demande à être faite. C'est le passage, grâce aux seules ressources de l'esprit et des facteurs psychiques, d'un état de malaise, de névrose, à l'état d'équilibre intérieur et de santé qui est le plus capable de convaincre de sa validité. Cette expérience, du même coup, confère à l'être qui en est le théâtre, avec une confiance nouvelle, l'énergie et l'assurance nécessaires pour conduire sa barque d'une main ferme et pour la ramener, lorsqu'il y a lieu, dans son droit chemin, non en vertu d'un impératif plus ou moins catégorique et extérieur à l'homme, mais pour se mettre en conformité avec les constantes qui existent en lui. Il faut sans doute avoir éprouvé en soi-même leur efficacité pour parvenir à s'avouer, dans les dilemmes de l'existence, qu'il y a peut-être eu fausse route, ou pour accepter, en face du réel de la vie, le réel de ses manquements personnels, de ses incuries, de ses faiblesses, de ses faux jugements, de ses insuffisances innées, etc. (La liste n'est point close!) L'expérience vivante des lois éternelles qui agissent en nous livre un des rares critères qui, au milieu de l'enchevêtrement des relations humaines, trop humaines – pensons aux difficultés et aux complications de la vie à deux [2] –

d'une phénoménologie psychique qui prend souvent de court les spécialistes les mieux avertis ? Voir à ce propos Dr Roland Cahen : « La Loi de l'Aveuglement Spécifique », dans *Vocation et affectivité*, Cahiers Laënnec, n° 4, Paris, 1950 et *Revue de l'évolution psychiatrique*, n° 4, 1969.

[1] Ceci évoque la relation réciproque malade-médecin, c'est-à-dire l'inter-relation fonctionnelle de deux individus, avec le champ de tensions qu'elle entraîne et les phénomènes de « transfert » et de « contre-transfert » qu'elle comporte (voir pages 239-240).

[2] La question du mariage, relation psychologique, est traitée par Jung dans les *Problèmes de l'âme moderne*, ouvrage cité.

demeure incorruptible, indiquant toujours la direction de la vie.

Utilitarisme? Oui, sans doute; mais un utilitarisme qui n'est ni platement matérialiste, ni étroitement asservi à telle ou telle faction de nous-mêmes ou du monde, un utilitarisme dans le sens où la vie est elle-même utilitaire, sublime ou immonde, selon celui qui la vit.

Si cet ouvrage s'adresse à l'homme en général, dont le renouvellement peut seul créer celui des nations, il s'adresse plus particulièrement à tous ceux qu'il est susceptible d'aider, aux êtres nerveux, douloureux, angoissés. Il est facile de déplorer les abus et les errements d'une psychologie encore vagissante, et de préférer l'abandon pur et simple des malades au désagrément de voir des valeurs esthétiques maladroitement bousculées au cours des premiers pas d'une science nouvelle [1]. Mais la facilité, ici comme ailleurs, est mauvaise conseillère. Prôner l'abandon des malades à leur pénible sort constitue, d'un point de vue médical ou simplement humain, *une «faute de l'art» révoltante* et laisse une tache indélébile sur le blason esthétique et moral qu'il s'agissait justement de préserver. L'humanité dans son développement a, tout aussi peu que l'individu dans le sien, la possibilité de l'arrêt ou du retour en arrière. La psychologie n'échappe pas à cet entraînement irréversible. C'est pourquoi les regrets relatifs à son accouchement pénible et un rien monstrueux sont vains et stériles. Nous pensons qu'une psychologie tant soit peu arrivée à maturité sera bien la dernière des disciplines à rogner quoi que ce soit aux vraies valeurs de la vraie beauté, et que leur exaltation, au contraire, sera une de ses tâches. Il est donc aujourd'hui singulièrement improductif de chercher à s'enfermer dans une inconscience artificielle. Les auteurs qui y inclinent, qui, au lieu de porter leurs regards vers les vastes panoramas de la vie intérieure, s'accrochent à un passé et à des conceptions révolus se heurtent bientôt à l'inéluctable conséquence d'une pareille attitude. L'arrêt dans la vie et dans le développement psychique de l'individu est synonyme de névrose et les auteurs réticents se heurtent les premiers à l'angoisse, à une angoisse si pénétrante qu'ils en viennent à la ressentir comme un des fondements de la conception des choses. Cependant, s'il est

[1] C'est ce qu'a fait, entre autres, M. Béguin dans son ouvrage *L'Ame romantique et le rêve* (page XVII) – d'ailleurs en beaucoup de points si remarquable – au sujet de la psychanalyse.

loisible de voir dans la peur, dans la crainte, un des éléments simples et premiers de notre vie psychique, il n'y a pas de doute que l'angoisse de l'homme moderne, si complexe et si variable, n'a pas les caractères de l'élément simple que l'on prétend y voir, et qu'elle n'offre aucune base solide à un édifice de connaissance. Et puis, les auteurs qui, dans leurs résignation, font si bon marché de l'angoisse, c'est-à-dire d'un des aspects principaux de la névrose, n'en ont sans doute pas fait par eux-mêmes de trop pénibles expériences; ils n'ont probablement pas davantage constaté les ravages qu'elle peut entraîner dans la société et qui aiguillonnent le médecin dans la recherche de l'aide à apporter. L'expérience psychologique et médicale a d'ailleurs abondamment prouvé que *cette angoisse, prétendue foncière, est parfaitement curable* et qu'elle peut céder la place aux plus beaux épanouissements de la vie saine. Si j'ai cité et attaqué l'opinion fataliste ci-dessus, c'est qu'elle est révélatrice d'une certaine tournure d'esprit, d'un certain esthétisme superficiel assez répandu chez nous et auquel on peut opposer l'idée que l'homme doit être lui-même, afin qu'il soit mieux le serviteur de tous.

Cet ouvrage n'a pas seulement de l'intérêt pour la vie intérieure de chacun; il s'adresse aussi et plus particulièrement au *psychologue*.

Pour bien comprendre Jung, il faut le situer dans les grands courants d'idées philosophiques et dans l'histoire de la pensée occidentale. Tandis que les « rationalistes », avec Platon et Aristote, affirment les droits de l'âme et de la raison, que Descartes, renouvelant le platonisme, crée la doctrine des idées innées qui devient avec Kant l'apriorisme, bref, tandis que les « rationalistes » affirment le principe de l'antériorité de l'âme par rapport à l'expérience, les « empiristes », eux, dès les systèmes épicuriens et stoïciens, nient plus ou moins consciemment l'âme et ses facultés et accordent le primat aux sens. L'empirisme n'a pris d'ailleurs toute son ampleur que depuis la fin du XVIIe siècle où, avec Locke, il s'efforce de réfuter le principe de l'innéisme, son influence allant toujours croissant jusqu'à nos jours, où fleurit « la psychologie sans âme » du matérialisme contemporain.

Il faut, pour rendre justice à Jung, dégager sa colossale stature de cet arrière-plan quasi métaphysique. Car Jung, nous le disions, est un empiriste qui demeure, par tempérament autant que par principe, attaché aux faits comme à la plus grande sauvegarde du penseur. Est-ce à dire que Jung va simplement continuer la lignée empiriste? Précisément non! Et c'est sans doute cela qui lui marquera une place d'honneur dans l'histoire des idées: Jung à force d'empirisme fidèle est devenu «rationaliste» et s'est vu acculer à des conséquences, telle par exemple sa notion des archétypes, qui rapprochent singulièrement sa pensée de l'édifice platonicien. L'élément essentiel du phénomène jungien, c'est ce renversement, coulé dans le bronze des faits, d'un empirisme on ne peut plus éclairé en faveur d'un spiritualisme dont la vérité, dont la nécessité se confirment pour Jung dans les succès de sa psychothérapie quotidienne. Certes, « rationalisme » et «empirisme» n'ont cessé au cours des siècles de collaborer en se critiquant utilement et en se complétant l'un l'autre, mais jamais leur intrication réciproque n'avait engendré une aussi fructueuse synthèse.

Nous pensons que la psychologie moderne et, avec elle, C. G. Jung marqueront dans l'histoire philosophique future un tournant, celui du début d'une «philosophie contrôlée». La spéculation, en effet, y a trouvé en quelque sorte son critère, le critère de sa conformité à la nature humaine. Son banc d'essai devient la psychothérapie, ses succès ou ses échecs. Singulier empirisme, mais qui seul paraît propre, dans la situation qui est celle de l'esprit humain, à obtenir des clartés sur des phénomènes fondamentaux et à conduire à un terme certains débats intarissables!

L'œuvre de Jung contient de grandes forces constructives qui ne l'ont pas mise à l'abri des malentendus. On a fait, par exemple, le reproche à Jung d'être un mystique; quelques-unes des pages de cet ouvrage pourraient sembler le confirmer. Mais une remarque s'impose. La mystique, pour autant qu'elle apparaît dans l'œuvre de Jung, est, si on me passe l'expression, une mystique expérimentale, qui rejoint, certes, par certains côtés, la mystique tout court, mais qui n'en demeure pas moins fondée sur des faits psychiques, non pas facilement démontrables, mais cependant constatables pour tout chercheur sincère, soit sur lui-même, soit sur autrui. Dès lors, puisque cette mystique est en nous et qu'à l'occasion elle a des vertus curatives, pourquoi, puisqu'on ne répugne pas à parler de l'aspirine ou du pyramidon, s'interdire d'y faire allusion?

Le lecteur trouvera dans cet ouvrage des travaux fondamentaux de Jung sur *les complexes* et sur *les rêves*. Les études sérieuses sur ces sujets étant dans la littérature psychologique française d'une extrême rareté, nous avons pensé que ces traductions seraient les bienvenues, d'autant plus qu'il s'agit, nous ne craignons pas de le dire, des textes les plus équilibrés et les plus dignes d'admiration qu'on ait, à notre connaissance, jamais écrits sur ces sujets. Il y avait d'ailleurs une justice à rendre à Jung, certaines de ses conceptions, comme, par exemple, le terme même de complexe, ayant fini par passer dans l'usage courant de notre langue, sans que le lecteur ait la possibilité de remonter aux sources.

Jung a commencé sa carrière de savant dans le domaine de ce qu'il est convenu d'appeler la psychologie de laboratoire. Ses *Etudes diagnostiques sur les associations* [1] en sont la preuve. Nous avons là un des rares travaux qui s'efforcent d'établir un pont entre la psychologie de laboratoire et les nouvelles recherches de psychologie analytique. Elles montrent qu'il y a entre les complexes, dont l'individu est le théâtre, et certaines manifestations contrôlables expérimentalement, mesurables même, des corrélations du plus haut intérêt. Par la méthode des associations Jung a réussi à porter l'expérimentation psychologique, en soi déjà si délicate – en raison de ce que les phénomènes psychiques ont d'insaisissable et de changeant – jusque dans le domaine de l'inconscient. Mais que le lecteur ne soit pas dupe des apparences extérieures de psychochronométrie. L'expérience des associations est assez intéressante en soi pour n'avoir que faire de tout malentendu, de toute prétendue mensuration de faits psychiques intérieurs. Le lecteur en verra plus loin les détails. Signalons simplement que jusqu'à Jung les temps réactionnels prolongés avaient été enregistrés comme des perturbations inattendues de l'expérience et que c'est lui qui découvrit que, précisément, ces perturbations révélaient, de la part de l'inconscient, des interférences qui avaient jusqu'alors défié toute méthode expérimentale. Ce fut là dans la pensée de Jung l'illumination féconde qui devait présider à toute sa carrière ultérieure [2].

Du *rêve*, dont le lecteur est en général mieux averti que des complexes, nous ne dirons rien, les textes de cet ouvrage étant suffisamment éloquents par eux-mêmes. Le lecteur y verra combien le rêve est la cheville ouvrière de toute la pensée et de toute la

[1] *Diagnostische Assoziationstudien*, Barth, Leipzig, 1906.

[2] Voir notre préface à C. G. Jung: *Un mythe moderne*, Gallimard, Paris, 1961.

psychologie de Jung; il y verra avec quelle intelligence, aussi avisée et souple que scrupuleuse, avec quelle honnêteté intellectuelle, qui lui fait retourner sa lampe de recherches par grands éclats sur lui-même, Jung a abordé et élucidé ce sujet délicat entre tous. Ces qualités que Jung a apportées à ses travaux sont les meilleurs garants de sa méthode!

Le lecteur trouvera aussi dans cet ouvrage des éclaircissements fondamentaux *sur l'inconscient*. On a fait à la psychologie moderne et en particulier à Jung le reproche d'édifier une mythologie de l'inconscient. Ce reproche, abstraction faite de sa pointe spirituelle, nous paraît être assez peu intelligent. D'ailleurs, si les rieurs sont dans un camp, les faits psychologiques qui ont conduit à l'inconscient, qui peuvent confirmer sa notion à tout observateur impartial et même à tout observateur partial, nous paraissent être dans l'autre. Nous ne voulons pas rapporter les thèses qui ont été soutenues pour et contre l'inconscient. « Il paraît bien évident que l'on perdra toujours son temps à résoudre par le raisonnement un problème d'existence, qui ne saurait relever que d'arguments de faits. »[1] Et précisément Jung apporte des faits, des faits de taille, qu'il réussit, par son expérience d'associations et le phénomène psychogalvanique, à rattacher à l'expérimentation la plus probante. Comment, lorsqu'on sait à quelles résistances se heurte la notion d'un inconscient psychologique, ne pas citer à nouveau le fameux passage de Leibniz: « Les idées claires et distinctes doivent procéder d'idées obscures et confuses, car rien ne naît de rien et rien ne s'anéantit complètement »? En dépit de quoi la psychologie classique se raccroche désespérément à son logicisme perpétuellement sous-jacent, se refusant à une causalité psychique qui ne soit pas du plan de la conscience et de la connaissance rationnelle. Mais arrêtons-nous encore un instant au problème de l'inconscient. Quand on réfléchit à la configuration anatomique du système nerveux et à son comportement physiologique, on doit bien s'avouer que l'appareil qui sert de base à la vie consciente ne tient qu'une petite place dans l'ensemble de la matière nerveuse et que le conscient par suite ne peut jouer qu'un rôle relativement petit dans l'ensemble des processus nerveux et psychiques. A un instant donné se déroule en chacun, à l'insu de notre étroite conscience, un nombre infini de phénomènes, de phénomènes

[1] E. Baudin, *Cours de psychologie*, 8e édition, De Gigord, Paris, 1937.

psychiques aussi. Comment ne pas s'étonner, la notion d'une inconscience physiologique étant couramment acceptée, que celle d'un inconscient psychologique, qui ne fait que continuer la première, rencontre précisément dans les milieux scientifiques tant de difficultés à être accréditée ? L'homme occidental, c'est un fait, éprouve de grandes résistances à l'égard de l'inconscient; elles reposent sur des motifs d'ordre psychologique qui pour Jung sont les suivants: la conscience est, sans doute, la conquête la plus précieuse de l'homme; il a dû, pour l'affermir, lui consacrer de rudes efforts, que nous devons encore, dans une certaine mesure, renouveler quotidiennement. De là notre aversion contre un inconscient toujours aux aguets et toujours prêt à réengloutir le fruit captivant de nos efforts. Voilà l'atmosphère générale contre laquelle la psychologie analytique a à lutter et contre laquelle l'argument logique est peu efficace, à savoir que c'est encore soutenir la conscience dans sa marche en avant, et l'aider à se dégager de sa matrice inconsciente, que d'appeler un chat un chat et l'inconscient l'inconscient. Où situer, sans un inconscient aussi immense, aussi profond, aussi insondable que l'on voudra, le siège de l'unité fondamentale qui doit en quelque lieu relier le biologique au psychologique, ces deux manifestations essentielles de la vie une ? Il y a là d'infinis mystères qui commencent avec la vie même de la cellule, qui s'enténèbrent encore en s'élevant vers les fonctions supérieures et auxquels il faut bien, à tout le moins, prêter un cadre.

Outre les motifs généraux déjà cités, la force de répulsion qui émane de l'inconscient repose, pour chacun, sur des motifs personnels: chacun, à des degrés divers, possède dans son inconscient ses fonctions inférieures indifférenciées, ses points faibles, ses incompatibilités. Il est humain de préférer s'en détourner et c'est pourquoi la psychologie analytique sait qu'il lui faut compter avec la puissance des tabous modernes. C. G. Jung nous a paru aborder dans ses œuvres ces sujets délicats et « rebutants » avec un tact, un doigté qui aident grandement à en supporter les amertumes. Ce tact n'est pas le fait de tous les auteurs qui ont sondé ces parages dangereux, où se cachent fréquemment des craintes paniques. *La façon dont les choses sont exposées* joue ici, peut-être encore plus que partout ailleurs, un rôle considérable.

Le lecteur n'ignore pas qu'il y a inconscient et inconscient. Il y a l'inconscient selon Freud, « refoulé, actif, bestial, infantile, alogique, sexuel [1] », et il y a l'inconscient selon Jung, dont le lecteur trouvera certaines caractéristiques dans cet ouvrage. Ceci nous amène *aux rapports existant entre Freud et Jung*. Ce sujet est complexe. Jung en parle lui-même, en passant, dans ses travaux réunis ici et il comporte déjà une littérature assez étendue. Disons simplement que ces rapports furent ceux de deux savants dont les voies se croisèrent, demeurèrent un temps parallèles, puis divergèrent à nouveau. Certes, Jung a été durant quelques années l'élève, le collaborateur préféré, le « dauphin », comme on l'appelait alors, de Freud. Si leurs relations par la suite se sont envenimées, Jung n'a jamais manqué de signaler avec une entière loyauté, qui lui fait honneur, ce qu'il devait aux travaux de son grand aîné. Car c'est bien Freud qui, le premier, a révélé une organisation là où, avant lui, on ne voyait que chaos. Mais cela posé, il n'en serait pas moins faux de faire de Jung un esprit dépendant de Freud. Car, si la rencontre de l'œuvre de ce dernier en 1903 fut pour Jung un événement important de sa vie, il n'en demeure pas moins que Jung avait déjà auparavant, par ses *Etudes diagnostiques sur les associations* – qui apportèrent à Freud une base expérimentale qui lui faisait défaut — jeté les fondements de sa propre pensée [2].

L'œuvre de Jung n'est pas une négation, mais une continuation – n'excluant pas les coudes brusques – de l'œuvre de ses prédécesseurs. Il a abouti à des conclusions qui rapprochent singulièrement, en les rendant compréhensibles, les termes des contradictions inhérentes à une psychologie au berceau. Qu'on nous permette une image : Freud a, de façon impitoyable, démasqué l'hypocrite attitude de la fuite au grenier, en attirant l'attention sur la cave

[1] Ainsi le caractérise, non sans légitimité, Jones. Il faut aussi mentionner l'inconscient selon Alfred Adler qui, pour l'essentiel, ne sait que « vouloir»

[2] La critique et l'histoire devront s'imposer avec patience la plus grande réserve sur cette question des relations entre Freud et Jung.

En effet, les initiés savaient depuis longtemps qu'il existait entre Freud et Jung un important échange épistolaire. Cette donnée historique a petit à petit diffusé dans le public, qui, de temps en temps, nous interroge.

Ce fait est exact. Le professeur Jung a conservé les lettres du professeur Freud.

La collaboration des Archives de Freud à New York — dépositaire des lettres du professeur Jung — et de l'Institut C. G. Jung à Zurich a permis la reconstitution de l'échange épistolaire. Celui-ci sera essentiel pour la connaissance de la vie et du développement de l'œuvre des deux pionniers (1943).

Cet échange épistolaire est depuis cette note paru chez Gallimard, Paris, 1975, édité par les soins de William McGuire et traduit par Ruth Fivaz-Silbermann (1966).

et sur ce qui s'y passe. Il a ainsi étudié « ce qu'il y a de moins humain dans l'homme [1] ». Mais, réduisant ensuite avec intransigeance le problème psychique tout entier à l'aspect morbide et névrotique de la psyché, qu'il avait pénétré et décrit avec génie, il a appelé la réaction d'un Jung qui a eu le mérite de mettre en évidence l'exagération de la conception freudienne. La correction par Freud de la fuite au grenier (spiritualité abusive) devant les menaces de la cave (sexualité) ne doit pas aboutir à une fuite à la cave devant les dangers du grenier. Or, c'est bien à cela qu'a abouti la doctrine freudienne. Il est salutaire, certes, de ramener l'homme souffrant à ses bas-fonds, dans la mesure où peut y résider la source de ses troubles. *Mais les bas-fonds, les complexes sexuels et autres ne sont pas tout l'homme*, et l'intérêt justifié qu'on leur porte ne doit pas mener à exclure les autres composantes du psychisme et à édifier un monisme du fangeux et de l'obscène [2]. Jung, après les travaux de Freud inaugurant la psychologie des profondeurs, et les siens propres sur les complexes, s'est heurté à l'énigme de la spiritualité, dont il lui fallut, en praticien éclairé, accepter la phénoménologie et l'étude. Nous espérons pouvoir consacrer deux volumes ultérieurs de traduction, l'un à la psychothérapie de Jung, l'autre à son « spiritualisme empirique [3] ». Car, comme le dit Pascal, « il est dangereux de trop faire voir à l'homme combien il est égal aux bêtes, sans lui montrer sa grandeur. Il est encore dangereux de lui trop faire voir sa grandeur sans sa bassesse. Il est encore plus dangereux de lui laisser ignorer l'un et l'autre. Mais il est très avantageux de lui représenter l'un et l'autre [4]. »

Cet ouvrage s'adresse aussi aux *médecins*, dont nous n'hésitons pas, le plus souvent, à dire avec Dalbiez « qu'il leur reste à découvrir

[1] Dalbiez, *La méthode psychanalytique et la doctrine freudienne*, Desclée de Brouwer, Paris, 1949.

[2] Nous nous plaisons d'ailleurs à reconnaître que l'école freudienne, en ses représentants les plus distingués, a subi et poursuit une évolution qui la situe au-delà de cette critique, adressée à un certain aspect de la doctrine – et non à l'œuvre ! – de Freud (quoi qu'affectent d'en penser certains critiques). Cette évolution contribuera, nous l'espérons, à rapprocher singulièrement les différentes écoles analytiques.

[3] Ces deux ouvrages, en 1962, sont parus : C. G. Jung, *La Guérison psychologique*, ouvrage cité, et *Psychologie et religion*. Traduction de M. Bernson et G. Cahen, Editions Buchet-Chastel, Paris, 1960.

[4] *Pensées*, II, XI. Editions Eug. Fasquelle, Paris.

l'existence des problèmes psychologiques [1] ». Que ce soit de la plume d'un psychiatre que provienne l'œuvre que nous présentons aujourd'hui au public, voilà qui jette une lumière révélatrice sur « l'état d'esprit apocalyptique » de l'époque contemporaine [2], et aussi sur l'élargissement des horizons et des tâches de cette discipline médicale si longtemps décriée, la psychiatrie. Qu'un psychiatre, à nouveau, devienne un des grands médecins de l'humanité, et voilà justifié l'entêtement, les labeurs souvent rebutants et les espoirs des pionniers de la psychiatrie, alors qu'elle se mouvait encore dans une ombre plus grande, où tous ses efforts s'épuisaient à décrire et à classifier des maux désolants et en général incurables. La psychothérapie a ouvert de magnifiques avenues à la psychiatrie. La guérison par le verbe, par ses retentissements psychiques et les régulations neuro-hormonales que ceux-ci entraînent, témoigne avec éloquence de l'unité psychophysique de l'être, dont il est encore si peu tenu compte. « Les médecins paraissent gagner autant à traiter les maladies nerveuses en maladies mentales qu'à traiter les maladies mentales en maladies physiologiques [3]. »

Nous croyons également que cet ouvrage ne devrait pas laisser indifférent le *monde des lettres*. Il nous a semblé que C. G. Jung par sa manière, par sa finesse, son tact et sa prudence continue la tradition des grands moralistes de chez nous. Ses moyens d'investigation sont nouveaux, certes, mais c'est toujours le même esprit de fine analyse, de pertinentes remarques. S'il avance des réponses à des questions fondamentales, il le fait sans les imposer. Ce n'est d'ailleurs pas là pur hasard. C. G. Jung qui parle un français remarquable – ce dont il ne faut pas s'étonner de la part d'un Bâlois – nous disait s'être beaucoup formé au contact de Voltaire. On a parlé des « excès de l'analyse » et à ce sujet des

[1] Ouvrage cité.

[2] G. Bailly.

[3] Baudin, ouvrage cité.

L'avènement après guerre de la médecine psycho-somatique, auquel a présidé en France le professeur Jean Delay, et la généralisation des méthodes qu'elle inspire, la prise en considération, sur une échelle de plus en plus large, des facteurs émotionnels sont venus nous confirmer dans nos efforts qui, dans les années quarante, semblaient encore bien audacieux et révolutionnaires! La découverte de l'âme s'est révélée être, dans une perspective de médecine sociale aussi, une découverte d'importance majeure!

« péchés de l'intelligence ». Le lecteur trouvera sans doute comme nous que *Jung réconcilie admirablement avec ces prétendus péchés* et que, quoique analyste redoutable, tout à l'opposé de ce « dilettantisme de l'âme » dont on a pu accuser un Anatole France, il aide à rétablir l'esprit dans une de ses prérogatives essentielles. A ce point de vue nous serions étonné que l'esprit français ne finisse pas par reconnaître en Jung un des siens. Les germanistes français, en raison de l'influence croissante exercée par Jung sur l'esprit anglo-saxon et sur l'esprit allemand, devront aussi se mettre à son étude.

Ajoutons enfin que, quoique nous ayons toujours espéré que nos prisonniers à la publication de cet ouvrage seraient déjà depuis longtemps libérés, leur pensée n'a cessé de nous accompagner tout au long de nos travaux. Pour nombre d'entre eux, en effet, comme en témoigne leur émouvant *Cahier des prisonniers* [1], la vie au ralenti des camps a rendu nécessaire un recours à la vie intérieure, qui a pour certains engendré de grandes aventures spirituelles. Nous avons toujours eu le sentiment que ce livre aurait pu leur être utile dans leur réclusion. Peut-être ne leur sera-t-il pas moins utile dans la liberté retrouvée, alourdie de toutes les difficultés d'un monde bouleversé?

* * *

Livre inactuel, diront certains, livre arrivé bien tard, penseront d'autres. Ce livre paraîtra-t-il à une époque qui lui sera favorable? Nous ne nous sommes pas arrêté à ces réflexions. Puisqu'il s'agit d'une œuvre en somme thérapeutique, on ne saurait en retarder la publication pour des motifs d'actualité. La psychothérapie d'ailleurs n'est-elle pas à l'ordre du jour? Il s'agit en général d'une psychothérapie collective, qui cherche à rendre aux peuples meurtris et désorientés un peu de leur équilibre d'antan. Elle devra, dans des cas qui ne seront que trop nombreux, être accompagnée de mesures individuelles.

Mais au moment où nous écrivons ces lignes, la guerre n'a pas encore fini ses ravages et certains lecteurs pourraient être tentés de se demander en quoi tout cela importe à une période

[1] Paru dans les *Cahiers du Rhône*, Baconnière, Neuchâtel, 1942.

où les sécurités les plus immédiates de la vie se sont absentées. Lorsque la mort plane sur la presque totalité de l'Europe, que le souci pour le pain quotidien y a acquis une âpreté inouïe, qu'importe l'âme et ses interrogations? Nous croyons cependant que ce livre viendra à son heure. Car la vie paraît ainsi faite que *les suprêmes dangers éveillent les suprêmes questions* et ce livre ne veut rien de plus que d'aider à les poser.

Livre cependant inactuel, prétendront tout de même quelques-uns. Car le mal matériel est tel que les souffrances névrotiques, sur ce fond de souffrances, perdent de leur acuité et de leur mordant. Les névrosés sont en quelque sorte rejoints par le commun des mortels dans leur lit de douleur. Nous assistons à un nivellement dans la douleur et aider le névrosé à guérir les siennes n'aurait pas grand sens.

Il y a évidemment là un pur sophisme. Nous ne croyons pas que la névrose, à quelques exceptions près, s'estompe dans le bain des souffrances communes. Certes, le névrosé peut éprouver quelque apaisement à perdre de sa douloureuse unicité, mais il est hors de doute que les convulsions du temps ne font qu'aggraver son mal, et qu'au mal commun vient s'ajouter pour lui un mal personnel décuplé.

* * *

Cet ouvrage, bien que traduit, est un ouvrage original. Non seulement parce que plus de la moitié de sa substance est encore inédite, mais aussi parce que les travaux dont il est formé ont été groupés, par égard au public français, autour d'une idée centrale, celle de lui en faciliter l'accès.

« La dernière chose qu'on trouve en faisant un ouvrage est de savoir celle qu'il faut mettre la première [1]. » Avouons au lecteur que *le plan* nous a offert de grandes difficultés. C'est certainement un peu le cas pour tous les ouvrages de psychologie, dont les mieux ordonnés prêtent souvent le plus à la suspicion. La vie psychique, en effet, comporte l'interpénétration de toutes les fonctions perpétuellement emmêlées, et chacun de ses éléments peut toujours être en relation avec tous. C'est pourquoi le lecteur ne doit pas s'attendre à trouver des cloisons étanches entre les différents travaux rassemblés ici – et dont chacun, formant un

[1] Pascal, *Pensées*, IX, 30, ouvrage cité.

tout, peut dans une certaine mesure se suffire à lui-même – comme si la question des complexes excluait celle des rêves ou inversement. Bien au contraire, les interférences seront de règle et les trois grandes parties de l'ouvrage, l'exposition, la partie relative aux complexes et celle relative aux rêves ont surtout une valeur d'indication et marquent principalement où réside l'accent.

Le plan de cet ouvrage reflète certains aspects caractéristiques de l'œuvre de Jung. Il était déjà préformé par la filière que Jung adoptait dans son enseignement à l'Ecole polytechnique de Zurich. Il révèle aussi que Jung procède plus par touches que par grands tableaux, par aperçus parcellaires, centrés autour d'une question particulière, sur laquelle il se concentre avec une acuité peu commune. Il a consigné, au cours de sa vie de savant, les résultats de ses recherches en des communications qui, malgré leurs dimensions quelquefois respectables, furent toujours réduites à l'essentiel, et jamais il n'a entrepris de condenser sa pensée en un seul et monumental traité.

Cela tient à des raisons auxquelles il faut s'arrêter, car elles sont révélatrices. Un gros traité n'éveillerait-il pas dans l'esprit du lecteur un malentendu dogmatique ? Or, si Jung paraît se défier de quelque chose, c'est bien du dogme, qui est arrêt de la pensée, fixation dans une attitude unique, éloignement de la vie mouvante et chatoyante. Jung pense aussi que coulera beaucoup d'eau sous les ponts avant que vienne l'heure d'une théorie d'ensemble, capable d'englober tous les phénomènes psychiques. « Je considère mes opinions comme des propositions, comme des tentatives de formuler une psychologie scientifique nouvelle, reposant en première ligne sur une expérience immédiate de l'homme. » Et il ajoute : « Mes travaux ne traitent pas de psychopathologie, mais d'une *psychologie générale*, qui tient également compte des matériaux pathologiques. » Notons encore le manque de temps dont souffre un médecin surchargé, doublé d'un chercheur passionné, « dont les efforts ont été ceux d'un pionnier qui n'a ni le temps ni la possibilité de se décrire lui-même », qui ne peut, comme il nous le disait, chaque fois qu'il prend la plume remonter au déluge. N'oublions pas enfin la modestie de l'homme qui refuse de sacrifier à la complaisance de se mirer dans un tout arrondi et qui – c'est lui qui fit allusion à cette légende – tombé dans une vallée de diamants se contente de les examiner un à un, empêché par les richesses qui l'assaillent de les embrasser toutes à la fois du regard.

Ce sont là les motifs profonds qui ont présidé à la conception et à la présentation de ce volume. En faveur de l'ensemble nous avons scindé en deux le plus long de ses travaux[1]. Le lecteur jugera de l'opportunité de cette mesure. Rien ne l'empêche d'ailleurs, s'il le préfère, de rétablir l'unité en lisant à la suite l'une de l'autre les deux parties scindées.

Que le lecteur ne craigne pas les redites. Autant elles sont en général fastidieuses, autant ici l'étrangeté des sujets abordés rend certaines répétitions thématiques profitables. Dans les domaines subtils de l'âme, un léger déplacement du point de vue sous lequel on la considère suffit à renouveler entièrement une question [2].

* * *

Concluons.

Mais exprimons d'abord notre gratitude à tous ceux qui nous ont aidé et encouragé durant notre travail. Car cet ouvrage doit beaucoup à des amis dévoués, en particulier au Pr C. A. Meier (Zurich) qui a mis à notre disposition sa remarquable compétence, et à M. R. Picherot (Sancoins) qui nous a apporté un précieux concours en revoyant nos textes; nous ne résistons pas au plaisir de citer une de ses lettres qui résume les difficultés de style avec lesquelles un traducteur de Jung doit lutter: « Je suppose que vous étiez à rude tâche. Je commence à voir clairement que la démarche de Jung n'est pas rapide. Sans doute, personne ne lui demande cela: sa grande expérience pèse sur le texte et lui donne des aspects concentriques; c'est autant de gagné pour le lecteur. Mais le style y prend aussi des enveloppements auxquels je ne consens pas toujours de bon cœur, je l'avoue. Il me plaît que vous donniez du nerf aux phrases, plus qu'elles n'en ont sans doute dans l'original. Il me semble que c'est indispensable à qui veut être lu sympathiquement en français. Car notre qualité ou défaut est assurément de laisser passer sans grande attention ce qui se présente un peu maladroitement, *le contenu en fût-il précieux.* »

[1] L'« Introduction à la psychologie analytique ».

[2] Nous attirons l'attention sur une table analytique des matières et des auteurs, ajoutée dès la seconde édition et à laquelle nous avons consacré tous nos soins. Son utilisation méthodique permettra au lecteur de s'attacher aux détails d'une question particulière et de trouver des renseignements dont il peut avoir besoin en face des énigmes que nous posent nos rêves et leurs symboles.

Jung est un maître de ces grandes puissances psychiques, dont la symphonie ou la discordance font la vie, sa grandeur ou sa médiocrité, ses joies ou ses souffrances. Nous avons éprouvé qu'il était de notre devoir de contribuer à mettre à la disposition du lecteur français, sans en rien altérer, les trésors d'intelligence, de cœur et de finesse dont regorge l'œuvre du maître de Zurich. Nous l'avons accompli en pleine conscience de travailler à une œuvre durable, croyant que le comte Keyserling [1] a raison lorsqu'il affirme que Jung sera dans cinquante ans un des classiques de notre époque. Traduire et repétrir ces textes a été pour nous — ma femme, qui n'a cessé de me seconder et moi — en ces époques de convulsions et de souffrances, une source de joie et de force. Puisse-t-il en être de même pour le lecteur!

DOCTEUR ROLAND CAHEN
Zurich, septembre 1943.

[1] *La Révolution mondiale et la responsabilité de l'esprit*, Stock, Paris, 1934, page 185.

PRÉFACE A LA SIXIÈME ÉDITION

Voici vingt ans que paraissait pour la première fois *L'Homme à la découverte de son âme.* Au cours de ces vingt années, cet ouvrage est devenu un élément du patrimoine de ce demi-siècle, un classique de la pensée moderne. Ces vingt années, dont les tensions et les drames n'ont que trop justifié certaines de ses vues, montrent combien, en ce début de l'ère psychologique, il reste aux hommes à accomplir et aussi combien ce livre reste un ouvrage de pointe et d'actualité.

* * *

Depuis la dernière édition de ce livre, son auteur, le professeur C. G. Jung, est décédé en juin 1961.

Le grand vide que laisse sa disparition nous incite à faire le point.

Dans la préface à la première édition, en 1943, nous avons déjà tenté de situer le savant et sa pensée, de montrer ses dimensions, la richesse de sa personnalité aux multiples facettes: C. G. Jung, captivé par tout ce qui touche à l'homme, fut et restera un géant de l'humain.

La préface à la première édition, écrite pendant la guerre, n'a rien perdu, hélas, en 1962, de son actualité. Quelques retouches de détail, quelques notes marginales et les transpositions nécessaires se feront d'elles-mêmes dans l'esprit du lecteur. C'est pourquoi nous la laissons paraître telle quelle, partie intégrante d'un volume à la fois indépendant et tributaire de l'heure tragique qui l'a vu naître. Grâce à la forme originale de cette préface que nous laissons subsister, le lecteur sentira tout le chemin parcouru dans la pensée psychologique française durant ces vingt dernières années. Si, en effet, comme nous le disions alors, la pensée de Jung pendant longtemps n'a pas été comprise en France, il en va tout autrement aujourd'hui où, grâce aux traductions de ses œuvres, qui ont déjà pu être publiées, un dialogue s'est établi entre la pensée française, en certains de ses représentants les plus éminents, les plus qualifiés, les plus autorisés, et la pensée de Jung, dialogue qui va en s'élargissant et en s'approfondissant.

* * *

Dans les deux dernières décennies de sa vie, Jung a publié certains de ses travaux les plus importants, les plus denses et aussi les plus concrets, tel *Un mythe moderne* [1] où il explique, en psychologue, les relations qui existent entre l'imagination contemporaine et le phénomène singulier des « soucoupes volantes ».

Tel aussi *Présent et avenir* [2] où il confronte l'individu, cellule de vie et de pensée, aux étatismes, de droite et de gauche, ces monstres collectifs, dévorateurs de ce même individu qu'ils prétendent promouvoir, chacun à leur façon. Il venait de terminer, avec sa fidèle collaboratrice, Mme Aniela Jaffé, un volume autobiographique [3] lorsque la mort l'emporta.

L'œuvre publiée de C. G. Jung comporte (outre plus de 100 communications scientifiques, articles et préfaces) une trentaine d'ouvrages. Elle sera réunie en Amérique, en Angleterre, en Suisse et en Allemagne, en dix-huit gros volumes d'œuvres complètes. La France suivra sans doute plus tard cet exemple.

Il faut y ajouter une œuvre non publiée, au moins égale en volume et en importance, constituée par les notes ronéotypées prises par des auditeurs, au cours des nombreuses conférences, colloques et semaines d'études au long desquels Jung dispensait son enseignement oral.

Dans ces derniers travaux, les études sur les rêves d'enfants et le commentaire psychologique en douze volumes du « Zarathoustra » de Nietzsche tiennent une place de choix.

* * *

Telle fut la fécondité de cet esprit. Toutefois, si nous avons choisi de publier en premier *L'Homme à la découverte de son âme*, c'est qu'il fait entrer le lecteur d'emblée dans l'intimité de la pensée du maître.

[1] Collection des Essais, Gallimard, Paris, 2e édition, 1962, puis collection Idées.

[2] Buchet-Chastel, Paris, 1962.

[3] *Ma Vie* (Souvenirs, rêves et pensées), collection Témoins, Gallimard, Paris, 1966, dernière édition, 1985 (traduction du Dr Roland Cahen et de Henry Pernet).

Médité, cet ouvrage ouvre toutes les avenues de la pensée de Jung, que ses autres livres empruntent et développent chacun dans leur voie. A partir du présent volume le lecteur pourra rayonner dans toutes les directions de la pensée jungienne.

Pour cette nouvelle édition nous avons remis ce volume sur le métier. Nous avons, avec le recul, été émerveillé de voir combien peu nous avions à intervenir, à le modifier pour le maintenir dans la ligne des recherches actuelles, jungiennes et autres. Nous avons seulement jugé bon de préciser dans cette préface quelques éléments qui d'emblée familiariseront le lecteur avec la pensée dernière et la plus profonde de Jung.

Qu'on ne soit pas surpris par cette brusque plongée dans des notions complexes. La lecture de cet ouvrage les rendra progressivement familières. Mais quand on se rend en pays étranger un lexique minimum est nécessaire. Or, combien le monde de la psyché n'est-il pas étranger à notre rationalité courante [1].

* * *

Un des horizons les plus importants que nous ouvre cet ouvrage est celui des projections. La *projection* est ce phénomène singulier – singulier mais originel – par lequel un individu imprime sur un objet ou un être du monde ambiant une teneur ou une tonalité psychique qui est en propre et en vrai un trait de sa vie intérieure.

La projection s'est révélée être d'une importance égale à celle de la perception. Aujourd'hui, il faut dire que l'individu a deux liens au monde, la perception et la projection, ces deux liens, pour s'exercer en direction inverse, n'en étant pas moins d'une égale importance et aussi d'une égale irrationalité.

Si une *Phénoménologie de la perception* a pu être écrite [2], il reste à écrire une phénoménologie de la projection.

La perception est ce que l'individu reçoit du monde par l'intermédiaire de ses sens. La projection est ce qu'il y investit, c'est-à-dire les mirages, les chimères intérieures qui se plaquent sur l'objet, en en interdisant la perception. Car la projection estompe, modifie travestit la perception, oui, l'efface même pour être perçue à sa place. Pensez au « coup de foudre » qui fait prendre pour une

[1] Nous pensons que le lecteur sera intéressé, après avoir lu l'ouvrage, par la confrontation de ce qu'il y aura acquis avec ces notes préalables.

[2] Par le regretté Merleau-Ponty.

reine du ciel une banale petite blonde, par projection sur celle-ci de l'image que tout homme porte en lui de la femme idéale. Ou à l'inverse celui qui fait pressentir dans le petit voisin de palier un héros des temps futurs.

Ces projections sont d'autant plus importantes, d'autant plus efficaces et souvent d'autant plus dévastatrices qu'elles sont et demeurent inconscientes. Lorsque, à force de contact avec la réalité et le quotidien, la reine du ciel se révèle n'être qu'une petite blonde insignifiante, l'homme lui en veut de décevoir son beau rêve et lui impute la responsabilité de cette déception, alors qu'il ne devrait s'en prendre qu'à lui-même et à ses projections [1].

Une des autres notions les plus importantes qu'apporte cet ouvrage est celle des *archétypes*, c'est-à-dire des structures mentales innées qui sous-tendent la conscience.

L'image de cette femme idéale que tout homme porte en lui, et à laquelle nous venons de faire allusion, en est un exemple. Un autre serait fourni par l'Imago Dei, la notion et l'image de Dieu, archétype du divin qui explique l'ubiquité et la pérennité du fait sacral et religieux, présent sous toutes les latitudes, à toutes les époques et dans toutes les cultures. Jung n'a cessé de se préoccuper du problème des archétypes et d'affiner sa pensée à leur sujet. L'évolution et l'enrichissement des conceptions qu'il en a proposées montrent bien le caractère empirique, progressif et vivant de ses recherches à leur propos.

Dans cet ouvrage-ci, préoccupé de leur origine, il évoque comme explication possible le phénomène de sédimentation du vécu à travers les millénaires. Cette notion a prêté à penser en raison de la non-transmission héréditaire des caractères individuels acquis. Dès lors, on comprenait mal comment cette sédimentation avait pu s'opérer.

De la dernière pensée de Jung, on doit retenir que les archétypes sont au plan mental ce que les instincts sont au plan biologique de l'être. Les archétypes sont, sur le plan des structures mentales et des représentations, les corollaires dynamiques et imagés de ce que sont les instincts sur le plan biologique, des modèles d'action et de comportement.

[1] « Oui, vous voyez tout en moi à votre complaisance, mais c'est ne voir que vous... », dit Lust au Disciple dans *Mon Faust* de Valéry. On ne saurait mieux définir la projection.

L'archétype est en quelque sorte la « Gestalt », c'est-à-dire l'aspect, la forme et l'image de l'instinct. L'instinct met sa machinerie en marche en évoquant dans l'esprit l'image archétypique qui lui correspond, image qui, à son tour, devient le moteur de l'action et du comportement du sujet. Dès lors, comme pour les instincts, la question si délicate et controversée de l'origine des archétypes échappe à la science et relève des hypothèses relatives à la création du monde et de la vie

Une fois présents – dès les premiers débuts de la vie – les archétypes se sont perpétués comme les instincts, structures mentales comparables en tout point aux structures biologiques et anatomiques. Les archétypes figurent donc l'architecture mentale de base. Ils ont été présents en l'homme dès les premiers débuts de l'homme, partie constituante de son inconscient, inconscient qui est nature originelle et préconsciente, matière et dynamisme vivant.

C'est ainsi que, dans ces perspectives, Jung n'a pas hésité à voir un lien hypothétique possible entre l'importance psychologique du chiffre 4 (quatre points cardinaux d'orientation dans le monde extérieur, quatre fonctions psychologiques principales d'orientation dans l'univers mental, le phénomène universel de la croix (voir page 114, etc.) et la tétravalence du carbone. C'est jusque dans ces profondeurs mêmes de la matière et de ses structures que les archétypes semblaient à Jung pouvoir plonger leurs racines [1].

Le plan archétypique de l'être ne doit pas retenir notre intérêt dans la seule perspective intellectuelle et pour la seule théorie de la connaissance, mais aussi sur le plan le plus immédiat de la conduite de la vie.

Le plan archétypique de l'être porteur et socle de la conscience — ce fut le génie de Jung de le pressentir et de l'élaborer — n'est pas immuable. C'est un plan vivant, évoluant avec l'âge du sujet au même titre que

[1] Ainsi, ce qui dans l'homme est le moins chose et matière, ses « réalités-autres » – dont les archétypes – rejoindrait ce qui dans la matière échappe au plan banal (plan banal macroscopique, découpé par l'entendement spontané et traditionnel), c'est-à-dire le plan des structures nucléaires. Ici s'ouvrent des horizons insoupçonnés, qui, reliant physique et psychologie modernes, rendront peut-être un jour mieux compte de certains aspects de cette synthèse paradoxale entre la matière en l'homme et ce qui ne l'est pas et qu'on appelle la vie. Voir Dr Georges Vernes, *Retour aux sources du devenir*, La Colombe, Paris, 1960.

le conscient et le moi. Une des grandes choses d'une vie c'est la canalisation de la libido, de l'énergie vitale, et sa répartition valable entre le moi et les plans archétypiques. C'est cette répartition de l'énergie vitale en un juste partage, qui assurera l'adaptation du moi à la réalité extérieure et aux grandes constantes, aux grandes lois immuables de la vie, adaptation qui doit se faire de façon permanente. Là non plus rien n'est jamais achevé. Cela doit se faire un peu tous les jours. C'est en cela d'ailleurs que la vie est vivante, que la vie est un vécu original, que la vie est jaillissement et renouvellement.

* * *

La disparition de Jung, après celle de Freud et d'Adler, prive la psychologie moderne du dernier de ses trois grands fondateurs. Leur disparition fait ressortir la *cohésion du patrimoine qu'ils nous ont légué*, cohésion qui est beaucoup plus grande qu'il n'y paraissait, voilée qu'elle était par les discordes de surface entre les hommes. Deux passages de ce livre semblent susceptibles de rallumer la querelle Freud-Jung. En fait, il n'en est rien.

Jung critique (page 251) les démarches thérapeutiques freudiennes, d'inspiration essentiellement rétrospective et causale [1]. Le praticien, critique Jung, s'enlisant avec son malade, dans cette optique unilatérale, dans le passé, néglige le présent et l'avenir. Or, l'opposition est plus apparente que réelle, car, à l'inverse, tenant compte du présent et de l'avenir, le praticien jungien ne doit pas pour autant négliger le passé, ses recoins obscurs et ses labyrinthes. La verbalisation du passé, vécu ou imaginaire, au cours duquel par traumatisme, ou toute autre disgrâce, les structures mentales souhaitables et correspondant – au sens le plus général – à la norme, ne purent s'établir, fait partie de façon imprescriptible de toute thérapie analytique des névroses.

De façon analogue (page 261), Jung critique la notion freudienne de sublimation. Cette critique, également, nous semble aujourd'hui marquée par la tension et la lutte entre les écoles freudienne et jungienne. Certes, historiquement, il a fallu que chaque école se pose en s'opposant. Mais, avec le recul que nous possédons, cette critique nous semble aujourd'hui excessive puisque, aussi bien, par sa notion d'évolution endogène, dénommée Individuation, Jung

[1] Jung, tout en prenant en considération les vues freudiennes et adlériennes, a montré qu'une névrose actuelle peut être due en partie à des causes actuelles.

décrit un potentiel évolutif de l'individu qui, *grosso modo*, fait allusion aux mêmes phénomènes de vécu et de transformation que la sublimation de Freud. Ces deux remarques à propos du rétrospectif et de la sublimation pourraient être multipliées et étendues à beaucoup d'autres notions qui séparent les deux écoles, bien plus en apparence qu'en réalité. *L'opposition des hommes et des caractères a aggravé les discordances dans la présentation des faits qui, eux — par-delà les théories —, témoignent d'une phénoménologie unitaire.*

L'atmosphère de lutte entre les deux grandes écoles analytiques, freudienne et jungienne, doit être comprise partiellement comme témoignant des difficultés que les pionniers, Freud et Jung, rencontrèrent dans la conquête des faits, durs à circonscrire, comme un sommet est dur à gravir. Cette atmosphère de lutte a marqué partiellement de son sceau les travaux et les relations des pionniers. D'autres circonstances, relativement contingentes, sont responsables de cette atmosphère.

Sur le plan historique, un des principaux malentendus vient du fait que Jung et la révolution de pensée qu'il nous a apportée sont venus en quelque sorte trop tôt. C'est là le tragique de Jung.

La révolution freudienne est d'une telle importance qu'il faudra sans doute un bon siècle pour que l'humanité la digère, l'intègre et en fasse son profit. A peine cette révolution freudienne fondamentale est-elle en voie de se faire que survient une seconde révolution, celle que nous a apportée Jung, nécessaire, certes, pour tempérer, équilibrer et humaniser la première, mais qui a, en quelque sorte, prématurément sorti les hommes de la « quiétude » du palier freudien.

Ainsi une des difficultés de toute la psychologie moderne des profondeurs est qu'il y a eu deux révolutions successives qui ont compliqué les choses parce que, étant trop proches, elles étaient trop précipitées.

A ce point de vue, il me faut affirmer, en m'appuyant sur les références les plus solides et aussi sur des contacts personnels avec Jung qui durèrent vingt-cinq ans, que la tentative à mes yeux réussie par Jung d'aller au-delà de Freud ne comporte, bien au contraire, aucun geste ni aucune nuance anti-Freud. Jung l'a souligné à toutes les occasions dans ses œuvres et dans sa vie.

D'ailleurs, Jung n'a jamais tout à fait surmonté – et je crois que du côté de Freud c'était un peu la même chose – cette faille dans sa vie qu'a été la brouille avec son grand aîné.

Nous retrouvons ces circonstances sur le plan clinique : il est certain que le premier devoir d'un disciple de Jung est de savoir être freudien, voire adlérien, lorsque les matériaux psychologiques de son malade l'y invitent naturellement. Il ne faut jamais compresser le matériel psychique d'un malade dans un schéma théorique préformé, mais le praticien éclairé doit savoir utiliser les ressources explicatives de ce schéma quand il cadre avec le vécu profond de son visiteur. D'après notre expérience personnelle, il n'est d'analyse qui n'ait son et ses heures freudiennes, adlériennes aussi d'ailleurs.

Si un jungien doit savoir être aussi freudien et adlérien, c'est d'abord pour éviter des malentendus: il est des esprits qui en s'emparant de Jung et de son œuvre espèrent retrouver une solution de facilité, dans un sens de couardise, pour ne pas dire de lâcheté. Sauter par exemple directement sur le plan des archétypes en espérant ainsi, grâce à cette espèce de charme et d'onction qui émane des idées éternelles, pouvoir court-circuiter les plans de l'ombre, les plans du marécage qui existent en chacun, et qui, plans de l'inconscient personnel, correspondent en bref au plan freudien (l'éternel drame « papa, maman, la bonne et moi » comme disent les humoristes) serait la source des plus graves malentendus.

L'accession au plan des archétypes vivants, c'est la terminaison, c'est la moisson, c'est l'efflorescence des constantes humaines au sein d'une personnalité qui a mis de l'ordre en elle-même, qui a fait courageusement tout le travail analytique, tout le travail de remaniement de ses problèmes, de ses complexes, tout ce travail profond, aigu, tragique parfois, qu'implique un dialogue psychanalytique bien mené. Celui-ci aboutit à une maturation de toute la personnalité qui est signée par l'émergence vivante des données archétypiques fondamentales. Ainsi, si nous regrettons de voir certains collègues freudiens éminents en rester au plan freudien sans aller plus loin, il nous apparaît plus grave encore de voir certains esprits tenter de sauter au second étage sans avoir fait le travail nécessaire pour monter au premier.

Ces esprits-là retombent dans une espèce d'idéalisme fumeux, abscons, qui n'a plus guère de nom.

Ainsi surgit devant nous, cohérent et impressionnant, le patrimoine analytique que Jung dans son œuvre a, à la fois, fait progresser et synthétisé. C'est grâce à ce patrimoine qu'il est dorénavant possible d'envisager avec optimisme l'analyse et la guérison de son prochain.

De quoi s'agit-il dès lors, et qu'est-ce que l'analyse ?

Lorsqu'un sujet a été mal structuré dans son enfance, dans son vécu, l'analyste va lui porter aide et assistance au cours de sa quête d'une attitude nouvelle. Grâce à un effacement de ce qui en lui est malvenu et grâce à l'édification de structures nouvelles, à une restructuration par-delà les rigidités et les pétrifications, il faut aider un malade, mais avec lui aussi l'homme du XXe siècle, à trouver une nouvelle ouverture d'action et une nouvelle dimension de liberté. On peut, il faut oser parler d'une conquête de la conscience, d'une conscience qui ne sera plus exclusivement logique et rationnelle, ni exclusivement schématique mais qui sera, incluant l'irrationnel dans son sein, à la vraie mesure de la vraie vie.

DOCTEUR ROLAND CAHEN
Paris, mai 1962.

LIVRE I

EXPOSITION

CHAPITRE I

L'ANGOISSE DE L'AME CONTEMPORAINE [1]

Alors que le moyen âge, l'antiquité, voire l'humanité tout entière depuis ses premiers balbutiements avaient vécu dans la conviction d'une âme substantielle, on voit naître, dans la deuxième moitié du XIXe siècle, une *psychologie « sans âme »*. Sous l'influence du matérialisme scientifique tout ce qui ne peut être vu avec les yeux ou appréhendé avec les mains est révoqué en doute, ou même, soupçonné de métaphysique, devient compromettant. Seul est dorénavant « scientifique » et par suite recevable ce qui est manifestement matériel ou ce qui peut être déduit de causes accessibles aux sens. Ce bouleversement s'était élaboré de longue date, par une lente gestation, bien antérieure au matérialisme. Lorsque l'ère gothique, dressée d'un seul élan vers le ciel, mais reposant sur une base géographique et sur une conception du monde étroitement circonscrites, s'effondra, ébranlée par la catastrophe spirituelle de la Réforme, l'ascension verticale de l'esprit européen fut enrayée par l'expansion horizontale de la conscience moderne. La conscience ne se développa plus en hauteur, mais gagna en largeur, géographiquement et intellectuellement. Ce fut l'époque des grandes découvertes et de l'élargissement empirique de nos notions du monde. La croyance à la substantialité de l'esprit céda petit à petit le pas à une affirmation toujours plus intransigeante de la substantialité du monde physique, jusqu'à ce qu'enfin – après une agonie de près de quatre siècles – les représentants les plus avancés de la conscience européenne, les penseurs et les savants, vissent l'esprit dans une dépendance totale de la matière et des causes matérielles.

[1] Conférence faite à Vienne en 1931 au « Kulturbund », puis publiée dans *Wirklichkeit der Seele* (Rascher, Zurich, 1934), sous le titre littéral: *Problème fondamental de la psychologie contemporaine.*

Ce serait certainement une méprise que d'imputer à la philosophie et aux sciences naturelles un renversement aussi total. Il y eut toujours nombre de philosophes et d'hommes de science intelligents qui n'assistèrent pas sans protester, grâce à une suprême intuition et avec toute la profondeur de leur pensée, contre ce renversement irrationnel des conceptions; mais ils avaient beau s'arc-bouter, la popularité les fuyait et leur résistance se révéla impuissante à vaincre la préférence sentimentale et universelle qui – telle une lame de fond – porta l'ordre physique au pinacle. Que l'on ne croie pas que des bouleversements aussi puissants au sein de la conception des choses puissent être le fruit de réflexions rationnelles; car y a-t-il spéculations rationnelles capables de prouver ou de nier soit l'esprit, soit la matière? Ces deux concepts (connaissance que l'on est en droit de prêter à tout contemporain cultivé) ne sont que des symboles marquant des facteurs inconnus, dont l'existence, au gré des humeurs, des tempéraments individuels et des sautes de l'esprit du temps, est proclamée ou abolie. Rien n'interdit à la spéculation intellectuelle de voir dans la psyché un phénomène biochimique complexe et de la ramener ainsi en dernière analyse à un jeu d'électrons, ou, au contraire, de décréter vie spirituelle l'apparente absence de règle qui règne au centre de l'atome.

La métaphysique de l'esprit a dû au cours du XIXe siècle céder le pas à une métaphysique de la matière; intellectuellement parlant il n'y a là qu'une boutade, mais du point de vue psychologique c'est une révolution inouïe dans la vision du monde: tout l'au-delà prend place ici-bas; le fondement des choses, l'assignation des buts, les significations dernières ne doivent pas dépasser les frontières empiriques; il semble, à en croire la raison naïve, que toute l'intériorité obscure devienne extériorité visible, et la valeur n'obéit plus qu'au critère du prétendu fait.

C'est aller au-devant d'un insuccès certain que de chercher à aborder ce bouleversement irrationnel grâce à la philosophie. Il vaut mieux s'en abstenir, car si de nos jours quelqu'un s'avise de déduire la phénoménologie intellectuelle ou spirituelle de l'activité glandulaire, il peut être assuré à priori de l'estime et du recueillement de son auditoire; si, par contre, quelqu'un d'autre se plaisait à voir dans la décomposition atomique de la matière stellaire une émanation de l'esprit créateur du monde, ce même public ne saurait plus que déplorer l'anomalie mentale de l'auteur. Et pourtant ces deux explications sont également logiques, également métaphysiques, également arbitraires et également symboliques. Du point de vue de la théorie de la connaissance, il est tout aussi loisible de faire descendre l'homme de la lignée animale, que la lignée animale de l'homme. Mais comme on le sait, ce péché contre l'esprit du temps eut pour Dacqué de pénibles conséquences académiques [1]. Il n'y a pas lieu de plaisanter avec l'esprit du temps, car il constitue une religion, mieux encore une confession ou un crédo dont l'irrationnalité ne laisse rien à désirer; il a en outre la qualité fâcheuse de vouloir passer pour le critère suprême de toute vérité et la prétention de détenir le privilège du bon sens.

L'esprit du temps échappe aux catégories de la raison humaine. C'est un « penchant [2] », une inclination sentimentale, qui, pour des motifs inconscients, agit avec une souveraine force de suggestion sur tous les esprits faibles, et les entraîne. Penser autrement que l'on ne pense en général aujourd'hui a toujours un relent d'illégitimité intempestive, de trouble-fête; c'est même quelque chose de presque incorrect, de maladif, de blasphématoire, qui ne va pas sans comporter de graves dangers sociaux pour celui qui ainsi nage de façon absurde contre le courant. Dans le passé, ce fut un présupposé évident que tout ce qui était devait la vie à la volonté créatrice d'un Dieu spirituel; le XIXe siècle, lui, a accouché de la vérité tout aussi évidente de l'universalité des causes matérielles. Aujourd'hui ce n'est pas la force de l'âme qui s'édifie un corps, mais au contraire la matière qui par son chimisme engendre une âme. Cette volte-face prêterait à sourire si elle n'était une des vérités cardinales de l'esprit du temps. Il est populaire et par suite décent, raisonnable, scientifique et normal de penser ainsi. L'esprit doit être conçu comme un épiphénomène de la matière. C'est à cette conception que tout concourt, même lorsque au lieu de

[1] Dacqué: paléontologue et philosophe né en 1878; professeur à Munich. Dans son œuvre: *Natur und Seele* entre autres, Dacqué formule une théorie originale de l'évolution, rappelant la philosophie spéculative d'un Schelling; d'après cette théorie, l'homme n'est pas le terme d'un développement organique, mais une « forme originelle », dont se sont détachées au cours de l'histoire de la terre les principales espèces animales. La forme actuelle de l'homme se serait durant cette évolution purifiée pas à pas. L'homme n'aurait pas fait son apparition seulement à l'âge glaciaire, mais aurait déjà été présent à des âges antérieurs sous une forme reptilienne, n'apparaissant comme mammifère qu'à l'âge tertiaire. Les légendes des dragons feraient revivre le souvenir de l'époque où l'homme vivait parmi les sauriens de l'âge secondaire. (NdT)

[2] En français dans le texte. (NdT)

parler « d'esprit » on dit : « psyché », et au lieu de « matière » : « le cerveau », « les hormones », « les instincts », « les pulsions ». L'esprit du temps se refuse à accorder une substantialité propre à l'âme, car ce serait à ses yeux une hérésie.

Nous avons maintenant découvert que nos aïeux se livraient à une présomption intellectuelle arbitraire : ils supposaient que l'homme possède une âme substantielle, de nature divine et par suite immortelle ; qu'une force propre à l'âme édifie le corps, entretient sa vie, guérit ses maux, rendant l'âme capable d'une existence extra-corporelle ; qu'il existe des esprits incorporels, avec lesquels l'âme commerce, et un monde spirituel au-delà de notre ici-bas empirique, conférant à l'âme une science des choses spirituelles, dont on ne saurait trouver les origines dans le monde visible.

Mais notre conscience contemporaine n'a pas encore découvert qu'il est tout aussi présomptueux et fantastique d'admettre que la matière est naturellement génératrice de l'âme, que les singes enfantent l'homme, que c'est d'un mélange harmonieux de faim, d'amour et de volonté de puissance qu'est née la *Critique de la raison pure* de Kant, que les cellules cérébrales engendrent les pensées, d'admettre enfin que tout cela obéit à la nécessité des choses dernières et ne saurait être autrement.

Qu'est-ce donc au fond que cette matière toute-puissante ? C'est encore un Dieu créateur, mais dépouillé cette fois de son anthropomorphisme et coulé en revanche dans la forme d'un concept universel dont chacun se figure pénétrer la signification. La conscience générale, certes, a pris une extension immense, malheureusement au seul point de vue de l'espace et non de la durée ; sinon notre sentiment historique serait d'une tout autre vivacité. Si notre conscience générale n'était pas purement éphémère mais tant soit peu historique, nous saurions qu'il y eut à l'époque de la philosophie grecque des transformations analogues de la divinité, qui pourraient nous inciter à quelques critiques à l'adresse de notre philosophie contemporaine. Mais l'esprit du temps s'oppose avec violence à ces réflexions. L'histoire pour lui n'est qu'un arsenal d'arguments convenables, permettant par exemple de dire : le vieil Aristote savait déjà que..., etc.

Cette situation oblige à se demander sincèrement d'où provient la puissance inquiétante de l'esprit du temps. Il constitue sans aucun doute un phénomène psychique d'importance primordiale, un préjugé et, partant, un préjudice dans tous les cas si essentiel, que nous ne saurions parvenir au problème de l'âme avant d'avoir passé par ses Fourches Caudines.

Comme je le disais plus haut, la disposition incoercible à puiser de préférence des principes explicatifs dans l'ordre physique correspond à l'extension horizontale de la conscience au cours des quatre derniers siècles. Cette *tendance horizontale* est une réaction due à la *verticalité* exclusive de l'ère gothique. C'est une manifestation de la psychologie des peuples qui, à ce titre, se déroule toujours en marge de la conscience individuelle. Exactement *semblables aux primitifs*, nous agissons d'abord de façon totalement inconsciente, ne découvrant le pourquoi de notre action que longtemps après son accomplissement. Entre-temps nous nous contentons d'une foule de *rationalisations* approximatives. Si nous avions conscience de l'esprit de notre temps et davantage de sentiment historique, nous reconnaîtrions que c'est en raison des recours abusifs adressés dans le passé à l'esprit que nous donnons la préférence aux explications puisées dans l'ordre physique. Cette prise de conscience exciterait notre verve critique. Nous nous dirions : il est probable que nous commettons maintenant l'erreur inverse, qui est au fond la même. Nous surestimons les causes matérielles et nous nous figurons dès lors avoir trouvé le mot de l'énigme, bercés que nous sommes par l'illusion de connaître mieux la matière qu'un esprit « métaphysique ». Or la matière nous est tout aussi inconnue que l'esprit. Nous ne savons rien des choses dernières. Seul cet aveu nous restitue l'équilibre.

Nous ne nions pas pour autant l'intrication étroite de l'âme et de la physiologie du cerveau, des glandes et du corps tout entier ; nous avons toujours la profonde conviction que les données de la conscience sont hautement déterminées par nos perceptions sensorielles ; nous ne saurions douter que l'hérédité inconsciente nous imprime d'immuables traits de caractère tant physiques que psychiques ; nous sommes indélébilement impressionnés par la puissance des instincts qui entravent, favorisent ou influencent de multiples façons le devenir spirituel. Il nous faut même avouer que l'âme humaine, au premier abord et par quelque côté qu'on la prenne, se présente, surtout en ses causes, ses buts et son sens, comme une copie fidèle de tout ce que nous appelons matière, empirisme, ici-bas. Et finalement, au terme de ces concessions, on se demande si l'âme ne serait pas, tout de même, une création de deuxième ordre, une sorte d'épiphénomène totalement dépendant du substratum physique. Tout ce qui en nous est raison pratique et participation aux choses d'ici-bas acquiesce, et seul un doute sur l'omnipotence de la matière nous pousse à considérer d'un regard critique ce croquis scientifique de l'âme.

On a déjà reproché à cette conception d'assimiler le psychique à une sécrétion glandulaire; les pensées ne seraient qu'une sécrétion cérébrale; voilà bien une *psychologie sans âme*. L'âme dans cette conception n'est pas un *ens per se*, une entité existant en soi, mais une simple émanation des processus physiques du substratum. Que ces processus aient la qualité de conscience, c'est là un fait qu'il faut, en fin de compte, prendre tel quel, car, s'il n'en était pas ainsi, il ne saurait être question de psyché: il ne pourrait plus être question de rien, le langage lui-même faisant défaut. La conscience est donc la condition *sine qua non* du psychique, c'est-à-dire qu'elle est l'âme elle-même. C'est pourquoi toutes les « psychologies sans âme » modernes sont des psychologies de la conscience, excluant tout psychisme inconscient.

Il n'y a pas, en effet, *une* mais de nombreuses psychologies modernes. Cela est curieux; n'existe-t-il pas *une* mathématique, *une* géologie, *une* zoologie, *une* botanique, etc.? On dénombre un si grand nombre de psychologies modernes qu'une université américaine est en état de publier chaque année un gros volume intitulé: *Les psychologies de 1930*, etc. Je crois qu'il y a autant de psychologies que de philosophies. Car il existe non pas une, mais bon nombre de philosophies. Si je fais cette allusion, c'est qu'il règne entre la philosophie et la psychologie une connexion indissoluble, connexion qui tient à la compénétration de leurs objets: en bref, l'objet de la psychologie c'est l'âme, celui de la philosophie le monde. Jusqu'à ces derniers temps la psychologie formait une des parties de la philosophie, mais, comme Nietzsche l'avait prévu, il se dessine un essor de la psychologie qui menace d'engloutir la philosophie. La ressemblance intérieure de ces deux disciplines tient à ce qu'elles consistent toutes deux en une formation systématique d'opinions sur des thèmes qui échappent à une emprise totale de l'expérience et par suite à la trame de la raison empirique. Elles excitent par là même la raison spéculative qui se met à élaborer des conceptions; cette élaboration prend des proportions et des aspects d'une diversité telle que, tant en philosophie qu'en psychologie, il faut de nombreux volumes pour résumer la multiplicité des opinions. Aucune de ces deux disciplines ne saurait subsister sans l'autre qui lui fournit, en un mutuel, tacite et en général inconscient échange, le principe même dont elle procède.

La conviction moderne de la primauté du physique conduit en dernière analyse à une *psychologie sans âme*, c'est-à-dire à une psychologie où le psychique ne saurait être autre chose qu'un effet biochimique. Il n'existe d'ailleurs pas de psychologie moderne, scientifique, dont le système explicatif reposerait uniquement sur l'esprit. Personne aujourd'hui ne pourrait oser fonder une psychologie sur l'hypothèse d'une âme autonome, indépendante du corps. L'idée d'un esprit en soi, d'un cosmos spirituel formant un système fermé, postulat nécessaire à l'existence d'âmes individuelles et séparées, est, au moins chez nous, absolument impopulaire. Il me faut, il est vrai, ajouter qu'en 1914 encore, au cours d'une Joint Session de la « Aristotelian Society », de la « Mind Association » et de la « British Psychological Society », j'ai assisté au Bedford College à Londres à une réunion d'étude dont le thème était: « Les âmes individuelles sont-elles ou non contenues en Dieu? »

Si quelqu'un en Angleterre doutait du caractère scientifique de ces sociétés qui comprennent la « crème »[1] de l'intelligence anglaise, il n'aurait pas l'oreille de ses auditeurs. En réalité j'étais un des rares assistants à m'étonner de ce débat qui faisait appel à des arguments dignes du XIIIe siècle. Cet exemple montre que l'idée d'un Esprit autonome, dont l'existence est naturellement postulée, n'est pas encore bannie de l'intellect européen et pétrifiée à l'état de fossile médiéval.

Ce souvenir pourrait nous encourager à considérer la possibilité d'une *psychologie avec âme*, c'est-à-dire d'une théorie de l'âme reposant sur le postulat d'un Esprit autonome. L'impopularité d'une pareille entreprise ne doit pas nous effrayer, l'hypothèse de l'Esprit n'étant en rien plus fantastique que celle de la Matière. Ignorant tout du mode par lequel le psychique est susceptible de découler du physique, et le psychique étant pourtant un fait d'expérience indéniable, nous sommes en droit de renverser pour une fois les hypothèses et de supposer que l'âme provient d'un principe spirituel aussi inaccessible que l'est l'origine de la matière dans l'hypothèse contraire. Une pareille psychologie, il est vrai, ne saurait être moderne, étant à l'opposé de ce qui est actuel. C'est pourquoi, bon gré mal gré, il nous faudra remonter à la

[1] En français dans le texte.

doctrine de l'âme telle que la concevaient nos ancêtres, qui vécurent de cette hypothèse.

Selon la vieille conception, l'âme représentait la vie du corps par excellence, le souffle de vie, une espèce de force vitale qui, durant la gestation, la naissance ou la procréation, pénétrait dans l'ordre physique, spatial, et abandonnait à nouveau le corps mourant à son dernier souffle.[1] L'âme en soi, entité qui ne participait pas de l'espace, étant antérieure et postérieure à la réalité corporelle, se trouvait située en marge de la durée et jouissait pratiquement de l'immortalité.

Cette conception évidemment, vue sous l'angle de la psychologie scientifique moderne, est une pure illusion. Ne voulant pas plus faire ici de « métaphysique » moderne qu'ancienne, recherchons sans parti pris ce qu'il y a d'empiriquement justifié dans cette conception vieillotte.

Les noms que l'homme donne à ses expériences sont souvent puissamment révélateurs. D'où provient le mot *Seele* (âme)? L'allemand *Seele* (âme), comme l'anglais *soul* sont en gothique *Saiwala*, en germanique primitif *saiwalô*, apparenté au grec *aiolos* qui signifie mouvant, bigarré, chatoyant. Le mot grec *psyché* signifie aussi, on le sait, papillon. *Saiwalô* est, d'autre part, composé du vieux slave *sila* = force. Ces relations mettent en lumière la signification originelle du mot *Seele* (âme): *l'âme est une force mouvante, une force vitale.*

Le nom latin *animus* = esprit et *anima* = âme est le même que le grec *anemos* = vent. L'autre mot grec, désignant le vent, *pneuma*, signifie aussi, comme on sait, esprit. En gothique, nous rencontrons le même terme sous la forme de *us-anan* = *ausatmen* = expirer et en latin *an-helare* = respirer difficilement. En vieux haut-allemand *spiritus sanctus* est rendu par *atum*, *Atem* = haleine. En arabe *rih* = vent, *ruh* = âme, esprit. Le grec *psyché* a une parenté tout analogue avec *psycho* = souffler, *psychos* = frais, *psychros* = froid et *physa* = soufflet. Ces rapprochements montrent clairement qu'en latin, en grec, en arabe, le nom donné à l'âme évoque la représentation de vent agité, de « souffle glacé des esprits ».

Parallèlement les primitifs ont une vision de l'âme qui lui prête un corps formé de souffles invisibles.

[1] Voir dans *Un mythe moderne*, ouvrage cité, l'illustration de ce thème.

On comprend facilement que la respiration, qui est un signe de la vie, serve à la désigner, au même titre que le mouvement ou la force créatrice de mouvement. Une autre conception primitive voit l'âme comme un feu ou une flamme, la chaleur étant aussi une caractéristique de la vie. Une autre représentation curieuse mais fréquente identifie l'âme et le nom. Le nom d'un individu serait son âme, d'où l'usage de réincarner dans les nouveau-nés l'âme des ancêtres en leur donnant les noms de ceux-ci. Cette conception revient à identifier la partie au tout, le moi conscient à l'âme qu'il exprime; l'âme est aussi fréquemment confondue avec les profondeurs obscures, avec l'ombre de l'individu; d'où l'offense mortelle qu'on fait à quelqu'un en mettant le pied sur son ombre. C'est pourquoi midi (l'heure des esprits dans l'hémisphère sud) est l'heure dangereuse: l'amenuisement de l'ombre équivaut à une menace de la vie. L'ombre exprime ce que les Grecs appelaient le *synopados*, ce quelque chose qui vous suit par-derrière, ce sentiment insaisissable et vivace d'une présence: aussi a-t-on appelé ombre l'âme des disparus.

Ces allusions suffisent à montrer comment l'intuition originelle fit l'expérience de l'âme. Le psychique apparaît comme une source de vie, un *primum movens*, comme une présence surnaturelle mais objective. C'est ce qui explique que le primitif sache converser avec son âme: elle a une voix en lui, n'étant pas absolument identique à lui-même et à sa conscience. *Le psychique pour l'expérience originelle n'est pas comme pour nous la quintessence du subjectif et de l'arbitraire ; c'est quelque chose d'objectif, un jaillissement spontané qui porte en soi sa raison d'être.*

Cette conception est, d'un point de vue empirique, parfaitement justifiée; non seulement à l'échelon primitif, mais aussi chez l'homme civilisé, le psychique se révèle être quelque chose d'objectif, soustrait dans une grande mesure à l'arbitraire de la conscience: ainsi, nous sommes incapables, par exemple, de réprimer la plupart de nos émotions, de transformer en bonne humeur une humeur détestable, de commander ou de décommander des rêves. L'homme le plus intelligent du monde peut être, lui-même, en certaines occasions, la proie d'idées dont il ne parvient pas à se débarrasser, en dépit des plus grands efforts de volonté. Notre mémoire se livre aux sautes les plus folles sans que nous puissions y prendre part autrement que par une admiration passive; des fantaisies nous montent à la tête que nous n'avons ni cherchées, ni attendues. Nous aimons, certes, nous flatter d'être les maîtres dans notre propre maison. *En réalité, nous dépendons, dans des proportions angoissantes, d'un fonctionnement ponctuel de notre psychisme inconscient, de ses à-coups et de ses défaillances occasionnelles.* Si, en outre, on étudie la psychologie des névrosés, on juge risible qu'il se trouve encore des psychologues pour mettre conscience et psyché sur le même plan. La psychologie des névrosés, d'ailleurs, on le sait, ne se distingue de celle des individus réputés normaux que par des traits insignifiants. Et puis – qui donc de nos jours a la parfaite certitude de ne pas être névrosé?

Cette situation de fait justifie éloquemment la vieille conception, qui voyait dans l'âme une réalité autonome, non seulement objective mais aussi arbitraire, immédiatement et dangereusement. La supposition conjointe que cette entité mystérieuse et inquiétante est en même temps la source de vie est psychologiquement tout aussi compréhensible, l'expérience montrant que le moi, que la conscience jaillissent de la vie inconsciente: le petit enfant présente une vie psychique sans conscience du moi décelable, ce pourquoi les premières années de la vie laissent à peine quelques traces de souvenir. D'où surgissent toutes les idées bonnes et salutaires qui nous viennent à l'improviste à l'esprit? D'où surgissent l'enthousiasme, l'inspiration et le sentiment de la vie dans sa plénitude? Le primitif sent dans les profondeurs de son âme la source de la vie; il est impressionné jusque dans les racines de son être par l'activité de son âme, génératrice de vie; c'est pourquoi il accueille avec crédulité tout ce qui agit sur l'âme, les usages magiques de tous les acabits. Pour lui l'âme est donc la vie absolue, qu'il ne se figure pas maîtriser, mais dont il se sent dépendant sous tous les rapports.

L'idée de l'immortalité de l'âme, si inouïe qu'elle nous paraisse, n'a rien qui surprenne l'empirisme primitif. Certes, l'âme est quelque chose d'étrange; elle n'est pas localisable dans l'espace, alors que tout ce qui existe occupe une certaine étendue. Nous supposons avec certitude que nos pensées se situent dans la tête, mais déjà pour les sentiments nous devenons incertains, car ils paraissent jaillir davantage de la région du cœur. Quant aux sensations, elles sont réparties sur l'ensemble du corps. Notre théorie prétend que la conscience a son siège dans la tête. Les Indiens Pueblos, eux, m'affirmèrent que les Américains étaient fous de penser que les idées se trouvaient dans la tête, tout être raisonnable pensant en son cœur. Certaines tribus nègres ne localisent leur psychisme ni dans la tête, ni dans le cœur, mais dans le ventre.

A cette incertitude de la localisation spatiale s'ajoute l'aspect inextensif des états psychiques, aspect inextensif qui croît au fur et à mesure qu'ils s'éloignent de la sensation. Quelles dimensions, par exemple, attribuer à une idée? Est-elle petite, grande, longue, mince, lourde, liquide, droite, circulaire ou quoi encore? Si nous cherchons une représentation vivante d'une entité à quatre dimensions et pourtant en marge de l'espace, le meilleur modèle serait certainement la pensée.

Tout serait pourtant tellement plus facile s'il était possible de nier simplement la psyché! Mais nous nous heurtons ici à l'expérience suprêmement immédiate de quelque chose d'existentiel, implanté au sein de notre monde réel à trois dimensions, mesurable et pondérable, et qui, à tous les points de vue et en chacun de ses éléments, est étonnamment dissemblable de cette réalité, tout en la reflétant néanmoins. L'âme pourrait être à la fois un point mathématique et avoir l'immensité d'un monde planétaire. Saurait-on en vouloir à l'intuition naïve pour laquelle une entité aussi paradoxale touche au divin? Si l'âme est en marge de l'espace, elle est incorporelle. Les corps meurent, mais comment l'invisible et l'inextensif s'anéantirait-il? En outre la vie et l'âme préexistent au moi et lui survivent, comme en témoignent le rêve et l'existence d'autrui, quand le moi, durant le sommeil ou la syncope, n'est pas. Pourquoi l'intuition primitive nierait-elle, en présence de ces faits, que l'âme existe en marge du corps? J'avoue ne pas apercevoir dans cette prétendue superstition plus d'absurdité que dans les résultats des recherches sur l'hérédité ou dans ceux de la psychologie des instincts.

On comprend que la vieille conception ait prêté à l'âme un savoir supérieur, voire divin, si l'on songe que les cultures anciennes, jusqu'aux plus primitives, ont utilisé les rêves et les visions comme source de connaissance. De fait, l'inconscient dispose de perceptions subliminales dont la gamme et l'étendue touchent au merveilleux; au stade primitif, les rêves et les visions sont, en une juste reconnaissance de cet état de fait, regardés comme des sources d'informations importantes; sur cette base psychologique se sont élevées, de toute antiquité, de puissantes cultures, telles les cultures indoue et chinoise, qui ont toutes deux élaboré philosophiquement et pratiquement jusque dans le menu détail la voie de la connaissance intérieure.

Apprécier la psyché inconsciente, la valoriser au point de la juger digne d'être une source de connaissance, n'est nullement aussi illusoire que le prétend notre rationalisme occidental. Nous sommes portés à supposer que toute connaissance vient en dernière analyse de l'extérieur. Mais nous savons aujourd'hui avec certitude que l'inconscient détient des contenus, qui, s'ils pouvaient être rendus conscients, représenteraient un accroissement immense de connaissance. L'étude moderne des instincts chez les animaux, par exemple chez les insectes, a apporté une riche moisson empirique qui prouve, à tout le moins, que si un être humain se comportait à l'occasion comme tel ou tel insecte, il posséderait une ligne de conduite infaillible. Il est naturellement impossible de prouver que les insectes ont une conscience de leur savoir, mais pour le sain bon sens *il est indubitable que ces pulsions inconscientes forment autant de fonctions psychiques.* De même l'inconscient humain recèle toutes les formes de vie et de fonctions héritées de la lignée ancestrale, de sorte qu'en chaque enfant préexiste une disposition psychique fonctionnelle, adéquate, antérieure à la conscience. Au sein de la vie consciente de l'adulte, cette fonction inconsciente instinctive fait constamment sentir sa présence et son activité: en elle sont déjà préformées toutes les fonctions de la psyché consciente. L'inconscient perçoit, a des intentions et des pressentiments, des sentiments et des pensées tout comme le conscient. Notre expérience de la psychopathologie et l'étude de la fonction onirique le confirment abondamment. Il n'y a qu'une seule différence essentielle entre le fonctionnement conscient et le fonctionnement inconscient de la psyché: le conscient, en dépit de son intensité et de sa concentration, est purement éphémère, accommodé seulement au présent immédiat et à son propre voisinage; il ne dispose par nature que des matériaux de l'expérience individuelle, répartis à peine sur quelques décennies. Sa mémoire pour le reste est artificielle et composée essentiellement de papier imprimé. Combien différent est l'inconscient! *Ni concentré, ni intensif, mais crépusculaire jusqu'à l'obscurité, il y gagne une extension immense et il renferme côte à côte, de façon paradoxale, les éléments les plus hétérogènes, disposant, outre une masse inassignable de perceptions subliminales, du trésor prodigieux des stratifications déposées au cours de la vie des ancêtres, qui, par leur seule existence, ont contribué à la différenciation de l'espèce.* Si l'inconscient pouvait être personnifié, il prendrait les traits d'un être humain collectif vivant en marge de la spécification des sexes, de la jeunesse et de la vieillesse, de la naissance et de la mort, fort de l'expérience humaine à peu près immortelle d'un ou de deux millions d'années. Cet être planerait sans conteste au-dessus des vicissitudes des temps. Le présent n'aurait pas plus de signification pour lui qu'une année quelconque du centième millénaire avant Jésus-Christ; ce serait un rêveur de rêves séculaires, et, grâce à son expérience démesurée, un oracle aux pronostics incomparables. Car il aurait vécu la vie de l'individu, de la famille, des tribus, des peuples un nombre incalculable de fois, et il connaîtrait – tel un sentiment vivant – le rythme du devenir, de l'épanouissement, et de la décadence.

Malheureusement, ou plutôt heureusement, il rêve; du moins à ce qu'il nous paraît, comme si cet inconscient collectif ne détenait pas de conscience propre de ses contenus; nous n'en sommes toutefois pas plus sûrs que pour les insectes. Cet être collectif ne semble pas davantage être une personne, mais plutôt une sorte de flot infini, un océan d'images et de formes qui émergent à la conscience à l'occasion de rêves ou d'états mentaux anormaux.

Il serait fâcheux de vouloir traiter d'illusion ce système immense d'expériences de la psyché inconsciente; notre corps visible et tangible est lui aussi un système d'expériences tout à fait comparable qui recèle encore les traces des développements datant des premiers âges; il forme sans conteste un ensemble assujetti à un but, la vie, qui autrement serait impossible. Il ne viendrait à l'esprit de personne de dénier tout intérêt à l'anatomie comparée ou à la physiologie; l'étude de l'inconscient collectif et son utilisation comme source de connaissance ne sauraient passer davantage pour une illusion.

D'un point de vue superficiel, l'âme nous paraît essentiellement être le reflet de processus extérieurs, qui en seraient non seulement les promoteurs occasionnels mais bien l'origine première. De même tout d'abord l'inconscient ne paraît explicable que de l'extérieur, à partir du conscient. On sait que Freud, dans sa psychologie, a fait cette tentative. Mais elle n'aurait pu vraiment réussir que si l'inconscient était en fait un produit de l'existence individuelle et du conscient. *Cependant l'inconscient préexiste toujours, étant la disposition fonctionnelle héritée d'âge en âge. La conscience est un rejeton tardif de l'âme inconsciente.* Il serait sans doute mal venu d'expliquer la vie des ancêtres grâce aux épigones ultérieurs; c'est pourquoi il est, à mon avis, erroné de placer l'inconscient dans la dépendance causale du conscient. Le contraire est sans doute plus vrai.

Précisément ce point de vue opposé était celui de la façon de voir traditionnelle, sorte de vieille psychologie qui, presciente de l'inestimable trésor d'expériences obscures cachées sous le seuil de la conscience individuelle et éphémère, ne considéra l'âme de l'individu que dans la dépendance d'un système cosmique spirituel. Pour elle, ce n'était pas seulement une hypothèse, mais bien une évidence manifeste que ce système était une entité douée de volonté et de conscience, voire même un être, et cet être elle l'appela Dieu – qui devint ainsi la quintessence de toute réalité. Dieu était l'être le plus réel, la *prima causa* grâce à laquelle seule l'âme pouvait être expliquée. Cette hypothèse a sa raison d'être psychologique: qualifier de divin, par rapport à l'homme, un être à peu près immortel, doué d'une expérience à peu près éternelle, n'est pas totalement injustifié.

Ce qui précède esquisse le problématisme d'une psychologie fondée non pas sur l'ordre physique comme principe explicatif, mais sur un système spirituel dont le *primum movens* n'est ni la matière et ses qualités, ni un état énergétique, mais Dieu. Nous sommes ici exposés à la tentation, invoquant la philosophie moderne de la nature, d'appeler Dieu l'énergie ou l'élan vital et de jeter ainsi dans le même sac l'esprit et la nature. Tant qu'une telle entreprise reste limitée aux hauteurs nébuleuses de la philosophie spéculative, le danger n'est pas grand. Mais si nous voulons opérer de même dans les sphères plus basses de l'expérience scientifique, nous ne tarderons pas à nous perdre dans des confusions sans issue, nos explications étant appelées à avoir une portée pratique: nous ne nous livrons pas, en effet, à une psychologie aux ambitions uniquement académiques et dont les explications demeureraient pratiquement lettre morte; nous avons besoin d'une psychologie pratique, vraie dans son exercice, c'est-à-dire fournissant des explications confirmées par leurs résultats. Dans l'arène de la psychothérapie pratique nous sommes à la recherche de résultats viables, n'ayant que faire de l'élaboration de théories sans valeur voire nuisibles pour le malade. Ici c'est souvent une question de vie ou de mort de savoir si l'explication doit faire appel à la matière ou à l'esprit. N'oublions pas que, du point de vue naturaliste, tout ce qui est esprit est une illusion et que, d'autre part, l'esprit doit souvent nier et surmonter un fait physique importun pour affirmer sa propre existence. Si je ne reconnais que des valeurs « naturelles » je minimiserai, gênerai ou même anéantirai par mon hypothèse physique le développement spirituel de mon malade. Si, par contre, en dernière analyse je ramène tout aux sphères éthérées, je méconnaîtrai et violenterai l'individu naturel dans sa légitime existence physique. La plupart des suicides survenant au cours d'un traitement psychothérapique proviennent de fausses manœuvres de cette sorte. L'énergie est-elle Dieu, ou Dieu est-il l'énergie, cela m'importe peu, le fait demeurant impénétrable en toute connaissance de cause. Par contre je me dois d'être au courant des possibilités d'explications psychologiques.

Le psychologue moderne n'est plus inféodé à l'une ou à l'autre de ces attitudes; il louvoie entre les deux dans une alternative dangereuse, exposé à la facile tentation d'un opportunisme dépourvu de tout caractère! C'est là sans aucun doute le grand danger de la *coïncidentia oppositorum*, de la libération du dilemme des contraires, grâce à l'intellect qui les surmonte. Comment pourrait naître, de l'équivalence de deux hypothèses opposées, autre chose qu'une indécision oscillant sans force dans le vague ? Cette situation fait bien ressortir l'avantage d'un principe explicatif unique, celui-ci permettant de prendre un parti nettement défini. Nous nous heurtons ici indubitablement à un problème fort ardu. Il nous faut une réalité, un fondement explicatif réel sur lequel nous puissions nous appuyer; et il est pourtant impossible au psychologue moderne de se cantonner dans le recours à l'ordre physique après qu'il a pris clairement conscience de ce que l'interprétation spiritualiste a de justifié. Mais il ne pourra pas davantage adopter totalement celle-ci, car ce serait perdre de vue les motifs de la validité relative du point de vue physique. A quel saint alors se vouer ?

L'étude de ce dilemme et la recherche de sa solution m'ont conduit aux réflexions suivantes: *le conflit entre la Nature et l'Esprit n'est que la traduction de l'essence paradoxale de l'âme :* elle possède un aspect physique et un aspect spirituel qui ne paraissent se contredire que parce qu'en dernière analyse nous ne saisissons pas son essence. Chaque fois que l'entendement humain veut appréhender quelque chose qu'en dernière analyse il ne comprend pas et ne peut pas comprendre, il doit (s'il est sincère), pour en saisir quelques aspects, se soumettre à une contradiction et scinder son objet en ses apparences opposées. Le conflit entre l'aspect physique et l'aspect spirituel ne fait que démontrer que le psychique est au fond quelque chose d'insaisissable; sans aucun doute, c'est notre seule et unique expérience immédiate. Tout ce dont je fais l'expérience est psychique; jusqu'à la douleur physique dont je ne ressens que la transcription psychique. Toutes les perceptions de mes sens qui m'imposent un monde d'objets spatiaux et impénétrables sont des images psychiques qui représentent ma seule expérience immédiate, ces images étant les seules données immédiates de ma conscience. Ma psyché transforme et falsifie la réalité dans des proportions telles qu'il faut faire appel à des expédients afin de constater ce que les choses sont en dehors de moi, par exemple qu'un son est une vibration de l'air d'une certaine fréquence et qu'une couleur est une des longueurs d'onde de la lumière. Au fond, nous sommes tellement enrobés dans nos images psychiques que nous ne pouvons pénétrer la nature des choses qui nous sont extérieures. Tout ce dont nous prenons connaissance n'est fait que de matériaux psychiques. La psyché est l'entité réelle au suprême degré, puisqu'elle est la seule immédiate. C'est sur cette réalité, sur la *réalité du psychique* que le psychologue doit s'appuyer.

Si nous essayons de pénétrer davantage cette dernière notion, il nous apparaît bientôt que certaines représentations ou images découlent d'un monde réputé physique, dont notre corps fait également partie, alors que d'autres proviennent, sans pour cela en être moins réelles, d'une source dite spirituelle, apparemment différente du monde physique. Que je me figure l'auto que je désire acheter, ou l'état dans lequel se trouve momentanément l'âme de mon père décédé, que je m'irrite d'un obstacle extérieur ou d'une pensée intime, c'est, psychiquement parlant, d'une égale réalité. La seule différence c'est que l'un se rapporte au monde des choses physiques et l'autre au monde des choses spirituelles. Si je déplace ma notion de réalité et la centre sur la psyché, alors seulement cette notion est à sa place et le conflit entre la Nature et l'Esprit comme principes explicatifs se résout de lui-même. Nature et Esprit ne deviennent plus que les *désignations d'origine des contenus psychiques* qui se pressent dans ma conscience. Quand une flamme me brûle je ne doute point de la réalité du feu. Mais lorsque j'ai peur, craignant l'apparition d'un esprit, je me réfugie à l'abri de la pensée qu'il n'y a là qu'une illusion. Or, le feu est l'image psychique d'un processus objectif dont la nature physique en dernière analyse nous est inconnue; de même, ma peur du fantôme, image psychique d'un processus mental, est tout aussi réelle que le feu, la crainte que j'en éprouve étant aussi réelle que la douleur créée par le feu. L'opération mentale à laquelle se ramène en dernière analyse la peur du fantôme m'est tout aussi inconnue que la nature dernière de la matière. Je ne songe pas à expliquer la nature du feu autrement que par des notions chimiques et physiques; il ne me vient pas plus à l'esprit d'expliquer ma peur du fantôme autrement que par des facteurs psychiques.

Le fait que seule l'expérience psychique est immédiate et que, par suite, la seule réalité immédiate ne peut être que d'ordre psychique explique pourquoi l'homme primitif ressent les esprits et les influences magiques avec le même concrétisme que les événements extérieurs. Le primitif n'a pas encore écartelé son expérience originelle en d'irréductibles contrastes. Dans son univers l'esprit et la matière se compénètrent et les dieux peuplent les forêts et les champs. Il est encore semblable à un enfant à peine mis au monde, enveloppé, comme la chrysalide dans son cocon, dans les rêves de son âme et dans le monde tel qu'il est réellement, antérieur à la défiguration que lui infligent les difficultés de connaissance d'un entendement vagissant. De la désagrégation du monde originel en Esprit et en Nature, le monde occidental a sauvé la Nature, à laquelle il croit par tempérament et dans laquelle il s'est toujours davantage empêtré, à travers toutes ses tentatives douloureuses et désespérées de spiritualisation.

Le monde oriental, lui, a choisi l'Esprit, décrétant que la matière n'est que Maya, et s'est engourdi dans son rêve au milieu de la misère et de la saleté asiatiques.

La terre cependant est *une*; et de même que l'Orient et que l'Occident ne sont pas parvenus à déchirer l'humanité *une* en deux moitiés adverses, de même la réalité psychique persiste dans son unité originelle; elle attend que la conscience humaine progresse de la croyance à l'un et de la négation de l'autre vers la reconnaissance des deux, en tant qu'éléments constituants de l'âme *unique*.

L'idée de la réalité psychique, si on lui prêtait l'attention qu'elle mérite, constituerait sans doute la conquête la plus importante de la psychologie moderne. Je crois que la diffusion de cette idée n'est qu'une question de temps. Cette formule s'affirmera car seule elle permet d'apprécier les multiples manifestations psychiques dans leurs particularités essentielles. En dehors de cette conception il est inévitable que soit violentée, dans chaque cas d'espèce, une moitié entière du psychique à expliquer. Avec cette idée, nous acquérons la possibilité de rendre justice à l'aspect du psychique exprimé dans les superstitions, la mythologie, les religions et la philosophie. Et certes, il n'y a pas lieu de sous-estimer cet aspect de l'âme. La vérité sensorielle suffit peut-être à la raison, mais elle ne révèle jamais un sens de l'existence humaine qui, émouvant et exprimant le cœur, emporterait son adhésion. Les forces du cœur sont souvent les facteurs qui en dernière instance emportent la décision, dans le bien comme dans le mal. Lorsqu'elles ne volent pas au secours de notre raison celle-ci est le plus souvent impuissante. La raison et nos bonnes intentions nous ont-elles préservés de la guerre mondiale ou de quelque autre absurdité catastrophique? Les plus grands bouleversements spirituels et sociaux sont-ils nés de la raison? Est-ce la raison qui a présidé à la transformation de la vie économique antique pour lui conférer la forme qu'elle eut au moyen âge, ou à l'expansion quasiment explosive de la culture islamique?

En tant que médecin, bien entendu, je ne suis pas immédiatement touché par ces questions universelles; c'est du malade que je dois m'occuper. Jusqu'à présent c'était un préjugé courant en médecine que l'on pouvait, que l'on devait guérir et soigner la maladie en soi; mais en ces derniers temps des voix autorisées se sont élevées, taxant cette opinion d'erreur et recommandant, non pas le traitement de la maladie, mais celui de l'individu malade. Cette nécessité s'impose aussi à nous dans le traitement des maux psychiques. Considérer la maladie visible n'est rien si notre regard n'embrasse l'individu tout entier; car il nous a fallu admettre que précisément le mal psychique ne consiste pas en phénomènes localisés, étroitement circonscrits, mais au contraire que ces phénomènes sont autant de symptômes d'une attitude, par quelque côté foncièrement défectueuse, de la personnalité tout entière. Une véritable guérison ne saurait donc jamais être espérée d'un traitement visant les seuls symptômes; on ne peut l'attendre que du traitement de la personnalité totale.

Je me souviens à ce propos d'un cas très instructif: il s'agissait d'un jeune homme extrêmement intelligent qui, s'étant livré avec soin à une étude consciencieuse de la littérature médicale du sujet, avait composé une analyse circonstanciée de sa névrose. Il m'apporta le résultat de ses réflexions sous la forme d'une monographie remarquablement écrite et, pour ainsi dire, prête à être imprimée. Il me pria de lire son manuscrit et de lui dire pourquoi il n'était pas encore guéri, alors que ses connaissances scientifiques lui disaient devoir l'être. Je dus lui avouer après lecture que, s'il suffisait au malade pour guérir de comprendre la structure causale de sa névrose, il devrait incontestablement être délivré de ses maux. S'il ne l'était pas, cela provenait sans doute de quelque erreur cardinale concernant son attitude générale à l'égard de la vie et située apparemment en marge de l'étiologie symptomatique de sa névrose. J'avais appris dans son anamnèse, non sans surprise, qu'il passait souvent l'hiver à Saint-Moritz ou à Nice; je lui demandai qui subvenait à ses séjours et il apparut alors que c'était une pauvre institutrice qui l'aimait et qui économisait sur sa nourriture quotidienne l'argent nécessaire aux villégiatures du jeune homme. C'est dans cette amoralité que résidait le motif de sa névrose; elle expliquait en outre l'inefficacité de la compréhension scientifique. La faute de principe résidait ici dans l'attitude morale. Le malade jugea mon opinion bien peu scientifique, la morale n'ayant rien à faire avec la science. Il croyait que l'on pouvait au nom de la pensée scientifique éliminer une immoralité qu'au fond il ne supportait pas lui-même. Et de prétendre qu'il n'y avait pas de conflit puisque celle qui l'aimait lui donnait volontiers cet argent. On peut à ce propos se livrer à toutes les ratiocinations scientifiques que l'on voudra, cela n'empêchera pas que la majorité des êtres civilisés ne supportent pas une pareille attitude. L'attitude morale est un facteur réel dont le psychologue doit tenir compte s'il ne veut pas risquer les plus magistrales bévues. Il en va de même du fait que certaines convictions religieuses, rationnellement infondées, n'en représentent pas moins pour certaines personnes une nécessité vitale. Nous touchons ici de nouveau à des réalités psychiques susceptibles de causer comme de guérir des maladies. Que de fois j'ai entendu un malade s'écrier: « Si je connaissais le sens et le but de mon existence, je n'aurais que faire de ces troubles nerveux! » Que cet être soit riche ou pauvre, qu'il ait ou non famille et situation, peu importe, car il s'en faut que cela suffise à donner un sens à une vie. Il s'agit ici bien plutôt de la nécessité irrationnelle d'une vie dite spirituelle qu'il ne trouve ni dans les universités, ni dans les bibliothèques, ni davantage dans les églises. Il ne peut accepter ce qu'on lui offre là, qui parle à l'intellect, sans émouvoir le cœur. En pareil cas, la reconnaissance exacte par le médecin du facteur spirituel est d'une importance absolument vitale, importance que l'inconscient du malade souligne en produisant, par exemple dans les rêves, des contenus dont la nature doit être qualifiée, pour l'essentiel, de religieuse. Méconnaître l'origine spirituelle de tels contenus conduirait à un traitement malencontreux et à un échec.

De fait, les représentations spirituelles générales sont un élément constitutif indispensable de la vie psychique; elles se retrouvent chez tous les peuples jouissant d'une conscience déjà quelque peu déliée. C'est pourquoi leur absence partielle ou même leur négation occasionnelle chez des peuples civilisés doivent être considérées comme un signe de dégénérescence.

La psychologie, dans son développement actuel, se préoccupe surtout du conditionnement physique de l'âme; à l'avenir la tâche de la psychologie sera d'étudier le conditionnement spirituel des opérations psychiques. Mais l'histoire naturelle de l'esprit se trouve aujourd'hui encore dans un état comparable à celui des sciences naturelles au XIIIe siècle. Nous commençons à peine à confronter des expériences.

Si la psychologie moderne peut se glorifier d'avoir arraché le moindre voile dissimulant l'image de l'âme, c'est bien celui qui cachait son apparence biologique aux regards des savants. Nous pouvons comparer la situation actuelle avec l'état dans lequel se trouvait la médecine au XVIe siècle, au début de l'anatomie, quand la physiologie était encore dans les limbes. De même nous n'avons que quelques aperçus sur la vie spirituelle de l'âme. Nous savons aujourd'hui, il est vrai, qu'il existe dans l'âme des opérations de métamorphose conditionnées spirituellement, et qui sont entre autres à la base des initiations bien connues dans la psychologie des primitifs ou des états engendrés par le Yoga. Mais nous n'avons pas encore réussi à définir les lois singulières auxquelles elles obéissent. Nous savons seulement que la majorité des névroses tient à une perturbation de ces processus.

La recherche psychologique n'a pas réussi à dégager le visage de l'âme de ses voiles multiples car celle-ci est lointaine, inabordable et obscure comme tous les secrets profonds de la vie. Tout ce que nous pouvons faire, c'est dire ce que nous avons déjà tenté et ce que nous comptons entreprendre à l'avenir pour nous rapprocher de la solution de cette impénétrable énigme.

CHAPITRE II

A LA CONQUÊTE DE LA CONSCIENCE [1]

Dans le domaine psychologique j'ai toujours ressenti une extrême difficulté à faire part à mon auditoire de choses accessibles au grand public. Cette difficulté, je la rencontrais déjà, jeune médecin, à l'asile d'aliénés. Tout psychiatre découvre en effet, avec étonnement, que son opinion sur la santé mentale et ses troubles n'est pas tenue pour compétente, mais que le bon public prétend en savoir bien davantage à ce sujet. Le malade, lui dit-on, n'en est pas encore à grimper aux murs, il sait où il se trouve, il reconnaît ses proches, il n'a même pas oublié son nom; il n'est donc pas sérieusement atteint, mais seulement un peu triste ou un peu exalté, et l'idée du psychiatre, que son malade souffre de telle ou telle maladie, n'est qu'une profonde erreur.

Cette constatation fréquente touche déjà au domaine psychologique. Là, les choses sont bien pires encore, chacun prétendant avec assurance que la psychologie est précisément ce qu'il connaît le mieux. – La psychologie, mais c'est toujours pour le premier venu *sa* psychologie, qu'il est *seul* à connaître, quoi qu'elle soit en même temps *la* psychologie tout court. D'instinct tout homme suppose que sa constitution psychique, pour personnelle qu'elle soit, n'en relève pas moins de « l'humaine condition », et que chacun dans l'ensemble est pareil à autrui, c'est-à-dire à lui-même. L'homme attend cette similitude de sa femme, la femme de

[1] Paru dans *Wirklichkeit der Seele* (Rascher, Zurich, 1934), sous le titre littéral: *La psychologie et les temps présents.*

La *Revue d'Allemagne* du 15 août 1933 (Editions Montaigne, Paris), dans un numéro spécial consacré à C. G. Jung, a déjà publié une partie de cet exposé sous le titre « Sur la psychologie ». Nous ne nous en sommes aperçu qu'après coup; cependant notre traduction a gagné à être comparée aux extraits déjà parus sous la plume de M. Decourdemanche, qui en avait fourni une excellente version. (NdT) l'homme, les parents des enfants, les enfants des parents, et ainsi de suite. C'est comme si chacun entretenait avec son monde intérieur les relations les plus immédiates, les plus intimes et les plus pertinentes, et comme si l'âme personnelle représentait l'âme de l'humanité tout entière, de sorte qu'il n'y aurait pas d'obstacle à conférer par généralisation une valeur universelle à ce que l'on trouve en soi. On est en proie à un étonnement sans bornes, on est même attristé, effrayé, voire exaspéré chaque fois que cette règle ne se confirme manifestement pas, c'est-à-dire chaque fois que l'on découvre qu'un autre être est réellement *autre*. Les diversités psychiques n'éveillent pas en général l'intérêt que l'on marque à de simples curiosités plus ou moins attirantes; on les éprouve bien plutôt comme étant pénibles, à peine supportables ou même intolérables, fausses et condamnables. Un comportement qui diffère d'une manière manifeste de la norme générale et admise fait l'effet d'une perturbation apportée à l'ordre du monde; c'est comme une erreur qui doit être réparée au plus tôt, comme un manquement que l'on se fait un devoir de dénoncer, de réprimer. Il existe même, on le sait, des théories psychologiques d'importance, dont le principe suppose la similitude en tout lieu et en tout temps de l'âme humaine; il y aurait donc lieu de l'expliquer – quelles que soient les circonstances – grâce à un seul et même point de vue. La monotonie écrasante, postulée par de semblables théories, est contredite par la diversité individuelle qui, dans le domaine psychique, atteint à l'infini. Cependant, abstraction faite de ces variations individuelles, l'une des théories auxquelles je fais allusion explique principalement la phénoménologie psychique grâce à la biologie de l'instinct sexuel (Freud), alors que l'autre (Adler) s'en tient à la non moins bien connue volonté de puissance. Cette contradiction conduit chacune des théories à s'enferrer dans son principe initial, et à prétendre qu'en dehors d'elle il n'existe point de salut. Chacune des deux théories nie le bien-fondé de l'autre, et l'on se demande en vain, au premier abord, laquelle des deux est dans le vrai. Quoique les tenants des deux partis s'efforcent réciproquement de s'ignorer, cette attitude ne suffit pas à lever la contradiction. Le mot de l'énigme est pourtant d'une simplicité déconcertante: *chacune* des deux théories *a raison* dans son sens, décrivant une psychologie conforme à celle de ses partisans. C'est, librement illustré, le célèbre mot du Faust: « Tu ressembles à l'esprit que tu conçois. »

Mais revenons à ce préjugé pour ainsi dire inexpugnable du sens commun, que tout chez autrui est pour ainsi dire comme chez nous-mêmes ! Quoique l'on s'accorde en général à reconnaître sans difficulté la diversité des âmes humaines, on n'en oublie pas moins perpétuellement dans la pratique que « l'autre » est en réalité un autre être dont les sentiments, les pensées, les perceptions et les désirs sont différents des nôtres. Des théories scientifiques elles-mêmes, nous l'avons vu, vont jusqu'à supposer que le bât blesse chacun au même endroit. A côté de ces querelles intestines entre conceptions psychologiques (somme toute distrayantes), il y a de *nombreux postulats d'égalité*, gros de conséquences sociales et politiques, qui oublient tout bonnement l'existence des âmes individuelles.

Au lieu de m'irriter sans profit d'une pareille étroitesse de vues, je me suis étonné de son existence et mis à la recherche des motifs que l'on en peut rendre responsables. Cette manière d'envisager le problème m'a conduit à étudier la *psychologie des peuples primitifs*. J'avais en effet été surpris depuis longtemps de voir que c'est – en partie – une certaine naïveté puérile qui incline le plus l'homme vers le préjugé d'égalité de structure psychologique et d'identité. Dans l'humanité primitive, ce préjugé s'étend, en fait, non seulement à tous les hommes, mais aussi aux choses de la nature, aux animaux, aux plantes, aux fleuves, aux montagnes, etc. Tout détient un peu de la psychologie de l'homme, jusqu'aux arbres et aux pierres qui sont doués de parole. Et de même que, parmi les humains, il en existe qui s'écartent manifestement de la règle commune et qui passeront pour être magiciens, sorciers, chefs de clans ou medicine-men, de même chez les animaux il y aura des coyottes-docteurs, des oiseaux-docteurs, des loups-garous, etc., titres honorifiques qui ne sont conférés à un animal que s'il se comporte de façon inusitée, contrevenant au préjugé tacite de l'égalité. Ce préjugé est manifestement une survivance puissante d'un état d'esprit primitif qui repose au fond sur une différenciation insuffisante de la conscience individuelle. La conscience individuelle ou conscience du moi est une conquête tardive de l'évolution. Sa forme originelle est une simple *conscience de groupe*, encore si rudimentaire chez certaines tribus contemporaines qu'elles ne se donnent même pas un nom propre qui les distinguerait des peuplades environnantes. Ainsi, j'ai rencontré en Afrique orientale une petite tribu qui se nommait elle-même : « les gens qui sont ici ». Cette primitive conscience du groupe se perpétue dans la *conscience familiale* moderne; on rencontre souvent de ces familles dont on serait bien embarrassé de caractériser individuellement les membres autrement que par leur nom de famille, ce qui ne paraît d'ailleurs guère affecter les intéressés.

La conscience du groupe, au sein de laquelle les individus sont parfaitement interchangeables, ne représente pas l'échelon le plus bas de la conscience; elle témoigne au contraire déjà d'une certaine différenciation. La primitivité la plus rudimentaire possède sans doute *une espèce de conscience diffuse des choses et de l'univers* (Allbewusstsein), jointe à une inconscience totale du sujet soumis aux représentations. A cet échelon, il n'y a que des *événements* et *pas de personne agissante.*

Lorsque j'escompte tacitement que ce qui me plaît convient aussi à autrui, cette supposition constitue une survivance notable de la nuit originelle de la conscience, de cette époque où n'existait encore aucune différence perceptible entre le moi et le toi et où tous les êtres pensaient, sentaient et voulaient de même. Survenait-il que le prochain ne fût pas « orienté » parallèlement? Un trouble naissait. Rien chez les primitifs n'excite plus la panique que l'extraordinaire, derrière lequel ils appréhendent aussitôt le danger hostile. Cette réaction originelle survit également en nous: que nous sommes facilement offensés si l'on ne partage pas notre conviction! Nous sommes blessés quand quelqu'un ne trouve pas beau ce dont nous vantons la beauté. Aujourd'hui encore nous pourchassons quiconque ne pense pas selon nos pensées; nous continuons à vouloir imposer à autrui l'opinion qui doit être la sienne, à vouloir convertir les pauvres païens, afin de les préserver de l'enfer, sort qui – nous le prétendons certain – les attend; nous éprouvons même une peur abominable à l'idée de demeurer seul face à face avec notre conviction!

L'égalité psychique des hommes est un postulat tacite, une convention, informulée mais existante, qui provient de l'inconscience originelle de l'être. Dans l'humanité originelle, il y avait quelque chose comme une âme collective à la place de notre conscience individuelle, qui n'émergea que graduellement au cours des progrès de l'évolution. La condition primordiale de l'existence de la conscience individuelle est sa différenciation d'avec la conscience d'autrui. C'est pourquoi l'on pourrait comparer la genèse de l'évolution psychique à une fusée qui éclate à son terme en une gerbe d'étoiles multicolores.

La psychologie, en tant que science empirique, est de date toute récente. Elle a à peine cinquante années d'âge et en est encore au maillot. L'hypothèse de l'égalité, jusque-là régnante, a interdit son éclosion plus précoce. On peut mesurer à cela combien la différenciation de la conscience est de fraîche date. Elle vient à peine d'éclore péniblement du sommeil originel; elle est en train de prendre, avec lourdeur et maladresse, notion d'elle-même. Se bercer de l'illusion d'avoir atteint quelque sommet serait folie. Notre conscience contemporaine n'est qu'un petit enfant qui commence à peine à dire « je ».

Reconnaître à quel degré inouï les âmes humaines sont différentes les unes des autres fut une des expériences les plus bouleversantes de ma vie. Si l'égalité collective n'était pas un fait originel, si elle n'était pas la source première et la mère de toutes les âmes individuelles, elle ne serait qu'une gigantesque illusion. Mais en dépit de toute notre conscience individuelle, elle ne s'en perpétue pas moins inébranlablement au sein de *l'inconscient collectif*, comparable à une mer sur laquelle la conscience du moi voguerait, semblable à un bateau. C'est pourquoi rien ou presque rien du monde psychique originel n'a disparu. Comme les flots séparent les continents de leurs immensités et les enserrent tels des îles, l'inconscience originelle assaille de toutes parts les consciences individuelles. Dans le cataclysme de la démence, la mer originelle s'élance en lames déchaînées à l'assaut de l'île à peine émergée et l'engloutit. Au cours des troubles nerveux, ce sont au moins des digues qui sont rompues et des champs fertiles dévastés par l'inondation. Les névrosés sont sans exception des habitants des côtes, les plus exposés aux dangers de la mer. Les soi-disant normaux habitent à l'intérieur des terres sur un sol sec et surélevé, au bord de lacs et de rivières paisibles; nul raz de marée, si puissant soit-il, ne peut les atteindre, et la mer est si lointaine que l'on en arrive à nier son existence. L'identification avec le moi peut être si poussée que les liens qui unissent l'humanité se relâchent et que les hommes se dressent les uns contre les autres. Ceci n'a que trop tendance à se produire, les volontés individuelles n'étant jamais tout à fait identiques. Et pour l'égoïsme primitif, il est clairement établi que ce n'est jamais « moi » mais toujours autrui qui « doit ».

La conscience individuelle est entourée par les abîmes de l'inconscient comme par une mer menaçante. Elle n'est sûre et n'inspire confiance qu'en apparence; en réalité, c'est une chose fragile, vacillante sur sa base. A l'occasion, il suffit simplement d'un puissant affect pour perturber de la façon la plus sensible l'état d'équilibre de la conscience. Le langage le dit bien: « La colère m'a mis hors de moi », « m'a fait sortir de mes gonds », « on ne le reconnaissait plus », « il était comme possédé du diable », « on voudrait sortir de sa peau » (« aus der Haut fahren »), « il y a des choses qui vous rendent fous », « on ne sait plus ce que l'on fait », etc. Toutes ces phrases courantes montrent avec quelle facilité un affect ébranle la conscience du moi. Ces perturbations par les affects ne surviennent pas, hélas, seulement par accès, mais peuvent revêtir une chronicité qui engendre des transformations durables de la conscience. Du fait des ébranlements psychiques, des pans entiers de notre nature peuvent s'effondrer dans l'inconscient et disparaître de la surface de la conscience pour des années, des dizaines d'années. Il peut en résulter des transformations durables du caractère; c'est pourquoi l'on dit avec raison: depuis tel ou tel événement « il est devenu un autre homme ». De pareilles mésaventures ne sont pas le fait seulement de sujets chargés d'une lourde hérédité ou de nerveux, mais aussi de gens réputés normaux. Les perturbations suscitées par les affects sont appelées en langage technique des *phénomènes de dissociation.* Au cours des conflits psychiques apparaissent des failles de cette nature, qui menacent de ruiner la structure ébranlée de la conscience.

L'habitant de l'intérieur, du monde normal, qui se flattait d'oublier la mer, ne vit pas non plus sur un sol sûr, mais sur une glèbe friable où à tout moment, par quelque crevasse continentale, la mer peut se précipiter en bouillonnant. Le primitif connaît ce danger par la vie de sa tribu et grâce à sa psychologie propre; ce sont les « perils of the soul », les périls de l'âme, selon le terme technique, où l'on distingue la prétendue *perte de l'âme* et la *possession.* Toutes deux sont des signes de dissociation. Dans le premier cas, le primitif dit qu'une âme l'a quitté, a émigré; dans le deuxième, qu'une âme, à son grand désagrément, a immigré en lui. Cette manière d'exprimer les choses est certainement un peu insolite, mais elle désigne assez bien ces symptômes que nous appelons aujourd'hui phénomènes de dissociation ou états schizoïdes. Ces phénomènes ne sont pas des symptômes absolument maladifs et on les rencontre aussi sous les latitudes du normal. Ce sont alors des transformations du sentiment général des choses, des sautes irrationnelles de l'humeur, les affects imprévisibles, des aversions soudaines, des lassitudes psychiques, etc. On peut même observer des phénomènes schizoïdes analogues à la possession du primitif chez l'homme réputé normal. Car lui non plus n'est pas invulnérable au démon de la passion, ni à l'abri de la possession, ne serait-ce que par le truchement d'un coup de foudre, d'un vice, d'une conviction exacerbée, bref de tout un faisceau de possibilités qui ouvrent un abîme profond entre lui et autrui, suscitant un douloureux déchirement de son âme.

La scission de l'âme est pour le primitif, comme pour nous, incongrue et maladive. Nous la nommons conflit, nervosité, démence. Ce n'est pas par erreur que le récit biblique de la Création a situé une harmonie pleine et entière entre les plantes, les animaux, les hommes et Dieu dans le symbole du Paradis, au début de tout devenir psychique, et qu'il a discerné le péché fatal dans cette première pointe de conscience : « Vous serez comme des Dieux, connaissant le Bien et le Mal. » Pour l'esprit naïf, c'était nécessairement pécher que de rompre la Loi, l'unité sacrée de la nuit originelle faite d'une conscience vague, diffuse des choses et de l'univers (Allbewusstsein). C'était la révolte satanique de l'individu contre l'unité. C'était un acte hostile du disharmonique contre l'harmonique, une rupture de l'alliance universelle. Et c'est pourquoi il est dit dans la malédiction divine : « Je mettrai inimitié entre toi et la femme, entre ta postérité et sa postérité : celle-ci t'écrasera la tête, et tu lui blesseras le talon. »

Et pourtant *la conquête de la conscience* fut le fruit le plus précieux de l'Arbre de Vie, l'arme magique qui conféra à l'homme sa victoire sur la terre et qui lui permettra – nous l'espérons du moins – une victoire encore plus grande sur lui-même.

Conscience individuelle signifie rupture et hostilité ; l'humanité en a fait d'innombrables fois, tant dans son ensemble que par des actes isolés, la pénible et vivante expérience. Chez l'individu, la période de dissociation est une période de maladie ; il en est de même dans la vie des peuples. On saurait à peine nier que les temps présents ne soient aussi une de ces époques de dissociation et de maladie. La situation politique et sociale, l'éparpillement religieux et philosophique, l'art et la psychologie modernes, tout confirme cette opinion. Quiconque possède, ne serait-ce qu'une parcelle de sentiment de responsabilité humaine, peut-il se sentir à son aise ? En toute sincérité, il faut même avouer que personne n'est plus tout à fait à son aise dans ce monde contemporain; le malaise va d'ailleurs grandissant. « Crise » est un terme *médical* qui désigne toujours un sommet dangereux de la maladie.

Le germe du mal dissociant fondit sur l'âme humaine le jour où la conscience naquit, à la fois bien suprême et source de tous les maux. Il est difficile de juger du présent immédiat dans lequel on vit. Mais si nous nous reportons à l'histoire de la maladie spirituelle de l'humanité, nous rencontrons des accès antérieurs que nous embrassons plus facilement du regard. Une des crises les plus graves fut la maladie du monde romain au cours des premiers siècles de l'ère chrétienne. Le phénomène de dissociation se révéla par des fissures d'une ampleur sans exemple qui émiettaient l'état politique et social, les convictions religieuses et philosophiques, et par une décadence déplorable des arts et des sciences. Réduisons l'humanité d'alors aux proportions d'un seul individu; nous avons devant nous une personnalité à tous les points de vue hautement différenciée, qui au début a réussi, avec une suprême sûreté de soi-même, à étendre sa puissance à tout son entourage, mais qui, le succès une fois acquis, s'est éparpillée en un grand nombre d'occupations et d'intérêts différents; tant et si bien qu'elle a fini par en oublier son origine, ses traditions et même ses souvenirs personnels, et qu'elle s'imagine être identique à telle ou telle chose, ce qui la précipite dans un conflit irrémédiable avec elle-même. Ce conflit cause finalement un tel état de faiblesse que le monde ambiant, précédemment jugulé, fait une irruption dévastatrice qui hâte le processus de décomposition.

L'étude de la nature de l'âme, à laquelle je me suis consacré durant plusieurs décennies, m'a imposé, ainsi qu'à d'autres chercheurs, le principe de ne jamais considérer un fait psychique sous un seul aspect, mais de toujours tenir compte aussi de son aspect contraire. Car une expérience tant soit peu vaste montre que les choses ont au moins deux côtés, et souvent davantage. La maxime de Disraéli de ne pas prendre trop à la légère les choses insignifiantes et pas trop à cœur les choses importantes est une autre expression de la même vérité; une troisième version en serait fournie par l'hypothèse que toute manifestation psychique est compensée intérieurement par son contraire, ou, pour en appeler aux proverbes, que « les extrêmes se touchent » et qu'« à quelque chose malheur est bon ».

Ainsi toute maladie qui dissocie un monde constitue en même temps un processus de guérison ou, en d'autres termes, elle est comme le point culminant d'une gestation annonçant les douleurs de l'accouchement. Une période d'effritement comme celle de l'*Imperium Romanum* est en même temps une période d'enfantement. Ce n'est pas sans motifs que nous datons notre ère du siècle de César, car c'est alors que survint la naissance du personnage symbolique du Christ, vénéré par les premiers chrétiens comme *Poisson*, c'est-à-dire comme souverain du mois mondial [1] des poissons, et qui devint l'esprit dirigeant d'une ère de deux mille ans. Il sortit, pour ainsi dire, de la mer, comme le légendaire prophète babylonien Oannès qui, lui aussi, survint lorsque la nuit originelle, se gonflant, éclata et engendra une époque du monde. Il dit, il est vrai: « Je ne suis pas venu pour vous apporter la paix mais l'épée. » Mais ce qui dissocie engendre aussi les liens; c'est pourquoi son enseignement fut celui de l'amour universel.

Notre recul dans le temps nous donne le privilège de pouvoir contempler cette image historique avec toute la clarté désirable. Mais si nous en avions été contemporains, nous aurions, selon toute probabilité, compté au nombre de ceux qui ne s'aperçurent de rien. Car seul un petit nombre d'inconnus prit alors conscience de l'Evangile, de la Bonne Nouvelle, l'humanité ayant son attention captée par la politique, les questions économiques et le sport. Les sphères religieuses et philosophiques s'efforçaient d'assimiler les trésors de l'esprit qui, en provenance du Proche-Orient fraîchement conquis, affluaient dans le monde romain. Seuls quelques-uns prirent garde au grain de sénevé qui devait engendrer le grand arbre.

La philosophie chinoise classique connaît deux principes universels contradictoires, le clair Yang et l'obscure Yin. Elle dit que lorsque l'un des principes atteint à la culmination de sa puissance, le principe contradictoire germe et jaillit de son sein. C'est là une expression particulièrement imagée du principe psychologique de la compensation née de l'antinomie intérieure. Quand une culture a atteint son apogée, apparaît, tôt ou tard, l'échéance de sa dissolution. La décomposition, apparemment insensée et désolante, en une multiplicité sans ordre ni orientation, capable d'inspirer le dégoût et la désespérance, contient dans son giron obscur le germe d'une lumière nouvelle.

[1] Selon le calcul de l'année platonicienne qui est régie par la précession des équinoxes.

Mais revenons un instant à notre tentative précédente de personnifier dans un individu unique l'histoire de la décadence antique. Je vous ai montré comment s'opère sa dissociation psychologique, comment surviennent ses fatals accès de faiblesse qui lui font perdre la domination des conditions ambiantes, et qui font de lui finalement une victime de la destruction. Supposons que cet individu vienne me consulter. Je ferais le diagnostic suivant: « Vous souffrez de surmenage, conséquence de vos occupations trop variées et de votre extraversion démesurée. La foule et la complexité de vos obligations commerciales, personnelles et humaines, vous ont fait perdre la tête. Vous êtes une sorte d'Ivar Kreuger, qui fut un représentant caractéristique de l'esprit moderne et européen. Il vous faut vous avouer, cher monsieur, que vous êtes dans un triste état. »

Cet ultime aveu est dans la pratique particulièrement important, car les malades ont une propension certaine: celle de continuer, de la façon la plus nuisible, à se débattre, empêtrés dans les vieilles méthodes qui n'ont que trop prouvé leur incurie, et à aggraver ainsi leur situation. Attendre ne sert à rien; la question: « Que faire ? » s'impose donc immédiatement.

Notre malade est un homme intelligent; il a déjà goûté à tous les petits remèdes de la médecine, des bons et des mauvais, et de tous les régimes; il a écouté tous les conseils des gens bien intentionnés. C'est pourquoi il ne nous reste plus avec lui qu'à agir comme Till Eulenspiegel qui riait aux éclats quand la route montait et pleurnichait quand elle descendait, contrairement au prétendu bon sens. Mais on sait que sous son bonnet de fou se cachait un sage qui, à la montée, se réjouissait de la descente à venir. Sagesse et folie voisinent d'ailleurs en une fort scabreuse amitié!

Il nous faut acheminer notre malade vers cette région où naît en lui l'unité, le lien avec l'universel, où se produit cette naissance créatrice qui «entre-déchire la mère» et qui est, au sens le plus profond, la cause de toutes les dissociations de la surface. Une culture ne *se dissocie pas, elle accouche*. Un sage, dans les premières années de notre ère, aurait pu s'écrier, avec une sûreté inébranlable, dans cette Rome politisante, capitale du monde, livrée à toutes les spéculations et à la folie des grandeurs, ivre des jeux du cirque: « Le germe d'une époque mondiale future vient déjà d'éclore dans l'ombre de ce turbulent désordre, semence de l'arbre qui, grâce à *une* conviction, *une* culture, *une* langue, enserrera les peuples dans ses ramures depuis la Thulé occidentale jusqu'à la Pologne et du cap Nord à la Sicile. » Car c'est là une loi psychologique.

Mon malade, selon toute probabilité, n'en croira pas un mot. A tout le moins, il exige d'en faire lui-même l'expérience. Et c'est là que les difficultés commencent; car l'élément compensateur, la promesse de renouveau jaillissent toujours, comme par un fait exprès, là où on les suppose le moins, là où, en toute objectivité, ils sont le moins plausibles. Supposons que notre malade ne soit plus la personnification, construite de toutes pièces, d'une culture engloutie, mais que nous ayons devant nous un homme de notre époque, en chair et en os, dont le destin insigne est d'être un représentant particulièrement typique de la culture européenne moderne; nous constaterons tout de suite que notre théorie de la compensation ne lui dit rien qui vaille. Il souffre surtout de la maladie de savoir-à-priori-tout-mieux-que-quiconque, et de ce qu'il n'existe absolument rien qui ne soit déjà classé par lui en bonne et due forme; quant à son âme, elle est pour l'essentiel *sa* propre découverte, *son* libre arbitre fait loi, obéissant exclusivement à sa raison; là où pourtant elle se cabre, là par exemple où il souffre de symptômes psychiques, d'états anxieux, d'obsessions, etc., il s'agit et ne peut s'agir que de maladies cliniquement constatables, pourvues de noms parfaitement scientifiques et vraisemblables. Le psychique, en tant qu'expérience intime, originelle et irréductible, demeure pour lui lettre morte et il ne comprend pas le premier mot de ce que je lui dis, quoiqu'il se figure le comprendre parfaitement et qu'il écrive articles et livres où il déplore le « psychologisme » moderne.

Il est vain, pour qui que ce soit, de vouloir s'attaquer de front à cet état d'esprit barricadé derrière des murailles inviolables de livres, de journaux, d'opinions, d'institutions et de professions. Comment alors ce germe du renouveau unificateur, infime, si infime dans sa modestie qu'il préférerait en rendre l'âme, l'entamera-t-il? Où nous faut-il acheminer notre malade pour lui donner une lueur, un pressentiment de quelque chose d'autre, susceptible de contrebalancer son monde banal, dont il a les oreilles rebattues? Il nous faut, souvent par de longs détours, le conduire en un lieu de son âme, obscur, ridicule, futile, dénué apparemment de toute portée et de toute valeur, le ramener par une voie oubliée depuis longtemps à une illusion depuis longtemps percée à jour, dont le monde entier sait qu'elle n'est rien que... Ce lieu s'appelle le *rêve*, cette création éphémère, incertaine et grotesque de nos nuits, et la voie s'appelle la *compréhension des rêves*.

Indigné, mon malade s'écrie avec Faust :

> Tout cet appareil de sorcellerie me répugne!
> Tu me promets que je trouverai la guérison
> Dans cet amas d'extravagance?
> Ai-je à demander conseil à une vieille femme?
> . . . .
> Pauvre de moi, si tu ne sais rien de mieux.[1]
> . . . .

« N'avez-vous pas déjà tout essayé? N'avez-vous pas vous-même constaté que vos tentatives vous ramènent chaque fois dans le cercle vicieux de votre désordre présent ? » Telle sera ma repartie. « Où puiserez-vous donc une espérance de renouveau si elle ne peut fleurir en quelque point de votre monde ? »

Méphistophélès ici, dissimulant mal sa satisfaction, murmure en aparté :

> Il ne reste alors qu'à en passer par la sorcière.[1]

défigurant ainsi, selon la manière satanique qui lui est propre, le vieux et « sacro-saint secret de polichinelle » que le rêve est une vision intérieure. Le rêve est une porte étroite, dissimulée dans ce que l'âme a de plus obscur et de plus intime ; elle s'ouvre sur cette nuit originelle cosmique qui préformait l'âme bien avant l'existence de la conscience du moi et qui la perpétuera bien au-delà de ce qu'une conscience individuelle aura jamais atteint. Car toute conscience du moi est éparse ; elle distingue des faits isolés en procédant par séparation, extraction et différenciation ; seul est perçu ce qui peut entrer en rapports avec le moi. La conscience du moi, même quand elle effleure les nébuleuses les plus lointaines, n'est faite que d'enclaves bien délimitées. Toute conscience spécifie. Par le rêve, en revanche, nous pénétrons dans l'être humain plus profond, plus général, plus vrai, plus durable, qui plonge encore dans le clair-obscur de la nuit originelle où il était un tout et où le Tout était en lui, au sein de la nature indifférenciée et impersonnalisée. C'est de ces profondeurs, où l'universel s'unifie, que jaillit le rêve,

[1] Traduction d'Henri Lichtenberger, mon maître en Sorbonne, version que j'utilise pour presque toutes les citations du Faust. Editions Montaigne, Paris, 1932. (NdT)

revêtirait-il même les apparences les plus puériles, les plus grotesques, les plus immorales. Il est d'une ingénuité fleurie et d'une véracité qui font rougir de honte nos flagorneries autobiographiques. Rien d'étonnant donc à ce que, dans toutes les cultures antiques, on ait discerné dans le rêve impressionnant, dans le « grand rêve », un message des Dieux.

Ce devait être un privilège de notre rationalisme d'expliquer le rêve et sa constitution par les seuls reliquats de la vie diurne, c'est-à-dire par les miettes du plantureux festin de la vie consciente tombées dans les bas-fonds. Comme si ces profondeurs obscures n'étaient qu'un sac vide, ne recélant jamais que ce qui y est tombé d'en haut! Pourquoi oublie-t-on toujours qu'il n'y a rien de grand ni de beau dans le vaste domaine de la culture humaine qui ne soit dû primitivement à une soudaine et heureuse inspiration? Que deviendrait l'humanité si la source des inspirations tarissait? Le sac, ce serait bien plutôt au contraire la conscience, qui ne contient jamais plus que ce qui vient à l'esprit.

C'est quand la pensée nous fuit et que nous la cherchons en vain que nous mesurons combien nous dépendons de nos inspirations. Le rêve n'est rien d'autre qu'une inspiration qui nous vient de cette âme obscure et unificatrice. Qu'y aurait-il de plus naturel, une fois que nous sommes perdus dans les détails infinis et dans le labyrinthe de la surface du monde, que de nous arrêter au rêve pour y rechercher les points de vue susceptibles de nous ramener à nouveau à proximité des faits fondamentaux de l'existence humaine? Mais nous nous heurtons ici aux préjugés les mieux enracinés: « Songes, mensonges », dit-on, les rêves sont sans réalité, ils mentent ou ne sont que des réalisations de désirs; voilà les échappatoires alléguées pour ne pas prendre les rêves au sérieux, ce qui serait singulièrement incommode. L'audace présomptueuse de la conscience aime le cloisonnement, en dépit des inconvénients qu'il suscite; c'est pourquoi on est peu enclin à octroyer quelque réalité à la vérité du rêve. Il est des saints qui ont des rêves bien dissipés. Qu'adviendrait-il de leur sainteté – qui les élève si haut au-dessus de la plèbe humaine – si l'obscénité des rêves avait la moindre valeur de réalité? Ce sont précisément les rêves les plus désagréables qui pourraient nous rapprocher le plus de l'humanité faite de notre sang et tempérer avec le plus d'efficacité l'arrogance de la dérogation aux instincts. Un monde entier sortirait-il de ses gonds que jamais l'universalité unificatrice de l'âme obscure ne s'en trouverait morcelée. Au contraire, plus les crevasses de la surface se multiplient et grandissent, plus dans les profondeurs s'affermit la force de l'Un.

Il est vrai que personne ne peut être persuadé, sans en avoir fait l'expérience, de l'existence dans l'homme d'une activité psychique indépendante s'exerçant en marge de la conscience; cette conviction est d'autant plus difficile à obtenir qu'il s'agit d'une activité ayant lieu non seulement en moi mais chez chacun de nous. Cependant, si l'on compare la psychologie de l'art moderne avec les conclusions de la science psychologique et celles-ci, à leur tour, avec la mythologie et la philosophie des différents peuples, on réunit des preuves irréfutables de l'existence de ce facteur inconscient collectif.

Mon malade, toutefois, si accoutumé à voir dans son âme l'arbitraire que l'on manie à discrétion, me dira ne s'être encore jamais aperçu que ses manifestations psychiques témoignent de la moindre objectivité. Elles portent au contraire, selon lui, la subjectivité à son comble. Je lui répondrai: « Vous pouvez alors faire immédiatement disparaître à volonté vos angoisses et vos obsessions. Que les mauvaises humeurs dont vous fourmillez disparaissent sur-le-champ! Il doit vous suffire de prononcer le mot magique. »

Naturellement, dans sa naïveté d'homme moderne, il n'a pas remarqué qu'il est bel et bien possédé par ses états maladifs autant que pouvait l'être un possédé au plus profond du moyen âge. La différence est négligeable; on parlait alors du diable, on dit aujourd'hui névrose; mais la chose est la même; c'est toujours cette expérience vieille comme Adam et Eve: une donnée psychique objective, étrangère, insurmontable, a pénétré, tel un bloc inébranlable, au sein de notre domination arbitraire. Il nous arrive la même mésaventure qu'au Proktophantasmiste [1] dans le Faust:

Vous voilà toujours là! non, c'est inouï!
Disparaissez donc! Nous sommes au siècle des lumières!
Cette racaille diabolique ne s'inquiète d'aucune règle.
Nous sommes si raisonnables, et pourtant on voit des revenants à Tegel.[2]

[1] Personnage symbolique ridiculisant, dans la *Nuit de Walpurgis*, le vieil ennemi de Gœthe et de Schiller, Nicolaï, philosophe d'un plat rationalisme de l'ère des lumières. (NdT)

[2] Traduction d'Henri Lichtenberger, ouvrage cité. (NdT)

Si notre malade est accessible à cette logique, un grand pas est fait en avant. La voie qui mène à l'expérience intime de l'âme est libre. Mais elle est encore impraticable, car déjà surgit un nouveau préjugé : en supposant que l'on fasse l'expérience d'une puissance psychique réfractaire à notre bon plaisir arbitraire, d'un élément appelé *psychisme objectif*, il ne faut encore voir là qu'une donnée purement psychologique, d'une insuffisance tout humaine, inassignable et désordonnée.

Il est inouï de voir à quel degré les hommes se prennent à leurs propres paroles ; ils s'imaginent toujours que derrière chacune d'elles se cache une réalité. Comme si l'on avait porté un rude coup au diable pour l'avoir maintenant surnommé névrose ! Cette confiance puérile et émouvante est encore une survivance du bon vieux temps où l'on opérait à grand renfort de formules magiques. Ce qui agit sous le nom de diable ou de névrose n'est nullement influencé par le nom qu'on lui prête. Car nous ne savons pas ce qu'est la psyché ; nous n'appelons l'inconscient ainsi que parce que ce qu'il est nous est inconscient. Nous savons tout aussi peu ce qu'est la psyché que le physicien sait ce qu'est la matière. A ce sujet il n'a que des théories, c'est-à-dire des représentations, en un mot des images. Durant un temps, on les suppose conformes à ce qu'elles représentent, puis survient une nouvelle découverte qui renverse la conception précédente. La matière s'en trouve-t-elle affectée ? ou sa réalité amoindrie ?

Nous ne savons absolument pas avec quoi nous sommes confrontés en rencontrant ce facteur singulier de perturbation que nous désignons scientifiquement sous le nom *d'inconscient* ou de *psychisme objectif*. On a voulu y voir – avec un semblant de justification – de l'instinct sexuel ou de la volonté de puissance. C'est laisser à l'écart la signification spécifique de la chose. Car qu'y a-t-il derrière ces instincts qui ne sont certainement pas le bout du monde, mais seulement des délimitations de la raison ? Le champ est ouvert à toutes les interprétations. On peut aussi concevoir l'inconscient comme une manifestation de l'instinct vital lui-même et rapprocher la force créatrice et conservatrice de la vie des notions bergsoniennes d'« élan vital » ou de « durée créatrice ». Un autre parallèle possible serait la volonté selon Schopenhauer. Je connais des personnes qui ont ressenti la puissance étrangère au sein de leur âme propre comme une manifestation divine ; pour l'excellente raison que cette voie leur a permis d'accéder à l'expérience religieuse et à sa compréhension.

J'avoue volontiers comprendre sans réticence la désillusion de mon malade ou de mon public, lorsque, au beau milieu de la confusion de l'esprit moderne, j'attire, ô paradoxe! son attention sur le rêve en tant que source d'informations. Rien de plus naturel que de trouver tout d'abord pareille indication d'un ridicule achevé. A quoi peut donc bien prétendre le rêve, fait de ce qu'il y a de plus subjectif et voué au néant, surtout dans un monde débordant de réalités qui vous subjuguent? Aux réalités il faut opposer d'autres réalités tout aussi palpables et non pas des rêves subjectifs, juste bons à troubler le sommeil et à gâter l'humeur. Certes, avec des rêves on ne construit pas d'immeubles, on ne s'acquitte pas de ses impôts, on ne remporte pas de batailles et on ne supprime pas la crise mondiale. C'est pourquoi mon malade et maintes personnes encore attendent que je leur dise comment on peut maîtriser la situation intenable, et par quels moyens appropriés. Mais c'est bien là notre malheur: tous les moyens d'allure praticable ont déjà été préconisés sans succès, ou bien consistent en désirs imaginaires pratiquement irréalisables. Ces moyens furent toujours choisis en fonction de la situation présente. Si quelqu'un, par exemple, voit son affaire entrer dans une passe dangereuse, il cherche naturellement, parmi tous les moyens avec lesquels on renfloue une affaire, celui qui lui paraît avoir le plus de chance de succès. Mais que faire quand on a épuisé tous les moyens raisonnables, et que ceux-ci, contre toute attente, n'ont fait qu'envenimer la situation? Il faut dans un pareil cas interrompre au plus tôt l'utilisation des prétendus « bons moyens ».

Mon malade – et peut-être toute notre époque – est dans cette situation; il me demande angoissé: « Que faire? » et il me faut lui répondre: « Je n'en sais pas plus que vous. » – « Alors il n'y a plus d'espoir? » Et je répondrai: « L'humanité, au cours des temps, s'est fourvoyée d'innombrables fois dans de pareilles impasses où personne ne voyait plus d'issue car chacun était occupé dans sa situation personnelle à tirer des plans savants. Personne n'avait le courage d'avouer que la faillite était générale. Et pourtant soudain, d'une façon inattendue, la lourde machine se remettait à fonctionner, de sorte que c'est toujours la même vieille humanité qui continue d'exister, en dépit de ses transformations. »

Quand nous considérons l'histoire de l'humanité nous ne distinguons que la couche la plus superficielle des événements, troublée en outre par le miroir déformant de la tradition. Ce qui s'est passé *au fond* échappe au regard même le plus scrutateur de l'historien, car la marche propre de l'histoire est profondément cachée, vécue par tous et masquée au regard de chacun. Elle est faite de vie psychique et d'expériences privées et subjectives au suprême degré. Les guerres, les dynasties, les bouleversements sociaux, les conquêtes et les religions ne sont que les symptômes les plus superficiels d'une attitude spirituelle fondamentale et secrète de l'individu, attitude dont il n'a lui-même pas conscience et qui par suite échappe à l'historien; ce sont peut-être les créateurs de religions qui sont à cet égard les plus révélateurs. Les grands événements de l'histoire du monde sont, au fond, d'une insignifiance profonde. Seule est essentielle, en dernière analyse, la vie subjective de l'individu. C'est celle-ci seulement qui fait l'histoire; c'est en elle que se jouent d'abord toutes les grandes transformations; l'histoire entière et l'avenir du monde résultent en définitive de la somme colossale de ces sources cachées et individuelles. Nous sommes, dans ce que notre vie a de plus privé et de plus subjectif, non seulement les victimes, mais aussi les artisans de notre temps. Notre temps – c'est nous!

Quand je conseille à mon malade : « Prêtez attention à vos rêves », j'entends par là: « Revenez à ce qu'il y a de plus subjectif en vous, à la source de votre existence et de votre vie, à ce point où vous participez, à votre insu, à l'histoire du monde. L'obstacle, d'apparence insurmontable, auquel vous vous heurtez doit être effectivement une difficulté insoluble, afin que vous ne continuiez point à vous consumer à la recherche de remèdes dont l'inefficacité est démontrée d'avance. Vos rêves sont l'expression de votre nature subjective; c'est pourquoi ils peuvent vous révéler par quelle faute d'attitude vous vous êtes fourvoyé dans une impasse. »

En fait, les rêves sont des produits de l'âme inconsciente; ils sont spontanés, sans parti pris, soustraits à l'arbitraire de la conscience. Ils sont pure nature et, par suite, d'une vérité naturelle et sans fard; c'est pourquoi ils jouissent d'un privilège sans égal pour nous restituer une attitude conforme à la nature fondamentale de l'homme, si notre conscience s'est éloignée de ses assises et embourbée dans quelque ornière ou quelque impossibilité.

Méditer ses rêves, c'est faire *un retour sur soi-même.* Au cours de ces réflexions, la conscience du moi ne médite pas sur elle seule; elle s'arrête aux données objectives du rêve comme à une communication ou à un message provenant de l'âme inconsciente et unique de l'humanité. On médite sur le *soi*[1] et non sur le *moi*, sur ce soi étranger qui nous est essentiel, qui constitue notre socle et qui, dans le passé, a engendré le moi; il nous est devenu étranger, car nous nous le sommes aliéné en suivant les errements de notre conscience.

Si l'on admet, en toute généralité, l'idée que les songes ne sont pas des inventions de notre bon plaisir mais un produit naturel de l'activité inconsciente de l'âme, les rêves *réels* n'en décourageront pas moins le désir d'y voir un message de je ne sais quelle portée. L'interprétation des songes est une des disciplines de la sorcellerie et fait à ce titre partie des arts maudits poursuivis par l'Eglise. Quoique nous, hommes du XXe siècle, ayons à cet égard une plus grande liberté d'esprit, l'idée d'interpréter les rêves n'en reste pas moins tellement entachée du préjugé historique que nous avons quelque difficulté à nous familiariser avec elle. Existe-t-il d'ailleurs – faudra-t-il nous demander – une méthode d'interprétation à laquelle on puisse se fier? Peut-on s'abandonner aux premières spéculations venues? Je partage sans réserves ces scrupules et je suis même convaincu qu'il n'existe aucune méthode d'interprétation absolument éprouvée.

Il n'y a d'ailleurs de certitude absolue dans l'interprétation des faits naturels que dans les limites les plus étroites, à savoir dans la mesure où les conclusions n'outrepassent pas les prémisses, c'est-à-dire où on ne trouve dans les choses que ce qu'on y a introduit. Toute notre interprétation de la nature est téméraire. Les méthodes ne se développent que longtemps après le travail des pionniers. On sait que Freud a écrit un livre sur la *Science des rêves*[2], mais son interprétation relève de ce que nous venons de dire: elle ne met jamais rien de plus en lumière que tout ce qui, selon ses théories, est susceptible de figurer dans le rêve. Cette conception n'est naturellement nulle part à la mesure de la liberté exubérante de la vie onirique, et par suite elle obscurcit le sens du rêve plus qu'elle ne l'éclaire. On peut d'ailleurs difficilement penser, quand on s'est fait une idée de la variabilité infinie des

[1] Notion employée par Jung et désignant ici la totalité de la personnalité dont le moi et la conscience ne sont que des parties constitutives. Voir plus loin, page 330. (NdT)

[2] Traduit par I. Meyerson, Félix Alcan, Paris, 1926.

rêves, qu'il puisse jamais exister dans ce domaine une méthode, c'est-à-dire une marche à suivre, techniquement prescrite, capable de conduire à un résultat infaillible. Il est d'ailleurs bon que cette méthode fasse défaut; car, si elle existait, elle porterait préjudice au sens du rêve; limité avant la lettre, il perdrait précisément cette vertu, cette aptitude à révéler un point de vue nouveau, qui le rend si précieux en psychologie.

Le mieux que l'on puisse faire est de traiter le rêve comme un objet totalement inconnu: on l'examine sous toutes ses faces, on le prend en quelque sorte en main et on le soupèse, on le porte avec soi, on laisse courir son imagination, on le confie à d'autres personnes. Les primitifs racontent toujours les rêves qui les ont impressionnés, si possible devant la tribu rassemblée; cet usage était encore accrédité à la fin de l'antiquité, tous les anciens accordant au rêve une signification auguste. Une telle démarche suscitera une foule d'incidentes dans l'esprit du rêveur et l'amènera déjà à la périphérie du sens du rêve. La découverte de ce dernier est – si l'on peut dire – une affaire essentiellement arbitraire; car c'est ici, au déchiffrement, que commence la témérité. Selon son expérience propre, son tempérament et son goût, on assignera au sens du rêve des frontières plus ou moins éloignées. Certains se contenteront de peu; pour d'autres, beaucoup ne sera pas encore assez. Le sens, lui aussi, c'est-à-dire le résultat de l'interprétation du rêve, dépendra à un degré élevé de l'intention de l'exégète, de son attente ou de ses exigences. La *signification* [1] trouvée sera toujours involontairement orientée selon certaines prémisses; de l'honnêteté et de la conscience apportées par le chercheur à l'interprétation du rêve dépendront le gain éventuel qu'il en peut retirer ou l'imbrication plus profonde encore dans les erreurs qu'il commet. Pour ce qui est des prémisses, nous pouvons tabler avec certitude sur le fait que le rêve n'est pas une invention oiseuse de la conscience, mais une apparition naturelle et spontanée; ce fait ne serait en rien altéré s'il devait se confirmer par la suite qu'en accédant à la conscience les rêves subissent

[1] En allemand « Bedeutung », qui vient du verbe « bedeuten », composé lui-même du verbe « deuten » = indiquer une chose, faire allusion à une chose, et du préfixe « be » qui, en rendant le verbe « deuten » transitif, lui donne le sens beaucoup plus tranchant et absolu de « signifier une chose ». Cela marque bien que la signification d'une chose est celle que nous lui prêtons, par un acte de l'esprit. (NdT)

quelques transformations. Si celles-ci ont lieu elles sont si rapides et si automatiques qu'elles demeurent à peine perceptibles. Nous avons donc toute liberté de les considérer comme relevant de la fonction naturelle du rêve. Nous pouvons avec une égale certitude supposer que les rêves émanent essentiellement de notre nature inconsciente; ils en sont pour le moins des symptômes, qui permettent par inférence de pressentir sa complexion. C'est pourquoi les rêves sont les instruments les plus propres à l'étude de l'essence même de l'homme.

Il faut se garder, au cours du travail d'interprétation, d'un fatras de préjugés et de superstitions; tout d'abord de l'idée que les personnes présentées par le rêve n'incarnent rien d'autre que ces mêmes personnes de la vie réelle. Car il ne faut jamais oublier que l'on rêve en première ligne et à peu près exclusivement de soi et à travers soi-même. (Il y a pour les exceptions certaines règles précises que je ne veux pas citer ici.) Si nous acceptons cette vérité, nous rencontrons rapidement des problèmes d'un haut intérêt. Je me rappelle deux cas particulièrement instructifs: dans le premier, le sujet rêvait d'un vagabond ivre, couché dans la rigole d'une rue; dans l'autre, d'une prostituée ivre qui se roulait dans un caniveau. Le premier cas était celui d'un théologien; le deuxième celui d'une dame distinguée de la société, tous deux révoltés et offensés par cette idée que l'on rêve de soi et par soi-même, et nullement désireux de se l'avouer. Je conseillai à tous deux avec bienveillance de s'accorder une petite heure de méditation et de chercher avec application et recueillement où et comment ils ne valaient guère mieux que ce frère ivre dans la rigole et que cette sœur prostituée dans le caniveau. C'est souvent par un coup de canon pareil que débute le processus subtil de la connaissance de soi. « L'autre » dont nous rêvons n'est ni notre ami, ni notre voisin; c'est l'autre en nous, dont nous disons avec prédilection: « O Dieu, je te rends grâce de ne m'avoir point fait comme celui-là! » Certes, le rêve, ce rejeton de la nature, ignore les intentions moralisatrices, mais il exprime ici la vieille loi bien connue selon laquelle les arbres ne poussent pas dans le ciel, mais cachent dans le sol leurs puissantes racines.

Si nous gardons présent à l'esprit que l'inconscient renferme à profusion tout ce qui fait défaut au conscient, que l'inconscient par suite a une tendance compensatrice, nous pourrons essayer de tirer d'un rêve des déductions, à la condition qu'il ne sourde pas de couches psychiques trop profondes. Si, par contre, il en est ainsi, le rêve renfermera en règle générale ce que l'on appelle des *thèmes mythologiques*, c'est-à-dire des associations d'images et de représentations comparables à celles que l'on rencontre dans la mythologie de son propre peuple ou des peuples étrangers. Dans ce cas le rêve contient un *sens collectif*, c'est-à-dire un sens général, humain.

Ceci n'est pas en contradiction avec la remarque faite plus haut, que nous rêvons toujours de nous-mêmes et à travers le prisme de notre individualité une et unique. Bien que nous soyons des êtres individuels, notre individualité n'en est pas moins enchâssée dans l'humaine condition. Un rêve à signification collective sera donc en première ligne valable pour le rêveur, mais il exprimera, en même temps, que le problématisme momentané de celui-ci est aussi partagé par beaucoup de ses contemporains. Pareilles constatations sont souvent d'une grande portée pratique, *car nombreux sont les êtres qui dans leur vie intime se sentent isolés du reste de l'humanité*, prisonniers du mirage que les dilemmes dont ils sont travaillés les affectent seuls parmi les hommes. Ou bien il s'agit de sujets exagérément modestes qui, « dans le sentiment aigu de leur néant », ont maintenu leur activité sociale au-dessous de son niveau possible. D'ailleurs, tout problème particulier est en rapport, de quelque façon, avec les problèmes de l'époque, ce qui explique que, pour ainsi dire, toute difficulté subjective puisse être considérée en fonction de la situation générale de l'humanité. En pratique cependant, cela n'est admissible que si le rêve utilise vraiment une symbolique mythologique, c'est-à-dire collective.

Ces rêves-là, les primitifs les appellent les « grands » rêves. Les primitifs de l'Afrique orientale que j'ai observés supposaient que les « grands » rêves n'étaient rêvés que par de « grands » personnages, c'est-à-dire par les sorciers et les chefs. Rien ne dit que cela, à l'échelon primitif, ne soit vrai. Chez nous, ces rêves surviennent aussi chez des êtres simples, en particulier chez ceux qui se confinent dans une étroitesse mentale de commande. Inutile de dire que l'étude d'un de ces grands rêves exige, pour aboutir à un résultat satisfaisant, beaucoup plus que les seules conjectures d'une intuition plus ou moins divinatrice. Des connaissances étendues sont indispensables, et elles ne devraient faire défaut à aucun spécialiste. Les connaissances seules, cependant, elles non plus ne suffisent pas; elles ne doivent point être des souvenirs momifiés, mais au contraire conserver chez celui qui les manie la saveur de l'expérience vivante. Que signifient, par exemple, des connaissances philosophiques dans le cerveau d'un homme qui n'est pas philosophe par le cœur? Quiconque veut interpréter un rêve doit posséder une envergure personnelle comparable à celle du rêve, car, et c'est absolu, on ne reconnaît jamais, en quoi que ce soit, davantage que ce que l'on est soi-même.

L'art de l'interprétation des rêves ne s'apprend pas dans les livres; les méthodes et les règles ne sont bonnes que pour celui qui est capable de s'en passer. Seul dispose de la faculté réelle celui qui a la grâce du savoir, et de la compréhension vivante, seul celui qui, compréhensif, en a le don gratuit. Quiconque ne se connaît pas soi-même ne peut prétendre connaître autrui. Et en chacun de nous sommeille un étranger au visage inconnu. Il nous entretient par le truchement du rêve et nous fait savoir combien la vision qu'il a de nous est différente de celle dans laquelle nous nous complaisons. C'est pourquoi, lorsque nous nous débattons dans une situation aux difficultés insolubles, c'est l'autre, l'étranger en nous, qui peut, à l'occasion, nous dessiller les yeux et répandre les seules clartés susceptibles de transformer de fond en comble notre attitude, cette attitude qui nous a mené au cœur de la situation inextricable et y a fait faillite.

Plus je me suis, au cours des ans, attaché à ces problèmes, plus s'est affermie en moi l'impression que notre éducation moderne est d'une maladive unilatéralité. Certes, il est judicieux d'ouvrir les yeux et les oreilles de la jeunesse aux perspectives du vaste monde, mais c'est folie que de croire avoir ainsi préparé suffisamment les êtres jeunes à la vie! Cette éducation permet tout juste à l'être jeune une adaptation extérieure aux réalités du monde; mais personne ne songe à une adaptation au soi [1], aux puissances de l'âme dont l'omnipotence dépasse de très loin tout ce que le monde extérieur peut recéler de grandes puissances. Il existe encore, il est vrai, un système d'éducation; il provient en partie de l'antiquité et en partie du début du moyen âge. Il se nomme Eglise chrétienne. Cependant on ne peut nier que le christianisme – au cours des deux derniers siècles, de même que le confucianisme et le bouddhisme

[1] Dans l'acception ici de personnalité totale. Voir plus loin, page 330. (NdT)

en Chine – n'ait perdu une grande part de son efficacité éducative. Ce n'est pas la perversité des hommes qui en est responsable, mais l'évolution spirituelle progressive et générale dont le premier symptôme chez nous fut la Réforme. L'autorité éducative en fut ébranlée et le processus de démolition du principe d'autorité débuta. L'inévitable conséquence fut un accroissement de l'importance de l'individu qui s'est exprimée avec le plus de force dans les idéaux modernes d'humanité, de bien-être social et d'égalité démocratique. La tendance expressément individualiste de la dernière phase de notre développement a pour conséquence un *reflux compensateur vers l'homme collectif*, dont l'affirmation autoritaire constitue actuellement le centre de gravité des masses. Rien d'étonnant donc à ce que règne actuellement une atmosphère de catastrophe, comme si une avalanche avait été déclenchée, que personne dorénavant ne peut plus arrêter. L'homme, élément anonyme d'une masse, menace d'étouffer, d'engloutir l'individu, l'être humain pris à part, sur la responsabilité duquel repose pourtant toute l'œuvre édifiée de main d'homme. La masse, comme telle, est toujours anonyme et irresponsable. De soi-disant chefs sont les symptômes inévitables de tout mouvement de masse. Les vrais chefs de l'humanité, cependant, sont toujours ceux qui, méditant sur eux-mêmes, soulagent au moins le poids de la masse de leur propre poids, en demeurant consciemment éloignés de l'inertie naturelle et aveugle, inhérente à toute masse en mouvement. [1]

Mais qui donc est capable de résister à cette puissance attractive écrasante, dans le flot de laquelle chacun se cramponne à son voisin, tous s'entraînant les uns les autres ? Seul peut résister celui qui ne se cantonne pas dans l'extérieur, mais qui prend appui dans son monde intérieur et y possède un havre sûr.

Etroite et cachée est la porte qui s'ouvre sur l'intérieur ; innombrables les préjugés, les partis pris, les opinions, les craintes qui en interdisent l'accès. Ce qu'on attend, ce sont de grands programmes politiques et économiques – précisément ce qui a toujours enlisé les peuples. C'est pourquoi parler des portes cachées du rêve et du monde intérieur rend un son si grotesque. Qu'espère donc cet idéalisme nébuleux en face d'un programme économique gigantesque, en face des problèmes – des prétendus problèmes – de la réalité ?

[1] Voir C. G. Jung: *Présent et avenir*, traduction du Dr Roland Cahen, Editions Buchet-Chastel, Paris, 1962.

Je ne m'adresse pas aux nations; je parle à quelques-uns d'entre les hommes, à un tout petit groupe au sein duquel il est bien entendu que les réalités de notre culture ne nous sont pas tombées du ciel, mais qu'elles sont en dernière analyse l'œuvre de quelques rares humains. Si la grande chose qu'est la culture va de travers, cela tient simplement à ce que les hommes pris isolément vont de travers, à ce que je vais de travers. Raisonnablement il faudra commencer par me redresser moi-même. Mais comme l'autorité n'a plus d'instance suprême, et, qu'ainsi énucléée, elle n'a plus barre sur l'individu, j'ai besoin d'une connaissance et d'une reconnaissance des bases les plus spécifiques et les plus intimes de mon être subjectif, afin de bâtir sur les données éternelles de l'âme humaine.

Si j'ai parlé plus haut principalement du rêve, c'est que je voulais citer simplement l'un des points de départ, le plus proche et le plus connu, de l'expérience intérieure. Outre le rêve, il y en a bien d'autres dont je ne puis parler ici. Car l'exploration des profondeurs de l'âme met en lumière bien des choses, qu'à la surface on ose à peine imaginer. Rien d'étonnant à ce que, à l'occasion, on y découvre la plus puissante et la plus spontanée de toutes les activités spirituelles, à savoir l'activité religieuse de l'esprit. Car elle est dans l'homme moderne encore bien plus profondément enfouie que la sexualité ou l'adaptation sociale. C'est ainsi que je connais des personnes pour lesquelles la rencontre intérieure avec la puissance étrangère en elles représente une expérience à laquelle elles attribuent le nom de « Dieu ». « Dieu » lui aussi, pris dans ce sens, est une *théorie*, une conception, une image que crée l'esprit humain, dans son insuffisance, pour exprimer l'expérience intime de quelque chose d'impensable et d'indicible. L'expérience vivante est la seule réalité, le seul élément indiscutable. Les images, elles, peuvent être souillées et déchirées.

Les noms et les mots sont de bien pauvres vêtements pour nos expériences, mais ils en font au moins pressentir la nature. Qu'aujourd'hui on appelle le diable névrose indique que cette expérience démoniaque est ressentie comme *maladie*, trait caractéristique de notre époque; qu'on l'appelle refoulement de la sexualité ou instinct de puissance, cela montre que ces pulsions fondamentales s'en trouvent sérieusement perturbées. Qu'on appelle ses expériences intimes Dieu, c'est qu'on tient à souligner la signification universelle et la profondeur infinie dont on a ressenti l'écho en soi. A regarder les choses d'un regard lucide, c'est cette dernière désignation qui, en raison de l'arrière-plan d'inconnu, est la plus prudente et en même temps la plus modeste, car c'est elle qui laisse à l'expérience intime le jeu le plus large, ne l'enserrant nulle part dans le format in-douze de quelque schéma conceptuel. A moins, bien entendu, que quelqu'un n'en vienne à l'idée bizarre de prétendre savoir avec précision ce qu'est Dieu!

Que l'on désigne l'arrière-plan de l'âme du nom que l'on voudra, il n'en reste pas moins que l'existence et la nature même de la conscience sont de façon inouïe sous son emprise, et dans une mesure d'autant plus grande que cela se passe davantage à notre insu. Le profane, il est vrai, peut difficilement discerner combien il est influencé dans tous ses penchants, ses humeurs, ses décisions par les données obscures de son âme, puissances dangereuses ou salutaires qui forgent son destin. Notre conscience intellectuelle est comme un acteur qui aurait oublié qu'il joue un rôle. Quand la représentation s'achève celui-ci doit pouvoir se rappeler sa réalité subjective, car il ne saurait continuer à vivre le personnage de Jules César ou d'Othello; il doit revenir à son propre naturel, chassé par un artifice momentané de la conscience. Il doit savoir de nouveau qu'il n'était qu'un personnage sur une scène, qu'une pièce de Shakespeare a été représentée, qu'il existe un régisseur et un directeur de théâtre dont les avis, avant et après la représentation, font la pluie et le beau temps.

LIVRE II

LES COMPLEXES

CHAPITRE III

DU CONSCIENT ET DE L'INCONSCIENT

I[1]

La psychologie n'est pas une magie noire; c'est une science: celle de la conscience et de ses données; elle est aussi la science de l'inconscient, mais en second lieu seulement, car l'inconscient n'est pas directement accessible, précisément parce qu'il est inconscient. Il existe, il est vrai, des personnes qui ne craignent pas de vous certifier: « L'inconscient n'a pas de secrets pour moi, je le

[1] Première conférence d'une série faite à Bâle à la « Société de psychologie » en 1934. Ces conférences n'avaient pas encore été publiées. Nous les avons groupées sous le titre: *Introduction à la psychologie analytique*. Nous disposions pour notre adaptation des notes sténographiées d'un auditeur qui furent revues par le professeur Jung. Si nous regrettons d'avoir dû pour l'impression procéder à des remaniements de détail, à des compléments, à des « amplifications », dont la responsabilité nous incombe seul — et que nous avons indiqués chaque fois que c'était possible, chaque fois que l'intrication des pensées permettait de distinguer celle de l'auteur de celle de son adaptateur — nous sommes heureux cependant de pouvoir offrir au lecteur de langue française la primeur de cette publication, ces conférences étant admirablement adaptées à l'esprit et au but de notre ouvrage.

C. G. Jung donne ses cours presque sans notes et parle d'abondance. Son enseignement, lorsqu'il s'adresse, comme il le fit ici, à un petit auditoire, donne souvent l'impression d'une conversation monologuée, familière et sans contrainte. Nous n'avons pas cherché - c'eût été dommage - à plier la spontanéité et la verve de ces notes à l'austérité d'un écrit littéraire longuement médité. La vivacité de ces textes dédommagera le lecteur, nous l'espérons, de ce que la forme de notre adaptation peut avoir de moins châtié.

Nous avons eu connaissance *in extremis* de conférences faites par le professeur Jung à Londres à l'« Institute of Medical Psychology » en 1935 et traduites à titre privé par Mlle S. Brocher de Genève, qui a eu l'extrême amabilité de mettre son manuscrit à notre disposition. Ces conférences offrant des compléments intéressants, nous avons interposé dans notre texte quelques emprunts signalés expressément dans la première édition. Que Mlle S. Brocher veuille bien trouver ici nos vifs remerciements. (NdT)

connais comme le fond de ma poche! » Je leur réponds : « Vous avez peut-être fait le tour de votre conscient, mais de votre inconscient vous ignorez tout, car l'inconscient est vraiment inconscient ; il est précisément ce dont nous ne sommes pas informés. » N'oublions pas ce préambule ; car on utilise le terme d'« inconscient » avec négligence, parlant, par exemple, de données inconscientes, d'idées, d'images, de fantaisies inconscientes, etc. C'est là une déplorable habitude verbale. Chaque corporation, vous le savez, a ses abréviations, son « slang », son jargon. C'est pourquoi il ne faudra pas m'en vouloir s'il m'arrive de vous parler d'une représentation imaginative inconsciente. Il faudrait dire, en toute rigueur, *une représentation imaginative qui a été inconsciente* ; car l'inconscient dépose sur les plages de la conscience une foule d'apports, et lorsqu'on les dit « inconscients » on ne fait que désigner leur origine. Tout ce dont nous sommes conscients est naturellement adjoint au moi par l'intermédiaire de la conscience. L'inconscient, en revanche, ne nous est pas directement accessible ; il faut faire appel à des méthodes spéciales qui transfèrent dans la conscience les contenus inconscients. La psyché inconsciente est d'une nature entièrement inconnue ; ses produits sont toujours exprimés par la conscience en termes de conscience ; c'est tout ce que nous pouvons faire ; nous ne pouvons aller au-delà, et devons toujours garder ces circonstances présentes à l'esprit comme ultime critère de notre jugement, lorsque nous cherchons à inférer, de la qualité particulière des produits de l'inconscient, la nature de ce dont ils doivent être issus.

* * *

Quand nous nous demandons ce que peut bien être la nature de la conscience, le fait – merveille d'entre les merveilles – qui nous impressionne le plus profondément c'est que, un événement venant à se produire dans le cosmos, il s'en crée simultanément une image en nous, où il se déroule parallèlement, devenant ainsi conscient.

La conscience n'est pas continue. On parle, il est vrai, de la continuité de la conscience ; mais, en réalité, cette continuité n'existe pas et l'impression qu'on en ressent n'est que l'œuvre du souvenir. *La conscience est intermittente, interrompue.*[1] Si on fait

[1] Cette affirmation est en flagrante contradiction avec les meilleurs traités

la somme des phases conscientes d'une vie humaine on arrive à la moitié ou aux deux tiers de sa durée totale, le reste étant fait de vie inconsciente: durant la nuit on est la proie du sommeil et durant la journée nombreuses aussi sont les heures où l'on n'est conscient qu'à moitié ou aux trois quarts. Il n'y a au fond que peu de moments où l'on soit réellement conscient, où la conscience atteigne un certain niveau et une certaine intensité. Celle qui se manifeste dans les rêves n'est qu'un pitoyable reliquat de conscience; nous avons dans les rêves un rôle essentiellement passif, nous les subissons.

L'inconscient, en revanche, est un état constant, durable, qui, dans son essence, se perpétue semblable à lui-même; sa continuité est stable [1], ce que l'on ne saurait prétendre du conscient. Parfois l'activité consciente tombe en quelque sorte au-dessous de zéro et disparaît dans l'inconscient où elle se continue sous forme d'activité inconsciente. Lorsque notre conscience présente son niveau coutumier, ou même lorsqu'elle atteint à une acuité particulière, l'inconscient n'en poursuit pas moins son activité, c'est-à-dire son rêve perpétuel. Tandis que nous écoutons, parlons, lisons, notre inconscient continue de fonctionner, quoique nous n'en remarquions rien.

de psychologie. Dans l'ouvrage de E. Baudin, par exemple *(Cours de psychologie*, 8e édition, de Gigord, Paris, 1937), on trouve un paragraphe consacré à « la continuité » de la conscience (page 10). Si le lecteur veut bien se reporter à cet ouvrage, devenu justement classique, il constatera que son auteur, ayant écrit un chapitre remarquable, en général, sur l'« existence de l'inconscient » (page 111), paraît pourtant oublier et presque rejeter dans d'autres parties de son livre la notion d'un inconscient psychologique; de ce fait, le conscient se voit conférer une ampleur injustifiée; il devient ou plutôt demeure la psyché totale; privé de son complément naturel et de son pendant nécessaire, il est artificiellement élargi pour les besoins de la cause et revêt des qualités et des propriétés qui appartiennent de toute évidence à l'inconscient.

Il nous semble que la psychologie générale aurait le plus grand intérêt à accueillir avec l'honneur dû à son rang (en dépit des résistances que chacun éprouve en soi – le psychologue aussi – à l'égard de ce côté obscur de notre être, qui renferme nos infériorités) cette notion indispensable d'inconscient. Une répartition exacte des appartenances contribuera à clarifier bien des notions de la psychologie classique. Cette mise au point cependant exigera des délais, de nouvelles façons de penser ayant toujours la plus grande peine à acquérir droit de cité, surtout lorsqu'elles touchent, comme c'est le cas ici, aux fondements mêmes de l'édifice spirituel et moral de l'individu. Mais comme l'écrit Yves Le Lay (ouvrage cité, page 407): « L'ignorance voulue d'un phénomène ne l'a jamais empêché d'exister. » (NdT)

[1] Ce que Descartes a exprimé en disant: « L'âme pense toujours. » (NdT)

A l'aide de méthodes appropriées, on peut montrer que l'inconscient tisse perpétuellement un vaste rêve qui, imperturbable, va son chemin au-dessous de la conscience, parfois émergeant la nuit en un songe, ou causant dans la journée de singulières petites perturbations. Certaines personnes, douées d'une forte intuition et de la faculté de percevoir leurs processus intérieurs, ou au moins de les pressentir, racontent pouvoir aussi observer des fragments de ce rêve à l'état de veille, sous forme d'idées soudaines, d'imaginations, infimes parcelles qui ne se laissent pas rétablir dans leur ensemble continu [1]; on peut montrer que ces bribes se révèlent durant la vie diurne par des symptômes, des troubles du langage, des actions manquées et que toutes ces perturbations ont entre elles de secrètes relations, telles des racines souterraines entrelacées.

Les contenus de l'inconscient n'étant pas comme ceux du conscient immédiatement accessibles, il nous faut les répartir en trois classes:

I. Contenus inconscients accessibles;
II. Contenus inconscients médiatement accessibles;
III. Contenus inconscients inaccessibles.

I. *Les contenus inconscients accessibles* sont faits d'éléments dont nous pourrions tout aussi bien avoir conscience, quoique, en général, il n'en soit rien. Ainsi, par exemple, nous n'avons pas clairement conscience de la position de notre corps dans l'espace, de certains gestes ou de certaines expressions de notre visage, etc., sans que rien cependant ne nous en empêche (certaines personnes, toutefois, y éprouvant plus de difficultés que d'autres [2]).

Il y a aussi une foule de choses que nous effectuons inconsciemment. Si je vous demande, par exemple, combien vous avez rencontré de personnes aujourd'hui dans la rue ou combien vous en avez évitées, vous n'êtes pas en état de me donner une réponse, car vous n'y avez point prêté attention et ne sauriez vous en souvenir. Chacun connaît le cas de la personne qui tire sa montre de sa poche, la regarde et l'y remet. Si, peu après, on lui demande

[1] Voir, par exemple, *Le Rêve éveillé* de Léon Daudet. (NdT)

[2] La notion de *schéma corporel*, statique et dynamique, que chacun porte implicitement en lui, joue un grand rôle dans nos états de santé et de maladie (états de maigreur et d'obésité, par exemple). (NdT)

l'heure, elle doit à nouveau consulter sa montre, ayant fait tous ces gestes à son insu et n'ayant pas pris sciemment connaissance du temps écoulé. *L'orientation dans le temps*, cependant, révèle une *continuité inconsciente*; nous avons souvent un sens précis du temps écoulé, jusque dans le sommeil et sans l'aide d'aucun moyen conscient. Grâce à l'hypnose on peut faire, par exemple, l'expérience suivante: on suggère à la personne hypnotisée de compter les secondes à partir d'un moment donné; le sujet réveillé les compte à son insu; si on le replonge de temps à autre dans le sommeil et si on lui demande combien de secondes se sont écoulées, il est en état d'en indiquer le nombre avec exactitude!

En outre, il y a aussi la masse des objets et des événements de notre vie qui sont normalement tombés dans l'oubli, dont nous n'avons pas conscience à un instant donné, mais qui nous sont accessibles à tout moment pour peu que nous leur consacrions notre attention.

II. *Les contenus inconscients médiatement accessibles* sont déjà plus coriaces. Il vous est, par exemple, certainement déjà arrivé de connaître le nom d'une personne sans pouvoir le retrouver; vous l'aviez, comme on dit, « sur le bout de la langue », sans parvenir pourtant à le prononcer: il était momentanément inaccessible! A l'aide de petits expédients on arrive d'ailleurs à repêcher le nom qui échappe. Ou bien encore on fait un nœud à son mouchoir afin de se souvenir à sa vue qu'on a oublié telle ou telle chose, ce qui constitue un souvenir médiat. Des faits analogues peuvent aussi se produire spontanément. En voici un exemple: un psychologue se promène à la campagne et passe devant une ferme. Il continue sa promenade mais se trouve tout à coup assailli par des souvenirs d'enfance si vivaces qu'ils s'imposent à son attention; cela le surprend et il se demande: « Pourquoi suis-je soudain ramené en pensée à cette époque? Quand cela a-t-il débuté? » En remontant le cours de ses pensées il lui vient à l'esprit que les souvenirs d'enfance commencèrent à jaillir en lui environ cinq minutes auparavant en passant devant la ferme. Il revient alors sur ses pas pour rechercher le motif éventuel de ses réminiscences. En s'approchant à nouveau de la ferme, il sent une odeur bien spéciale, celle d'un élevage d'oies, odeur qui était associée à ses jeunes années et dont il avait gardé en lui l'empreinte. En passant la première fois, il l'avait respirée sans la remarquer; mais l'odeur n'en avait pas moins agi sur son inconscient, qui s'était mis à élaborer des souvenirs de son jeune âge. Il s'était donc agi d'un contenu médiatement accessible.

III. Passons aux *contenus inconscients inaccessibles*. Ils peuvent exister en nombre indéterminé car nous ignorons à quelle ampleur peut atteindre l'inconscient, ainsi que la richesse possible de ses contenus. Nous savons que certains vestiges, dont nous pourrions, à vrai dire, nous souvenir, sont inconscients en nous, tels les réminiscences de la vie enfantine; car nous nous rappelons, certes, une foule d'incidents de notre vie d'enfant, mais en oublions également beaucoup: jusqu'à l'âge de cinq ou six ans, pour certaines personnes jusque vers dix et même quinze ans, ces années d'enfance sont recouvertes d'une épaisse obscurité. Il est des sujets, comme par exemple Spitteler, capables de se souvenir de rêves remontant à leur deuxième année; toutefois, même lorsque les souvenirs d'enfance remontent à un très jeune âge, les longues tranches d'existence vécue qui s'intercalent entre eux ont sombré corps et biens. *La conscience enfantine, considérée avec le recul du temps, ressemble à un archipel d'images isolées émergeant des flots.*

Il y a encore chez l'homme des symptômes névrotiques qui indiquent la présence de contenus inconscients, que le sujet ne peut ni préciser, ni définir.

Il est aussi des états dont on est la proie, des sentiments, des humeurs d'une tonalité bien déterminée mais difficiles à décrire, car ils plongent leurs racines dans des sphères qui sont hors de portée pour la conscience.

Il existe, en outre, dans l'inconscient des événements totalement inaccessibles à un moment donné, pour la bonne raison qu'ils n'ont jamais encore été conscients: les idées créatrices, par exemple, qui jaillissent dans notre esprit de façon inattendue et qui, au préalable, n'étaient encore adjointes en aucune façon à notre conscient; nous étions dépourvus de relations avec elles, et c'est pourquoi elles sommeillaient enfermées dans la gangue de l'inconscient, comme leurs sœurs continuent de le faire.

Citons aussi des perceptions plus subtiles encore, les *pressentiments* et les *intuitions*: juste avant que la guerre de 1914 n'éclatât, de nombreuses personnes eurent des pressentiments singuliers, des états affectifs qui les laissaient pantoises, la réalité à laquelle il fallait les adjoindre faisant encore défaut.

* * *

La conscience est, par nature, une sorte de couche superficielle, d'épiderme flottant sur l'inconscient qui s'étend dans les profondeurs, tel un vaste océan d'une parfaite continuité. Kant l'avait pressenti; pour lui l'inconscient est le domaine des représentations obscures qui constituent la moitié d'un monde. Si nous accolons le conscient et l'inconscient, nous embrassons alors à peu près le domaine de la psychologie. La conscience est caractérisée par une certaine étroitesse; on parle de l'*étroitesse de la conscience*, par allusion au fait qu'elle ne peut étreindre simultanément qu'un petit nombre de représentations. J'ai rencontré un cas illustrant bien le fait: une patiente souffrant d'une névrose obsessionnelle s'était mis en tête de devoir jouer au piano deux mélodies à la fois, et elle se martyrisait à cet exercice jusqu'à en tomber en syncope. Ce cas démontre combien on est peu capable de maintenir de pair deux représentations dans la conscience.

La conscience est une sorte d'organe de perception et d'orientation tourné en première ligne vers le monde ambiant. Elle est localisée dans les hémisphères cérébraux dont elle est une des fonctions, alors que le reste de la psyché, selon toute probabilité, n'est pas localisé dans les hémisphères cérébraux, mais quelque part ailleurs. Le mieux pour s'en persuader est de s'entretenir avec des primitifs. J'eus une fois une conversation avec un chef d'Indiens Pueblos dont j'avais gagné la confiance en lui disant que j'étais aussi d'une tribu adonnée à l'élevage, mais qui ne vivait pas sur le continent américain. Il me parla à cœur ouvert des particularités des Américains et me dit des choses fort intéressantes, valables aussi pour les Européens. Voici le point culminant de notre conversation:

– Les Américains sont fous!
– Pourquoi donc?
– Ils prétendent penser dans la tête!
– N'est-ce pas le cas?
– Vous n'y songez pas, voyons, on pense dans le cœur!

Pour cet homme, la conscience intense est faite de l'intensité du sentiment; ou, en termes scientifiques, il appelle psyché ce qui affecte le cœur. Les membres de certaines tribus nègres primitives prétendent que la pensée a son siège dans le ventre; ils sont tellement primitifs et inconscients que seule l'activité psychique qui les prend aux entrailles parvient jusqu'à leur conscience et passe pour relever de la psyché. Ainsi, lorsque quelque chose leur pèse sur l'estomac, « leur a rampé sur le foie », leur crée quelques troubles fonctionnels de l'abdomen, ils le remarquent et en concluent que c'est là, dans l'abdomen, que la psyché est localisée. Ceci est également à l'origine de certains systèmes hindous de méditation, fort curieux, qui présentent une série d'échelons commençant dans la région de la vessie (les toutes premières manifestations psychiques ont été perçues en relation avec des troubles de la vessie) et qui culminent dans la tête, après avoir franchi les étapes de l'estomac, du cœur et du cou. Pour nous, la conscience est localisée dans le cerveau. Mais la conscience n'est pas la psyché tout entière; la psyché est originairement une fonction du système nerveux réparti dans tout le corps et dont le centre, phylogénétiquement, n'était pas dans la tête mais dans le ventre, dans ses amas de ganglions. Ces derniers constituent sans doute la base originelle de l'entité psychique, tandis que les hémisphères cérébraux ont essentiellement contribué à l'élaboration de la conscience, dont la localisation indique déjà qu'elle constitue une fonction perceptive, un organe de perception. Au cerveau aboutissent en effet tous les nerfs sensoriels principaux et c'est par lui que sont enregistrées et groupées les communications envoyées par la surface sensorielle. Par suite, il est historiquement compréhensible que la psychologie en tant que science, dont les débuts remontent au XVIIe et au XVIIIe siècle, ait commencé par s'intéresser aux perceptions des sens, et que les psychologues aient commencé par faire dériver la conscience des sens, comme si elle ne consistait qu'en données sensorielles. Toute la psychologie scientifique à ses débuts est basée sur les sensations; nous voyons cela durer jusqu'au cœur du XIXe siècle; la conception centrale qui en résulte, à savoir la primauté des sens et de la conscience, continue, jusqu'à un certain point, à régner encore de nos jours, dans l'œuvre de Freud par exemple, dont la théorie fait découler l'inconscient du conscient. En fait, les choses se présentent de façon essentiellement différente; les fonctions psychiques originelles étant étroitement solidaires du système nerveux sympathique, je dirai volontiers que l'élément premier est évidemment l'inconscient, hors duquel s'élève petit à petit la conscience.

Qu'est-ce que la conscience? Etre conscient, c'est percevoir et reconnaître le monde extérieur ainsi que soi-même dans ses relations avec ce monde extérieur. Ce n'est pas ici le lieu de parler de ce dernier, l'objet propre de la psychologie étant l'homme. Se voir dans ses relations avec le monde extérieur signifie se reconnaître soi-même dans son ambiance. Qu'est-ce que ce « soi-même »? C'est tout d'abord le centre de la conscience, *le moi.* Lorsqu'un objet n'est pas susceptible d'être associé au moi, lorsqu'il n'existe pas de pont reliant l'objet au moi, l'objet est inconscient, c'est-à-dire qu'il en est de lui comme s'il n'existait pas. Par suite, on peut définir la conscience comme une relation psychique à un fait central appelé le moi. *Qu'est-ce que le moi? Le moi est une grandeur infiniment complexe, quelque chose comme une condensation et un amoncellement de données et de sensations*; il y figure en première ligne la perception de la position qu'occupe le corps dans l'espace, celles de froid, de chaleur, de faim, etc., puis la perception d'états affectifs (suis-je excité ou calme, telle chose m'est-elle agréable ou désagréable? etc.); le moi comporte en outre une masse énorme de souvenirs: si je m'éveillais demain matin sans le moindre souvenir, je ne saurais pas qui je suis. Il me faut disposer d'un trésor, d'un fonds de souvenirs qui sont comme des rapports ou des notes renseignant sur ce qui fut. Il ne saurait y avoir de conscience sans tout cela. Cependant l'élément essentiel paraît être l'*état affectif*: c'est lorsque nous sommes en proie à un affect que nous prenons conscience de nous-mêmes avec le plus d'acuité, que nous nous percevons nous-mêmes avec le plus d'intensité. C'est pourquoi il n'est pas improbable de penser que la conscience originelle a vu le jour au cours d'un affect; un choc au visage, par exemple, pourrait être à l'origine des premières réflexions de l'individu sur lui-même!

Nombreux sont les êtres qui ne sont que partiellement conscients; jusque parmi les Européens fort civilisés se rencontrent un nombre important de sujets anormalement inconscients, pour lesquels une grande partie de la vie s'écoule de façon inconsciente. Ils savent ce qu'il advient d'eux, mais ils ne se représentent qu'imparfaitement ce qu'ils font et ce qu'ils disent. Ils sont incapables de rendre compte de la portée de leurs actions: qu'est-ce qui, en définitive, les rend conscients? Que survienne un fait inattendu, qu'ils heurtent quelque coutume, quelque habitude solidement établies, que cette collision entraîne de fatales conséquences, et la lumière se fait en leur esprit; elle éclaire les motifs de leur action, ils sursautent et deviennent conscients. Beaucoup de sujets ne le deviennent que de la sorte, le moi n'étant intensément conscient qu'au cours de moments affectifs de cette nature. De même, les animaux tirent des enseignements surtout des états affectifs;

lorsque, par exemple, un animal a mangé quelque chose de bon ou lorsqu'il a reçu un coup, il en demeure en lui une impression qui laisse une trace et qui crée, en s'amalgamant aux autres expériences de même nature, une certaine continuité. C'est pourquoi il faut considérer que les animaux aussi, en un certain sens, ont un moi. Comme on le voit, ce moi préalable est une condition *sine qua non* de toute conscience. Sous ce rapport il est important d'être égoïste ou égocentrique, afin de prendre conscience de soi-même. L'égoïsme, jusqu'à un certain degré, est une pure nécessité. Sans cette puissante impulsion fondamentale nous ne pourrions maintenir notre conscience et retomberions dans un état crépusculaire. Nous nous en faisons difficilement une idée, mais observez un primitif et vous constaterez que, s'il n'est pas tenu en haleine par quelque événement, il ne se produit rien en lui: il reste assis pendant des heures, simplement là, dans une inertie totale; si vous lui demandez à quoi il songe, il est offensé, car penser est à ses yeux le privilège des fous! Il n'y a donc pas lieu de supposer qu'une pensée s'agite en lui; cependant son état est aussi fort éloigné d'un état de repos absolu: l'inconscient exerce en lui une activité vivace, d'où peuvent jaillir des idées soudaines et intéressantes, le primitif étant maître dans « l'art » de laisser parler son inconscient et de lui prêter une oreille attentive.

La conscience, organe d'orientation, utilise certaines fonctions pour *s'orienter dans l'espace extérieur, dans son ambiance.* (Elle a en outre à charge l'orientation dans l'espace intérieur; nous y reviendrons.) Dans l'espace extérieur figurent des objets qui sont manifestement différents de nous-mêmes. Pour percevoir ce monde d'objets et pour nous orienter en lui nous utilisons surtout les impressions sensorielles. Je ne parlerai pas dans ce qui suit des impressions sensorielles prises une à une; je les réunis sous la rubrique de « la sensation » qui les englobe toutes.

La sensation nous indique, par exemple, si l'espace dans lequel nous nous trouvons est vide ou s'il y figure quelque objet, si celui-ci est à l'état de repos ou s'il se meut. La sensation, en tant que fonction psychique, est par essence *irrationnelle* [1]. Pourquoi?

[1] « La science est obligée de s'arrêter devant cet *irrationnel*: la sensation. » (Meyerson, *De l'explication dans les sciences*, page 181, Payot, Paris, 1923.) (NdT)

Vous allez le comprendre. Si vous désirez percevoir une sensation de façon aussi spontanée et pure que possible, vous devez faire abstraction de toute attente relative à ce que vous allez percevoir; car, en toute généralité, cette attente nuirait déjà à la sensation à venir. Si vous désirez éprouver une sensation et seulement une sensation, vous devez exclure tout ce qui est susceptible d'en perturber la perception. Vous devez être tout yeux et tout oreilles, mais ne devez rien faire, ni tolérer la moindre immixtion: gardez-vous, par exemple, de réfléchir à l'origine de l'excitation sensorielle. Vous ne devez rien en savoir, sinon votre perception serait d'avance sophistiquée, défigurée, voire réprimée. Lorsque, par exemple, un spectacle captive votre attention, vous en oubliez d'écouter et inversement. La sensation, pour être pure et vive, ne doit inclure aucun jugement, ni être influencée ou dirigée; elle doit être irrationnelle.

Une deuxième fonction nous dit, après que la sensation a constaté la présence d'un objet dans l'espace où nous sommes, *ce qu'est cet objet*. Cet acte, cette fonction de connaissance est, sur un plan primitif, ce que l'on appelle *la pensée*. La pensée est une fonction rationnelle: elle juge, elle exclut; c'est sa tâche primordiale, puisqu'elle doit préciser *ce* qu'une chose est. Elle doit appréhender sa spécificité, la différencier de ce qui n'est pas elle, ce qui est une œuvre de jugement, une fonction rationnelle.

Une fois que nous avons constaté la présence d'un objet dans notre voisinage et que nous avons appris que cet objet est ceci ou cela, nos renseignements se limitent encore à l'impression ressentie dans le moment présent. Or cette donnée actuelle, instantanée, a un passé et un avenir. Elle a été et deviendra. Elle représente donc à cet instant une phase d'un processus de métamorphose; car, à la longue, rien n'est, tout se transforme. Par suite, la chose dont nous avons constaté l'existence actuelle renferme des traits dénotant le passé et faisant pressentir l'avenir. Ces traits, cependant, ne sont pas incorporés à la forme actuelle; ils lui prêtent seulement une atmosphère qui flotte et l'entoure. Certes, les sens, là encore, peuvent nous être de quelque utilité; la pensée elle aussi peut se livrer à quelques constatations; mais, en outre, il y a le domaine des suppositions, des pressentiments, des « impressions vagues », comme nous les nommons. Nous avons un certain flair pour l'origine des choses et nous pressentons leur évolution, leur devenir futur: c'est là la sphère de l'*intuition*.

L'intuition est une fonction que, normalement, on emploie peu, pour autant que l'on vive une vie régulière, entre quatre murs, astreint à un travail routinier. Mais si on s'occupe de bourse ou si on se trouve dans l'Afrique centrale, on emploie ses « hunches » [1] tout comme autre chose. Vous ne pouvez pas, par exemple, calculer si à un détour de la brousse vous n'allez pas vous trouver face à face avec un tigre ou un rhinocéros, mais vous en avez un « hunch » et cela vous sauvera peut-être la vie. Les gens qui vivent exposés aux conditions naturelles font un grand usage de l'intuition; elle est employée aussi par tous ceux qui risquent quelque chose dans un domaine inconnu, qui sont des pionniers d'une manière ou d'une autre: les inventeurs, les juges, etc. Dès que l'on se trouve en présence de conditions nouvelles, encore vierges de valeurs et de concepts établis, on dépend de cette faculté d'intuition.

Après avoir constaté les choses dans leur objectivité, nous ne devons pas perdre de vue qu'elles ne sont pas seules dans l'univers; nous y sommes également inclus. De la chose à moi ou de moi à la chose existent des rapports, des liens; d'une façon ou d'une autre je me trouve affecté par tout objet, qui est agréable ou désagréable, attachant ou repoussant, que je désire ou que je hais: c'est ici la sphère du *sentiment*. Le sentiment me dicte la valeur qu'a un objet pour moi. C'est une fonction *rationnelle*, qui formule un jugement précis, alors que l'intuition, perception spontanée de possibilités vagues, est une fonction *irrationnelle*.[2]

Munis de ces quatre fonctions d'orientation qui nous disent si une chose existe, ce qu'elle est, d'où elle vient et où elle va, et enfin ce qu'elle représente pour nous, nous sommes orientés dans notre espace psychique. Ainsi se trouvent aussi précisées les nécessités de notre orientation.[3] Nous pouvons, en général, utiliser

[1] « I've got a hunch » – j'ai une impression, une idée – locution employée dans le slang américain pour désigner l'intuition, terme qui manque à son vocabulaire. (NdT)

[2] Les fonctions rationnelles et les fonctions irrationnelles s'excluent mutuellement en partie dans leur exercice simultané. Porter des jugements, ceux de la pensée ou du sentiment, c'est se fermer à la perception des données du réel (sensation) ou à la perception de celles du devenir (intuition). Et inversement, mais aussi elles s'enrichissent réciproquement. (NdT)

[3] Pourquoi s'agit-il précisément de quatre fonctions et pas de trois ou de cinq, par exemple? Il y a là un fait d'expérience: tant au point de vue de notre

ces quatre fonctions à notre gré; je veux regarder, remarquer, entendre (sensation); je veux savoir ce qu'est telle chose (pensée), quelle valeur elle a pour moi (sentiment), etc. Mais nous savons aussi par expérience que ces mêmes fonctions sont susceptibles de s'exercer automatiquement, une sensation, par exemple, faisant irruption dans notre passivité en dehors de tout désir de notre part ou même s'imposant à nous à notre corps défendant. Si dehors un coup de canon retentit, rien ne m'avait préparé à l'entendre et pourtant la détonation m'assourdit; je la perçois involontairement.[1]

Toutes ces fonctions ne s'exercent pas seulement dans la conscience mais aussi dans l'inconscient. Si une détonation retentit pendant mon sommeil, elle peut être perçue et amalgamée à un rêve. Je suis alors entièrement passif; de même, des relations et des jugements intellectuels ou sentimentaux peuvent se former dans l'inconscient et se dérouler involontairement durant le sommeil. Nos quatre fonctions primordiales ne sont donc pas uniquement l'apanage du conscient; elles sont en elles-mêmes des fonctions psychiques, susceptibles de s'exercer sans la participation de la conscience.[2]

Ces fonctions sont dotées chacune d'énergie spécifique; une *tension énergétique* qui préside à leur activité leur est inhérente; il existe évidemment une grande marge de variations individuelles. Le cas idéal serait celui où les quatre fonctions seraient dotées des mêmes ressources énergétiques; elles s'exerceraient alors toutes quatre en égale proportion. Des degrés d'activité très différents de leur part peuvent être à l'origine de perturbations. Ainsi, nous ne devons ni ne pouvons nous contenter de constater simplement qu'une chose est; il nous faut aussi apprendre ce qu'elle est, sentir la valeur qu'elle revêt pour nous, flairer, induire d'où elle vient et où elle va. *Si une de ces fonctions n'est pas employée, elle se*

orientation dans l'espace, où nous avons recours aux quatre points cardinaux, qu'au point de vue psychologique, où nous utilisons nos quatre fonctions, les hommes utilisent toujours ce même nombre de quatre critères. Il représente le minimum auquel nous nous sommes structurellement adaptés. (NdT)

[1] « Nos sens sont spontanément ouverts sur le monde extérieur. » (Baudin, ouvrage cité.) (NdT)

[2] Ainsi, la conscience ne saurait exister sans un moi, comme cela a été dit plus haut, mais les quatre fonctions primordiales peuvent exister sans la conscience. (NdT)

déroule et se perd dans l'inconscient ; elle suscite alors une activation peu naturelle de celui-ci, car l'évolution humaine a atteint un stade où ces fonctions peuvent et doivent s'exercer dans la conscience. Chez la plupart des personnes, une des fonctions est exercée, développée, différenciée avec prédilection, au détriment des autres qui végètent dans une inconscience plus ou moins poussée, ce qui suscite chez ces sujets une unilatéralité singulière. Soulignons d'ailleurs qu'il n'est pas possible de rendre simultanément toutes les fonctions conscientes à un haut degré, de les différencier toutes de front. Nous donnons, en général, la préférence à l'une des fonctions; probablement parce que nos aptitudes, notre différenciation cérébrale ou l'énergie dont nous disposons ne suffisent pas à pourvoir également aux quatre fonctions à la fois. Il en résulte des différenciations singulières et spécifiques de la psyché humaine.

L'énergie propre, inhérente à l'une des fonctions en exercice, peut être décuplée par ce que nous appelons l'*attention* et la *volonté*. L'attention ne constitue qu'un aspect de la volonté. Nous pouvons accroître l'énergie spécifique d'une fonction par un acte de volonté, qui nous permet de la diriger, de la rendre exclusive, en éduquant certains de ses registres aux dépens de certains autres. Ainsi nous nous concentrons au concert et sommes seulement tout oreilles. *Le moi est doté d'un pouvoir, d'une force créatrice, conquête tardive de l'humanité, que nous appelons volonté.* A l'échelon primitif la volonté n'existe pas encore; le moi n'est fait que d'instincts, d'impulsions et de réactions; de la volonté on ne décèle pas encore la moindre trace. Chez les animaux aussi, on trouve une foule d'instincts, mais une quantité minime de volonté. Voici un exemple, que j'ai moi-même observé, de la faiblesse de la volonté chez les primitifs: j'ai séjourné quelque temps en Afrique orientale parmi une tribu très primitive. C'étaient de braves gens qui ne demandaient pas mieux que de m'aider. Il me fallut une fois envoyer des lettres et j'eus besoin d'un coureur. Je me rendis auprès du chef, le priant de m'en envoyer un. Un peu plus tard un jeune indigène vint vers moi et déclara être le coureur demandé. Il y avait une distance d'environ cent vingt kilomètres à parcourir jusqu'au terminus du chemin de fer de l'Ouganda, où séjournaient les Blancs les plus proches. Je tendis au coureur les lettres en paquet et lui dis: « Porte ces lettres à la station des hommes blancs en tel endroit. » Le coureur pour toute réponse me regarda d'un œil égaré et vide et ne tendit même pas la main vers le paquet. « Prends les lettres et va », répétai-je. Le coureur m'avait certainement compris mais il ne parvenait pas à réagir à cette invite singulière. Je pensai tout d'abord qu'elle ne lui convenait pas. Survint alors un nègre somali qui me prit les lettres des mains et me dit : « Tu t'y prends de façon maladroite et bête ; je vais te montrer comment cela se fait. » Il saisit un fouet et marcha menaçant sur l'homme en lui disant : « Voici les lettres, tu es le coureur, voilà le bâton (le bâton avait une fente dans laquelle on introduisait les lettres ; c'était le « bâton du messager », avec lequel on les portait), il faut que tu le prennes. » Et de lui frotter les côtes avec le bâton, de le secouer et de le maudire, lui et ses ancêtres, jusqu'à la septième génération ! « C'est comme ça qu'il te faut courir » criait mon nègre somali en mimant à l'indigène par une danse ce qu'il lui fallait faire. L'homme petit à petit s'éveilla, ses yeux s'allumèrent et un large sourire finit par s'épanouir sur toute sa face : il avait compris. Il partit comme un boulet de canon et parcourut les cent vingt kilomètres jusqu'à la station d'une seule traite. Que s'était-il passé ? Le primitif n'est pas capable de vouloir ; ses énergies doivent d'abord être rassemblées ; il avait fallu que notre homme fût mis dans l'humeur d'un messager ; de là, la raison d'être et la nécessité de cette cérémonie : elle avait éveillé en lui l'état d'âme qui l'avait transformé en estafette ; dorénavant il avait les lettres de l'homme blanc en main, les portait vers leur destination, et tous les indigènes rencontrés sur son parcours se disaient : « Oui, c'est le courrier, c'est le messager. » Cela faisait de lui l'homme important du moment, lui conférait une dignité à laquelle il n'aurait pas atteint, s'il n'avait tout d'abord, à grand renfort de coups de fouet, été mis dans l'état d'esprit d'un messager. Il y avait eu là bel et bien suggestion ; les indigènes ont, en quelque sorte, besoin, afin d'entreprendre quoi que ce soit, d'être hypnotisés en bonne et due forme. Cet exemple montre que le rapport entre le mot et l'action fait défaut, que la fonction de la volonté n'est pas éduquée en eux et qu'ils n'agissent que sous l'emprise des humeurs et des affects. Au début de mon séjour en Afrique, j'étais étonné de la brutalité avec laquelle les indigènes étaient traités, le fouet étant monnaie courante ; tout d'abord cela me parut être superflu, mais je dus me convaincre que c'était nécessaire ; j'eus dès lors en permanence mon fouet en peau de rhinocéros à mes côtés. J'appris à simuler des affects que je ne ressentais pas, à crier à plein gosier et à piétiner de colère.[1] Il faut, de la sorte, suppléer à la volonté déficiente des indigènes. Cette conception est confirmée par d'innombrables rites qu'elle seule permet de comprendre. Les indigènes, avant de se mettre en chasse, exécutent des danses, miment la chasse qu'ils vont entreprendre: ils accomplissent l'indispensable « rite d'entrée » pour créer en eux l'humeur, l'état d'âme, l'émotion nécessaires à l'action à effectuer, pour concentrer l'énergie diffuse, leur intérêt sur l'action à accomplir, c'est-à-dire pour éveiller la volonté; le retour de la chasse donne, à son tour, lieu à des cérémonies compliquées et analogues, qui poursuivent le but inverse du rétablissement de l'humeur pacifique et quotidienne. Lorsque les Dinkas du Nil blanc, par exemple, ont tué un hippopotame, ils lui ouvrent le ventre, l'un d'entre eux y pénètre, s'agenouille devant la colonne vertébrale et adresse à l'âme de l'hippopotame qui est censée siéger dans la moelle épinière la prière suivante: « Cher et bon hippopotame, pardonne-nous de t'avoir tué. Ce n'est point par méchanceté, mais parce que nous apprécions ta chair. Ne dis pas à tes frères et à tes sœurs que tu as été tué, mais dis-leur que tu aimes bien les hommes. Nous aussi nous t'aimons bien et te mangeons volontiers. Si tu te fâchais, tu dirais à tes frères et à tes sœurs de s'éloigner et nous n'aurions plus de viande. » Cette prière doit être formulée; puis viennent les danses du « rite de sortie» qui visent à déprendre les chasseurs des appétits et de l'atmosphère sanguinaires de la chasse et à rétablir en eux l'atonie du « tous les jours ». On assiste à un spectacle aussi singulier et révélateur lorsque les guerriers ont combattu et lorsque l'un d'eux a fait une victime – ce qui est d'ailleurs très rare, les luttes étant là-bas en général peu sanglantes. Le meurtrier rentre en vainqueur, en guerrier valeureux. De quelle façon va-t-on l'honorer? Ses congénères s'emparent de sa personne, l'emprisonnent et le mettent durant deux mois à un régime végétarien, afin qu'il perde l'habitude de faire couler le sang!

Le moi est chez nous doté d'une énergie disponible, grâce à laquelle nous pouvons influencer le cours naturel des événements.

[1] Il n'est plus besoin – une fois qu'ils ont déjà été mis en évidence – d'aller en Afrique pour observer des faits de ce genre. La vie dans les cours de caserne en France – et sans doute pas en France seulement – en est littéralement faite et ils constituent, sans aucun doute, un élément fondamental de la psychologie du sous-officier, en particulier du proverbial adjudant, qui – à l'opposé du professeur Jung – finit par se prendre à son propre jeu! (NdT)

Nous pouvons, nous l'avons déjà dit, vouloir regarder, penser, prévoir; nous pouvons même vouloir éprouver tel ou tel sentiment. La volonté est une grande magicienne qui, en outre, ajoute à ses charmes le paradoxe de se sentir et de se prétendre libre. Nous éprouvons *le sentiment de liberté*, lors même que l'on peut prouver l'existence de causes précises qui devaient, de toute nécessité, entraîner telle ou telle conséquence, que nous avons précisément réalisée; en dépit de quoi, le sentiment de liberté est pourtant vivace en nous! Nous savons d'ailleurs qu'il n'existe rien qui n'ait sa cause, ce qui nous contraint à penser que la volonté, elle aussi, doit relever de quelques déterminantes! Alors? Si *la volonté* est marquée par cette liberté souveraine qui est son fait, c'est qu'elle est une parcelle de cette obscure force créatrice qui gît en nous, qui nous façonne, qui édifie notre être, qui régit notre corps, qui maintient ou détruit sa structure et qui crée des vies nouvelles. Cette énergie affleure, en quelque sorte, au sein de la volonté, jusque dans la sphère de la conscience humaine, apportant avec elle ce sentiment absolu et souverain *d'impérissable liberté*, qui ne se laisse entamer ou restreindre par aucune philosophie. Nous pouvons invoquer tous les systèmes philosophiques que nous voulons, le sentiment de liberté reste présent au cœur de l'homme, indestructible, se riant des systèmes, constituant une donnée singulière peut-être, mais originelle de la nature.

Essayons de résumer en un schéma les connaissances que nous venons d'acquérir sur la conscience.

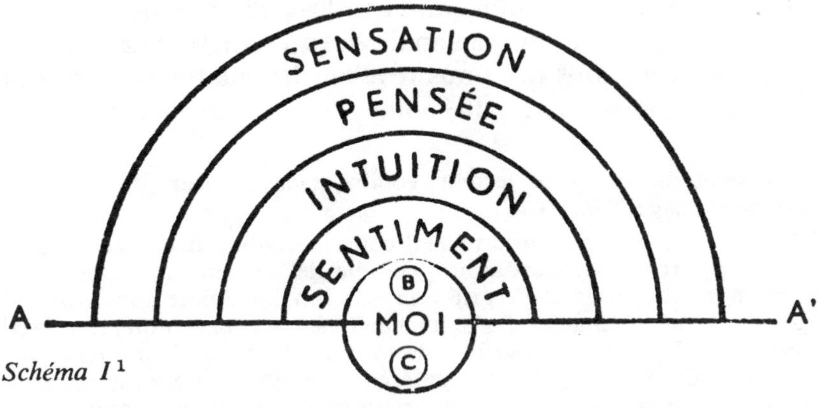

Schéma I[1]

[1] Cet ordre est plus logique que psychologique. D'un point de vue psychologique pur, il y aurait lieu d'intervertir le sentiment et l'intuition, cette dernière fonction opposée ici à la *fonction principale* venant en dernier lieu. (NdT)

Dans ce dessin qui le schématise, le moi, traversé par une ligne AA', apparaît fractionné en deux parties. La partie inférieure de ce moi existe à mon insu, ne m'est pas consciente ©; il y figure des choses dont j'ignore radicalement tout. Nous sommes contraints de supposer que des parties intégrantes de notre totalité psychique d'être vivant, de notre *soi*, mènent une existence obscure et inconsciente.[1] Elles occupent la place située au-dessous du trait AA'. Le cercle le plus central représente le moi, autour duquel on peut faire figuier ses quatre fonctions primordiales, dans un ordre qui naturellement varie de façon individuelle. Ce schéma ne constitue qu'une structure, que la trame sur laquelle viennent s'appliquer les différentes enveloppes personnelles dont s'entoure le moi. Si vous connaissez superficiellement une personne, dont les fonctions répondent à la disposition que nous avons représentée ici, vous croyez tout d'abord avoir affaire à un être sensoriel, sensitif; peu après, vous découvrez qu'elle ne s'arrête pas à l'apparence sensorielle, manifeste des choses, mais qu'elle réfléchit à leur nature. Puis, de proche en proche, vous constatez chez elle l'existence d'intuition et enfin de sentiment. Il ne saurait, dans ce cas, en être autrement. La nécessité singulière qui fait succéder une fonction rationnelle à une fonction irrationnelle n'est pas suffisamment exprimée par le schéma ci-dessus. Une autre schématisation la mettra davantage en valeur, schématisation qui découle naturellement de ce que la conscience est l'instance qui préside à notre orientation. Or, si nous voulons nous orienter à la surface de la terre, il nous faut connaître les quatre points cardinaux; «dès lors, ce n'est point forcer les analogies que de situer dans la sphère psychique les fonctions qui nous révèlent les quatre aspects fondamentaux des choses aux quatre coins de notre horizon spirituel».[2]

[1] Au sujet du «soi» le lecteur voudra bien trouver des détails plus circonstanciés, page 330. (NdT)

[2] NdT – C. G. Jung a parfaitement conscience du fait que sa conception repose sur un archétype (c'est-à-dire, comme il l'a défini lui-même, sur une image primordiale, innée à l'esprit humain) qui lui donne son assise et sa résonance en l'âme de chacun. Il s'agit ici de *l'idée de la quaternité*, responsable, semble-t-il, de l'existence universelle de la croix et de la signification surnaturelle qui lui a été partout conférée. Ajoutons, pour montrer que C. G. Jung n'est pas le seul à subir l'emprise universelle des archétypes, que la psychologie classique qui se plaît avec raison à distinguer dans la sphère mentale une vie représentative, affective et active, fait ainsi reposer ses conceptions sur un autre archétype, celui de la Trinité!

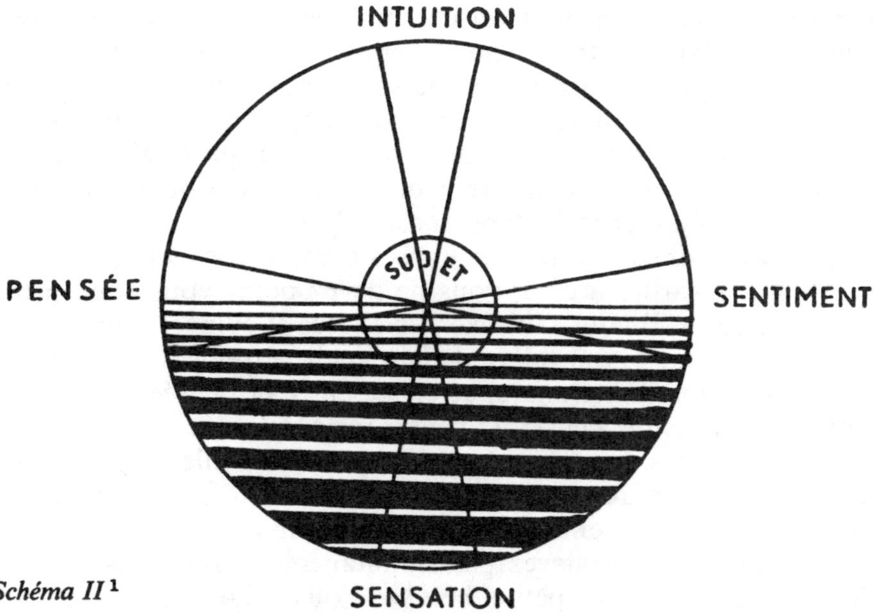

Schéma II[1]

Il nous faut remarquer que ces fonctions présentent entre elles certaines incompatibilités, dont tient compte leur disposition deux à deux opposées. La sensation et l'intuition en offrent l'exemple le plus clair. Vous percevrez leur opposition en observant avec attention la façon dont un être sensoriel, d'une part, et un être intuitif, de l'autre, examinent les choses. Leurs dispositions fondamentales se révèlent dans leurs regards. Celui qui voit les choses comme elles sont les appréhende, les agrippe en quelque sorte entre ses axes optiques : c'est le sensoriel. L'intuitif, lui, englobe, enrobe les choses de son regard qui rayonne et qui luit (les yeux de Gœthe en sont un remarquable exemple). Vous pouvez en conclure que l'intuitif, au fond, ne voit pas les choses ; il n'en perçoit que l'atmosphère ; il regarde par-delà l'objet, ne tient pas à l'observer, celui-ci constituant une donnée qui lui importe peu. Ce qu'il est curieux de connaître, c'est le climat des choses, leur origine et leur destination. C'est pourquoi il s'attache à leur ensemble, attendant des éclaircissements sur leur nature particulière et sur leur vie

[1] L'intuition dans ce schéma est représentée comme étant la fonction principale. En permutant chaque fois de 90 degrés on obtiendrait à volonté les schémas faisant de chacune des trois autres fonctions la fonction principale. (NdT)

spécifique, de la façon dont cet ensemble est coulé dans le lit des événements, dans la trame du devenir. Par suite, vous pouvez constater de prime abord si une personne appartient ou n'appartient pas au type intuitif, selon que son regard émet ou non cette singulière auréole, cette espèce de rayonnement qui tâte les objets, qui cherche à percer le mystère de leur intrication et qui fait totalement défaut chez le type sensoriel. Et cela est bien ainsi, car, si vous désirez regarder les choses comme elles sont, vous ne devez point regarder à côté, vous ne devez point vous concentrer sur leurs à-côtés. Il vous faut fixer les choses et évincer, autant que faire se peut, tout ce qui relève de leur enchevêtrement réciproque.

Une incompatibilité analogue existe entre la pensée et le sentiment. Si vous désirez penser, et penser juste, selon la saine logique, vous ne devez pas, en même temps, vous laisser aller à être sentimental, la logique du cœur risquant fort d'entraîner votre pensée hors de ses propres sentiers! Si vous réfléchissez à la biologie de la grenouille, vous ne devez pas simultanément vous laisser aller à dire: « Oh! la jolie petite bête! » Vous devez, dans ce cas, exclure le sentiment de vos réflexions. C'est pourquoi les objets soumis à la pensée doivent être situés momentanément en marge des valeurs, quoique qu'ils puissent en constituer par eux-mêmes. Savoir si quelque chose a ou n'a pas de valeur pour moi n'entre pas dans une catégorie de la pensée mais dans celle du sentiment. Le sentiment s'enquiert de la valeur d'une chose par rapport au sujet, enquête que la pensée – fonction en quelque sorte neutre dans ce débat et qui encombrerait le champ limité de la conscience – ne saurait qu'entraver. En bref, tant pour la pensée que pour le sentiment, la fonction contraire doit être exclue. De même, nous l'avons vu, l'intuition et la sensation s'excluent l'une l'autre. Ces quatre fonctions sont donc opposées deux à deux. Dans ce schéma le sujet figure au centre; c'est le moi, que nous devons nous représenter doté de l'énergie spécifique appelée volonté; chaque fonction en particulier est dotée aussi d'une part d'énergie qui lui est propre; la répartition de l'énergie entraîne les variations individuelles que nous avons mentionnées plus haut.

Ces développements ne constituent naturellement que des schémas, à l'aide desquels on ne saurait tout expliquer, mais qui, de même que des tables d'orientation, ont leur utilité dans le labyrinthe des faits psychologiques. Car ces différences jouent un grand rôle dans la psychologie pratique. Ne pensez pas que je passe mon temps à classer les gens dans telle ou telle catégorie et à dire: « C'est un intuitif » ou « il est du type penseur et intellectuel ». Ce sont souvent des tiers qui me demandent: « A quel type appartient telle personne? » Il me faut la plupart du temps leur répondre que je n'y ai pas réfléchi, ce qui est vrai. Il est assez stérile d'étiqueter les gens et de les presser dans des catégories. Cependant, si on se trouve en présence de nombreux documents humains, on a besoin de principes critiques qui permettent d'y introduire de l'ordre. Cela est particulièrement important lorsque les êtres à qui on a affaire sont des gens au psychisme troublé ou confus, ou encore lorsqu'on doit expliquer une personne à une autre. Par exemple, si vous avez à expliquer une femme à son mari ou un mari à sa femme, il vous est d'un grand secours de disposer de critères objectifs. Sinon on en reste toujours à des phrases comme: « Il dit que... elle dit que... etc. » [1]

* * *

Passons maintenant à un autre domaine, à celui de l'*orientation dans l'espace intérieur*. J'entends par là l'orientation au sein des événements psychiques qui se produisent réellement en nous, au cœur de notre moi, comme si la sphère centrale dans notre schéma était creuse et se trouvait le siège d'incidents significatifs, dont nous devons nous faire une idée. La ligne AA' (schéma I, page 113) figurant le seuil de la conscience, nous avons en Ⓑ la partie consciente du moi et en © sa partie inconsciente, le monde de l'*ombre*. En © le moi est obscur, nous n'y distinguons à peu près rien et

[1] « A quelque définition et à quelque classification que l'on s'arrête il faudra toujours consentir à ne leur accorder qu'une valeur purement empirique. Car tout caractère est forcément individuel... La personnalité, comme la vie, garde toujours un fonds inaccessible et inexprimable. » (Baudin, ouvrage cité, page 532.)

La typologie fonctionnelle que Jung propose, outre l'intérêt qu'il signale ci-dessus, en présente un autre, tout à fait essentiel. Il est important pour chacun, mais capital pour quiconque s'intéresse à la vie psychique, de connaître *sa fonction psychologique principale*. C'est là une tâche qui est loin d'être aussi aisée qu'elle le paraît. La détermination du mode psychologique de réaction qui nous est le plus habituel et le plus familier est d'une extrême importance pour l'autocritique, pour la compréhension de soi et de ses déterminantes, pour la circonscription de son équation personnelle, ainsi que pour la mise en relief de ce que l'on est porté à laisser dans l'ombre, c'est-à-dire, comme nous le verrons plus loin, à projeter sur autrui. (NdT) y sommes une énigme pour nous-mêmes. Nous connaissons la partie de notre moi représentée par Ⓑ, nous ne connaissons pas celle que représente ©. Ainsi s'explique que nous découvrions toujours quelque chose de nouveau en nous-mêmes. Presque chaque année surgit en nous quelque chose que nous n'aurions pas soupçonné auparavant. Nous pensons toujours en avoir fini avec ces découvertes en nous et continuons cependant à découvrir que nous sommes encore ceci ou cela, faisant même parfois des constatations renversantes. Cela montre bien qu'il y a toujours une partie de notre personnalité qui est inconsciente, qui est en voie de formation ; nous sommes éternellement inachevés, nous croissons et changeons. La personnalité future que nous serons est déjà là, mais encore cachée dans l'ombre. Le moi, dans un certain sens, est comme une fente mobile qui se déplace sur un film, progressivement. Les potentialités futures du moi relèvent de son ombre présente. Nous savons ce que nous avons été, mais nous ignorons ce que nous serons.

Mais laissons maintenant de côté l'ombre, la partie © du moi, et livrons-nous à l'inventaire des éléments discernables de notre vie intérieure. Nous rencontrons tout d'abord le *souvenir*, la *mémoire*, qui jaillissent indubitablement du dedans. Ils sont faits de choses que nous avons emmagasinées en nous et qui, du dedans, redéfilent devant notre esprit, nous occupent, nous torturent ou nous enchantent. La fonction de la mémoire nous lie avec les choses qui ont disparu de notre conscience, qui sont devenues subliminales, qui ont été rejetées ou refoulées. Ce que nous appelons la mémoire est une faculté de reproduction des contenus inconscients. C'est la première fonction que nous pouvons clairement distinguer dans les relations qui existent entre notre conscience et les contenus qui n'y sont pas actuellement présents. Ce n'est pas épuiser les contenus de la sphère intérieure au moi que d'y relever la présence de la mémoire et de la masse des souvenirs, bien que, vue à partir de la conscience, notre sphère intérieure ait assez pauvre apparence. L'étroitesse de la conscience ne nous permet pas plus de quelques représentations simultanées, partant, pas plus de quelques souvenirs simultanés: à bon droit, semble-t-il, sommes-nous toujours impressionnés par le vide, par l'indigence de ce royaume intérieur que nous portons en nous. Mais si nous observons et enregistrons durant un certain laps de temps la quantité des souvenirs qui affleurent à la conscience, pour l'abandonner bientôt après, nous constaterons que cet espace intérieur renferme des richesses autrement plus considérables que celles que nous lui prêtions au premier instant. Cependant, rares sont ceux qui font cette expérience; et l'homme gardant de la vie intérieure sa première impression de pauvreté, celle-ci constitue une des causes de la sous-estimation excessive qui frappe communément les choses de l'âme. Nous ne saurions nous représenter en un instant la totalité de notre être psychique, même pas la totalité de nos souvenirs. Une représentation globale de cette nature suppose un état de suprême tension, comme il s'en produit quelquefois au cours d'un accident. Le professeur Heim [1] raconte comment, au cours d'un accident de montagne, sa vie tout entière, dans l'espace de quelques fractions de seconde, se déroula devant ses yeux. C'est comme si, en ces moments d'indescriptible tension, la conscience prenait une extension explosive, de sorte que son pinceau lumineux, acquérant tout à coup une ampleur inusitée, embrasse un nombre immense de souvenirs et de représentations (hypermnésie). Dans les circonstances habituelles, rien de sembable: le tableau qui s'offre à notre mémoire tant spontanée que volontaire est pauvre; comme par un œil-de-bœuf nous contemplons quelques-uns de nos souvenirs, mais non la totalité, non la plénitude des images dont notre vie fut faite. Si nous étions capables de cette mémoire-là, le psychique nous apparaîtrait sous un tout autre jour et jouirait d'une tout autre estime.[2] Saint Augustin dans ses *Confessions* a écrit un chapitre révélateur sur la mémoire.

[1] Célèbre explorateur suisse. (NdT)

[2] Sans doute, mais « une mémoire brute de ténacité absolue n'oublierait rien. Et ce serait bien l'instrument le plus inutilisable pour la pensée, puisque sans cesse elle nous ferait revivre le passé sans l'abréger: un souvenir d'une heure mettrait une heure à s'épuiser. Penser c'est abréger, simplifier, souligner l'important, éliminer l'accessoire. C'est pourquoi l'oubli est selon le cas une qualité ou un défaut de la mémoire ». (Baudin, ouvrage cité, page 261.)

Le débat est d'importance. On pourrait penser en première approximation que si la nature nous a dotés de la forme connue de la mémoire, c'est qu'elle est l'instrument le meilleur possible dont l'homme puisse disposer.

J'ai invoqué Baudin comme pour protester contre l'idée de Jung qui me semblait tout d'abord attenter à l'ordre de la nature.

Mais, à la réflexion, un moyen terme semble discernable entre les deux positions incarnées par Jung et par Baudin: une mémoire qui nous ferait revivre, là où ce serait utile, le passé *en l'abrégeant* serait un instrument fort important dans la mécanique mentale.

(Suite page 120)

La vie intérieure, à côté des souvenirs, comporte d'autres éléments; attachons-nous maintenant – dans un ordre d'intériorité croissante – à ce que j'appelle *les contributions subjectives des fonctions*: nous ne sommes pas en état de faire, de penser, de sentir ou de vouloir quoi que ce soit sans qu'il s'y mêle aussitôt quelque chose de subjectif.[1] Supposons que vous contempliez un objet parfaitement objectif, disons une locomotive; vous prétendez que l'objet de votre perception est une locomotive. Cette représentation, en soi, est déjà le fruit d'une synthèse de sensations et aussi d'images qui intègre, au regard de la pensée, de multiples traits en une unité. En fait, à côté de cette représentation objective s'insinuent des incidences subjectives, qui se glissent en marge ou au sein de la représentation centrale et qui font, embrouillant et rendant confus le travail de synthèse, que l'on dit par exemple: « Il me semble que... etc. » au lieu de: « Il y a... » Une signification subsidiaire s'introduit à l'improviste; on a le sentiment de quelque chose qui se surajoute et qui outrepasse la donnée purement objective. En voici un exemple: un étudiant ayant besoin d'argent télégraphie à son père: « Mon cher papa, envoie-moi de l'argent. » Le père recevant le télégramme entre dans une grande colère; de retour à la maison il abat le télégramme sur la table en disant à sa femme: « Voilà bien ton chenapan de fils; il me télégraphie: Mon cher papa, envoie-moi de l'argent; si au moins il avait télégraphié: Mon *chêêr* papa, etc.! » Voici un autre exemple: quand vous rencontrez une personne que vous n'avez encore jamais vue, vous pensez spontanément certaines choses à son sujet; ces choses ne sont pas toujours bonnes à dire, car elles sont souvent erronées ou fausses: elles sont faites de réactions manifestement subjectives. Les contributions subjectives se font ainsi jour sous forme de préjugés, de préventions, de « subjectivismes » plus ou

(Note, suite de la page 119)

Je crois qu'on peut même avancer que c'est pour pallier les insuffisances de la mémoire et les conséquences névrogènes que ces insuffisances entraînent qu'a dû être inventée *l'analyse*. Celle-ci faisant revivre « un passé oublié », ou tel événement refoulé, ou telle circonstance complaisamment dissimulée à sa propre vue, peut être considérée comme le processus humain et mental destiné, par élection, à pallier les faiblesses et les insuffisances de la mémoire en face d'un vécu mal assimilé. (NdT)

[1] W. James déjà attribuait à toute pensée des « harmoniques », des « franges », un « halo » de relations vaguement senties et normalement inaperçues. Il faut citer aussi ici l'œuvre de Proust. (NdT)

moins affichés, plus ou moins savamment camouflés. Lorsque vous réfléchissez à un sujet, vous pensez à côté, comme en sourdine ou en accompagnement, en raison inverse de votre concentration, à toute une série d'autres choses; vous ressentez même des impressions disparates qui n'ont rien à faire avec votre préoccupation centrale. Cela est vrai aussi au cours de l'activité du sentiment, de la sensation, de l'intuition. Quoi qu'il se passe dans l'esprit, chaque fois qu'une fonction consciente s'applique à son objet, on retrouve régulièrement ces contributions subjectives, sortes de sous-produits évincés et thésaurisés. Elles répondent à une disposition latente à réagir d'une certaine manière, disposition qui souvent n'est pas très heureuse. Chacun sait que ces choses se produisent en lui, mais personne n'admet volontiers être sujet à de pareils phénomènes. On préfère les laisser dans l'ombre, ce qui permet de prétendre que l'on est parfaitement innocent, honnête et droit et « seulement trop désireux de... ». Vous connaissez toutes ces phrases. En fait, on ne l'est pas. Nous avons toutes sortes de réactions subjectives, mais il n'est pas bienséant de les admettre. Ces contributions subjectives forment une bonne part de nos relations avec notre monde intérieur, relations qui, de ce fait, deviennent décidément pénibles. Nous n'aimons pas regarder du côté de *l'ombre* [1] de nous-mêmes; nombreux sont les membres de notre société civilisée qui se sont en quelque sorte débarrassés de leur ombre et qui l'ont perdue; ils sont dès lors comme des êtres à deux dimensions, privés de la troisième, l'épaisseur, la corporalité, le corps. *Le corps* est pour l'homme un ami douteux; il produit souvent ce que nous n'aimons pas; à son égard nous nous tenons sur nos gardes; car il y a trop de choses dans le corps qui ne peuvent être mentionnées. Le corps nous sert souvent psychologiquement à personnifier notre ombre.

De l'intérieur nous viennent également les *affects*. Ils ne constituent pas une fonction volontaire, mais des événements intérieurs, dont nous sommes le champ. Il est singulier de constater que nous nous figurons toujours que les affects sont de provenance extérieure et étrangère; mais ce n'est qu'un mirage. Lorsqu'une personne

[1] Le mot *ombre* a deux sens: tantôt il désigne le psychisme obscur de façon vague et générale, tantôt la somme des défauts du moi. (NdT)

nous dit quelque chose de désagréable – qui ne l'est peut-être pas, mais qui nous paraît tel – nous piquons une colère, accès qui émane indubitablement de nous-mêmes; car un affect est une réaction involontaire de nature spontanée. C'est ce qu'exprime le langage par des expressions comme: « La colère l'emporte, les larmes lui montent aux yeux, la tristesse l'étreint, l'angoisse le prend à la gorge, la mélancolie l'accable, etc. », ou encore à un degré plus fort par: « Il est possédé du diable. » Ces expressions montrent comment le sens commun conçoit ces états: ils lui apparaissent comme des états passifs que nous subissons et auxquels, une fois sous leur emprise, nous sommes livrés. Il s'agit d'une libération, d'un déclenchement d'énergie qui échappe à notre contrôle. Les affects commandent à des innervations corporelles, tendent les muscles, excitent certaines glandes, etc. Lorsque nous nous mettons en colère, tant que le sang ne nous est pas monté à la tête il n'y a pas péril en la demeure. Le « diable » n'entre en danse que lorsque nous éprouvons une vaso-dilatation, lorsque nous sentons notre visage s'empourprer. Car cela, résultat de l'affect naissant, le renforce en retour et fait réellement perdre la tête et la maîtrise de soi. Les affects altèrent la conscience; ils font de nous leur chose et nous poussent à un comportement insensé; ce n'est plus le moi momentanément qui est le maître de la place, mais en quelque sorte un autre être, une entité différente du moi, ce qui explique que certaines personnes manifestent durant un affect un caractère radicalement opposé à celui qu'on leur connaît ordinairement.

II [1]

L'exposé ci-dessus sur les fonctions nous a conduits dans un véritable guêpier. Il ne pouvait en être autrement, car les questions relatives aux fonctions psychologiques constituent un domaine complexe, en particulier à cause des circonstances suivantes: comme je l'ai déjà dit plus haut, nous sommes tous marqués au coin d'une certaine unilatéralité; certaines fonctions sont en nous particulièrement développées et différenciées, particulièrement en honneur, particulièrement actives et productives, tandis que d'autres ne dépassent pas le stade embryonnaire de leur développement,

[1] Deuxième conférence.

l'homme ayant le redoutable privilège de s'éloigner de lui-même et d'abandonner en jachère une partie de son être. C'est le cas pour chacun de nous, mais dans des proportions différentes et essentiellement individuelles. Si nous disposions tous du même équipement fonctionnel, si nous vivions tous simultanément dans le même registre de notre être, comme il serait facile de se comprendre [1] ! Les difficultés qu'ont les hommes dans leurs relations réciproques, les malentendus qui naissent au cours du commerce entre humains, prouvent bien qu'il n'en va pas ainsi. Chacun vit de façon plus ou moins exclusive grâce à sa *fonction dominante*, qui n'est pas celle de son voisin. Les gens qui ont l'esprit bien fait préfèrent penser sur les choses et s'adapter à la vie par la pensée; d'autres, dont le sentiment est la fonction majeure, ont un contact social facile et un grand sens des valeurs; ils s'entendent à merveille à créer et à vivre des situations où le sentiment peut déployer toutes ses nuances; d'autres encore, ayant un sens aigu de l'observation, feront surtout appel à leurs sensations, et ainsi de suite. Ainsi la faculté de penser, par exemple, peut être fort bien développée chez un sujet, tandis que son pouvoir de sentiment reste rudimentaire. Mais entendons-nous bien sur ce qu'il faut entendre par là. Le sentiment peut être très vivace chez notre sujet; celui-ci s'aventurera éventuellement à prétendre en toute bonne foi qu'il possède une grande force et une grande chaleur de sentiment; car son sentiment à l'occasion déborde, et le persuade qu'il a une nature essentiellement sentimentale [2]. Ce que je veux dire quand j'avance que son sentiment périclite, c'est qu'il n'est pas différencié, c'est qu'il n'est pas élaboré en fonction d'adaptation, c'est qu'il tient sous son emprise notre sujet qui, par moment, est pris, dominé par ses émotions. Il est intéressant à ce point de vue d'étudier la vie privée des professeurs. Si vous désirez être informés sur la façon dont les intellectuels se conduisent dans leur foyer et dans leur intimité, vous n'avez qu'à le demander à leurs femmes; elles auront beaucoup à vous raconter. La sentimentalité germanique (Gemütlichkeit), par exemple, n'est pas l'expression d'un sentiment hautement cultivé et différencié, mais plutôt d'un sentiment mal dégrossi et qui s'épanche selon la pente de son infériorité. Dans un ordre d'idées analogue, il en va de même de la « clarté latine »,

[1] De là l'intérêt de la méthode appelée : « Analyse transactionnelle ». (NdT)

[2] Ce mot demande ici à être pris dans son sens le plus large, toute allusion péjorative mise à part. (NdT)

qui confère une réalité claire et concrète aux choses, réalité qui en soi n'est pas d'une clarté aussi cristalline. Une pensée réellement profonde a toujours quelque chose de paradoxal, qui apparaît aux esprits médiocrement doués comme obscur et contradictoire. Si, d'un point de vue psychologique, la pensée française semble moins évoluée que la pensée allemande, inversement le sentiment français est beaucoup plus différencié que le sentiment allemand. La nation allemande est caractérisée par le fait que sa fonction du sentiment est inférieure et peu différenciée. Si vous disiez cela à un Allemand, il en serait offensé; je le serais aussi. L'Allemand est très attaché à sa « Gemütlichkeit »: une pièce pleine de fumée où chacun est animé d'une vive sympathie pour tous, ça c'est « gemütlich » et exclut les complications; une seule tonalité du sentiment, et c'est tout. Le sentiment français, lui – pensez à un quelconque vaudeville – réclame un savant mélange du doux et de l'amer, alors que l'Allemand se complaît toute une soirée soit dans le doux, soit dans l'amer. Ne dites pas à un Allemand: « *enchanté* de faire votre connaissance », car il vous croirait! Si un Allemand vous vend une paire de chaussettes il ne s'attendra pas seulement à être payé, mais aussi à être aimé. Un philosophe anglais a dit: « Un esprit supérieur n'est jamais tout à fait clair. » Cela est vrai; et de même un sentiment supérieur n'est jamais tout à fait clair. Vous ne jouirez d'un sentiment débordant que s'il est légèrement entaché de doute, et une pensée qui ne renferme pas une légère contradiction n'est pas tout à fait convaincante. On a appelé le vieil Héraclite obscur parce qu'il pensait par paradoxes, ce qui était alors une innovation du dernier modernisme. A un certain point de vue, il en est encore ainsi aujourd'hui; l'esprit de la Chine, par exemple, nous apparaît fort paradoxal, car nous ignorons encore le maniement du paradoxe, fait de pensées contrastées. Nous pensons toujours une chose ou l'autre, mais bien rarement nous savons tenir compte réellement d'une chose et de l'autre; c'est pourquoi les esprits s'entre-choquent dès que l'on aborde la latitude des fonctions psychologiques. Donnons encore quelques précisions.

L'intellectuel est dominé par ses sentiments quand ceux-ci se manifestent; quand il éprouve un sentiment, aucun argument, aucun raisonnement, ne seraient efficaces contre lui. Seule l'émotion et les bouleversements qu'il éprouve peuvent l'aider à se libérer de son envoûtement. C'est le contraire qui est vrai avec un être du type sentiment; celui-ci ne laisse en général guère sa pensée intervenir; mais qu'une névrose se déclare et ses pensées commencent à le troubler; elles surgissent de façon impulsive et il ne parvient pas à s'en dégager; il peut s'agir d'une personne très agréable, mais qui a des convictions et des idées extraordinaires, sa pensée étant d'un type inférieur; elle ne sait pas raisonner, son esprit n'est pas malléable, et elle reste empêtrée dans des pensées dont elle ne parvient pas à se défaire. Les types intuitifs et sensoriels présentent aussi leurs particularités. L'intuitif est toujours importuné par le réel; le sens du réel lui faisant défaut, il se trouve la plupart du temps aux antipodes des possibilités concrètes de la vie. C'est l'homme qui ensemence un champ et qui, avant que le grain ne soit mûr, est parti pour un autre; il abandonne derrière lui les champs labourés, courant toujours après de nouveaux espoirs, laissant ainsi s'échapper les moissons de la vie. Le type sensoriel, lui, reste en contact avec les choses, dans la réalité donnée. Pour lui une chose est vraie quand elle est réelle. Pour un intuitif, au contraire, la chose réelle est justement la chose qui n'est pas, la chose qui devrait être. Quand un sensoriel n'éprouve pas une réalité donnée et stable, quand il ne se trouve pas entre quatre murs, il en est malade; tout à l'opposé de l'intuitif qui, dès qu'il se sent pris dans une situation concrète, ne pense qu'à une chose, à la façon d'en sortir, de fuir le plus vite possible ce qu'il éprouve comme un emprisonnement, afin d'être à nouveau libre pour accueillir de nouvelles possibilités.

La fonction inférieure, en général, ne possède pas les qualités d'une fonction consciente différenciée, qui peut être maniée par l'intention et la volonté. Ainsi, si votre fonction principale est réellement la pensée, vous pouvez la diriger et la contrôler; vous n'êtes pas son esclave; vous pouvez décider de penser à autre chose et même de penser le contraire! L'être qui appartient au « type sentiment » ignore cette souplesse; il ne peut se débarrasser de la pensée, il en est possédé, fasciné, il en a peur. De même, pour l'intellectuel, son sentiment est d'une qualité archaïque et lui inspire de la crainte; il pourrait en être victime, tout comme les hommes archaïques étaient victimes des leurs. C'est la raison pour laquelle le primitif est d'une si extraordinaire politesse; il est très attentif à ne pas déranger les sentiments de son prochain, ce qui pourrait être très dangereux. Beaucoup de nos coutumes s'expliquent par cette politesse archaïque. On ne doit pas, par exemple, serrer la main à quelqu'un en gardant la main gauche dans sa poche ou derrière son dos: il doit être visible que l'on ne dissimule pas un poignard. La salutation orientale qui consiste à s'incliner après avoir étendu les mains vers le haut signifie de même: je n'ai rien dans les mains! Se prosterner aux pieds d'une autre personne revient à lui démontrer qu'on est sans défense, à sa merci. De même les primitifs recourent entre eux à des gestes dont le symbolisme révèle pourquoi et combien ils se craignent les uns les autres. D'une façon analogue nous redoutons nos fonctions inférieures. Prenez un type intellectuel; il a terriblement peur de tomber amoureux; vous jugez ses craintes insensées et pourtant, il a probablement raison, car tomber amoureux pourrait l'entraîner à faire des folies; il a d'ailleurs toutes les chances d'être pris dans les rets de quelque coquette ou de jeter son dévolu sur une femme qui ne lui conviendra guère, son sentiment ne réagissant qu'à un type de femmes fatales, au fond primitives. C'est la raison pour laquelle beaucoup d'intellectuels sont enclins à se marier au-dessous de leur niveau; ils s'éprennent de la fermière ou de leur femme de chambre, victimes de sentiments archaïques dont ils ignorent les pièges. Aussi ont-ils raison de se méfier de leurs sentiments qui peuvent les entraîner à des sottises. Dans leur intellect, ils sont forts, inattaquables et capables de se tenir debout par leurs propres moyens; mais dans le domaine de leurs sentiments, ils sont influençables, instables, et ils le sentent. Ne cherchez jamais à forcer le sentiment d'un intellectuel; il le contrôle d'une main de fer, car il le sent dangereux. Cela vaut d'ailleurs pour chaque fonction inférieure, toujours associée en nous à un côté archaïque de notre personnalité. Dans nos fonctions inférieures, nous sommes tous des primitifs; dans notre fonction différenciée, nous sommes des civilisés, censés posséder une volonté libre; or, une fonction inférieure en est complètement dépourvue; elle constitue un point faible, une blessure ouverte à tout ce qui est pressé d'entrer.

Beaucoup de mes lecteurs s'offusquent de ce que *j'appelle le sentiment une fonction rationnelle*; en particulier tous ceux chez lesquels le sentiment est l'auxiliaire d'une fonction irrationnelle, sensation ou intuition, qui joue le rôle de fonction principale. Car, aussi bien la pensée que le sentiment peuvent être la fonction auxiliaire d'une fonction irrationnelle principale. « Or, une fonction principale est comme l'oculaire de prédilection de toute notre vie mentale, oculaire qui, présidant à la perception de toutes nos visions tant extérieures qu'intérieures, soumet les rayons qui le traversent aux lois de sa réfringence propre. C'est dire que la pensée ou le sentiment, perçus à travers l'oculaire d'une fonction irrationnelle, en sortiront tout frangés d'irrationalisme, pour apparaître sous ce jour à notre introspection. »[1] Ces personnes auxquelles nous faisons allusion éprouvent donc leur sentiment comme quelque chose d'irrationnel! Inversement, lorsque c'est une fonction rationnelle qui préside à notre vie mentale, les fonctions irrationnelles en elles-mêmes revêtent un cachet de raison; leur irrationalisme foncier pâlit en pénétrant jusqu'au centre élaborateur de nos conceptions et s'imprègne des seuls éléments rationnels qui y sont admis. Ainsi s'expliquent ces conversations où deux personnes s'entretenant du sentiment, par exemple, font signifier à ce terme, par le jeu de leurs dispositions naturelles, des choses fort différentes. Pour certains psychologues « le sentiment n'est qu'une pensée inachevée », alors qu'au contraire il faut bien lui accorder une existence propre; car le sentiment est quelque chose de réel, une fonction en soi; c'est ce que confirme le sens commun en lui accordant une désignation propre, honneur qu'il ne décerne qu'aux données réelles. Seuls les psychologues inventent des mots pour des choses qui n'existent pas!

Le penseur profond tient son sentiment sous le contrôle de sa pensée et il ne laisse fuser que des sentiments rationnels qui seront cultivés, estimés, tandis que les sentiments irrationnels seront mis au pilori, repoussés dès leurs premiers vagissements, c'est-à-dire refoulés dans l'inconscient. Ils ne joueront aucun rôle dans sa réflexion et resteront bannis de la contemplation rationnelle du monde. Toutes ces circonstances, qu'ici nous n'avons pu qu'esquisser, truffent le problème des fonctions psychologiques de contradictions et d'obscurités apparentes. C'est pourquoi il est nécessaire d'établir avec précision des définitions conceptuelles de ces fonctions; c'est ce que j'ai tenté de faire dans mon ouvrage: *Types psychologiques*[2]. Comme ce thème nous entraînerait trop loin, je renvoie à ce livre; ici je ne voulais qu'y faire allusion. Je désire maintenant répondre à des questions qui m'ont été adressées à la suite de mon précédent exposé.

[1] (NdT)

[2] *Types psychologiques* (traduction Y. Le Lay), 5e édition, Georg, Genève, et Buchet-Chastel, Paris, 1983.

Question : Un auditeur éprouve de la difficulté à rapprocher les termes de *sentiment* et de *rationnel*, ce dernier ne relevant apparemment que de la pensée.

Réponse : Naturellement l'expression: « rationnel » relève en première ligne de la pensée, mais le sentiment, lui aussi, établit des jugements. Nous jugeons aussi avec notre sentiment, qui a sa logique particulière. Les jugements que le sentiment établit ne sont pas simplement irrationnels; ils sont logiquement fondés et sont l'aboutissement d'une démarche intérieure absolument conséquente. Nous nous comportons selon les jugements de notre sentiment et sommes en état de les fonder.

Question : Les jugements du sentiment ont-ils une valeur aussi contraignante, évidemment dans leur sphère, que les jugements logiques ?

Réponse : Nous ne devons pas mélanger pensée et sentiment. Nous devons distinguer la logique du sentiment de celle de l'intellect. Sinon nous aboutissons à une pensée qui n'a que les apparences de la logique, qui, servante du sentiment, est tronquée, alors qu'on se plaît à la croire souveraine; ou inversement, nous éprouvons un sentiment impur, falsifié par une intellectualité qui n'a pas désarmé. Les jugements du sentiment ne doivent être appliqués qu'à leur objet; ils ne sont à leur place que dans le domaine sentimental, « c'est-à-dire dans le domaine où le sentiment peut et doit se donner libre cours. Ils sont par contre parfaitement déplacés dans une question qui relève de l'intelligence et du raisonnement, et où le sujet n'a à intervenir que dans la recherche du vrai, non dans l'intérêt du moi » [1]. Un jugement émis par le sentiment jouit en soi de la même évidence, de la même validité qu'un jugement intellectuel et logique. Pensez à tous les jugements sentimentaux qui existent et qui ont force de loi. Ils ne sont pas purement subjectifs, mais reposent sur toute une échelle de valeurs. Nous avons, par exemple, des critères esthétiques et moraux, qui valent pour quelques siècles, telle la notion du beau, celles du bon et du bien, qui sont peut-être un peu plus durables, mais qui finissent aussi toujours, au cours des siècles, par être remaniées et adaptées aux circonstances et aux exigences nouvelles. Il en va de même, d'ailleurs, des vérités et des constatations intellectuelles qui, loin

[1] NdT.

d'être éternelles, se modifient au cours des siècles, tantôt vite, tantôt insensiblement, selon leur stabilité et les bouleversements de l'esprit; il en est qui sont vieilles de deux et trois millénaires et il en est d'autres qui sont de date récente. Nos lois de la nature, les constatations de nos sciences, que l'on tient souvent pour le fondement le plus solide, sont sujettes aux modifications les plus précipitées. Que survienne un petit fait nouveau, laissé dans l'ombre jusqu'alors, et tout l'édifice de la prétendue vérité fondamentale s'écroule comme un château de cartes.

Question : Un autre auditeur me pose une question particulièrement épineuse, celle de la définition précise des fonctions irrationnelles, *sensation* et *intuition.*

Réponse : C'est un chapitre délicat. Le mot allemand exprimant la sensation: « die Empfindung », est dans l'usage courant de la langue un terme malencontreux. Chez Gœthe et chez Schiller, on rencontre encore une confusion constante qui fait employer indistinctement l'un pour l'autre la sensation (die Empfindung) et le sentiment (das Gefühl). Ce n'est pas le cas dans les langues anglaise et française. L'anglais distingue très exactement entre « sensation » et « feeling » et le français entre « sensation » et « sentiment ». Seul un Anglais fort peu lettré pourrait confondre et identifier ces deux notions; la langue cultivée en est bien à l'abri, alors que cette confusion est courante en allemand. Il est intéressant pour la psychologie des peuples que la langue allemande présente une distinction insuffisante de ces deux données; car les fonctions les moins différenciées ont en effet tendance, en raison de leur inconscience relative, à s'identifier, à se fondre l'une dans l'autre. Dans l'inconscient tout figure pour ainsi dire côte à côte, chaque chose, indifférenciée, se fondant dans le tout. C'est là une des particularités qui distinguent l'inconscient du conscient et qui les opposent: dans l'inconscient nulle discrimination absolue, nulle séparation, même pas à l'égard du conscient, ce qui permet à ces deux sphères de notre âme de se pénétrer l'une l'autre, l'inconscient étant pour la conscience la matrice où celle-ci puise ses possibilités de combinaisons toujours renouvelées. C'est sans doute à cause de cette contamination générale que l'on assiste dans la conscience allemande à la confusion du sentiment et de la sensation. En outre, une autre confusion, celle du sentiment et de l'intuition, est encore de nos jours très fréquente en allemand. Longtemps il n'a pas existé de terme scientifique pour exprimer l'intuition et c'est pourquoi on a eu recours au mot latin. En anglais c'est pire encore; on n'y dispose que du mot « intuition » qui est aussi employé dans le langage courant et qui perd de ce fait beaucoup de ses vertus pour désigner une notion scientifique. La notion de sensation en allemand (die Empfindung) est, d'une part, reliée à celle de pressentiment, d'intuition, et, d'autre part, à celle de sentiment. On utilise les termes d'« Empfinden » (sensation) et de « Gefühl » (sentiment) indifféremment pour ces trois ordres de données psychologiques, comme s'il s'agissait de la même chose; cela tient à ce que ces trois fonctions sont confondues en une commune et relative inconscience. Dans un pareil cas, on peut prétendre avec une absolue certitude qu'on se trouve en présence d'un type intellectuel. C'est pourquoi l'Allemand est au fond, nous l'avons déjà dit, le penseur par excellence. En français, au contraire, cette confusion des termes n'existe pas, le Français étant dans une certaine acception plus différencié que l'Allemand. Sa culture déjà est beaucoup plus ancienne; il a hérité directement du patrimoine culturel antique, ne serait-ce que par la langue. Par suite, il possède une différenciation de sa fonction de sentiment qui, jusque dans la langue aussi, fait défaut à l'Allemand. Les langues française et anglaise, nous l'avons déjà dit, distinguent nettement le sentiment de la sensation. Je n'emploie pas le terme de *sensation* dans l'acception d'une sensation unique ou d'une perception sensorielle unique; j'entends par là ce que la psychologie française avec Pierre Janet a dénommé *la fonction du réel*, la perception de la réalité des choses, la somme des données extérieures qui nous sont communiquées par l'activité de nos sens. C'est là la meilleure définition que j'en puisse donner. En d'autres termes, l'être sensoriel se met à l'unisson de la réalité des choses telle qu'elle est, tout ce qui n'est pas cette réalité perçue se trouvant exclu. Naturellement des fonctions auxiliaires s'adjoignent, conscientes ou inconscientes; chez l'être irrationnel ce seront principalement des fonctions rationnelles, celles du sentiment ou de la pensée, qui apporteront leur concours. Dans ce cas, en revanche, l'intuition se trouve refoulée.

L'*intuition*, naturellement, en tant que fonction irrationnelle, n'est pas pour l'intellect facile à définir. Je l'ai dite dans mes *Types psychologiques* « une perception via inconscient », une de ses particularités étant que l'on ne saurait préciser où et comment elle prend naissance; elle paraît pouvoir cheminer le long de multiples voies et permet, par son jaillissement, de voir, pour ainsi dire, ce qui se passe « au-delà d'un tournant ». Je m'en tiens là et avoue ne pas savoir au fond comment l'intuition opère; je ne sais pas ce qui s'est passé lorsqu'un homme sait tout à coup une chose que, par définition, il ne devrait pas savoir; je ne sais pas comment il est parvenu à cette connaissance, mais je sais qu'elle est réelle et peut servir de base à son action. Les rêves prémonitoires, la télépathie et tous les faits de cet ordre sont des intuitions. J'ai constaté de ces phénomènes en quantité et suis convaincu qu'ils existent; on en trouve chez les primitifs et on en trouve partout dès qu'on prête attention aux perceptions qui nous parviennent à travers les couches subliminales [1] de notre être. L'intuition est une fonction très naturelle, parfaitement normale et nécessaire; elle s'occupe de ce que nous ne pouvons ni sentir, ni penser, parce que cela manque de réalité, comme le passé qui n'en a plus et l'avenir qui n'en a pas autant que nous le pensons. Nous devons être très reconnaissants au ciel de posséder une fonction qui nous octroie certaines lumières sur ce qui est « par-delà les choses ». Naturellement, les médecins, qui se trouvent souvent en présence de circonstances énigmatiques, ont le plus grand besoin de l'intuition. Plus d'un bon diagnostic est l'œuvre de cette mystérieuse fonction. On peut souvent montrer, en particulier chez des types franchement intuitifs, que certaines impressions sensorielles eurent lieu, qu'elles demeurèrent subliminales, c'est-à-dire ne devinrent pas conscientes, n'en suscitant pas moins, par le détour de quelques associations médiates, une intuition donnée. En voici un exemple : j'avais une malade qui venait depuis quelque temps déjà me consulter; je la reçus un beau matin dans la maisonnette de mon jardin qui présente sur ses quatre côtés des portes et des fenêtres; celles-ci étant toutes ouvertes, il était impossible de constater la moindre odeur dans ce lieu. Je voulais entamer la conversation et lui demander ce qu'elle avait rêvé lorsqu'elle me dit subitement :

– C'est un homme que vous avez reçu avant moi ce matin!

– Qu'en savez-vous? lui demandai-je étonné.

– J'en ai eu soudain l'impression!

[1] Sub = au-dessous, limen = seuil, subliminal = situé au-dessous du seuil de la conscience. (NdT)

Mon regard tomba alors sur un cendrier qui contenait encore quelques mégots de cigarettes. D'ailleurs il était encore tôt dans la matinée et improbable qu'une dame soit venue à ma consultation de si grand matin. En outre, ma patiente savait que je ne fumais pas moi-même de cigarettes. Ainsi, elle avait conclu de ce faisceau de faits ténus qu'il n'avait pu s'agir que d'un visiteur masculin, cette conclusion inconsciente ayant cheminé en elle à son insu jusqu'à sa sphère consciente. C'est de la sorte, à partir de perceptions subliminales, que prennent souvent naissance ce que nous appelons des intuitions. Cela ne saurait nous surprendre, le type intuitif s'employant, avec la plus rigoureuse conséquence, à évincer en lui la réalité des choses telles qu'elles sont. Pour lui, leur atmosphère, leur climat, voilà la vérité qui importe. C'est pourquoi l'intuitif se sent à l'étroit, « malheureux comme les pierres », lorsqu'il se trouve inclus dans une situation réelle ; celle-ci, bien établie, dépourvue de virtualités nouvelles, est pour lui comme une vraie prison ; il éprouve, quitte à en pâtir, le besoin immédiat de forcer le réseau qui l'enserre. Tels sont les intuitifs qui papillonnent perpétuellement dans le monde, ne supportant pas et fuyant la réalité des choses. Ce comportement peut étendre fort loin ses ramifications, si loin qu'un intuitif peut, par exemple, arriver à perdre l'impression de sa corporalité, la sensation qu'il a de son corps. J'ai connu le cas d'une dame intuitive qui en fit l'expérience. Rentrant un beau jour chez elle, elle découvre inopinément, en chemin, la possibilité et l'existence d'un nouveau problème ; elle en est si fascinée qu'elle s'assied sur un banc en dépit d'une température de cinq degrés sous zéro ; plongée dans ses réflexions qu'elle poursuivit sans prendre garde à la température ambiante, elle contracte un sérieux refroidissement qui la tient au lit pour quelques semaines. Voici un second exemple : une femme intuitive, qui jouissait par ailleurs d'un excellent équilibre psychique, fut assaillie au cours d'une consultation par un tas de problèmes complexes et de questions inouïes. Je lui demandai : « D'où tirez-vous ce fatras ? » Celui-ci constituait pour moi au premier abord une parfaite énigme. J'eus petit à petit l'intuition (chez moi aussi il s'agissait d'une intuition !) qu'il y avait là-dessous quelque chose de corporel. Je lui demandai si elle avait déjeuné. « Non », elle avait totalement oublié de le faire ; elle avait simplement faim. Je lui fis apporter une tasse de thé et du pain, et les problèmes s'envolèrent comme ils étaient venus. La faim refoulée avait été à l'origine de cette perturbation. Les intuitifs peuvent être aveugles à la réalité des choses à un degré inouï. J'ai aussi connu le cas d'une patiente qui, tout à coup, se mit à ne plus discerner le bruit de ses pas sur le sol. Elle en fut tellement effrayée qu'elle entreprit précipitamment un traitement. On pourrait discourir encore longtemps sur les notions d'intuition et de sensation, mais je crois que ce qui précède suffira à faire comprendre ce qu'il faut entendre par là.

* * *

Après avoir répondu aux questions posées qui nous ont fait revenir en arrière, poursuivons maintenant notre exposé. Nous avons parlé jusqu'ici des quatre fonctions qui contribuent à l'orientation de la conscience et nous avons entamé le sujet de l'orientation dans l'espace psychologique intérieur. J'ai déjà cité trois éléments qui aident à cette orientation:

I. La *mémoire*, c'est-à-dire la somme des souvenirs et la faculté de reproduire des matériaux antérieurement enregistrés.

II. *Les contributions subjectives des fonctions.* Je ne me suis pas imaginé que vous ayez complètement saisi cette question, qui fait partie des plus difficiles de toute la psychologie. Les contributions subjectives tombent d'ailleurs sous la dépendance d'un certain tabou. Lorsque vous conversez avec vous-même ou avec un interlocuteur, vous tenez toujours à penser et à dire précisément ce que vous dites, et à taire ce que d'aventure vous pouvez penser en marge, et qui serait susceptible de contrecarrer dangereusement votre intention. Il faut bien avouer que nous sommes toujours le siège de pensées subsidiaires, satellites plus ou moins clairement perçus de notre pensée intentionnelle, qui s'accompagne aussi de toute une traîne de sentiments, d'intuitions, de perceptions, bref de multiples contributions subjectives, que l'on s'efforce en général de réduire au silence.

III. *Les affects.* Je disais à la fin de l'exposé précédent que les affects, en tant que décharges explosives d'énergie, possèdent un singulier caractère d'autonomie, grâce auquel ils déterminent des altérations profondes de la conscience. Les affects sont des puissances autonomes au même titre, par exemple, que les mauvais esprits chez les primitifs. Les affects nous font subir une sorte d'attentat; quelque chose qui semble venir de l'extérieur nous atteint dans un éclair, nous assaille, nous subjugue. C'est la raison pour laquelle les affects chez les primitifs sont personnifiés. Un certain nombre de dieux antiques ne sont que les affects incarnés; pensez à Mars, à Vénus, à Eris, à Eros, etc. Les personnifications de cette nature existent en foule. Il en va de même des tempéraments déifiés, des caractères émotionnels faits dieux. Que l'on pense aux expressions aujourd'hui encore employées de jovial, de dionysiaque, etc. Tout cela tient à l'autonomie qui est l'apanage des affects et qui, en quelque sorte, invite à les personnifier. L'antiquité pour exprimer « le coup de foudre » ne savait qu'invoquer « les traits du dieu Amour ». Ou bien, pour la colère, c'était Eris qui jetait la pomme de discorde parmi les hommes. C'est sous cette forme que les primitifs ressentent les affects, qui signifient seulement pour eux que l'on est affecté. Ils supposent que le sujet victime d'un affect est possédé par un esprit; lorsque, par exemple, un roi nègre éternue, tous les courtisans se prosternent durant cinq minutes au moins; le roi, selon leurs convictions, vient de renaître, une âme nouvelle ayant pénétré en lui. De même les esprits que l'on rend responsables des maladies sont personnifiés et traités tels des humains; on leur donne de la nourriture, on leur prescrit des habitats, dans lesquels on ne désespère pas de les emprisonner.

Nous arrivons maintenant à un quatrième élément. Les affects, comme je viens de vous le dire, constituent des sortes d'explosions soudaines. La vie psychique présente d'autres particularités qui ne sont pas tant des explosions que l'irruption dans la conscience et son envahissement par des teneurs inusitées. C'est comme si quelque chose nous tombait dans le cerveau à travers la boîte crânienne. C'est pourquoi je préfère à la dénomination de « pensée soudaine et qui nous vient on ne sait d'où » (Einfall) celle d'*irruption de l'inconscient*. Des contenus inconscients surgissent et se révèlent soudain dans la conscience, comme des éclairs dans un ciel serein; il s'agit en général de sortes de fantaisies ou de fragments de fantaisies qui s'adjoignent à la conscience avec ou, plus souvent, sans fracas affectif; elles peuvent se concrétiser sous la forme d'une impression soudaine, d'une opinion, d'un préjugé, d'une illusion ou même d'hallucinations que l'on rencontre également sous la latitude du normal. On s'efforce en général de taire ces événements, car on les ressent comme quelque chose d'incongru, dont on n'aime guère discourir. Mon étonnement ne fut pas mince lorsque, apprenant à connaître les hommes un peu plus profondément, je constatai combien fréquentes sont ces étranges expériences. Nombreux sont les êtres qui ont eu au moins une époque au cours de leur existence, durant laquelle des choses singulières de cette espèce firent irruption dans leur conscience, leur inspirant une profonde angoisse et une appréhension qui, jointes au sentiment d'incongruité, sont les reliquats d'un ancien tabou. Les primitifs ont une crainte tellement sacrée des esprits qu'il est déjà sacrilège d'en prononcer le nom. Nous aurons plus loin l'occasion de parler des complexes qui sont aussi des grandeurs autonomes et qui sont aussi sous l'emprise d'un tabou. Lorsque quelqu'un, vous le savez, ressent quelque chose de fort désagréable, il n'aime pas en parler; ce serait faillir au bon ton que de s'étendre en société sur ses difficultés psychiques; cette tendance chez les Anglais est encore plus accentuée que partout ailleurs; parmi eux, ce serait une bévue mondaine que de posséder une âme, et encore plus d'en faire état; une conversation sur des thèmes philosophiques qui font allusion à son existence relève du même tabou mondain. Ce sont là des circonstances qui réclament chez les primitifs une observance encore plus intransigeante que chez les civilisés, la peine de mort punissant parfois l'infraction au silence qui doit les entourer. Chez nous l'interdiction de parler de certaines choses, qui en elles-mêmes ne seraient peut-être pas si pénibles, mais qui relèvent d'une cachotterie à laquelle on ne doit pas attenter, représente une survivance de cet ordre de faits. On demeure ainsi empêché de parler des choses les plus intéressantes parce qu'elles sont encloses dans des domaines interdits. La plus grande prudence et la politesse la plus raffinée sont de mise lorsqu'il en va de ces questions; je n'en veux pour preuve que la déférence extraordinaire dont témoignent les primitifs à l'égard de tout ce qui flaire les esprits.

A l'aide de ces quatre catégories de faits psychologiques, nous avons à peu près fait le tour des données qu'il importait de citer ici. Essayons de résumer ce que nous avons dit dans un schéma qui vienne compléter le schéma I. Le champ de notre vision psychologique représenté, si vous le voulez bien, par ce schéma III est comme un vaste espace, dont certaines parcelles se trouvent éclairées, à côté desquelles figure encore un monde d'obscurité, le monde intérieur obscur, dont nous n'avons pas une image claire, et dont nous ne happons jamais que des fragments. C'est un peu comme si dans cette salle je voyais tantôt cette dame et tantôt cette autre, mais jamais l'auditoire tout entier. Par suite, j'aurais l'impression, à un moment donné, qu'il n'y a ici personne hormis cette dame, ou que la première a été remplacée par la seconde, que je verrais seule à son tour. Ainsi en est-il dans notre espace intérieur. En réalité nous avons, en outre, une certaine prescience globale de l'ensemble, qui n'en demeure pas moins recouvert par une ombre profonde. Il semble que le faisceau lumineux de notre conscience soit limité, et que cette limitation nous mette hors d'état d'appréhender normalement plus d'un état psychique à la fois; cela est particulièrement vrai lorsque nous sommes sous l'emprise d'un affect qui capte toute notre attention, toutes nos pensées et durant lequel nous ne saurions songer à autre chose. Si vous êtes violemment irrité, vous ne vivez que votre colère et ne parvenez pas, au cours de celle-ci, à détourner votre esprit fasciné des pensées qu'elle vous a inspirées.

Schéma III

Toute la partie inférieure au diamètre AA' est le monde obscur. Il nous faut situer tout d'abord dans celui-ci, comme à sa périphérie, *les irruptions de l'inconscient*, que l'on peut comparer à des exclamations qui viendraient, par exemple, interrompre maintenant le fil de ma conférence. Puis, déjà plus proches du moi, viennent les *affects*; puis, encore plus rapprochées, les *contributions subjectives* des fonctions, qui sont à la portée du moi, qui ne possèdent plus d'autonomie, ce qui les différencie des affects, et que l'on peut, dans une certaine mesure, accommoder à sa guise : je puis par exemple dire : « Bonjour cher monsieur, je suis enchanté de vous rencontrer », n'en pensant pas moins par devers moi : « Que le diable l'emporte ! » Cette dernière pensée est mise de côté, demeure secrète grâce à un imperceptible effort de volonté, les contributions subjectives n'exerçant pas sur le moi l'emprise qui caractérise les affects et les irruptions de l'inconscient. Si c'était un affect qui m'inspirait ce : « Qu'il aille se faire pendre ailleurs ! » je ne pourrais plus, à moins d'être un virtuose du refoulement, m'empêcher de proférer cette imprécation – si ce n'est au prix d'un grand effort sur moi-même.

Enfin, dans le voisinage immédiat du moi, figurons les *souvenirs*. Dans leur zone, notre activité intentionnelle est dans une certaine mesure souveraine ; mais dans une certaine mesure seulement, car les souvenirs, eux aussi, peuvent se comporter de façon spontanée, émergeant à l'improviste, sans que l'on sache ni comment, ni pourquoi, excitant notre joie ou notre tristesse, parfois même atteignant à l'obsession. Cette dernière se produit lorsque les couches inférieures de notre psyché sont le siège d'une sorte de poussée volcanique qui impose à la conscience des matériaux déterminés. Les *inspirations créatrices*, elles aussi, émergent souvent ainsi du monde psychique obscur, dont les contenus inconscients cheminent et finissent par pénétrer jusqu'à la conscience où ils déterminent en même temps les affects. Souvent nous ignorons ce qui tend à percer et constatons seulement que ce quelque chose crée un affect, qui est ce que notre nature sait tout d'abord en accueillir. Nous nous mettons de mauvaise humeur ou devenons irritables. « Qu'as-tu ? » – « Rien, je suis en colère ! » Cela est quotidien. Les affects perturbent de la sorte le jeu des contributions subjectives des fonctions ; je n'arrive plus à me concentrer, je dis des sottises ou le contraire de ce que je voudrais dire, je félicite au lieu de présenter des condoléances, j'amoncelle les bévues mondaines, pour le seul motif que je suis en désaccord profond avec moi-même.

J'ai déjà dit plus haut que le côté du moi qui est en lumière, que le versant de la conscience détient le privilège de la volonté ; le moi conscient est en état de vouloir et de disposer à un certain degré – celui de leur différenciation – des fonctions de la conscience ;

celles-ci sont comparables à quatre corps d'armée que l'on dirige où il importe. Mais ce qui figure au-dessous du diamètre AA' ne se laisse pas enrégimenter avec cette docilité. L'émotionnel est rétif aux injonctions du moi, et sa domination, toujours remise en question et jamais très efficace, exige d'immenses efforts. Les facultés de commandement ici sont interverties et le moi est un peu comme l'invalide d'une comédie de Nestroy où se produit la scène suivante: on aperçoit seulement un commandant; dehors, au-delà des décors, retentit une détonation et l'on entend l'invalide crier: « Mon commandant, j'ai fait un prisonnier! » – « Amène-le ici! », et l'invalide de répondre: « Il ne me lâche pas! » Nous sommes en face de nos émotions comme l'invalide avec son prisonnier; elles nous cantonnent dans une passivité de souffre-douleur et ce sont elles les acteurs agissants. La volonté n'a d'efficacité sur les couches profondes de la psyché que dans une très faible mesure; en général sa portée efficace ne va pas au-delà du souvenir. La mémoire elle-même, nous l'avons vu, n'est que jusqu'à un certain point une fonction volontaire et contrôlée. Très souvent elle nous joue des tours; elle ressemble à un cheval vicieux qu'on ne peut dompter et elle résiste souvent de la façon la plus embarrassante. Lorsque je recherche un souvenir qui m'échappe avec obstination, un entêtement de ma part serait vain, car le souvenir recherché, en dépit de tous mes efforts, ne se présentera pas à mon esprit. Nous dépendons d'un bon fonctionnement de notre mémoire; nous ne pouvons pas vouloir absolument nous souvenir de quelque chose; lorsqu'un souvenir est réfractaire, le mieux est de ne pas trop nous y arrêter; peut-être nous viendra-t-il à l'esprit au cours de la nuit ou le lendemain, alors que nous n'y pensons plus et le laissons en paix.

Cela est encore plus vrai des contributions subjectives qui échappent au contrôle personnel et qu'une tierce personne remarque peut-être mieux que nous-mêmes. Elles se produisent en nous sans que nous puissions les refréner. « On ne peut assigner de frontières aux pensées », on ne peut s'empêcher de penser une sottise, on ne peut interdire à une futilité ridicule d'envahir notre esprit; lorsqu'un grand sérieux serait précisément de rigueur, un fou rire nous empoigne. C'est d'ailleurs pourquoi les repas d'enterrement, en honneur dans certaines régions, dégénèrent souvent en ripailles bien arrosées, d'une gaieté débordante, pour le simple motif que l'inconscient, compensateur, réagit de façon accusée à ces occasions de tristesse, et que, le vin aidant, gagné par la contagion, on ne parvient pas à en réprimer les effets.

Si l'on passe enfin aux affects et aux irruptions de l'inconscient, on constate que, dans leurs zones, la volonté n'a plus son mot à dire. Vous pouvez tout au plus nier l'existence d'un affect et prétendre, contre toute évidence, « qu'il n'y a personne dans la maison ». Pour refouler un affect vous n'avez que la ressource de vous effacer, en prenant en quelque sorte la fuite à son approche.

* * *

Il nous faut distinguer deux grandes classes d'êtres humains qui se comportent de façons radicalement différentes à l'égard du monde extérieur et du monde intérieur. Les êtres de l'une se tiennent en ⊘ (schéma III, page 136), ont leur centre légèrement déplacé vers le haut; ils subissent la tentation, dès que surgit une difficulté, de chercher leur sauvegarde et leur salut dans le monde extérieur; ils fuient, en quelque sorte, hors d'eux-mêmes et racontent à qui veut les entendre, comme pour s'en préserver, la mésaventure qui leur arrive. C'est l'homme *extraverti*, qui fait part avec une sincérité étonnante des difficultés auxquelles il est en butte. On pourrait croire qu'il ne les prend pas au sérieux, les élaborant en affects et frappant pour ainsi dire à toutes les portes pour faire part de ses misères, dans l'espoir de se débarrasser, peut-être chez l'un ou l'autre, de ce fardeau qui lui est essentiellement personnel.

Les êtres de l'autre classe se comportent selon un mécanisme opposé, lui aussi normal; le centre de leur personnalité étant légèrement déplacé vers le bas, en ⊘ ⊘ (schéma III), lorsqu'une embûche surgit sur leur chemin, la fascination qu'exerce sur eux leur monde intérieur est telle qu'à l'occasion de cet arrêt momentané dans la marche de leur vie – et du fait du reflux des énergies qui, retirées du monde extérieur, vont animer leur monde intérieur – ils subissent, en quelque sorte par-derrière, une attraction qui les abstrait du réel ambiant et qui, exagérée, les exposerait à être engloutis dans un monde imaginaire. C'est le type *introverti* dont la tendance, en dépit de ses efforts, est de s'enfouir dans un monde de souvenirs et d'affects effrénés. C'est évidemment une autre façon d'aborder les difficultés de l'existence: on succombe à sa fascination intime, on s'enterre avec ses affects pour renaître après qu'ils ont bien voulu cesser. Mais ce type risque que la bombe dans laquelle il s'enferme n'éclate un jour; l'individu suspecte alors le monde entier d'être au courant de ses déboires, « les moineaux de les siffler sur les toits ». Quelqu'un, par exemple, qui éprouve des difficultés grandissantes, se retire du cercle de ses amis, s'enfouit au plus profond de soi-même, loue une demeure solitaire, évite éventuellement de s'entretenir avec les autres locataires. Un beau jour, cette personne a le sentiment désagréable qu'il se passe quelque chose qu'elle ne peut préciser. L'idée lui vient que des radios fonctionnent, que des fils sont tendus pour transmettre des communications à son sujet; un autre jour, entendant les locataires du dessus qui bavardent et qui se taisent à son approche, elle pense: « A tout le moins c'est suspect! » Cela continue de la sorte pendant quelque temps encore, jusqu'à ce qu'enfin elle entende une fois faire une remarque qui, à ses yeux, implique la connaissance de ses secrets divulgués. La bombe est alors prête à éclater. Le sujet est pris d'une grande excitation accompagnée de cris désordonnés, il s'arrache les vêtements du corps et confesse à la face du monde tout ce qui s'est, prétend-il, passé et quel être abominable il est. L'on dit alors que cette personne est folle et on l'enferme dans un asile.[1]

Dans une autre représentation (schéma IV), la partie extérieure (A) représente la conscience, le monde conscient tel que nous le percevons et dans lequel nous nous orientons grâce à la sensation, à la pensée, à l'intuition et au sentiment. La zone B (5), qui sert de transition entre la zone A et la zone C, représente le seuil faisant passer le moi du monde extérieur au monde intérieur. Tant que le monde extérieur et conscient capte toute notre attention nous ne remarquons pas grand-chose de cette zone intermédiaire. Mais dès que la concentration de la conscience diminue, les souvenirs, les contributions subjectives, les affects, les irruptions apparaissent à sa surface, provenant d'un centre obscur auquel le terme d'inconscient a seulement la prétention de faire allusion.[2]

[1] Le type extraverti n'est pas davantage à l'abri des troubles nerveux. Si l'introverti par tempérament, en cas de complications pathologiques, penche vers la schizophrénie, l'extraverti, lui, aura plutôt tendance, dans le cas également d'exagération maladive de ses dispositions normales, à des troubles du mode hystérique. Tant il est vrai que les maladies mentales sont constituées par des processus normaux, perturbés et exagérés, et non pas par des entités pathologiques jouissant d'une psychologie qui ne serait qu'à elles. Nous approfondissons ces notions dans mon séminaire à la Maison des sciences de l'homme, voir page 12. (NdT)

[2] Voir aussi au sujet du schéma IV, page 294. (NdT)

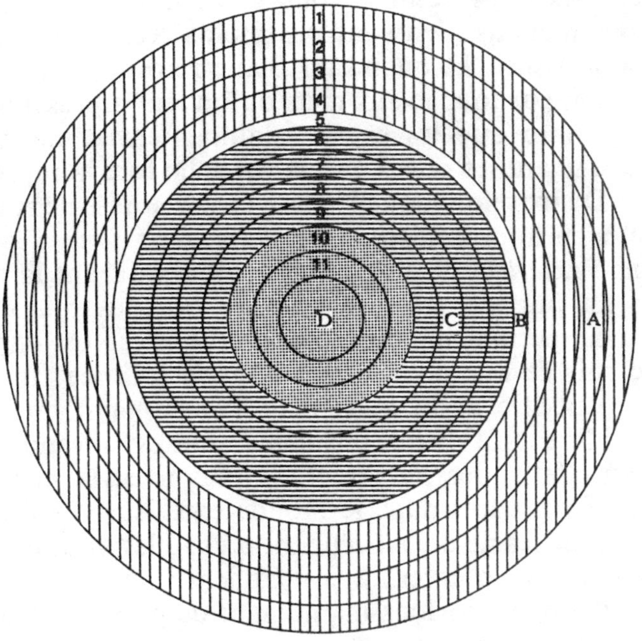

Schéma IV (voir page 294)

1. Sensation 2. Pensée 3. Intuition 4. Sentiment	zone A	6. Souvenirs 7. Contributions subjectives 8. Affects 9. Irruptions	zone C
5. Le Moi, la volonté	zone B	10. Inconscient personnel 11. Inconscient collectif	zone D

Ainsi, chez le primitif on peut observer clairement que la tombée de la nuit révolutionne sa conception des choses. Durant le jour, toute sa puissance d'attention est tournée vers le monde extérieur et concret; mais que survienne l'obscurité et tout devient magique et bruissant d'esprits; car le coucher du soleil est accompagné chez le primitif de l'extinction de la conscience diurne; dès que la lumière fait défaut, le monde intérieur reparaît, pour le primitif alors tout aussi réel et concret que le monde extérieur. Des contenus qui proviennent de l'inconscient psychique fusent dans le secteur conscient du monde intérieur individuel et y suscitent certains effets, dont la provenance tout intime échappe au primitif et dont il attribue la cause au seul monde qu'il connaisse, au monde extérieur. En d'autres termes, les esprits sont pour lui des réalités, des êtres comme vous et moi. Il est vrai qu'on ne peut les voir, mais ils n'en sont pas moins réels à ses yeux et ont besoin de nourriture. Et quand un Blanc rétorque au primitif que les esprits n'ont pas touché aux mets qu'on leur a présentés, celui-ci de vous répondre que les esprits s'alimentent d'une nourriture invisible en humant les odeurs. Cela rappelle fort la représentation antique des Dieux selon laquelle ceux-ci se réjouissaient de l'odeur des mets et s'en nourrissaient. *Chez le primitif donc, l'intérieur est projeté dans l'extérieur* et il apparaît toujours durant la nuit.

Il n'en est plus de même chez nous où tout cela est devenu obscur, où la périodicité diurne-nocturne s'est estompée; nous sommes le soir ce que nous fûmes dans la journée; tout au plus rions-nous peut-être de la nuit; mais le sentiment que le monde obscur est différent du monde ensoleillé nous est devenu totalement étranger; en effet, nous ne projetons plus avec la même naïveté nos données intérieures dans le monde extérieur. Cela ne signifie pas que ces données ne nous occupent plus; elles nous contraignent elles-mêmes à les observer, à les édifier en science, en science psychologique. Nous parlons maintenant de psyché, d'inconscient, d'irruptions et d'affects, etc., notions qui circonscrivent pour nous le domaine légitime d'une réalité psychique inconsciente. D'ailleurs, il n'est encore chez nous que trop fréquent que ces réalités intérieures soient projetées à l'extérieur. Ces projections mettent notre âme au pillage: ce qui en réalité vit en nous se voit conférer une existence extérieure.[1]

[1] Avec toutes les conséquences que cela comporte: tant qu'une donnée nous est intérieure, nous l'avons à notre portée; nous pouvons prétendre soit la dominer, soit la modifier, soit en tenir compte, toutes choses qui cessent dès que cette donnée, projetée dans le monde extérieur, nous devient étrangère et fréquemment inaccessible. De là souvent les beaux projets réformateurs adressés à autrui, ignorant porteur d'une qualité que nous lui prêtons gratuitement et qu'il eût été indiqué d'améliorer en nous. C'est pourquoi on voudrait écrire: « Ces projections regrettables... » s'il n'était stérile de les regretter. Car le psychologue d'aujourd'hui doit connaître, en même temps que l'importance immense du phénomène des projections, la nature en général contraignante de chacune d'elles. Il faut sans doute disposer de l'expérience d'un psychothérapeute pour concevoir la ténacité qui caractérise souvent une projection donnée. Aussi, plutôt que de les regretter – puisque les projections d'un être sont ce qu'elles sont et peut-être ce qu'elles doivent être en fonction de son époque et de son devenir individuel – vaut-il mieux s'efforcer de prendre conscience de la subtilité de la tâche qui consiste à ramener un peu d'ordre dans le réseau projectionnel et, partant, un peu de santé dans la vie d'un individu. (NdT)

CHAPITRE IV

L'EXPÉRIENCE DES ASSOCIATIONS

I[1]

Dans ce qui précède, nous avons passé en revue les éléments nécessaires à une orientation dans le domaine de la conscience. Nous n'avons jusqu'ici parlé de l'inconscient que par allusion, car il nous faut, avant de l'aborder, dégager les voies d'accès aux espaces intimes et obscurs et nous assurer que les sentes de pénétration que nous aurons à suivre sont praticables, au moins à leur début, et dignes de quelque confiance scientifique. A cet effet il me faut vous entretenir des méthodes employées et de leurs notions fondamentales. Je vous parlerai tout d'abord des *expériences d'associations*. Avec elles nous allons entièrement nous mouvoir dans le domaine de la psychologie expérimentale; mais ces expériences nous mettent en mesure d'étudier des faits essentiels qui éclairent de façon très intéressante et singulière les fonctions de l'inconscient. A l'origine on poursuivait avec ces expériences de tout autres buts; on cherchait à étudier de façon expérimentale le mécanisme des associations; cela était assez utopique, des moyens si primitifs ne pouvant pas aider beaucoup dans un domaine aussi compliqué que celui de nos associations. Mais il est fréquent. dans la science, que des recherches, qui ne comblent pas les espoirs placés en elles, ouvrent, à la grande surprise du chercheur, de nouveaux horizons inattendus. La marche d'une telle expérience, adaptée à l'étude des complexes, est la suivante : l'expérimentateur dispose d'une liste de mots, dits *mots inducteurs*, qu'il a choisis au hasard et qui ne doivent avoir entre eux aucun rapport de signification, condition indispensable à une expérience de pures associations. Il nous faut prendre des mots isolés, dénués, répétons-le,

[1] *Introduction à la psychologie analytique* (deuxième partie). (Voir pour la première partie page 97.)

de toute relation significative. En voici un exemple: eau, rond, chaise, herbe, bleu, couteau, aider, poids, prêt. Lorsqu'on présente l'un après l'autre ces mots à un sujet, il n'émane de cette liste aucune suggestion (ce qui n'est jamais le cas lorsque plusieurs mots constituent un thème quelconque). *L'expérimentateur invite le sujet à réagir à chaque mot inducteur aussi rapidement que possible en prononçant seulement le premier mot qui lui vient à l'esprit* [1]. Au mot: « eau » lancé, pour ainsi dire, par l'expérimentateur, le sujet répondra aussi vite que possible par le premier mot qui lui traverse l'esprit, par exemple: « mouillé », ou « vert », ou « H_2O », ou « laver », etc. L'expérimentateur mesure le temps de réaction [2] avec un chronomètre qui indique les cinquièmes de seconde. (Une précision plus grande serait superflue et peine inutile, les erreurs inhérentes à cette expérience étant d'un ordre de grandeur bien supérieur à un cinquième de seconde.) On déclenche le chronomètre par exemple chaque fois que l'on prononce la dernière syllabe du mot inducteur et on l'arrête dès que le sujet fait entendre la première syllabe du *mot induit*. On note le temps écoulé dit *temps de réaction*. Je procède à cinquante réactions ou davantage, un trop grand nombre de réactions cependant étant nuisible du fait de la fatigue qui intervient. On se contente en général de cinquante à cent réactions.

Au cours de ces expériences, on remarque que les temps de réaction sont fort inégaux, tantôt courts, tantôt longs; on remarque aussi que certaines réponses subissent des perturbations: le sujet oublie la recommandation initiale qui l'invitait à répondre par un seul mot et répond par toute une phrase; ou bien il néglige le sens du mot inducteur et réagit par une association tonale, ce qui est

[1] L'expérience repose en dernière analyse sur le phénomène psychologique général selon lequel un état de conscience quelconque, ici une sensation auditive, évoque d'autres états de conscience, soit pour se les agréger, soit pour s'en faire suivre, phénomène qui a fait comparer par Hume l'association dans notre vie psychique à la gravitation dans le monde extérieur, les états de conscience s'attirant comme le font les corps.

Dans la disposition de l'expérience, où « la loi d'intérêt » ne préside aux associations que de façon très atténuée, ces attractions élisent du sein des affinités associatives, intellectuelles et sentimentales, de façon subjective et spontanée, « l'associé de fait » parmi la multitude des « associés possibles ». (NdT)

[2] Le temps mesuré ici est un temps global composé du temps de la sensation, de l'association et de la réaction proprement dite. (NdT)

aussi une légère entorse aux instructions préalables. D'autres incidents surviennent également : l'expérimentateur prononçant le mot : « eau », il arrive que le sujet réagisse par : « Eau – tiens – vert », ce qui constitue entre autres une répétition inattendue du mot inducteur ; ou bien encore par : « Vert – Ah ! je voulais dire bleu » : le sujet a eu un lapsus. Ou bien encore il se met à rire, s'exclame ou répond quelque chose d'inadéquat, « oui » ou « non » précédant, par exemple, la réaction requise. Ou encore le sujet ne comprend pas ou comprend mal le mot inducteur clairement prononcé, ou réagit par un mot dit stéréotypé, c'est-à-dire par un même mot induit, indifféremment à divers mots inducteurs. Certains sujets, par exemple, réagissent fréquemment en répétant le mot : « beau ». On appelle toutes ces perturbations, ainsi que les temps de réaction trop prolongés ou les absences de réaction des *indices de complexe.* On a constaté, en effet, que les mots inducteurs qui déterminent une perturbation quelconque de la réaction sont ceux qui rencontrent chez le sujet *un contenu émotionnel,* c'est-à-dire qui éveillent un écho dans la partie de l'âme figurée par la zone C du schéma IV (page 141) et qui touchent de quelque façon à la sphère intime tabou. Lorsqu'un mot inducteur n'intéresse que la surface de la conscience, la réaction est normale et il ne se produit rien d'insolite ; mais lorsque, au contraire, il entame et traverse les digues protectrices de la vie intérieure et pénètre dans l'intimité du moi, il détermine une perturbation de la réaction extérieure, en déclenchant à l'intérieur de l'être un *automatisme,* auquel le sujet n'est pas préparé, qui capte son attention, le subjugue en quelque sorte, et l'empêche de ce fait de remplir les instructions données.[1]

[1] Tous les éléments psychologiques qui ont une tension élevée sont difficiles à manier. Si quelque chose, par exemple, est très important pour moi, je commence, au moment de le faire, par hésiter ; vous avez probablement observé que lorsque vous me posez des questions délicates, je ne puis pas vous répondre immédiatement parce que, le sujet étant important, « j'ai un long temps de réaction » ; ma mémoire ne me fournit pas sur-le-champ les matériaux nécessaires. Ce sont là des troubles suscités par des complexes, qui ne sont pas forcément personnels, la question posée constituant une affaire importante en soi. Or, tout ce qui a une tonalité de sentiment accusée est difficile à manier, étant en relation avec des réactions physiologiques, avec les battements du cœur, le tonus des vaisseaux, l'état intestinal, la respiration, l'innervation de la peau, etc. Tout élément qui a une tension élevée fait, en quelque sorte, bloc avec le corps, y est comme localisé, y plonge ses racines,

J'associe à la phase ci-dessus décrite de l'expérience une deuxième phase qui consiste en ceci : après avoir enregistré un certain nombre d'associations on reprend la liste des mots inducteurs à son début, en priant le sujet de répéter la réponse faite à chacun d'eux. On demande : qu'avez-vous répondu au mot : « eau » ? Le sujet s'en souvient ou ne s'en souvient pas, ou encore croit s'en souvenir mais donne une réponse différente. On note tout cela. Les réactions oubliées constituent des *reproductions défectueuses*. On a constaté que celles-ci sont aussi des indices de complexe, au même titre que les autres perturbations qui distinguent les associations ayant effleuré la sphère affective. Ajoutons que l'attitude, les gestes, les expressions du sujet, son rire, sa toux, ses balbutiements éventuels fournissent aussi des indications précieuses à l'expérimentateur entraîné.

Mais transcrivons une pareille expérience.

Mot inducteur	*Temps de réaction*	*Indices de complexe*	*Reproduction*
Eau	$^{4}/_{5}$ de seconde	0	+ = exact
Rond	$^{4}/_{5}$ »	0	+
Chaise	$^{5}/_{5}$ »	0	+
Nager	$^{6}/_{5}$ »	0	+
Bleu	$^{7}/_{5}$ »	0	+
Couteau	$^{20}/_{5}$ »	3	— = faux
Aider	$^{15}/_{5}$ »	3	—
Poids	$^{10}/_{5}$ »	1	+
Prêt	$^{8}/_{5}$ »	0	—

Nous constatons ici une série de temps réactionnels décroissant de vingt cinquièmes à huit cinquièmes de seconde. Le temps réactionnel moyen et normal de ce sujet est de sept cinquièmes de seconde. Au mot « couteau » apparaît un temps réactionnel prolongé qui va en décroissant au cours des trois associations suivantes : on appelle cela une *persévération* et on fait l'hypothèse que le mot « couteau » a touché la sphère affective du sujet, ce qui a paralysé momentanément son attention. Les indices de complexe révèlent que le sujet ne parvient pas à réagir correctement, et les reproductions,

ce qui le rend pesant, lui confère de l'inertie et lui soustrait la mobilité des faits purement spirituels.

En revanche, un élément qui détient peu de tension et peu de valeur émotionnelle peut être aisément déplacé, balayé, car il est comme dépourvu de racines et privé d'adhérences avec ma personne.

elles aussi, sont perturbées [1]. De quoi peut-il s'agir chez notre sujet? Que signifie le fait que le mot «couteau» entendu déclenche de pareilles réactions?

Les réactions suivantes sont à nouveau normales; un temps réactionnel prolongé se produit à nouveau au mot: « lance ».

Mot inducteur	*Temps de réaction*	*Indices de complexe*	*Reproduction*
Lance	$^{12}/_{5}$ de seconde	1	—

Puis suivent quelques associations normales, puis:

Mot inducteur	*Temps de réaction*	*Indices de complexe*	*Reproduction*
Battre	$^{9}/_{5}$ de seconde	1	—
Arbre	$^{10}/_{5}$ »	1	+

Le mot critique est ici « battre », la perturbation la plus importante n'apparaissant pourtant qu'après coup. La connexion avec la sphère affective n'a pas été ressentie clairement de façon immédiate; le coin, pour ainsi dire, ne s'est enfoncé que progressivement et n'a déterminé la perturbation principale qu'au cours de la réaction suivante; puis elle a cessé à son tour; c'est ce que l'on appelle une *persévération relative*. Un troisième mot a déterminé encore une série perturbée; c'est le mot « pointu », suivi de trois mots indifférents:

Mot inducteur	*Temps de réaction*	*Indices de complexe*	*Reproduction*
Pointu	$^{15}/_{5}$ de seconde	2	—
	$^{18}/_{5}$ »	3	—
	$^{10}/_{5}$ »	1	+
	$^{6}/_{5}$ »	0	+

Il y eut là plusieurs reproductions fausses; le sujet, ici encore, a réagi avant que le terme critique n'exerce sa pleine efficacité, qui n'éclate qu'à la réaction suivante.

Le sujet était un homme de trente-deux ans, employé à l'époque de l'expérience dans une clinique, et il avait bien voulu se prêter

[1] C'est sur ce phénomène que reposent les *interrogatoires judiciaires croisés*, au cours desquels on s'efforce de confondre les individus soupçonnés, ceux-ci oubliant, comme dans notre expérience, aux endroits où ils ont menti, la nature de leur fabulation. Les lecteurs qui sont versés dans ce domaine ne manqueront pas de trouver ce rapprochement de la pratique judiciaire et des constatations psychologiques puissamment évocateur.

à l'expérience. Je ne savais alors rien de sa vie. Je lui demandai après l'expérience:

– Avez-vous remarqué que vous avez parfois longuement hésité?

– Non, j'ai toujours répondu directement!

– Savez-vous si vous avez commis des erreurs de reproduction?

– Non, toutes mes reproductions étaient fidèles!

– Avez-vous par ailleurs remarqué quelque chose de spécial?

– Non, sinon je le dirais.

– Puis-je me permettre de vous faire une réflexion? Vous devez avoir eu dans le temps une histoire fort désagréable, probablement une bagarre au couteau qui a eu sans doute des conséquences fâcheuses!

L'homme en tomba presque de sa chaise!

– Comment le savez-vous?

Je lui demandai si c'était exact. Il répondit:

– Oui! Mais j'étais à cent lieues d'y penser.

Il avait purgé une peine de prison à l'étranger à cause d'une bagarre au couteau au cours de laquelle il avait gravement blessé son adversaire. C'était là une tache obscure dans sa vie et il avait veillé naturellement à ce que personne de son entourage actuel n'en fût au courant. Quant à lui, il s'était efforcé d'oublier. Il était encore jeune à l'époque de l'accident qui remontait à une dizaine d'années. Il n'avait pas imaginé une seconde qu'il me serait possible d'en retrouver la trace. Mais constatez-le vous-même! Les mots « couteau », « lance », « battre », « pointu » le font comme sursauter. Et cela permet d'esquisser un diagnostic. Le plus intéressant, c'est que *le sujet lui-même n'avait rien remarqué de ses hésitations*; car chaque fois qu'un mot inducteur critique fait mouche, la conscience est immédiatement fascinée; elle se détourne vers l'intérieur et ne remarque plus ce qui se passe à l'extérieur. Le sujet, dès lors, ne constate pas qu'il hésite. Il est victime d'une absence qui capte son attention pour un instant, durant lequel le temps passe. Puis il revient à lui et réfléchit: « Qu'a-t-on dit? », sans remarquer qu'il a été ailleurs en pensée, entraîné à son insu, comme par un tourbillon, dans la complexité de ses souvenirs et de ses images intérieures.

On peut quelquefois à l'aide de beaucoup moins d'associations arriver à un certain résultat. J'ai été un jour mis au pied du mur par un professeur de droit qui s'intéressait à ces expériences tout en n'y croyant guère. J'allai lui rendre visite muni de mes accessoires, liste de mots inducteurs et chronomètre. C'était un monsieur âgé qui au bout de la quinzième association se lassa et me dit:

– Au fond, qu'est-ce que vous voulez, qu'en sort-il?

– Il en sort pas mal de choses dont je pourrai vous faire part.

Les réactions critiques avaient été:

Mots inducteurs :	*Mots induits :*
argent	peu
mort	mourir
embrasser	beau
cœur	palpiter
payer	la semeuse [1]

Il s'agissait d'un universitaire qui approchait de soixante-dix ans et songeait à sa retraite. Je pus me risquer aux conclusions suivantes:

1. Mon bonhomme devait avoir des difficultés financières d'un ordre quelconque car à « argent » il associe: « peu » et à « payer » il réagit violemment.

2. Quand on atteint à cet âge, on pense involontairement à la mort; naturellement on n'en parle pas, ce qui n'empêche pas l'inconscient de l'avouer avec indiscrétion. Au mot « mort » le sujet répond par « mourir »: il ne quitte pas ce thème; il pense à la mort et cela le retient.

3. « Embrasser » – « beau ». Voilà autre chose; c'est comme un cri du cœur! Chez un vieux juriste cela nous surprend; mais on sait que l'amour fleurit à tout âge. D'ailleurs, rappelons-nous qu'à un âge avancé certains souvenirs sentimentaux reparaissent volontiers, qu'on se souvient avec attendrissement du charme de la vie d'antan. Quelque aventure érotique devait lui être revenue en mémoire; j'en ai rapproché la semeuse, qui servait d'effigie aux pièces de monnaie françaises. Pourquoi n'y aurait-il pas eu quelque Française sous roche?

Je lui dis:

– Vous avez manifestement des difficultés financières; vous pensez à votre mort qui pourrait résulter d'une atteinte cardiaque; vous avez de temps en temps des palpitations. Et puis vous avez de doux souvenirs qui vous rappellent probablement une aventure amoureuse avec une Française.

[1] En français dans le texte. (NdT)

Il frappa la table du poing:
– C'est de la magie noire, s'écria-t-il. Comment savez-vous cela?
– Est-ce exact?
– Oui, c'est exact! Puis il courut dans la pièce à côté et dit à sa femme : viens, il faut qu'on te fasse aussi l'expérience; et puis non, plutôt pas, c'est sans doute préférable!

Vous pensez que mes conclusions ne manquaient pas d'audace. Effectivement, mais je dois avouer que lors de cette expérience je n'en étais plus à mes débuts; j'en avais déjà exécuté un grand nombre et une longue habitude avait aiguisé mon jugement.

* * *

On pose la question : « Les fonctions conscientes de la vie intérieure [1] sont-elles placées chez tous les êtres dans le même ordre: souvenirs, contributions subjectives, affects et irruptions? »

Réponse : L'ordre que j'ai assigné à ces fonctions peut être jugé arbitraire; on peut tout aussi bien renverser l'ordre décrit. Chez un sujet donné ce sont peut-être les irruptions qui doivent figurer en premier lieu; chez lui, les souvenirs eux-mêmes peuvent procéder par irruptions; le sujet est constamment sous l'emprise d'événements intérieurs; il s'agit naturellement d'une nature pathologique ou de quelqu'un qui se trouve provisoirement à un stade de son existence particulièrement productif, au cours duquel le monde intérieur déborde de vie. En général, on s'en tiendra à l'ordre que j'ai proposé, car il est inhabituel que les irruptions sourdant de l'inconscient se produisent fréquemment. Chacun, cependant, est libre d'écouter son tempérament, son inclination personnelle et de classer, de situer ses fonctions selon son expérience propre; j'ai proposé cette classification parce que la mémoire est une faculté qui, jusqu'à un certain point, obéit à la volonté; les contributions subjectives elles aussi, mais déjà à un degré moindre, car on ne saurait s'empêcher parfois de penser ou d'éprouver des choses que l'on réprouve hautement et que l'on préférerait ne point ressentir en soi. Quant aux affects, ils sont hors de la portée de la volonté; lorsque des irruptions, enfin, se produisent, on est victime d'un « knock-out » qui vous fait mordre

[1] Il faudrait dire, en toute rigueur: « en majeure partie conscientes ». Car les fonctions dont il s'agit ici procèdent à la fois du conscient et de l'inconscient qu'elles relient. L'inconscient les donne et le conscient les attrape. (NdT)

la poussière et qui vous plonge dans un état momentanément confus. La caractéristique la plus authentique de cet espace intérieur, c'est que nous y sommes réduits à la passivité; le sujet n'y est plus agissant, mais condamné au rôle de souffre-douleur. Cela est du moins le cas pour nous autres Occidentaux, alors que les cultures orientales, elles, ont aspiré à créer un ordre, une discipline dans ce monde intérieur. *C'est aussi l'intention qui préside aux efforts de la psychologie analytique de ne plus laisser régner la pure barbarie dans cet espace intérieur, mais d'y édifier une discipline, en prenant connaissance des données qu'on y trouve.* Nous ne devons point confondre l'espace psychique intérieur et conscient avec l'inconscient. J'ai conscience du souvenir désagréable qui m'assaille, de la colère que je ressens ou de l'inspiration lumineuse qui me traverse l'esprit. L'inconscient ne commence qu'à une couche plus inférieure, bleue dans notre schéma IV (page 140). Les Egyptiens peignaient les statues d'Osiris en bleu pour marquer qu'elles appartenaient au monde souterrain. Là les choses commencent à devenir différentes, mais nous n'en avons point encore parlé.

Une autre question : Y a-t-il une parenté entre les contributions subjectives des fonctions et les perturbations que les complexes déterminent dans les associations?

Réponse : Une parenté existe effectivement. Dès que les contributions subjectives commencent à se faire remarquer de désagréable façon, dès que par exemple on se sent gêné – en raison seulement de quelques pensées ou de quelques sentiments perçus au fond de soi-même – cette gêne est déjà une perturbation relevant d'un complexe. Le mécanisme en cause est le même que celui qui joue dans la perturbation d'une association. Un exemple: l'oncle d'un de vos amis est mort et vous devez présenter vos condoléances; or, vous savez que l'ami en question, au fond, dans un sens, est fort heureux de la mort de son oncle qui le fait entrer en possession d'un joli magot; cette idée de derrière la tête va être responsable de votre lapsus et au lieu de présenter des condoléances vous offrez vos félicitations [1]. La contribution subjective, votre pensée de derrière la tête, s'est victorieusement frayé son chemin, ce qui

[1] Les deux mots « kondolieren » (présenter des condoléances) et « gratulieren » (offrir des félicitations) étant phonétiquement très proches l'un de l'autre se prêtent à ce lapsus qui perd tout son sel en français. Le mécanisme des lapsus a bien des tours dans son sac! (NdT)

naturellement est dû à un complexe, par exemple à une identification inconsciente avec l'heureux héritier. Dans un cas semblable les contributions subjectives se font clairement jour. Un autre exemple: lorsque au cours d'un entretien la conversation aborde un passage critique pour votre interlocuteur, celui-ci cligne des yeux, ce qui veut dire: « Je ferme le rideau »; quelqu'un passe sur la scène, qui entend ne pas être vu. *Ainsi, il existe naturellement une foule d'impondérables, qui sont autant d'indices de nos réactions secrètes.*

Question : « Est-ce que les perturbations qui apparaissent au cours d'expériences d'associations faites avec des primitifs ne sont pas conditionnées, outre les complexes, par les interdictions qui émanent des tabous ? »

Réponse : Je n'ai point fait d'expériences d'associations avec les primitifs. Il n'est pas du tout simple d'expérimenter avec ces gens-là. Les photographier rencontre déjà des difficultés, car, pour le primitif, l'image d'un être est son âme. Lorsque vous faites de lui une image et l'emportez avec vous, vous lui ravissez une de ses âmes et il pourrait en tomber malade. C'est pourquoi les primitifs ne veulent pas se laisser photographier, de peur en outre aussi que l'image ne tombe entre les mains d'un sorcier qui pourrait s'en servir pour ses maléfices et soustraire d'autres âmes à l'être photographié, jusqu'à ce que mort s'ensuive. De sorte que les tentatives expérimentales ne sont possibles qu'avec des « mission boys » qui, ayant perdu leur naturel, sont en général peu recommandables pour des expériences psychologiques. On rencontrerait chez eux surtout des complexes européens et d'abominables sentiments d'infériorité dus à leur couleur. Si l'on parvenait à faire des expériences d'associations avec des primitifs restés authentiques, on rencontrerait incontestablement des réticences qui seraient moins conditionnées en général par des complexes personnels que par des défenses collectives, émanant des tabous. On peut, par exemple, observer que, lorsqu'on parle d'esprits en présence des primitifs, ils ont une réaction analogue à celle d'un être civilisé dont on aurait touché un complexe, ou en présence duquel on aurait fait une réflexion gênante (ce qui, au fond, revient au même). On constate exactement les mêmes symptômes, ce dont il n'y a pas lieu de s'étonner, *les gênes et les embarras du civilisé en face de ses complexes étant simplement les reliquats des anciens tabous.*

II[1]

Continuons nos expériences d'associations. Je désire citer maintenant d'autres exemples qui nous donneront une impression d'ensemble de ce que sont les complexes et qui nous achemineront vers leur théorie. Voici, pour le premier, la liste des mots inducteurs critiques: « prier », « séparer », « épouser », « se disputer », « famille », « bonheur », « faux », « embrasser », « choisir », « content »; ils étaient, soulignons-le, répartis au milieu d'un grand nombre d'autres mots inducteurs indifférents et ne formaient donc pas une série suggestive. Cherchons de quoi il peut s'agir ici. Je connaissais, avant d'entamer l'expérience, les détails suivants : ma cliente était une dame mariée de trente ans. Son mari l'avait amenée à ma consultation à cause de crises exacerbées de jalousie qui le martyrisaient, quoiqu'il sautât aux yeux qu'il était un homme doux comme un mouton, incapable du moindre écart. Cependant elle souffrait d'une de ces violentes jalousies bien connues, dont les accès sont dépourvus de fondement. Elle était mariée depuis trois ans et catholique pratiquante; lui était protestant, ce qui, prétendaient-ils, ne jouait aucun rôle. A signaler qu'elle avait toujours été d'une singulière pruderie; elle ne s'était, par exemple, jamais déshabillée devant son mari, mais toujours dans une pièce à côté; lorsque, un an auparavant, sa sœur, qui était également mariée, avait eu un enfant, ce fait ne dut point être évoqué dans la conversation, car il faisait allusion à quelque chose d'inconvenant. Par ailleurs, selon leurs dires, ils avaient été heureux. J'ai naturellement tout d'abord examiné cette femme à fond, puis je lui demandai:

– N'est-ce point une source de difficultés que vous soyez catholique et votre mari protestant?

– Non, nous nous sommes mis d'accord là-dessus. Ma mère tient beaucoup à ce que je reste catholique et à ce que mes enfants soient élevés catholiquement.

Le mari interrogé sur la même question me répondit:

– Cela n'a joué aucun rôle, je ne vais pas si souvent au temple.

[1] Troisième conférence.

Je demandai encore:

– Etes-vous malheureuse en ménage?

– Point du tout, dit-elle, j'ai un grand amour pour mon mari et c'est pourquoi j'en suis jalouse. D'où cela peut-il bien provenir? Peut-être de ce que je suis une nature passionnée?

Je compris qu'avec une simple conversation il n'y avait rien à tirer de la patiente, et je lui proposai, pour abréger son supplice, de la soumettre à une petite expérience.

Voici ce que livra l'étude avec elle des réactions critiques. Le mot « prier » avait déterminé des perturbations sensibles. Ce que « prier » pouvait comporter de désagréable lui vint alors à l'esprit. Après quelques hésitations elle avoua: « Naturellement le curé à confesse vous aiguillonne toujours un peu, et c'est tout de même désagréable que mon mari soit protestant; c'est peut-être malgré tout néfaste qu'il y ait deux religions dans la famille. »

Le mot « séparer » lui inspira, de même, le commentaire: « En fin de compte séparer le ménage. »

A « épouser », elle avoue, les dessous de l'histoire émergeant petit à petit, que cette jalousie apporte un trouble profond dans le ménage.

A « se disputer », j'apprends qu'elle a eu d'innombrables disputes avec son mari et que le ménage est loin d'être aussi heureux qu'ils veulent bien le dire.

A « famille », elle associe: « Décomposition de la famille. »

A « bonheur »: « Pas de bonheur dans le ménage. »

A « faux »: – Il est faux de se laisser aller à des imaginations au sujet d'autres personnes...

– D'autres personnes?

– Au sujet d'autres hommes.

A « embrasser »: « Embrasser un autre homme. »

A « choisir »: « On choisit mal. »

A « content »: « On est très mécontent. » C'était la vérité. Il apparut qu'elle avait la tête pleine de pensées érotiques à l'adresse d'autres hommes, alors que son mari, bêtement, ne lui fournissait pas le moindre prétexte justifiant le plus petit reproche. Il lui fallait par suite, ne pouvant s'avouer pareilles pensées, faire ces scènes qui donnaient le change, comme si c'était lui le coupable et non pas elle. De la sorte, elle le martyrisait scandaleusement; elle ne l'aimait pas au fond, mais au contraire le haïssait et entendait s'en débarrasser.

Cet exemple vous montre l'utilité d'une pareille expérience; lorsqu'on a une simple conversation avec une personne, elle peut, en dépit de ses clignements d'yeux, réussir à vous faire prendre des vessies pour des lanternes, et parfois on la croit bel et bien. Mais lorsqu'on pratique cette expérience et qu'on a devant soi le résultat noir sur blanc, on sait où l'on en est.

Voici un nouvel exemple, autrement tragique. Il s'agit d'une femme âgée d'environ trente-deux ans. Elle était fortunée et vivait à l'étranger avec ses deux enfants. Trois, quatre mois avant que je fisse sa connaissance, elle avait perdu le plus âgé, une petite fille de quatre ans qui était morte de la fièvre typhoïde. Aussitôt après la mort de son enfant apparut chez elle un état dépressif pathologique qui rendit nécessaire un traitement dans une clinique. Le motif de sa dépression semblait aux psychiatres d'une clarté évidente: son enfant préférée lui avait été ravie et ce choc avait eu raison de son équilibre. Elle fut transférée dans mon service et je dus m'occuper de son cas. Je voulus me rendre compte s'il n'existait pas d'autres enchaînements et la questionnai abondamment. Elle me répondit avec une clarté que son état n'avait pas entamée: « La perte irréparable de cet enfant m'a rendue inconsolable; j'étais par ailleurs très heureuse et tout allait au mieux. » Nul autre motif à sa dépression n'était discernable. J'ai cependant fait avec elle une expérience d'associations qui mit au jour sa pathogénie. Voici la liste des mots inducteurs critiques qui déterminèrent des réactions prolongées: « Ange », « entêté », « méchant », « bleu », « rouge » (suivi d'une persévération), « riche », « cher », « tomber », « livre » (suivi d'une persévération), « se marier » (suivi d'une persévération qui s'étend aux deux mots suivants indifférents). Je ne vous demanderai pas de deviner la signification de ce rébus. Vous ne pourriez en venir à bout car des détails complémentaires sont nécessaires et j'ai dû demander à la patiente ce qu'évoquaient pour elle les mots inducteurs critiques, espérant de la sorte être mis sur la piste des complexes affectifs éventuellement responsables de sa dépression.

« Ange. » – Que vous vient-il à l'esprit quand je prononce ce mot, demandai-je?

Ses yeux s'emplirent de larmes et la malade répondit qu'elle pensait à son enfant décédée. J'enchaînai en lui disant que je comprenais son trouble et que je compatissais à sa douleur. C'était une bonne introduction aux mots inducteurs suivants qui semblaient être gros d'encore plus de désagréments et par lesquels il avait été bon de ne pas commencer.

« Entêté. » – Elle médita longuement puis finit par dire : « Je suis peut-être très butée. Pourquoi cela ? On est buté ou on ne l'est pas. » Je ne m'attardai pas davantage, mais notai par-devers moi qu'il y avait là quelque chose à élucider.

« Méchant. » – Ce mot suscita la même méditation que le précédent ; il fut visible qu'il l'atteignait au fond, au tréfonds d'elle-même, de façon indicible et il la plongea dans un état confus. On rencontrait là, c'était certain, le complexe pathologique spécifique, responsable de son mal. Il s'agissait de quelque chose qu'elle ne parvenait ni à saisir, ni à réaliser, ni à manier. Les Anglais disent d'une chose pareille : *I cannot cope with it*, je n'en sors pas, ça me dépasse. C'est si brûlant, si dangereux, si lourd qu'on ne parvient pas à l'appréhender. Les choses qui prennent et possèdent dans un être de telles proportions le rendent fou ; *ce que le moi ne parvient pas à s'incorporer est pathogène.* L'infortuné qui a le malheur d'être pris dans l'engrenage d'un conflit semblable sans disposer d'une tête solide, bien assurée sur ses deux épaules, a toutes les chances d'être victime d'une explosion figurée de sa boîte crânienne. J'ai noté là sur ma fiche : il y a là-dessous quelque chose de grave.

« Bleu. » – « Oui, les yeux de mon enfant étaient bleus ; elle avait de très beaux yeux ; dès sa naissance on les avait admirés. » Puis, tout à coup elle se raidit ; je le remarquai et notai à nouveau : il y a encore là-derrière autre chose, son visage revêtant l'expression pathologique qui exprime la présence d'un élément intangible qui subjugue.

« Riche. » – Il ne me vient rien à l'esprit ; c'est une question qui peut m'être indifférente car nous vivions à notre aise. Pourquoi cela me toucherait-il ? Oui, qui est donc si riche ? Ah ! oui, c'est exact, c'est Monsieur X.

– Qu'a-t-il de commun avec vous ?

– J'en ai été éprise. Mais que vous importe cela ? Oui, savez-vous...

Je notai : il y a anguille sous roche ! Effectivement un épisode surgit : peu de temps avant la maladie de son enfant, la malade avait reçu la visite d'un monsieur, ami de ce riche Monsieur X, qui lui avait dit, son mari s'étant absenté un instant : « J'ai vu dernièrement Monsieur X pour lequel ce fut un rude choc d'apprendre votre mariage.» Cette réflexion avait été l'étincelle dans le tonneau de poudre. La malade avait, jeune fille, été follement éprise de ce Monsieur X; elle était issue d'une famille modeste, alors que Monsieur X appartenait à une grande famille. Elle s'était dit : un jeune homme comme lui n'aura pas le moindre regard pour moi; le cas est sans espoir et je dois attacher mes pensées à un autre. Elle parvint à grand-peine à dominer, à modifier ses sentiments et à épouser son mari actuel. Au début, tout alla bien. Elle fut très heureuse à la naissance du premier enfant, mais il advint alors un incident des plus pénibles; dès que l'enfant ouvrit les yeux sa mère constata qu'il n'avait ni les yeux de son mari, ni les siens, mais ceux du jeune homme qu'elle avait aimé. Elle se consola grâce à l'idée que Dieu lui avait fait cadeau de cet enfant avec ces yeux-là, en souvenir de son immense amour. N'est-ce pas, cette ambitieuse hypothèse lui avait été nécessaire pour parvenir à encaisser, à surmonter le choc. Puis elle n'entendit plus parler de Monsieur X et la vie s'écoula tranquille et sans à-coup. Mais, un beau jour, survint la visite de cet ami commun qui lui révéla que l'intéressé, lui aussi, avait été épris d'elle et qu'il avait regretté de la voir en épouser un autre. Dès lors, apparut chez la malade ce qui apparaît toujours en pareil cas, une situation, une tension affective qui mit son être conscient en état de déficience, qui lui fit perdre pied, de sorte que, du fait de cet « abaissement de son niveau mental » (Pierre Janet), elle ne se rendit plus pleinement compte de ce qu'elle faisait. Elle sait seulement encore que l'enfant, tout à coup, tomba malade.

Le mot suivant était le mot « mœurs »; elle réagit par: « mauvaises mœurs », voulant dire: mœurs immorales. Puis elle revint au mot « méchant ». Je lui demandai:

– Que voulez-vous dire? Qu'y a-t-il d'immoral et de méchant?

– Je ne sais pas, répondit-elle.

« Argent. » – Cela évoqua les possibilités passées, déjà entrevues à propos du mot « riche ».

« Cher. » – Elle pensa à sa chère enfant.

« Tomber. » – Ce mot lui fit penser à ses imaginations érotiques au sujet de son amour passé.

« Se marier », évoqua son mariage un tantinet artificiel.

Il ne restait inexpliqués que les mots « méchant », « entêté », « immoral ». Je suis revenu à ce mot « méchant » et lui ai demandé:

– Qu'y a-t-il là, au fond? Avez-vous omis de me raconter quelque chose? Comment se fait-il que votre enfant ait contracté la fièvre typhoïde?

– Voilà comment cela s'est passé. Je l'ai baignée dans de l'eau ordinaire.

La malade avait vécu dans une ville où il y avait de l'eau potable et de l'eau non potable. Baignant sa fille dans de l'eau non potable – ce qui ne lui vint à l'esprit qu'après coup – elle la vit soudain mettre l'éponge à sa bouche, mais était si obnubilée qu'elle ne songea pas à l'en empêcher. Cet accident lui fit perdre tout contrôle; le cadet âgé de deux ans et demi, s'approchant de la baignoire, voulut lui aussi boire de l'eau; elle le laissa faire. Pourquoi avait-elle fait cela? Elle ne le savait pas. Je vis qu'elle était sidérée et fermée tant à la réalisation mentale qu'à la conception du fait commis. J'interrompis l'examen, le sujet étant devenu même pour moi par trop brûlant. Je me vis soudain placé en face d'un irrémédiable conflit. Il s'agissait d'une malade sur laquelle un diagnostic de schizophrénie avait été porté, mais que l'on pouvait peut-être encore sauver. Si on ne fait rien, pensai-je, elle sortira de l'asile après un temps plus ou moins long, avec un dommage plus ou moins grave. Le drame, non corrigé, tombera dans l'oubli; il sera simplement associé au domaine de l'au-delà, et elle ne saura jamais ce qu'elle a fait réellement. Ou bien, il me faut risquer de faire exploser tout l'édifice en lui disant qu'elle a assassiné son enfant et qu'elle voulait également tuer l'autre, afin de pouvoir épouser Monsieur X. Telle était la situation. J'y réfléchis une journée et une nuit durant et je me dis : quant à laisser la malade s'enliser avec un dommage irréparable dans un asile d'aliénés, il vaut mieux crever la bulle. Ainsi, j'ai au moins une chance de la guérir. Je savais qu'elle pouvait l'être, mais n'en étais point tout à fait sûr. Médecin, il me fallait courir le risque. Le lendemain je rendis visite à la malade et lui dis: « Je dois vous faire part de quelque chose de sérieux. Vous avez tué votre enfant et entendiez également tuer le plus jeune, qui, par un miracle, n'a pas été infecté. Vous vouliez faire cela pour vous débarrasser de vos enfants, pour nier votre union et pouvoir épouser l'autre. » Elle dirigea sur moi un regard fixe, poussa un grand cri et fondit en sanglots. Je pensai par-devers moi: « Maintenant ça y est... » Après quelque temps la malade revint à elle, se montra raisonnable et put quinze jours plus tard être libérée, guérie. Aucun dommage mental n'a persisté; durant les quinze ans où j'ai continué à avoir de ses nouvelles, elle est toujours demeurée en bonne santé. Cette affaire, cependant, avait aussi un aspect relevant de la justice criminelle; meurtrière, la patiente encourait une peine; sa dépression mentale avait psychologiquement arrangé son cas; l'aliénation lui avait épargné la prison, et l'énorme fardeau, dont je chargeai sa conscience, l'avait sauvée de l'aliénation; *car, à accepter son péché, on peut vivre avec lui, alors que son refus entraîne d'incalculables conséquences.*

Au cours d'une pareille expérience, on peut ainsi rencontrer des éléments d'importance vitale qui sont excessivement dangereux. La fréquence selon laquelle on découvre, sous une surface innocente, des choses en ignition est étonnante. Mon expérience m'a enseigné une grande prudence, car il est plus d'êtres qu'on ne le croit qui portent en eux une *psychose latente.* De nombreuses psychoses sommeillent déjà dans l'inconscient; elles déterminent chez leurs porteurs, à la surface, une apparence exagérément normale. Vous le constaterez, par exemple, à ce qu'un tel sujet est un végétarien convaincu, ou un abstinent intransigeant, ou à ce qu'il appartient avec excès de zèle à une association de bienfaisance, ou encore à ce qu'il se complaît à des actions particulièrement raisonnables, comme pour prouver que tout ce qu'il fait relève de l'absolue raison. C'est aussi le motif pour lequel tant d'individus porteurs de psychoses latentes deviennent aliénistes, comme pour prouver qu'ils sont bien moins fous que les malades qu'ils traitent. Ils en éprouvent une grande satisfaction qui les tranquillise et ils peuvent s'écrier: « Seigneur, je te remercie de ne m'avoir point fait comme ceux-là. » Cette attitude, parfois, sauve une vie! [1]

* * *

Cette expérience comporte des compléments. On a, naturellement, tant que l'on n'était pas en état d'apporter la preuve matérielle qu'il s'agissait bien de manifestations affectives, longtemps douté de l'exactitude de tout cela. Il est heureux que l'on puisse faire appel à un dispositif expérimental, qui permet, avec toute la

[1] A ce sujet, on peut rappeler la définition de l'inclination, que l'on a dite être la forme psychologique d'un besoin! Et aussi que « le malheur d'autrui nous flatte, alors même que nous y remédions »! (NdT)

clarté requise, de déceler les affects. J'ai nommé le *phénomène psychogalvanique*. Son principe est le suivant : on sait de longue date que ce sont les manifestations affectives qui influencent principalement le système nerveux sympathique, celui-ci présidant à son tour au fonctionnement végétatif de l'organisme. Les affects, de ce chef, font se dilater les vaisseaux, agissent sur le cœur, vous donnent des palpitations, vous font rougir ou vomir, modifient les capillaires sanguins de la surface de la main, l'état de sécrétion ou de repos des glandes de la peau, la position de ses poils, vous donnent la chair de poule, etc. Il est donc légitime de déceler des affects par des modifications organiques de cette nature, qu'il est facile d'enregistrer à l'aide d'un circuit électrique simple. En effet, un courant très faible traversant le corps, par exemple entre les deux mains appuyées sur deux larges électrodes, éprouvera, selon l'état fonctionnel, une résistance plus ou moins grande; à l'état normal la résistance éprouvée et partant l'intensité du courant seront constantes; mais que survienne un affect et les capillaires de la peau se dilatent, les glandes sécrètent, le contact entre les mains et les électrodes s'améliore; par suite, la résistance diminue et l'intensité du courant augmente. Les variations de l'intensité du courant, convenablement enregistrées durant une expérience d'associations, témoigneront des oscillations de la résistance électrocutanée, modulations qui, dans les conditions de l'expérience, ne peuvent être imputées qu'aux réactions affectives du sujet sous l'influence des mots inducteurs.

On procède de la façon suivante : on prend un élément de pile qui produit un courant de faible tension, de six volts, et on introduit dans le circuit un galvanomètre à miroir qui marque de façon très sensible les modifications de l'intensité du courant, grâce à un aimant suspendu qui tourne plus ou moins en fonction de cette intensité. L'aimant porte un miroir sur lequel on projette un rayon lumineux qui, réfléchi, se déplace sur une échelle lorsque le miroir tourne. On introduit également dans le circuit deux électrodes en laiton, sortes de demi-boules d'une grosseur telle qu'on les tienne bien en main. Le sujet place ses mains dessus et on les recouvre de petits sacs de sable d'un poids suffisant pour neutraliser les mouvements musculaires involontaires. Grâce à un dispositif enregistreur, on peut rapporter sur une même courbe l'instant où est prononcé le mot inducteur, l'instant de la réaction et les écarts du rayon lumineux, qui marquent les variations de l'intensité du courant. On constate que les mots inducteurs indifférents n'entraînent pas de ces dernières, alors qu'au contraire les mots inducteurs critiques, qui suscitent un temps de réaction prolongé, déterminent, après une courte latence, une amplification de l'intensité; on laisse alors le galvanomètre revenir à sa position d'équilibre; puis on prononce le mot inducteur suivant, etc. On obtient ainsi une courbe qui ajoute aux indices de complexe, dont nous avons parlé plus haut, la preuve tangible des retentissements organiques engendrés par les affects subjectifs.

On peut encore compléter ce dispositif à l'aide d'un *pneumographe*, grâce auquel on enregistre le rythme et l'amplitude respiratoires. On pourra donc établir en même temps une courbe de la respiration qui va nous révéler un phénomène singulier : on constate en effet, durant l'activité d'un complexe excité par un mot inducteur, une restriction de la respiration, qui reprend après coup, petit à petit, son niveau normal. Au moment critique le volume respiratoire est diminué, la respiration contractée; on ne respire plus qu'à moitié et le sujet – si on attirait son attention là-dessus – se sentirait oppressé. Dans la vie courante, on ne le remarque guère, si ce n'est à la voix tendue des personnes qui se débattent dans une situation très affective. Or, représentez-vous cet état prolongé durant quelques jours! Le complexe existe à l'état latent, accompagné par la tension qu'il engendre; la respiration reste donc superficielle; d'où une ventilation insuffisante du poumon; *de là de nombreuses tuberculoses* et de là la présence de si nombreux névrosés à Davos et dans les sanatoria! Au cours de cette expérience, on met donc en relief une observation que l'on peut aussi faire couramment : si vous parlez à un sujet complexé de la sorte et si vous faites attention à sa respiration, vous constaterez que celle-ci demeure imperceptible, coupée soudain par un profond soupir. Si vous demandez au sujet pourquoi il soupire, il répondra: « Je ne sais pas, c'est comme ça. » Ce sont des êtres dont la respiration est chroniquement diminuée par l'action d'un complexe. Ces phénomènes se produisent régulièrement, que le complexe soit conscient ou non. Ainsi, le phénomène psychogalvanique, complété par le pneumographe, prouve de façon indéniable l'exactitude de notre hypothèse, à savoir que *nos complexes constituent des grandeurs affectives* [1].

[1] Ce sont ces travaux de C. G. Jung qui sont à l'origine de ce qu'on a appelé « les machines à détecter les mensonges » et aussi des polygraphies modernes, au cours desquelles on enregistre, outre ce que Jung a évoqué, aussi l'électroencéphalogramme du sujet. (NdT)

Citons encore une application de l'expérience d'associations qui révèle des conditionnements psychiques singuliers dans un domaine jusqu'ici livré à l'arbitraire. *L'interdépendance psychique intrafamiliale* dont je vais vous entretenir est, vous le savez sans doute, une donnée originelle qui relève de ce qu'on a appelé *la participation mystique*, expression étrange que l'on devrait remplacer, pour être exact, par *participation inconsciente* [1]. C'est Lévy-Bruhl qui a formulé la notion de « participation mystique », notion qu'il n'employait qu'au sujet des primitifs pour exprimer le fait surprenant que ceux-ci éprouvent des relations qui échappent à la raison logique. En voici un exemple : en Amérique du Sud, les Indiens d'une certaine tribu prétendent qu'ils sont des aras rouges, c'est-à-dire une sorte de gros perroquets. Quand on leur rétorque que cela n'est pas possible, qu'ils n'ont ni ailes ni plumes, qu'ils ne peuvent pas voler, qu'ils sont bien trop gros pour cela, ils répondent: « Cela est un pur hasard; naturellement les aras sont des oiseaux, mais ils sont nous et nous sommes eux. Nous sommes aussi des aras rouges, mais nous n'avons pas de plumes. » Faute d'une mentalité prélogique nous ne parvenons pas à comprendre pareil discours. Il nous paraîtrait d'une logique parfaite si, comme les primitifs, nous avions les présuppositions d'une psyché projetée. Il n'en est précisément rien: nous ne nous imaginons point que les animaux nous miment ou qu'ils s'ébattent à l'intérieur de notre psyché, qu'ils puissent, serait-ce sur un autre mode, parler ou deviner nos pensées. Cela constitue cependant pour le primitif une donnée qui repose sur ses propres expériences, pour nous si singulières, alors qu'elles fourmillent dans son monde à lui. Les primitifs identifient les unes aux autres les choses les plus éloignées et les plus disparates, en prétendant qu'elles ne font qu'une, par exemple qu'une certaine plante magique est identique au maïs et au cerf. Pour eux, il n'y a entre ces trois choses aucune différence essentielle. Comment est-ce possible? Cela ne pénètre pas notre entendement et contrecarre notre principe d'identité. C'est là précisément de la participation mystique à l'échelon primitif. Nous ne la comprenons pas plus facilement que certaines expressions qu'ils emploient comme: « Mon fils, c'est moi », ou que certaines scènes semblables à celle-ci où un vieux nègre, en colère contre son fils qui ne lui obéit plus, s'écrie: « Il est là planté, avec mon corps, et ne fait pas ce que je veux! » Son fils, c'est lui! La femme qui lui a donné un fils l'a remis au monde et l'a fait naître à

[1] Ce sont ces faits qui sont à l'origine des travaux de thérapie familiale et qui la justifient. (NdT)

nouveau. L'homme qui n'a pas de fils est mortel et celui qui a un fils est immortel, car le fils, c'est le père. *Cette donnée de l'identité absolue n'a plus chez nous la saveur du réel; elle en est réduite à une vie cachée.*

Mais revenons à la question de la psychologie familiale [1]. Elle peut être étudiée, outre la méthode analytique, de façon expérimentale. Nous l'avons entrepris en effectuant d'innombrables expériences d'associations dans des familles d'humble niveau social où les réactions verbales ne sont pas aussi exercées, pas aussi polies par l'usage que dans les milieux cultivés. Nous avons soumis les matériaux ainsi rassemblés à un examen approfondi. L'expérience d'associations dans ce nouvel ordre de recherches ne peut plus être employée telle que je l'ai décrite plus haut. Il faut appliquer ici d'autres points de vue précédemment négligés, la chose principale étant maintenant *ce* que répond le sujet. Au mot « eau » l'un réagira par: « vert », l'autre par: « pluie », le troisième par: « fleur », le quatrième par: « H_2O », etc. Dans les études familiales, nous nous sommes attachés à la teneur et à la nature de ces réponses, dont l'examen systématique livre des faits d'un haut intérêt. En vue de cette étude il nous a fallu procéder à une classification des réactions par catégories, chaque catégorie de réactions constituant comme une unité susceptible de permettre des comparaisons et des mesures. Nous avons réparti les associations en quinze catégories ou groupes logiques et verbaux; cette répartition est purement empirique; je le souligne expressément, la suite de l'exposé demeurant incompréhensible si on perd cela de vue. Voici, énumérés avec des exemples d'associations correspondantes, les quinze groupes en question:

1. Des associations comme: « liberté » – « volonté », « aller » – « monter », sont des *coordinations*, la réponse étant constituée par un terme naturellement proche du mot inducteur dans l'esprit du sujet.

2. D'autres associations comme: « village » – « maison », « bleu » – « couleur », « peindre » – « art », sont des *subordinations* ou des *supra-ordinations*.

3. Des associations comme: « blanc » – « noir », « rond » – « carré », sont des *contrastes*.

4. Des associations comme: « hiver » – « merveilleux », « se promener » – « ennuyeux », sont des *attributs de valeur*, des *prédicats sentimentaux*. Il est des sujets qui réagissent de préférence selon ce dernier mode, surtout chez les femmes.

[1] Ce sont ces réflexions qui fondent scientifiquement la méthode des « thérapies familiales ». (NdT)

5. Des réactions comme : « eau » – « vert », « tête » – « ronde », etc., sont des *prédicats simples, des prédicats objectifs.*

6. Des associations comme : « couteau » – « couper », « rose » – « fleurir », sont des *associations d'activité.*

7. Des associations comme : « chaud » – « été », « sommeil » – « nuit », « obscur » – « cave », peuvent être rangées dans un groupe caractérisé par la *désignation du lieu, du moment, du moyen.*

8. Des associations comme : « chaise » – « ustensile », « marteau » – « instrument », sont des *définitions* ; elles apparaissent fréquemment chez des sujets (qu'elles contribuent à caractériser) porteurs d'un complexe dit « d'intelligence », c'est-à-dire chez des sujets qui doutent, au fond d'eux-mêmes, de posséder l'intelligence à laquelle ils prétendent. Ils cherchent, en quelque sorte, et à leur insu, à prouver à l'expérimentateur, dont la conviction les tranquillisera, leurs qualités intellectuelles. Ces réponses « par définition » ne sont pas uniquement le fait de sujets peu intelligents ; elles peuvent aussi exprimer chez d'autres un sentiment d'infériorité, comme en ont certaines personnes au sujet de leur instruction.

9. Des associations comme : « table » – « chaise », « main » – « pied », sont des *coexistences.*

10. Des associations comme : « aller » – « aller à pied », « chambre » – « pièce », sont des *identités.*

11. Des associations comme : « cheval » – « chevaux », « libre » – « liberté », sont des *associations verbales motrices.*

12. Des associations comme : « achat » – « pouvoir d'achat », « nappe » – « nappe de table », sont des *expressions composées.*

13. Des associations comme : « vie » – « vivace », « beau » – « beauté », « blanc » – « blanc-bec », sont des *allongements complémentaires de mots.*

14. Des associations comme : « vieux » – « yeux », « prendre » – « rendre », sont des *associations tonales.*

15. Le quinzième groupe, enfin, est celui des réponses défectueuses ou des absences de réponse, ce qui se produit quelquefois.

Nous avons étudié ainsi un grand nombre de familles, en faisant des expériences d'associations avec tous leurs membres et en répartissant les matérieux réunis selon les catégories ci-dessus. Si l'on porte les catégories en abscisse et le pourcentage de réponses que comporte chacune d'elles en ordonnée, on peut obtenir sur un même schéma, superposées les unes aux autres, les courbes relatives aux réponses des différents membres, courbes dont un type familial se dégagera aisément.

Dans un cas particulièrement intéressant, on constata non seulement le même habitus, mais aussi l'identité de trente pour cent des réactions. Il n'est donc pas exagéré de dire que dans ce cas trente pour cent des processus mentaux des différents membres de la famille étaient identiques. C'est un bel exemple de « participation mystique », qui montre clairement que celle-ci a lieu chez nous aussi en toute réalité. Ce n'est donc pas seulement une hypothèse, confirmée par quelques exceptions, que de parler *des liaisons énormes qui existent entre les membres d'une même famille* ; c'est un fait de portée et de valeur très générales. Ces liaisons ne sont pas nécessairement de nature émotionnelle. Nous avons étudié une famille dont un des membres était un malade mental souffrant d'idées de persécution. Nous avons établi le type familial et aussi quels étaient les membres de la famille qui représentaient ce type avec le plus de netteté. Cela nous a montré que c'est le malade mental qui est toujours – d'autres études sont venues le confirmer – le membre de la famille qui incarne le mieux le type familial et que sa folie de persécution est dirigée principalement contre les membres de sa famille qui représentent avec lui ce même type le plus clairement. Ces malades, où qu'ils soient, traînent, pour ainsi dire, toujours leur famille avec eux, et c'est parce qu'ils portent leur famille en eux qu'ils éprouvent à son adresse de telles résistances! Il s'agit dans ces cas, la plupart du temps, moins de liaisons affectives que d'adaptations, d'emprises, d'habitudes, résultant de mécanismes intimes qui sont comme des ornières tracées une fois pour toutes et dont le sujet ne parvient plus à sortir. On réagit, on comprend perpétuellement de la même façon; on crée immanquablement autour de soi la même atmosphère que celle qui a déjà régné dans la maison familiale. Vous le voyez, ces conclusions de la psychologie ne sont pas de pures fantaisies; ce sont des faits d'importance!

Attachons-nous maintenant à la question de l'*intensité de la parenté* [1]. La différence moyenne entre deux hommes non parents

[1] Pour pouvoir l'exprimer de façon pratique, par un simple nombre à partir des expériences d'associations, Jung a procédé de la façon suivante:

est de 5,9. C'est une différence relativement faible; mais il nous faut songer que nous parlons la même langue, que nous vivons au même endroit, dans le même monde, ce qui explique cette différence assez minime. Pour des femmes non parentes, elle est de 6. Avec des sujets cultivés les différences sont plus minimes encore; car c'est un fait que les personnes cultivées utilisent le langage en virtuoses plus pour dissimuler que pour exprimer leurs pensées. Chez des hommes parents, la différence est de 4,1 ; chez des femmes parentes de 3,8. Nous touchons donc ici du doigt le fait que des êtres parents les uns avec les autres se ressemblent davantage au point de vue psychologique que des êtres non parents. Les femmes parentes sont entre elles encore plus ressemblantes que les hommes parents entre eux. Cela provient du fait que les hommes s'éloignent relativement de bonne heure de la famille, et ils se singularisent; la femme demeure davantage au foyer paternel, en raison déjà de son tempérament et de sa nature, et elle perpétue le caractère familial avec une fidélité bien plus grande. Le père et ses enfants ont une différence de 4,2, à peu près la même que celle qui existe entre des hommes liés par la parenté. Entre la mère et ses enfants cette différence moyenne n'est que de 3,5. Cela tient à ce que les relations entre les enfants et leur mère sont bien plus étroites qu'entre les enfants et leur père, les enfants vivant surtout en compagnie de leur mère. Entre le père et les fils,

lorsqu'il veut comparer deux sujets d'une même famille par exemple, il établit pour eux un tableau comme celui qui suit:

Qualité des associations	*Pourcentage 1er sujet*	*Pourcentage 2e sujet*	*Différence des pourcentages*
1. Coordinations.	6,5	0,5	6
2. Sub-et supra-ordinations	7	0	7
3. Contrastes	2	5	3
. . . .	. . . .	. . . .	. . . .
15e groupe	1	0	1

Puis il fait le total des différences, le divise par le nombre de groupes obtenant ainsi une « différence moyenne ». C'est de cette différence moyenne qu'il va être question dans ce qui suit; c'est un nombre assez arbitraire qui n'indique pas les différences existantes de façon idéale, mais qui en situe seulement de façon pratique l'ordre de grandeur et qui permet d'abréger leur description circonstanciée. (D'après Fürst dans *Etudes sur les associations* de C. G. Jung, Barth, Leipzig, 1906. (NdT) la différence est de 3,1; entre le père et les filles, de 4,9. Le rapprochement étroit des fils et du père est un fait primordial: le fils a passé de tout temps pour une renaissance du père, ce qui exprime ce rapprochement avec on ne peut plus de pertinence. Entre la mère et les fils la différence, de 4,7, est relativement accusée. Entre la mère et les filles, elle est de 3, ce qui constitue la plus faible différence constatée; les filles sont une répétition de leur mère. Les frères ont entre eux une différence de 4,7 et les sœurs entre elles de 5,1, ce qui semble tenir à l'individualisme naturel et prononcé qui caractérise les filles, « et aussi à l'influence du mariage qui paraît troubler le type réactionnel (dans la mesure où le mari appartient lui-même à un type différent) » [1]; car les sœurs entre elles, tant qu'elles ne sont pas mariées, n'ont une différence que de 3,8; les frères entre eux de 4,8. (« La différence entre les frères ne paraît donc pas être sensiblement influencée par le mariage. » [1]) Les époux entre eux présentent une différence moyenne de 4,7, c'est environ la différence qui existe entre le père et les filles ou entre la mère et les fils.

Cette expérience peut enfin être employée à des *fins judiciaires*. On l'utilise de façon inversée dans les recherches criminelles en employant une liste de mots inducteurs auxquels on a mêlé certains mots critiques en relation avec les faits à rechercher. « Quelqu'un d'étranger aux détails du crime ne verra rien de particulier dans des mots inducteurs qui les évoquent, alors que l'auteur du crime les éprouvera en rapport avec l'acte qu'il a commis et les gratifiera d'indubitables indices de complexe. » [2] Je fus un jour à Zurich invité à tenter une expérience de cet ordre; on mit pour cela à ma disposition quatre sujets et on me laissa libre de choisir un épisode convenable qui tiendrait lieu de « crime ». Je détachai d'un livre une page qui portait une image figurant un peintre assis à la campagne; derrière lui il y avait un clocher, devant lui, une vache qu'il peignait. J'inscrivis sur cette image les termes désignant les objets les plus caractéristiques: ceci est un peintre, un clocher, une vache, etc., puis j'envoyai l'image au professeur de droit qui avait organisé l'épreuve, en le priant de bien vouloir la montrer

[1] Fürst, ouvrage cité. (NdT)
[2] (NdT)

à l'un des quatre étudiants qui me servaient de sujets; celui-ci devait la fixer dans sa mémoire, alors que les autres, naturellement, n'en devaient rien savoir. Ma tâche consistait à découvrir parmi les quatre étudiants, qui m'étaient totalement inconnus, celui auquel on avait communiqué l'image. Or, je le souligne, l'image ne formait pour le sujet sur la sellette qu'un faible stimulant; elle ne constituait pas pour lui un complexe: le sujet en question pouvait se dire qu'il s'en moquait, la seule émotion susceptible d'être ressentie émanant de l'ambition de ne pas se laisser découvrir. Il me fallut examiner mes sujets en présence d'une assemblée; je procédai à une expérience d'associations avec le premier. Celui-ci se plut à faire la bête, à vouloir paraître au courant, alors qu'en réalité il ignorait ce dont il retournait, laissant passer les mots inducteurs critiques sans aucune réaction particulière. Le deuxième était très gentil et calme, mais il réagit immédiatement à chaque mot critique. « Voilà le coupable », m'écriai-je, et c'était bien lui! On peut de la sorte, dans certains cas, désigner l'auteur d'un crime. Fournir la preuve de sa culpabilité est naturellement une autre paire de manches, mais quelquefois on peut ainsi apporter un indice qui est presque une preuve. J'ai par ce procédé élucidé quelques cas réels.

Il est des cas où les complexes influencent le langage à un haut degré; on constate que certains mots inducteurs déterminent des manifestations singulières, identiques à ce qu'on appelle en philologie et en linguistique des *agglutinations*. On dit qu'il y a agglutination lorsque le mot principal d'une phrase contenant par exemple un « o », tous les autres mots de la phrase sont choisis de telle sorte qu'ils renferment également cet « o »; cela est fréquemment le cas dans les langues nègres. Lorsque nous exprimons, par exemple, l'idée: « l'été est chaud », en mettant l'accent sur chaud, les nègres diraient dans leur langage quelque chose de parallèle à: « l'autau au chau ». Tous les mots secondaires adoptent la voyelle du mot principal. Ce n'est plus le cas dans les langues évoluées (on en rencontre cependant encore des traces en turc et en hongrois); toutefois lorsqu'un affect s'y trouve exprimé, le mot qui le formule avec le plus de force a encore tendance à se répéter comme une rime. Le cas idéal serait celui de quelqu'un qui criant: « Aïe » répéterait : « Aïe, aïe, aïe! » C'est là sans doute l'*origine de la rime*. Toutes les exclamations à potentiel émotionnel possèdent cette tendance à la répétition, à l'attraction d'autres éléments et à l'agglutination. Lorsqu'on est d'humeur pathétique, lorsqu'on parle de façon émotionnelle et affective, on est porté à s'exprimer par allitération, et c'est là l'origine du discours et du vers. On a une tendance marquée à s'exprimer en vers dès qu'on est atteint par un affect. Ce sont là des données fort intéressantes, en rapport avec le fait que les affects chez le primitif sont immédiatement l'occasion de mouvements rythmés; la douleur, par exemple, est exprimée par une élévation rythmique des bras. Les manifestations affectives rythmées chez les primitifs, chez les nègres en particulier, prennent bientôt le caractère de la danse. Une danse chez eux naît spontanément dès qu'il se passe quelque chose qui touche à leurs affects. J'ai eu l'occassion de le constater une fois de fort belle façon. C'était le deuxième soir que nous passions dans la brousse; nous étions assis autour de notre feu; à côté était une place libre, puis venait de l'herbe à éléphant et un peu plus loin se profilaient les arbres sombres de la forêt vierge. On percevait une foule de bruits et de cris sans parvenir à discerner leur provenance. Nous fumions tranquillement la pipe et nous nous complaisions fort à notre nouvelle vie d'explorateurs. Soudain éclata un grand remue-ménage, un mélange ridicule de cris, de sifflements et de murmures. Nous nous demandions ce qui se passait quand le cuisinier sortit précipitamment de sa hutte, criant qu'on avait pénétré dans son antre. Nous aperçumes alors un troupeau d'hyènes; nous nous précipitâmes sur nos fusils, faisant feu au plus vite; nous pensions avoir fait couler un bain de sang. Le lendemain matin pourtant nous n'en trouvâmes pas une seule goutte, ayant dans l'émotion parfaitement tiré à côté. Cet incident, bien entendu, avait fort excité nos boys. Que des hyènes aient pénétré dans la hutte du cuisinier, les avait tellement remués qu'ils durent le lendemain danser l'assassinat du cuisinier par les hyènes: l'un représenta le cuisinier dormant au coin du feu, un autre fut une hyène qui sauta brusquement sur le dormeur et l'étrangla au milieu de grands cris. Cela fut répété vingt à trente fois, les autres boys exprimant une satisfaction évidente à ce spectacle qui valait vraiment la peine d'être vu. Durant deux jours on ne fit que danser ainsi. Les émotions des primitifs sont « abréagies » sous forme de danses et de chants.

J'ai assisté à des spectacles analogues lors de notre arrivée dans certains villages; notre venue y était annoncée, chaque fois, par des chants accompagnés sur une cithare à trois cordes: « Trois grands hommes blancs sont venus à nous, ils ont des cigarettes et des allumettes et ils nous en donnent. Nous sommes tout contents qu'ils soient venus chez nous, etc. » Notre arrivée, elle aussi, devait être « abréagie » sous cette forme.

Question : Les méthodes d'association, dont vous nous avez parlé, sont-elles encore utilisées pratiquement ou n'ont-elles plus qu'une valeur historique?

Réponse : Elles ne sont encore employées que par des débutants de l'analyse, qui manquent d'assurance. On les utilise aussi dans l'enseignement, car elles constituent *une méthode incomparable pour montrer l'efficacité vivante des complexes.* Personnellement je ne les emploie plus dans la pratique; grâce à elles j'ai acquis assez d'expérience pour ne plus avoir besoin de cinquièmes de secondes afin de constater certaines hésitations ou certains troubles que je perçois directement. Mais dans un but didactique la méthode des associations a encore toute sa valeur première. Elle est extrêmement fructueuse lorsqu'il s'agit de fonder la compréhension des mécanismes psychiques sur une base solide.

III [1]

Occupons-nous maintenant de *l'utilisation théorique des expériences d'associations.* Celles-ci conduisent à des conclusions qui sont d'une importance extrême pour le développement ultérieur des notions fondamentales. Grâce à elles, on peut déjà se faire une idée des traits essentiels qui caractérisent les névroses et le mode d'action de l'inconscient. Le complexe, nous l'avons vu, est un contenu psychique à tonalité affective qui peut être soit inconscient, soit conscient à des degrés divers, certains mots inducteurs se trouvant attirés, captés par un complexe sans que l'on voie clairement à quel titre ils en font partie: leurs rapports avec le complexe sont des rapports dits *symboliques.* Il serait préférable de dire: *ils font allusion au complexe*, ils en sont une *allégorie verbale* qui le suggère. Ainsi, rappelons-nous le cas du sujet mêlé

[1] Quatrième conférence.

à une rixe au couteau; il est peu probable que le mot « pointu » ait été une partie intégrante de son complexe, qui n'en a pas moins été atteint par cette allusion périphérique. Si j'avais avec ce même sujet enregistré encore les réactions déterminées par cent nouveaux mots inducteurs, il est certain que, parmi ceux-ci, un certain nombre auraient à nouveau touché son point faible. Il en est dans ces expériences comme dans la vie courante, où nous nous complaisons parfois à des allusions qui, pour être indirectes, n'en touchent pas moins au pot aux roses, où nous employons une foule d'expressions dites à tort symboliques et qui sont en propre des allégories; ainsi, par exemple, les euphémismes qui traduisent, sans avoir l'air d'y toucher, l'idée de voler: « mettre en poche, chiper, chaparder, barboter, etc. » Il est de nombreuses figures verbales, passées à l'état de proverbe, qui font ainsi allusion à des activités émotionnelles dont on préfère ne pas parler directement. L'argot, le jargon, le langage de tous les jours ont à ce point de vue une imagination intarissable et ils forgent sans cesse d'innombrables périphrases qui constituent des allusions plus ou moins directes à des complexes. Un complexe, en effet, en raison de son potentiel affectif, est comme une bouillie brûlante à laquelle on ne peut porter les lèvres; on se contente en paroles de le contourner, l'isolant tant bien que mal, et d'y faire allusion. C'est également ce qui se produit dans le langage religieux, en particulier dès qu'il s'agit d'objets ésotériques; on leur choisit des désignations indirectes. Par exemple, il était d'usage durant le premier et le deuxième siècle après Jésus-Christ de ne pas appeler le Christ directement par son nom; on disait simplement: « le Poisson ». Les autres secrets de la religion aussi, qui devinrent plus tard les sacrements, n'étaient alors désignés que de façon allégorique comme des mystères, de sorte que le profane ne pouvait pas, c'est-à-dire ne devait pas les comprendre. Ils constituaient encore à cette époque des contenus religieux très brûlants, en particulier du fait qu'ils étaient des plus dangereux. On trouve ainsi tous les surnoms possibles et imaginables pour les choses que l'on dissimule volontiers. Les désignations indirectes et allusives, faites seulement d'associations médiates, ne sont donc pas, à proprement parler, des symboles. Il faut replacer, pour bien la comprendre, l'expérience d'associations dans cette phénoménologie générale de l'esprit humain, car les rapports médiats avec les complexes montrent la curieuse activité de ceux-ci. Un complexe, en effet, est comme une sorte d'aimant, un centre chargé d'énergie attractive qui s'attache tout ce qui se trouve à portée, même des choses indifférentes. Lorsque vous avez, par exemple, vécu un épisode marquant, vous gardez en mémoire certains détails de la localité, des odeurs, etc., qui sont peut-être en soi parfaitement étrangers et indifférents au sens du complexe. Ils n'en sont pas moins englobés par le complexe dans la sphère tabou, ils sont aussi marqués du signe du tabou et peuvent, évoqués à l'occasion, agir comme stimulants conditionnels du complexe [1]. C'est pourquoi l'on dit que le complexe exerce un effet attractif et assimilateur. *Quiconque se trouve sous l'emprise d'un complexe prédominant assimile, comprend et conçoit les données nouvelles qui surgissent dans sa vie dans le sens de ce complexe, auquel elles sont assujetties; en bref, le sujet vit momentanément en fonction de son complexe, comme s'il vivait un immuable préjugé originel.*

Les complexes, nos expériences le montrent clairement, jouissent d'une *autonomie marquée*, c'est-à-dire qu'ils sont des entités psychiques qui vont et viennent selon leur bon plaisir; leur apparition et leur disparition échappent à notre volonté. Ils sont semblables à des êtres indépendants qui mèneraient à l'intérieur de notre psyché une sorte de vie parasitaire. Le complexe fait irruption dans l'ordonnance du moi et y demeure au gré de sa convenance; nous éprouvons les plus grandes difficultés à nous en débarrasser. En outre un complexe, dès qu'il se manifeste de sensible façon, altère notre conscience, comme nous venons de le dire : il nous oblige à assimiler, à comprendre, je veux dire à commettre des malentendus, en fonction de sa tonalité propre; il trouble notre mémoire: les réponses influencées par des complexes ne laissent pas de souvenirs fidèles ou sont oubliées; tant et si bien que la valeur de notre témoignage se trouve compromise par l'action des complexes, qui nous poussent même à mentir à notre insu, à nous contredire; car nous ne sommes plus tout à fait nous-mêmes lorsqu'un complexe règne en nous. L'expérience d'associations prouve éloquemment tout cela. Nous n'en pouvons mais: le complexe constitue, pour ainsi dire, une entité psychique séparée,

[1] Le rapprochement avec *les réflexes conditionnels de Pavlov* est évident, le dressage des chiens à fistule ayant pour but d'associer un signe lumineux par exemple au complexe de nourriture – signe lumineux qui, présenté par la suite seul, aura le pouvoir de déclencher tous les mécanismes corollaires à la présentation des mets. (NdT)

Domaine de la conscience

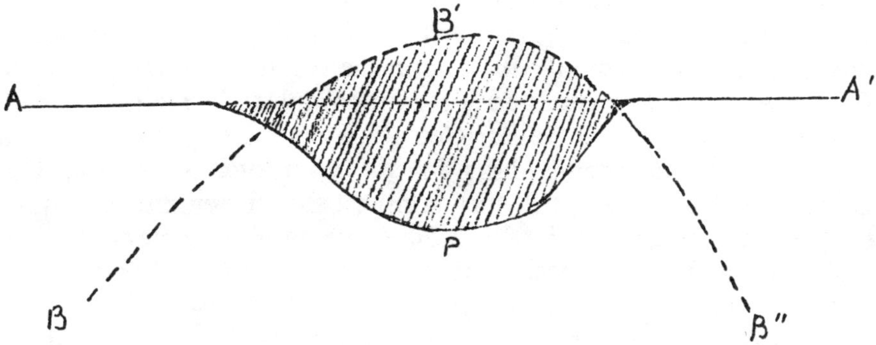

Domaine de l'inconscient

////// Influence du complexe

Schéma V

soustraite dans une mesure plus ou moins grande au contrôle hiérarchisant de la conscience du moi. De là le fait singulier que des complexes peuvent être provisoirement conscients, pour disparaître éventuellement par la suite en plongeant dans l'inconscience, d'où ils nous tiennent sous leur férule, sans même que nous remarquions que nous subissons leur influence; car, chaque fois qu'un complexe manifeste sa présence en déployant de l'activité, il en résulte, sur la conscience, un effet typique représenté par le schéma V. Supposons que la conscience ait une certaine force, une certaine attention, et que la ligne horizontale AA' représente son niveau à l'état de veille. Si un complexe existe et commence à s'activer, il s'approche, pour ainsi dire venant d'en dessous, du niveau de la conscience selon la courbe BB'. La conscience en même temps voit son niveau fléchir ; on constate un « abaissement du niveau mental », c'est-à-dire une diminution de l'intensité de la conscience, selon la courbe AP. Si cela, comme le représente notre schéma, se produit de façon intense, jusqu'à un état où le complexe exerce une mainmise totale sur le sujet, la conscience pendant ce laps de temps s'en trouve suspendue, devient subliminale, recouverte qu'elle est par le complexe; c'est alors comme si on ne disposait plus d'aucune conscience normale et comme s'il n'existait plus que l'affect. Nous constatons donc une sorte de compensation dynamique entre le complexe et la conscience. Nous ne voyons pas seulement le complexe s'ériger au niveau de la conscience ou la surmonter; nous assistons en même temps à un affaissement de la conscience qui devient rêveuse, inattentive, cédant en quelque sorte au complexe la pleine intensité qui caractérise l'état de veille. Cet abaissement du niveau mental se produit fréquemment dans la vie courante, sans que l'on distingue le complexe qui l'occasionne, celui-ci demeurant imperceptible, tant pour le sujet lui-même que pour une personne qui l'observe; seul le fléchissement conscienciel est perceptible: on assiste soudain à une perte d'intensité de la conscience, le sujet devient distrait, ne fait plus correctement attention, et si on lui demande ce qui se passe, il ne sait que répondre. Les primitifs disent en pareil cas qu'une âme les a quittés, ce qui exprime joliment le fait qu'une parcelle d'énergie conscientielle a été transférée à un complexe sous-jacent. Certains malades mentaux expriment ce phénomène en disant: « on m'a soustrait des pensées » comme si le complexe soudain aspirait à lui ce qui se produit d'ordinaire à la surface de la conscience. Le jargon psychologique appelle cela une *perte de libido*, celle-ci ayant été captée par ailleurs. L'énergie, cependant, ne disparaît point sans laisser de traces; elle va innerver un complexe déjà existant. Il peut en résulter des perturbations verbales, des états d'excitation, des troubles de la circulation, etc., les complexes étant des sortes de parasites psychiques susceptibles de se nicher dans telle ou telle fonction. Ces manifestations curieuses ont suscité de bonne heure des tentatives d'explications: les complexes, c'est-à-dire les entités présentant les singularités que nous avons relevées, ont été ressentis dans le passé comme étant des kobolds et des elfes, des êtres sans cœur et à l'âme glacée. Les complexes, en effet, sont à l'origine de la représentation des *kobolds*, qui, à proprement parler, sont des *fragments psychologiques faits hommes*, du fait d'un mécanisme qu'il nous faut préciser. Tout fragment psychologique a en soi indubitablement la tendance à s'arrondir en personnalité. Ainsi, par exemple, chez les aliénés, les voix que ceux-ci entendent sont des pensées qui leur échappent, qui se sont émancipées du contrôle du moi et qui sont devenues audibles. Or, ces voix, et c'est ici l'essentiel pour nous, ne se contentent pas d'exprimer les pensées qui les inspirent, mais prétendent en outre être l'expression d'une personnalité donnée, d'un moi défini. C'est pourquoi le malade est immanquablement victime de la conviction que ce sont des êtres qui parlent par ces voix et qui le pourchassent.[1] « C'est en raison de cette tendance à la personnalisation que nos complexes ont été appréhendés dans le passé sous forme d'elfes et de kobolds. »[2]

Les primitifs, dans un même ordre d'idées, considèrent que l'ambiance est vivante et qu'à peu près tout ce qui figure dans le monde environnant est doué de parole. Lorsqu'un problème les agite, ils vont le soir dans la forêt et parlent aux arbres qui leur prodiguent des réponses. Ou encore, étant dans les bois, il peut advenir qu'un arbre s'adresse à un primitif et lui enjoigne de lui faire tel ou tel sacrifice; l'homme alors doit obéir. De même, tous les animaux peuvent parler, et tous sont doués d'une compréhension profondément humaine; il n'y a pas lieu de s'en étonner, les éléments de l'âme du primitif n'étant pas maintenus cohérents en lui-même, mais se trouvant projetés dans les choses ou les êtres du monde qui l'entoure, d'où ils lui font écho. Nous aussi projetons encore nos données psychiques dans le monde extérieur; notre monde est toujours un monde animiste, quoique de façon moins éclatante et moins discernable pour nous. Mais s'il nous était donné de voir notre vie actuelle ou de lire les livres de l'époque présente avec un recul de deux mille ans, nous verrions avec surprise tout ce que notre vie comporte de projections. Aujourd'hui nous ne les voyons point; elles ont l'évidence et le naturel des choses qui ne sauraient être autrement. Toutefois, on peut déjà déceler certaines projections. Il est, par exemple, des personnes qui doivent faire un effort presque surhumain pour parvenir à se rendre compte qu'un autre être n'est ni mauvais, ni vulgaire – attributs qu'elles lui prêtent gratuitement, en fonction de leurs mauvais côtés personnels projetés – mais qu'il vit selon une psychologie différente de la leur propre. Ou encore: il est toujours des gens pour croire

[1] Nous pourrions faire des remarques analogues au sujet des visions et des hallucinations des aliénés. Ajoutons que cette personnification des complexes n'est pas nécessairement pathologique; elle est courante dans nos rêves. Par l'entraînement, nos complexes peuvent devenir visibles et audibles à l'état de veille; c'est le but d'une certaine discipline du yoga de diviser la conscience en ses composantes et de faire de chacune une personnalité distincte. Notre inconscient lui aussi a ses figures typiques et personnifiées comme par exemple l'*anima* et l'*animus*. (Voir à ce sujet C. G. Jung: *Dialectique du moi et de l'inconscient*, préface et adaptation du Dr Roland Cahen, Gallimard, Folio, Paris, 1986.)

[2] (NdT)

que ce qu'ils jugent bon vaut pour le monde entier. Ce sont là des traits primitifs, que nous sommes bien loin d'avoir surmontés!

Ainsi, les complexes que nous portons en nous nous font vivre dans un monde de projections qui, échappant couramment à nos sens, invalident grandement la valeur d'objectivité des témoignages que nous livrent ceux-ci. Le champ d'influence des complexes cependant ne se limite pas à cette révélation déjà bouleversante. L'autonomie singulière des complexes, leur faculté de soustraire de l'énergie à la conscience et de se l'approprier, de prendre pour un instant la place de celle-ci, de l'influencer et de la régenter, tout cela se retrouve de façon étonnante dans *un complexe normal, le complexe du moi. On suppose en général que les complexes ne sont pas normaux, alors que ce sont des nécessités vitales;* le moi, le complexe du moi en est un exemple. Le moi est un complexe qui dispose d'énergie, qui est autonome et qui se sent libre [1]. Je m'imagine posséder une volonté libre, faire ce que je veux et aller où bon me semble. Tout cela me paraît relever de mon bon droit. Qu'est ce complexe du moi? C'est un amoncellement de contenus imbriqués les uns dans les autres, doués chacun d'un potentiel énergétique, et centrés de façon émotionnelle autour du précieux moi [2]. Car le moi a un effet puissamment attractif sur toutes sortes de représentations. Il peut même à lui seul occuper toute la conscience. On accède ainsi à une conscience de soi exclusive, mesquine et pénible, qui s'épuise dans la préoccupation et la perception de son comportement extérieur: on est possédé par son propre moi. Pensez à un orateur timide qui doit gagner sa chaire et qui préférerait rentrer sous terre! etc. Les autres complexes, nous l'avons vu, ont des pouvoirs analogues. Mais il existe une différence primordiale entre les complexes en général et celui du moi en particulier: *le moi est doué de conscience.* Il peut de la sorte faire retour

[1] Rappelons que « la liberté n'est pas synonyme d'indéterminisme, mais bien de détermination supérieure des actes personnels par le moi », que le moi est une fonction générale, « une fonction de fonctions » qui n'appartient à aucune fonction en particulier, mais qui enveloppe chacune de son coefficient individuel. (D'après E. Baudin, ouvrage cité.) (NdT)

[2] Ainsi, le moi est en même temps un complexe et le centre de celui-ci. C. G. Jung m'a illustré sa pensée en me citant le célèbre passage de saint Augustin: « Dieu est un cercle infini dont le centre est partout et la circonférence nulle part. » Cette image de Dieu chez saint Augustin paraît, en effet, reposer sur une projection de la structure du moi, intuitivement perçue. (NdT)

sur lui-même et se concevoir lui-même, alors que les autres complexes ne paraissent témoigner d'aucune conscience. Il est fort difficile d'ailleurs, pour ne pas dire impossible, de préciser si les complexes ont ou n'ont pas de conscience d'eux-mêmes. Il est fréquent que quelqu'un se livre à une action dont on pense qu'il l'accomplit consciemment, alors qu'elle a lieu à son insu. Cela est plus fréquent qu'on ne le croit. Il est surprenant de voir ce que les gens pensent les uns des autres au point de vue de leur conscience réciproque. Qu'est-ce qui nous garantit que, pour un complexe ordinaire, les rapports des contenus périphériques à leur centre ne constituent pas une sorte de conscience, ne correspondent pas aux rapports existant entre les composantes périphériques du complexe du moi et leur propre centre, le moi, rapports qui sont précisément la conscience ? Nous ne pouvons absolument ni prouver ni infirmer la probabilité d'une conscience inhérente aux complexes ; peut-être jouissent-ils de traces de conscience ? Dans cette hypothèse, les kobolds seraient des êtres immoraux, qui, au mépris de l'intérêt général et aux dépens de l'ensemble, agiraient comme des individualistes pour leur propre compte.[1]

Nous avons constaté plus haut une compensation dynamique entre la conscience et les complexes, ce qui nous oblige à aborder la question de l'*énergétique psychique*. Je désigne l'énergie psychique,

[1] La prétendue *unité de la conscience* apparaît, à la lumière projetée par la théorie des complexes, comme une illusion. Elle est l'expression d'un violent désir humain qui, en fait, n'est pas réalisé. Nous ne sommes pas vraiment les seuls maîtres dans notre maison. Nous aimons à croire à notre volonté, à la souveraineté de ses décisions et de notre action. Dans la pratique cependant, celle-ci est entravée par ces petits démons de complexes qui ont tendance à vivre de leur vie propre et en marge de nos intentions. Notre inconscient personnel, aussi bien que notre inconscient collectif, consistent en un nombre indéfini de complexes ou personnalités fragmentaires. Cette idée explique beaucoup de choses, par exemple le fait qu'un poète ait la faculté de *dramatiser et de personnifier ses contenus mentaux*. Il pense que les personnages qu'il crée pour la scène ou dans un roman ne sont qu'un produit de son imagination, alors que ces caractères se sont élaborés eux-mêmes en lui d'une manière mystérieuse. Certains écrivains nient le sens psychologique de leurs personnages. En fait, vous savez aussi bien que moi qu'ils en ont un. C'est pourquoi on peut déchiffrer l'esprit d'un écrivain en étudiant ses créations. (D'après les conférences de Londres, voir page 97.)

D'autres écrivains reconnaissent que des personnages d'une affectivité très caractérisée ne sont que des parts d'eux-mêmes, ainsi Flaubert s'écriant : « Madame Bovary, c'est moi. » (NdT)

en toute généralité, par le terme de *libido*. Mon hypothèse initiale est que, s'il est vrai que la psyché forme un système relativement clos, elle possède un potentiel énergétique qui demeure à peu près égal à lui-même à travers toutes les manifestations de la vie; c'est-à-dire que, si l'énergie suspend une de ses extériorisations, elle reparaîtra en une autre. Supposons le cas de quelqu'un qui s'intéresse avec passion à un domaine quelconque et chez lequel, un beau jour, s'est évaporé tout l'intérêt qu'il y portait, faisant place à une froide et raisonnable indifférence. Or, l'énergie dans un système fermé ne saurait disparaître d'un lieu sans se retrouver en un autre et il nous faut nous demander où est passée la *libido*, sur quelle nouvelle sphère de la personne elle a jeté son dévolu, ou en faveur de quelle nécessité supérieure elle a été changée d'affectation. Effectivement, dans le cas de notre exemple, nous ne manquerons pas d'observer chez notre sujet quelque chose d'insolite qui dénote la présence de l'énergie apparemment engloutie. Lorsqu'on garde cette règle présente à l'esprit on peut constater une sorte de causalité au sein des événements psychiques, causalité qui n'est pas une continuité logique, mais qui présente la démarche suivante: aujourd'hui un sujet présente un grand intérêt pour telle ou telle chose; cet intérêt le lendemain semble avoir disparu, tandis que l'on constate parallèlement des troubles abdominaux par exemple; ceux-ci tout à coup cessent à leur tour et quelque chose de nouveau fait son apparition, disons une angoisse immotivée. Il était impossible dans le passé d'assigner une continuité logique et causale à cette suite de faits en apparence hétérogènes. On ne savait se représenter ce qu'une angoisse pouvait avoir à faire avec telle ou telle imagination, avec tel ou tel intérêt, entre lesquels venaient s'intercaler une diarrhée, des maux de tête, des vertiges, un coup de foudre, etc. Ces chaînons hétéroclites, tenus pour incommensurables les uns aux autres, ne paraissaient pas pouvoir former une chaîne continue. Nous savons aujourd'hui qu'ils sont l'expression des métamorphoses d'une même énergie, qui subit des sautes de niveau: elle innerve en général la conscience, mais elle en disparaît parfois, s'abaisse de quelques échelons et déclenche alors des accidents tels que des palpitations cardiaques, des douleurs abdominales, des éruptions cutanées, pour s'en retourner ensuite dans le psychique, souvent sous un aspect inattendu, celui par exemple d'une idée ou d'un état émotionnel obsédants. Tant que la pensée énergétique était étrangère à la psychologie [1], tous ces phénomènes successifs paraissaient dénués de dénominateur commun. On ignorait les *rapports d'équivalence* qui ont introduit une unité fondamentale et un enchaînement au sein de ces manifestations, dont l'observation fort ancienne était demeurée inexpliquée. Voici un exemple qui illustre ce que nous venons de dire de ces métamorphoses de l'énergie psychique, et qui est particulièrement intéressant du fait que deux des plus brillants cliniciens allemands formulèrent à son sujet des diagnostics erronés. Il s'agit d'une veuve de cinquante-six ans qui tomba soudainement malade en présentant des états singuliers et déroutants, une sorte de confusion mentale et des cris hydrencéphaliques. L'examen n'avait rien révélé, si ce n'est une affection cutanée bizarre, qui était apparue par la suite dans le dos en présentant de petites nodosités et qui avait fait penser à une tumeur maligne. Je ne sais par quel hasard j'ai été consulté dans ce cas-là, l'origine psychique éventuelle n'ayant pas été retenue. Pourtant, en examinant la malade, je constatai que l'éruption cutanée était symétrique des deux côtés du dos. Puis je me fis rapporter l'histoire de la maladie qui indiquait le lieu et le jour où était apparu le premier cri hydrencéphalique. « Que s'était-il passé alors, demandai-je à la malade, pourquoi tout à coup cela ? » Elle n'en savait rien et n'en avait pas la moindre idée; elle était auparavant parfaitement bien portante et cela avait débuté de façon soudaine. Je questionnai les médecins traitants qui me répondirent qu'ils avaient consciencieusement tout recherché, qu'ils avaient aussi questionné les parents et le fils de la malade sans avoir rien décelé de particulier. Mais, entêté comme je l'étais (et comme je le suis encore), je demandai de nouveau à la malade : « Réfléchissez une dernière fois, c'était la semaine précédant la Noël, période de fête où l'on demeure en famille. » Elle continuait de nier résolument.

– Vous faisiez probablement des préparatifs de Noël ?
– Non, je n'en ai pas fait.
– Pourquoi donc ?
– Parce que mon fils s'en allait.
– Pourquoi ?
– Il allait se marier.

[1] Jung l'y a introduite en particulier dans son célèbre ouvrage *L'Energétique psychique*. (Traduction de Y. Le Lay, Georg, Genève, et Buchet-Chastel, Paris, 2e édition, 1973.) Paru dans l'original en 1928 (Rascher, Zurich). (NdT)

– Et devait partir ?
– Oui, bien contre mon désir.
– A quelle date ?
– Tel jour.

Et ce jour était précisément celui où survint le premier cri hydrencéphalique. Je dis aux médecins : « Sapienti sat, c'est une hystérie » ; cela fut confirmé par la suite. Comme je m'en allais, l'infirmière me rattrapa à la porte et me dit : « Docteur, je suis heureuse de votre diagnostic, j'avais toujours pensé que c'était un cas d'hystérie. » La disparition d'une de ses raisons de vivre avait été suivie chez la malade d'un amoncellement considérable d'énergie en un lieu donné et inadéquat de son organisme psychique, ce qui avait provoqué ces cris hydrencéphaliques, dont on ne parvenait pas à s'expliquer la cause. La malade, une veuve, ne pouvait convenir que son mal était causé par l'amour de son fils pour une autre femme ; quelque chose en elle disait en se révoltant : mon fils-amant m'abandonne et me rend veuve pour une seconde fois ; de là ses cris, la malade ne voulant pas s'avouer à elle-même sa véritable situation affective.

CHAPITRE V

DES COMPLEXES [1]

Voici bientôt trente ans que, privat-docent à l'université de Zurich, je commençais à professer la psychiatrie. Je faisais un cours sur les psycho-névroses, et je m'imaginais, dans mon enthousiasme juvénile, posséder à peu près mon sujet. J'étais à cette époque assistant à la Clinique psychiatrique et je m'occupais, à l'instigation de mon maître, le professeur Bleuler, d'expériences sur les associations. La leçon d'ouverture inaugurant mon enseignement avait porté sur un fait singulier: au cours de l'expérience d'associations le temps mis par le sujet à réagir est soumis à des oscillations d'apparence irrationnelle. Les prolongations du temps de réaction au cours de l'expérience, prolongations soudaines, singulières et inattendues, m'amenèrent à découvrir, entre 1902 et 1903, ce que je baptisai du nom de *complexe affectif*. La présente étude vise à donner une vue d'ensemble de la *théorie des complexes*, élaborée depuis lors.

Au cours des huit années de mon activité enseignante à l'Université, il me fallut convenir que l'instrumentation médico-psychiatrique, grâce à laquelle on tentait de pénétrer la psychologie des névroses, ne procurait que des aperçus très limités sur la nature de l'âme malade. La maladie, certes, était devenue visible, mais ce qui était frappé de maladie n'en demeurait pas moins plongé dans les ténèbres. On présupposait alors tacitement une psyché normale, dont chacun se figurait connaître plus ou moins la complexion. Mais plus je m'efforçais de pénétrer la nature de l'âme, plus je doutais de savoir réellement quoi que ce fût de cette psyché normale. Il me parut qu'il fallait remonter loin dans l'histoire du développement de la conscience pour acquérir une idée générale

[1] Leçon inaugurale prononcée à l'Ecole polytechnique fédérale le 5 mai 1934, sous le titre littéral: *Considérations générales sur la théorie des complexes.*

de la nature du psychique, et qu'il fallait utiliser l'expérience humaine dans toute son ampleur pour corriger l'étroitesse du point de vue personnel. C'est pourquoi mon dernier cours à l'Université traitait de la *Psychologie des primitifs*, avec laquelle, d'ailleurs, je n'avais pas encore eu personnellement de contacts directs. Des doutes relatifs à ma compétence me poussèrent en 1913 à renoncer à mon enseignement universitaire, d'autant plus que je désirais être libre de mener à bien toutes les entreprises que je projetais afin de combler les lacunes de mon expérience.

Je n'ai jamais été victime de l'illusion que les universités s'intéressent à la psychologie moderne; aussi n'avais-je plus du tout pensé à une activité enseignante publique, exception faite de conférences occasionnelles prononcées devant un auditoire cultivé. C'est l'amicale suggestion d'un membre du corps enseignant de l'Ecole polytechnique fédérale qui me donna l'idée de reprendre mon activité professorale antérieure, toutefois dans un autre cadre.

* * *

La psychologie et la physique modernes ont ce caractère commun d'être plus importantes et plus significatives par leurs méthodes que par leurs objets; leur méthode est plus grosse d'espérances cognitives que l'objet auquel elle s'applique. Celui de la psychologie, la psyché, est, en effet, d'une diversité, d'une indétermination et d'une indélimitation si profondes, que les données qui nous en parviennent sont nécessairement difficiles, voire impossibles à interpréter; les faits, par contre, établis en réponse aux conceptions, aux considérations et aux méthodes concomitantes, représentent, ou au moins devraient représenter des grandeurs connues. La recherche psychologique part de facteurs plus ou moins empiriques, plus ou moins arbitraires, et observe la psyché en enregistrant précisément les modifications de ces grandeurs.[1] De ce fait, le psychique apparaît sous l'aspect d'une perturbation apportée à un comportement probable et prévu par la méthode employée. Le principe de ce *procedere* est, *cum grano salis*, la méthode même des sciences de la nature.

Dans ces circonstances, il saute aux yeux que tout, pour ainsi

[1] De même que l'on conclut du déplacement des repères fichés dans un glacier à la marche de celui-ci. Les repères en psychologie sont constitués par des facteurs, choisis avec plus ou moins de bonheur, sur lesquels l'attention se concentre. (NdT)

dire, dépend des postulats méthodologiques; ils conditionnent, forcent le résultat auquel l'objet propre de la recherche concourt pour une certaine part, sans toutefois le déterminer souverainement, comme il le ferait si son influence s'exerçait, autonome et sans perturbation. Aussi a-t-on depuis longtemps déjà reconnu en psychologie expérimentale et particulièrement en psychopathologie qu'une disposition d'expérience, si favorable qu'elle soit, ne permet pas de saisir immédiatement le processus visé, mais qu'il s'interpose entre celui-ci et l'expérience un certain moyen terme, un conditionnement psychique que l'on peut dénommer: *la situation de l'expérience.* Cette « situation » psychique peut à l'occasion mettre en question l'expérience tout entière, en faussant, en obnubilant dans l'esprit du sujet examiné les dispositions de l'expérience, ainsi que l'intention qui l'a engendrée. On dit alors qu'il y a *assimilation*, ce terme désignant l'attitude d'un sujet qui, soumis à l'expérience, se méprend sur la portée de celle-ci: il est en proie à une tendance, tout d'abord insurmontable, à appréhender en elle par exemple un examen de l'intelligence, ou une tentative de jeter des regards indiscrets dans son intimité. Une pareille attitude, en s'insinuant, est bien faite pour obscurcir l'opération mentale que l'expérience s'efforce d'examiner.

Ces constatations ont été faites principalement à l'occasion d'expériences d'associations [1]: dans l'ensemble de l'expérience, le but primitif de la méthode, à savoir l'établissement de la vitesse moyenne des réactions et de leurs qualités, s'estompe au second plan; il y est relégué, tel un sous-produit relativement accessoire, par le comportement autonome de la psyché et par l'assimilation qui *perturbent* foncièrement la méthode et contrecarrent l'enquête entreprise. C'est ce qui m'a mis sur la voie de la découverte des *complexes affectifs*, dont les effets étaient auparavant toujours enregistrés comme *fautes de réaction.*

La découverte des complexes et des phénomènes d'assimilation qu'ils suscitent montra avec clarté sur quelle base fragile était

[1] Rappelons brièvement le principe de l'expérience: l'expérimentateur dispose d'une liste de mots, par exemple de cent mots, et d'un chronomètre. Il avertit le sujet qu'il va prononcer un mot, le priant de répondre le plus vite possible, également par un mot, le premier qui se présente à son esprit. L'expérimentateur chronomètre en gros le nombre de cinquièmes de seconde écoulés entre le mot inducteur et le mot induit. Voir pour plus de détails ci-dessus, page 143. (NdT)

édifiée la vieille conception, remontant à Condillac, selon laquelle nous aurions toute latitude d'étudier des processus psychiques *isolés*. Il n'existe pas de processus psychiques isolés, pas plus qu'il n'existe de processus vitaux isolés; en tout cas, on n'a pas encore découvert le moyen de les isoler expérimentalement. Une attention et une concentration entraînées à cette fin chez l'enquêteur parviennent seules à isoler, en apparence, un processus répondant à l'intention de l'expérience. Mais cette observation dirigée constitue pour l'enquêteur une *situation d'expérience*, analogue à la situation décrite plus haut par rapport au sujet; cette fois-ci, c'est la conscience qui assume chez l'enquêteur le rôle de complexe assimilant, exercé dans le cas du sujet par des complexes d'infériorité plus ou moins inconscients.

Ces éclaircissements ne mettent pas en question le principe et la valeur même de l'expérience; ils en critiquent et en limitent seulement la portée. Dans le domaine des processus psychophysiologiques, par exemple des perceptions sensorielles ou des réactions motrices, le pur mécanisme réflexe prédomine; car l'intention expérimentale étant de toute évidence inoffensive, il ne se produit pas d'assimilation; ou bien, s'il s'en produit, elle est minime et n'altère pas sérieusement l'expérience. Dans la sphère des processus psychiques compliqués, en revanche, aucun dispositif d'expérience ne garantit qu'on ne dépassera pas le cadre des possibilités envisagées et bien définies.

L'assignation de buts spécifiques apporte au sujet une sécurité rassurante qui fait ici défaut; des possibilités indéfinies apparaissent en contrepartie; elles déclenchent, quelquefois dès le début, une situation d'expérience particulière que l'on appelle *constellation*. Cette notion exprime que la situation extérieure met en branle dans le sujet un processus psychique marqué par l'agglutination et l'actualisation de certains contenus. L'expression: « il est constellé » indique que le sujet a adopté une position d'attente, une attitude préparatoire, qui présidera à ses réactions. La constellation est une opération automatique, spontanée, involontaire, dont personne ne peut se défendre. Les contenus constellés répondent à certains *complexes*, qui possèdent leur énergie spécifique propre. Lorsque l'expérience en cours est celle d'associations, les complexes manifestent en général leur présence par une influence accusée: ils troublent les réactions en les prolongeant, ou provoquent, pour se dissimuler, dans des cas plus rares, un certain *mode de réaction*, décelable cependant à ce que celle-ci ne correspond plus au sens du mot inducteur. Les sujets qui se prêtent à l'expérience, qui sont cultivés et doués d'une forte volonté, peuvent, grâce à leur adresse motrice, à leur virtuosité verbale, répondre dans un temps bref à un mot inducteur critique, qu'ils attrapent, pour ainsi dire, au vol, esquivant son sens en s'en défaisant avec rapidité. Mais cette quasi-prestidigitation ne réussit que s'il y va de secrets personnels d'importance réelle, qui doivent être protégés. L'art d'un Talleyrand, de dissimuler les pensées par des mots, n'est l'apanage que d'un petit nombre. Les sujets inintelligents, et parmi eux en particulier les femmes, se défendent grâce à ce qu'on appelle des *qualificatifs de valeur*, ce qui peut souvent amener des rapprochements comiques. Les qualificatifs de valeur expriment, en effet, des nuances du sentiment; tels: beau, bon, cher, doux, gentil, etc. Dans la conversation courante certaines personnes – c'est assez fréquent – trouvent tout: intéressant, ravissant, bon, beau, formidable, en anglais fine, marvellous, grand, splendid, et en particulier fascinating; ces expressions ont pour mission de recouvrir et de cacher une *absence d'intérêt* de la part de celui qui les prononce, ou de maintenir l'objet ainsi qualifié « au bout d'une fourche », à une distance respectueuse de sa personne.[1] La grande

[1] Cette remarque mérite qu'on s'y arrête un instant. Un qualificatif de valeur employé dans la vie courante ne relève pas nécessairement de l'observation de Jung. On peut sans doute distinguer trois cas:

a) Le qualificatif de valeur est adéquat au sentiment vrai, à l'appréciation « objective » du sujet.

b) L'emploi du qualificatif de valeur repose sur une identification projective et émotionnelle avec l'objet, d'où la chaleur pathétique et enthousiaste ou le négativisme de l'expression.

c) Les qualificatifs de valeur *employés à jet continu* ne correspondent plus ni à l'appréciation fondée d'une perception, ni à une projection du sujet; ils constituent une fausse attitude rhétorique, mondaine, destinée à donner le change sur l'attitude intérieure réelle, faite d'indifférence ou de répulsion. Cet artifice, d'ailleurs, n'égare pas longtemps l'interlocuteur, même non averti, qui pressent vite derrière ce symptôme social les vrais sentiments du sujet: égotisme, distraction ou rêverie.

Cette distinction, nécessaire pour ce qui est de la vie en général, n'a plus sa raison d'être quand il s'agit d'une expérience d'associations au cours de laquelle le sujet abuse de ces qualificatifs; les conditions de l'expérience, en effet, excluent les jugements de valeur fondés et une participation affective, artificielle ici à ce degré. Il ne reste plus alors que le troisième cas, celui dont parle Jung et qui, soulignons-le encore, ne s'applique qu'à un usage intempestif et exagéré des qualificatifs de valeur. (NdT) majorité des sujets soumis à l'expérience ne peuvent pas empêcher que leurs complexes se saisissent électivement de certains mots inducteurs, les dotant d'une série de symptômes de perturbation, en particulier d'un temps réactionnel prolongé.[1] On peut procéder à cette expérience en lui associant des mesures de résistances électriques, utilisées pour la première fois à cet usage par Veraguth, *le phénomène réflexe*, dit *psychogalvanique*, fournissant de nouveaux indices sur les réactions perturbées par les complexes.[2]

L'expérience des associations présente un intérêt général; elle réalise avec une grande simplicité, plus que toute autre expérience psychologique, la situation psychique particulière au *dialogue*, permettant, en outre, une détermination approximative des proportions et des qualités. La question, sous forme de phrase, est remplacée par un mot inducteur vague, ambigu, et, de ce chef, singulièrement suspect; la réponse, par la réaction en *un seul* mot. Une observation précise des perturbations réactionnelles révèle et permet d'enregistrer des états de conscience que l'individu prend soin de passer sous silence dans la conversation habituelle; on constate ainsi des arrière-plans secrets, faits précisément de ces dispositions et de ces constellations auxquelles je faisais allusion plus haut. Ce qui se produit au cours de l'expérience peut avoir lieu aussi dans toute conversation, dans tout dialogue. Ici et là préexiste une situation particulière, une « situation d'expérience », susceptible, à l'occasion, de consteller des complexes qui « assimilent » – c'est-à-dire qui faussent, obnubilent dans l'esprit du sujet complexé – l'objet de la conversation, ou même la situation dans son ensemble, y compris les partenaires en présence. De ce fait, la conversation perd son caractère objectif et s'écarte de son but; car la constellation de complexe crée la confusion dans le sujet questionné, entrave son intention, embrouille ses pensées, l'incitant même, parfois, à des réponses dont il ne parvient pas à

[1] Outre ce symptôme, on peut citer: la répétition défectueuse de la réponse donnée, une indication motrice quelconque, involontaire, fournie par le sujet à son insu, l'incompréhension du mot inducteur prononcé clairement, une réponse indistincte, stéréotypée, des rapprochements de sens entre le mot inducteur et le mot induit, etc. Voir ci-dessus, pages 145 et 146. (NdT)

[2] Voir la description de l'appareil et la concordance de ses indications avec les complexes ci-dessus, page 159. (NdT)

se souvenir par la suite [1]. La criminologie, nous l'avons déjà dit plus haut [2], tire pratiquement profit de cet état de choses dans l'interrogatoire croisé. Dans notre expérience c'est l'*épreuve de répétition* qui met à nu et localise les lacunes du souvenir: on demande au sujet, par exemple après cent réactions, de répéter l'association fournie à chacun des mots inducteurs, qu'on lui représente successivement. Les lacunes et les falsifications du souvenir se concentrent avec régularité et en moyenne dans les domaines associatifs perturbés par les complexes.

Intentionnellement, je n'ai pas, jusqu'ici, parlé de la nature des complexes; j'ai supposé tacitement qu'on la connaissait, le mot « complexe », dans son sens psychologique, étant passé dans la langue allemande et dans la langue anglaise courantes [3]. Chacun sait aujourd'hui « que l'on a des complexes ». Mais que des complexes *peuvent « nous avoir »* est une connaissance qui, pour être moins répandue, n'en a que plus d'importance théorique.

L'unité de la conscience, équivalente à la « psyché », la suprématie de la volonté, posées à priori sans examen, se trouvent sérieusement révoquées en doute par l'existence même des complexes. Toute constellation de complexes suscite un état de conscience perturbé: l'unité de la conscience est mise en défaut et l'intention volontaire se trouve sinon rendue impossible, du moins sérieusement entravée. La mémoire, elle aussi, nous l'avons vu, en est souvent profondément affectée. Il faut en conclure que le complexe est un facteur psychique possédant, d'un point de vue énergétique, une potentialité qui prime par moments celle de l'intention consciente: sans quoi, pareilles irruptions dans l'ordonnance de la conscience ne seraient pas possibles. En fait, un complexe actif nous plonge un temps dans un état de *non-liberté*, de pensées obsédantes et d'actions contraignantes, état qui relève sous certains rapports de la notion juridique de *responsabilité limitée*.

Qu'est donc, scientifiquement parlant, un « complexe affectif »? C'est l'*image émotionnelle et vivace d'une situation psychique arrêtée, image incompatible, en outre, avec l'attitude et l'atmosphère*

[1] De même une « constellation » de cette nature peut être à l'origine des questions posées, questions et réponses pouvant être faussées de façon analogue. (NdT)

[2] Voir ci-dessus, page 167. (NdT)

[3] Et aussi, un peu plus tard, dans le français courant. (NdT)

conscientes habituelles; elle est douée d'une forte cohésion intérieure, d'une sorte de totalité propre et, à un degré relativement élevé, d'*autonomie*: sa soumission aux dispositions de la conscience est fugace, et elle se comporte par suite dans l'espace conscient comme un *corpus alienum*, animé d'une vie propre. Au prix d'un effort de volonté, on peut à l'ordinaire réprimer un complexe, le tenir en échec; mais aucun effort de volonté ne parvient à l'annihiler, et il réapparaît, à la première occasion favorable, avec sa force originelle. Des recherches expérimentales paraissent indiquer que sa courbe d'activité ou d'intensité est ondulatoire, avec une longueur d'onde qui peut varier de quelques heures, quelques jours, à quelques semaines. Cette question très compliquée n'est pas encore élucidée.

C'est aux travaux de la psychopathologie française, en particulier aux mérites de Pierre Janet, que nous devons de connaître aujourd'hui les possibilités étendues qu'a la conscience de se scinder. Janet et Morton Prince sont parvenus à réaliser des scissions en quatre et cinq personnalités différentes; on a constaté, à cette occasion, que chacune de ces parcelles de personnalité possède une composante caractérielle et une mémoire propres. Ces parcelles existent côte à côte, relativement indépendantes les unes des autres, et peuvent à tous moments se relayer mutuellement; c'est dire que chacune possède un haut degré d'*autonomie*. Mes constatations sur les complexes viennent compléter cet aperçu quelque peu alarmant des possibilités de désintégration psychique, car au fond il n'y a *aucune différence de principe entre une personnalité parcellaire et un complexe*. Ils ont en commun des caractères essentiels, et la question délicate de la *conscience parcellaire* se pose dans les deux cas. Les personnalités parcellaires possèdent indubitablement une conscience propre, mais des fragments psychiques aussi restreints que des complexes en sont-ils capables? C'est une question non encore résolue, qui m'a, je l'avoue, souvent préoccupé: les complexes, en effet, se comportent comme de malins génies cartésiens; ils paraissent se complaire à des espiègleries de kobolds, auxquels nous les comparions déjà plus haut [1]; ils vous mettent sur les lèvres juste le mot qu'il ne fallait pas dire [2]; ils vous subtilisent le nom de la personne que vous allez présenter;

[1] Voir ci-dessus, page 174. (NdT)

[2] Voir ci-dessus, page 151. (NdT)

ils causent un besoin incoercible de toussoter au beau milieu du pianissimo le plus émouvant du concert; ils font trébucher sur sa chaise avec fracas le retardataire qui veut passer inaperçu; ce sont les auteurs de ces malignités que F.-Th. Vischer [1] voulait imputer aux *innocents objets*; ce sont les personnages agissants de nos rêves, avec lesquels nous sommes confrontés dans une totale impuissance; ce sont les *êtres elfiques* caractérisés à la perfection dans le folklore danois par l'histoire du pasteur qui voulait apprendre le « Notre Père » à deux elfes: ceux-ci se donnèrent la plus grande peine du monde pour répéter ses paroles avec exactitude, mais dès la première phrase ils ne purent s'empêcher de dire: « Notre Père qui n'êtes pas aux cieux. » En plein accord avec la conception théorique, ils se montrèrent inéducables.

Cum maximo salis grano, j'espère que vous ne m'en voudrez pas de cette métaphorisation d'un problème scientifique. Une description de la phénoménologie des complexes, si sobre qu'elle soit, ne peut faire abstraction de leur impressionnante autonomie; plus elle pénètre la nature profonde – j'aurais presque dit la *biologie* – des complexes, plus le caractère d'âme parcellaire apparaît avec évidence. La psychologie onirique montre en toute clarté la *personnification* des complexes, lorsqu'ils ne sont pas opprimés par l'ostracisme de la conscience, de même que le folklore décrit les lutins qui mènent la nuit grand tapage dans la maison. Nous observons le même phénomène dans certaines psychoses où les complexes « parlent tout haut », le malade les entendant comme des voix qui paraissent provenir de personnalités étrangères.

L'hypothèse selon laquelle les complexes sont des *psychés parcellaires scindées* est aujourd'hui devenue une certitude. Leur origine, leur étiologie est souvent un choc émotionnel, un *traumatisme* ou quelque autre incident analogue, ayant pour effet de séparer un compartiment de la psyché. Une des causes les plus fréquentes est le *conflit moral* fondé, en dernière analyse, sur l'impossibilité apparente d'acquiescer à la totalité de la nature humaine. Cette impossibilité entraîne, par son existence même, une scission immédiate, à l'insu de la conscience ou non. Une inconscience insigne des complexes est même en général de règle, ce qui leur confère, bien

[1] F.-Th. Vischer (1807-1887), esthéticien et poète humoriste, écrivit un roman oublié aujourd'hui, mi-philosophique, mi-tragi-comique sur la malignité des objets. (NdT)

entendu, une liberté d'action d'autant plus grande: leur force d'assimilation apparaît alors dans toute son ampleur, l'inconscience du complexe aidant celui-ci à s'assimiler [1] le moi lui-même, ce qui crée une *modification momentanée et inconsciente de la personnalité*, appelée *identification au complexe*. Cette notion toute moderne portait au moyen âge un autre nom: elle s'appelait alors la *possession*, terme qui est loin d'évoquer la représentation d'un état inoffensif; il n'y a cependant aucune différence de principe entre un *lapsus linguae courant*, dû à un *complexe*, et les blasphèmes désordonnés d'un possédé; il n'y a qu'une *différence de degré*. L'histoire linguistique présente de nombreuses expressions à l'appui de cette thèse: on dit d'une personne affectée par un complexe et sous le coup de son émotion: « Qu'est-ce qu'il lui prend encore aujourd'hui? », « il a le diable au corps », etc. On ne pense naturellement plus, en rencontrant ces métaphores usées, à leur sens originel; il n'en reste pas moins facile à reconnaître et montre, en outre, que l'homme plus primitif et plus naïf ne « psychologisait » pas comme nous les complexes perturbateurs, mais qu'il les ressentait comme des *entia per se*, c'est-à-dire comme des entités propres, démoniaques, comme des *démons*. Le développement ultérieur de la conscience a conféré une telle intensité au complexe du moi et à la conscience personnelle que les complexes ont été privés, au moins dans l'usage linguistique, de leur autonomie primitive. En général, on dit : *j'ai un complexe*. Le médecin dit à la malade hystérique qu'il exhorte: vos douleurs ne sont pas réelles; *vous vous imaginez* souffrir. *La peur de l'infection* est apparemment une invention arbitraire du malade et, dans tous les cas, on cherche à le persuader qu'il s'est forgé de toutes pièces une idée délirante.

On voit sans peine que la conception moderne courante envisage le problème en posant comme acquis le fait que le complexe a été inventé et « imaginé » par le patient; que, par suite, il n'existerait pas si le malade ne prenait la peine de lui prêter, en quelque sorte intentionnellement, vie. Il est par contre établi que les complexes – cela est hors de doute – possèdent une autonomie remarquable, que des douleurs sans fondement organique, c'est-à-dire réputées imaginaires, sont aussi douloureuses que des douleurs légitimes, et qu'une phobie pathologique n'a pas la moindre tendance

[1] Dans le sens courant d'incorporer. (NdT)

à disparaître, même si le malade en personne, son médecin, et jusqu'à l'usage linguistique, assurent qu'elle n'est qu'imagination.

Nous nous trouvons ici en présence d'une façon de voir intéressante, dite *apotropéique* [1], *équivalente* aux désignations *euphémistiques* de l'antiquité, dont l'exemple classique est *Πόντος εὔξεινος* [2]. Les Erynnies, déesses de la vengeance, étaient appelées par prudence et propitiation les *Euménides*, les bien intentionnées; la conscience moderne, de même, conçoit tous les facteurs intimes de perturbation comme relevant de son activité *propre*; en un mot elle se les incorpore; elle tente de les apprivoiser, sans s'avouer avec franchise qu'elle a ainsi recours à un euphémisme apotropéique; elle y est poussée par l'inconscient espoir *d'anéantir l'autonomie des complexes* en les débaptisant. La conscience se comporte là comme un homme qui, entendant un bruit suspect à la cave, se précipite au grenier pour y constater qu'il n'y a pas trace de voleur et que, par conséquent, le bruit était pure imagination. En réalité cet homme prudent n'a pas *osé s'aventurer* à la cave.

On comprend tout d'abord mal pourquoi la *peur* incite la conscience à faire entrer les complexes dans le cadre de sa propre activité. Les complexes paraissent d'une telle insignifiance, d'une futilité si ridicule, qu'ils inspirent honte et dégoût et que tout est bon pour les cacher. Cependant, s'ils étaient en réalité aussi futiles, pourraient-ils être en même temps aussi pénibles? Est pénible ce qui cause un tourment, un désagrément; cela témoigne *ipso facto* d'une certaine importance, qui ne devrait pas être traitée de bagatelle. L'homme n'est que trop porté à proclamer irréel, *tant que faire se peut*, tout ce qui le gêne. L'explosion de la *névrose* indique le moment précis où les moyens magiques et primitifs du geste apotropéique et de l'euphémisme deviennent impuissants. Dès lors, le complexe s'établit à la surface de la conscience; il n'est plus possible de l'éviter et, s'étalant, il assimile pas à pas la conscience du moi, comme celle-ci s'efforçait dans le passé d'assimiler le complexe. Sa mainmise engendre, en définitive, une *dissociation névrotique de la personnalité*.

Un complexe, au cours d'un pareil développement, révèle sa force originelle, capable, à l'occasion, de supplanter la puissance

[1] Vient de l'adjectif apotropaïos = qui détourne les maux tutélaires. (NdT)

[2] Pontos euxeïnos = la mer hospitalière, désignée ainsi par antiphrase, paraît-il à cause des populations sauvages de son littoral. (NdT)

du complexe du moi. On comprend, en pareille occurrence, que le moi a tous motifs de soumettre le complexe à une prudente magie du verbe: il est évident que le moi craint la menace alarmante de ce qui risque de le recouvrir et de l'étouffer. Parmi les êtres dits normaux, il en est un grand nombre qui conservent *a skeleton in the cupboard* (un squelette dans le buffet); on ne doit sous aucun prétexte faire allusion à sa présence, car la crainte qu'inspire ce fantôme aux aguets est immense. Les gens qui entendent demeurer au stade de l'*irréalisation des complexes* invoquent les névroses pour tenter de prouver que les complexes sont la marque de natures maladives, dont (grâce à Dieu!) ils ne font pas partie. Comme si c'était un privilège des malades de contracter maladie!

La tendance à s'incorporer, à assimiler les complexes, afin de les vider de leur réalité, bien loin de prouver leur *néant*, témoigne de leur *importance*. C'est un aveu négatif de la crainte instinctive ressentie par l'homme primitif en présence de choses obscures, invisibles et se mouvant d'elles-mêmes. Cette crainte surgit chez le primitif dès la tombée de la nuit; les complexes de même, chez le civilisé, assourdis durant la journée par le fracas de la vie, n'en élèvent leur voix la nuit qu'avec plus de force, chassant le sommeil ou le troublant par de mauvais rêves. Les complexes sont, en effet, des objets de l'expérience intérieure qui ne sauraient être rencontrés en pleine lumière dans la rue et sur la place publique.

Des complexes dépendent le bien-être ou le malaise de la vie personnelle; ils sont les Lares et les Pénates qui nous attendent au foyer familial, dont il est si dangereux de vanter trop haut la paix; ils sont le *gentle folk* qui trouble nos nuits. Tant que ces malins génies ne tracassent que le voisin, il n'y a pas péril en la demeure, mais dès qu'ils commencent à nous tenailler... Il faut d'ailleurs être médecin pour savoir combien les complexes sont des parasites dévastateurs. Il faut, pour avoir une impression pleine et entière de la réalité d'un complexe, avoir vu des familles en être, en quelques années, moralement et physiquement détruites; il faut avoir contemplé le tragique sans exemple et la misère désespérante qui en marquent le sillage. L'idée que l'on « s'imagine un complexe », que les complexes sont « imaginaires », paraît dès lors bien oiseuse et bien peu scientifique. Veut-on une comparaison médicale? Il faut comparer les complexes à des infections ou à des tumeurs malignes, qui prennent naissance toutes deux sans la moindre intervention de la conscience. Cette comparaison, d'ailleurs, n'est pas tout à fait satisfaisante, car les complexes ne sont pas, par essence, de nature maladive; ils sont en propre des *manifestations vitales* de la psyché, que celle-ci soit différenciée ou primitive. C'est pourquoi nous retrouvons leurs traces indéniables chez tous les peuples et à toutes les époques. Les monuments les plus anciens de la littérature en contiennent. Ainsi, par exemple, l'épopée de Gilgamesh décrit la psychologie du complexe de puissance avec une maîtrise inégalable, et le livre de Tobie, dans l'Ancien Testament, renferme l'histoire d'un complexe érotique et de sa guérison.

La croyance aux esprits, universellement répandue, est une expression directe de la structure de l'inconscient, *structure à base de complexes*. Les complexes sont en effet les *unités vivantes de la psyché inconsciente*, dont ils permettent, à peu près seuls, de constater l'existence et la complexion. L'inconscient ne serait qu'une survivance de représentations estompées, devenues « obscures », comme dans la psychologie de Wundt, ou qu'une *fringe of consciousness*, comme l'appelle William James, s'il n'existait point de complexes. Si l'inconscient psychologique a été découvert en propre par Freud, c'est qu'il s'est attaché, au lieu de les négliger comme ses prédécesseurs, à l'étude des emplacements obscurs, des actes manqués, si volontiers masqués et minimisés par des euphémismes. La *via regia* vers l'inconscient n'est d'ailleurs pas ouverte par les rêves, comme il le prétend, mais par les complexes, qui engendrent rêves et symptômes. Et puis, cette voie n'a rien de royal, car le chemin indiqué par les complexes ressemble fort à une sente raboteuse et sinueuse, qui se perd souvent dans les fourrés; au lieu de mener au cœur de l'inconscient, elle fait passer la plupart du temps à côté.

La crainte du complexe est un poteau indicateur fallacieux; éloignant de l'inconscient, elle ramène toujours à la conscience. Il n'est guère d'individu, dans son bon sens, disposé à convenir, tant les complexes sont désagréables, que les forces instinctives qui les alimentent puissent détenir quoi que ce soit de profitable. La conscience se convainc toujours que les complexes sont incongrus et qu'ils doivent par suite être éliminés. En dépit d'une abondance écrasante de témoignages de toute espèce prouvant l'universalité des complexes, on répugne à les accréditer en tant que *manifestations normales de la vie. La crainte du complexe est un préjugé puissant, l'appréhension superstitieuse du néfaste ayant survécu*, sans subir de dommages, au rationalisme du « siècle des lumières ». Cette crainte oppose à l'étude des complexes une *résistance* essentielle qui, pour être surmontée, exige une décision résolue.

Craintes et résistances sont les bornes indicatrices qui jalonnent la *via regia* vers l'inconscient. Elles expriment, en première ligne, les préjugés auxquels l'inconscient est soumis. On conclut, c'est naturel, d'un sentiment de peur à l'existence d'un danger, et d'une répulsion à la présence d'une chose repoussante. C'est là la conclusion du malade, celle du public, et en définitive celle du médecin; elle explique pourquoi la première théorie médicale de l'inconscient a été, en toute logique, la *théorie du refoulement* de Freud qui, de la nature des complexes, infère un inconscient constitué pour l'essentiel de tendances incompatibles et victimes du refoulement, en raison de leur immoralité. [1] Rien ne peut mieux que cette constatation prouver l'empirisme de son auteur, qui procéda sans se laisser influencer par des prémisses philosophiques. Il avait d'ailleurs été question de l'inconscient longtemps avant Freud. Leibniz avait introduit cette notion en philosophie ; Kant et Schelling s'y étaient arrêtés; Carus en avait pour la première fois fait un système, dont l'influence se retrouve dans l'œuvre importante d'Edouard von Hartmann, *La philosophie de l'inconscient*. La première doctrine médico-psychologique a tout aussi peu affaire avec ces premiers jalons, qu'avec Nietzsche.

La théorie freudienne est une description fidèle d'expériences réelles, rencontrées au cours de la recherche des complexes. Mais comme celle-ci ne peut se faire que sous forme de *dialogue*, l'élaboration des conceptions est fonction, non seulement des complexes

[1] Cette notion d'incompatibilité mérite qu'on s'y arrête. Elle soulève en effet la question de l'incompatibilité avec quoi? Avec la morale banale, avec les normes courantes explicitement ou implicitement admises et résumées par la notion freudienne du sur-moi? A la réflexion ce thème de l'incompatibilité est encore infiniment plus complexe, puisqu'il met en cause de façon toute générale le problème de l'incompatibilité d'une teneur mentale, d'une représentation, d'une valeur psychologique, avec une autre teneur mentale, une autre représentation, une autre valeur psychologique.

Le problème de l'incompatibilité d'une tendance et d'une valeur morale, par exemple, s'avère donc n'être qu'un cas particulier d'un problème bien plus général qui concerne *toute la machinerie mentale* et que l'on évoque de plus près en faisant allusion au problème des contraires et des antagonistes. Un des rôles du conscient et du moi, organes d'adaptation, est d'arbitrer les conflits naissant de ces incompatibilités. (NdT) de l'un des partenaires, mais aussi des complexes de l'autre. Tout dialogue qui s'aventure dans ces domaines peuplés d'angoisses et de résistances vise à l'essentiel; incitant le sujet à l'intégration de sa *totalité*, il oblige aussi le partenaire à s'affirmer dans son intégrité, dans sa totalité, sans l'aide de laquelle il lui serait vain de vouloir pousser la conversation dans ces arrière-plans parsemés d'embûches. Nul savant, si objectif et si dépourvu de préjugés qu'il soit, n'est en état de faire abstraction de ses propres complexes, car ils jouissent en lui de la même autonomie qu'en n'importe qui. Il ne peut pas en faire abstraction car ils lui sont inhérents; ils font partie une fois pour toutes de sa *constitution psychique*; celle-ci, dans sa détermination, est à priori une *limitation*, un *préjudice* pour chaque individu. Sa constitution, pour un observateur donné, décide sans appel de la conception psychologique qu'il fera sienne. *La limitation inéluctable de toute observation psychologique est qu'elle n'est valable que compte tenu de l'équation personnelle de l'observateur.*

La théorie des complexes, la doctrine freudienne, d'autres encore, expriment essentiellement une situation psychique créée par le dialogue entre un observateur et un certain nombre de sujets observés. Le dialogue se meut en grande partie dans la zone de résistance des complexes ; aussi la théorie est-elle imprégnée de leur atmosphère: elle a dans ses grands traits quelque chose de *choquant*, qui met en résonance les complexes du public. Les conceptions de la psychologie moderne relèvent en toute objectivité de la controverse; elles agissent en même temps de façon *provocante*. Elles causent dans le public des réactions violentes d'adhésion ou de rejet; dans le domaine de la discussion scientifique, elles provoquent des débats affectifs, des présomptions dogmatiques, des susceptibilités personnelles, etc.

La psychologie moderne – ces faits le démontrent – s'est aventurée à la recherche des complexes dans un *domaine psychique tabou*, riche d'une foule de craintes et d'espérances. La sphère des complexes est en propre le *foyer des perturbations psychiques*; ses ébranlements sont d'une telle ampleur que la recherche psychologique future ne peut espérer avant longtemps pouvoir se livrer en paix à un savant et silencieux travail, qui présuppose un certain *consensus* scientifique, un accord tacite sur les hypothèses de base. Or, la psychologie des complexes est à l'heure actuelle encore fort éloignée d'une compréhension générale, plus encore, à ce qu'il me semble, que ne le croient les pessimistes. Car la mise à nu des tendances incompatibles ne dévoile qu'un secteur de l'inconscient et ne précise qu'une partie de la source d'angoisse.

On se rappelle la tempête d'indignation soulevée un peu partout lorsque les travaux de Freud commencèrent à se répandre. Ces « réactions complexées » ont contraint le savant à un isolement qui lui a valu, ainsi qu'à son école, des reproches de dogmatisme. Tous les théoriciens de ce domaine psychologique courent le même danger, car ils abordent l'immaîtrisé dans l'homme, le *numineux*, pour employer la remarquable expression d'Otto. [1] La liberté du moi cesse aux approches de la sphère des complexes, puissances psychiques dont la nature dernière est encore inconnue. Chaque fois que la recherche parvient à pénétrer plus avant dans le *tremendum* psychique [2], des réactions se déclenchent depuis toujours dans le public, analogues à celles des patients invités, pour des motifs thérapeutiques, à s'attaquer à l'intouchabilité de leurs complexes.

Cet exposé de la théorie des complexes peut évoquer pour l'auditeur non averti la description d'une démonologie primitive et d'une psychologie du tabou. Cette singularité tient à ce que l'existence de complexes, c'est-à-dire de fragments psychiques scindés, est un reliquat notable de l'*état d'esprit primitif*. Ce dernier est d'une dissociabilité élevée, exprimée, par exemple, par le fait que les primitifs admettent fréquemment plusieurs âmes – dans un cas particulier jusqu'à six – à côté desquelles existe encore une pluralité de dieux et d'esprits ; les primitifs ne se contentent pas comme nous *d'en parler*: ces âmes, ces esprits incarnent presque toujours pour eux des expériences psychiques des plus impressionnantes.

Nous utilisons – soulignons-le – l'idée de « primitif » au sens « d'originel », sans faire allusion au moindre jugement de valeur. Quand nous parlons de « reliquat d'un état primitif », nous ne voulons pas dire que cet état doive atteindre à son terme par nécessité, à plus ou moins longue échéance. Nous ne saurions faire

[1] Voir R. Otto, *Le Sacré*, Payot, Paris, 1949. Le terme numineux exprime la majesté et la puissance invincible, c'est à-dire ce qui dans l'homme manifeste une présence que les anciens disaient « divine ». (NdT)

[2] *Tremendum* signifie mot à mot: ce qui doit être craint, ce qui est craint, ce qui provoque le tremblement et l'effroi.

Le tremendum psychique est donc ce secteur de la psyché où tout semble terrifiant, parce qu'inconnu et animé « de présences divines ». (NdT)

valoir de motif plaidant sa disparition avant l'extinction de l'humanité. L'état, le reliquat de la mentalité primitive en nous ne s'est pas, jusqu'à présent au moins, beaucoup modifié; depuis la guerre mondiale il s'est même renforcé. Je suis donc porté à supposer que les complexes autonomes constituent des manifestations normales de la vie et qu'ils président à la structure de la psyché inconsciente.

Je me suis contenté de présenter ici les faits fondamentaux et essentiels de la théorie des complexes. Il faudrait parfaire cette image incomplète en exposant les problèmes engendrés par la découverte de l'existence des complexes autonomes. Il s'agit de trois questions capitales, d'un problème *thérapeutique*, d'un problème *philosophique* et d'un problème *moral*: ils sont tous trois en discussion.

LIVRE III

LES RÊVES

CHAPITRE VI

DU RÊVE [1]

Le rêve est une création psychique qui, contrastant avec les données habituelles de la conscience, se situe, de par son aspect, sa nature et son sens, en marge du développement continu des faits conscients. Il ne paraît pas, en général, être une partie intégrante de la vie consciente de l'âme; ce serait plutôt un incident vécu, quasiment extérieur et survenant, semble-t-il, par hasard. Les circonstances spéciales de sa genèse motivent sa situation d'exception: le rêve n'est pas le fruit, comme d'autres données de la conscience, de la continuité clairement logique ou purement émotionnelle des événements de la vie; il n'est que le résidu d'une curieuse activité psychique s'exerçant durant le sommeil. Cette origine, à elle seule, isole déjà les rêves des autres contenus de la conscience; leur teneur singulière, qui contraste de façon frappante avec la pensée consciente, les isole encore bien davantage.

Un observateur attentif, cependant, constatera sans difficulté que les rêves ne se situent pas totalement en marge de la continuité de la conscience, puisqu'on peut trouver en n'importe lequel certains détails provenant d'impressions, de pensées, d'états d'âme ou d'humeurs du ou des jours précédents. Ainsi donc régnerait une certaine continuité, une continuité vers l'arrière, avec le passé. Mais il n'échappera pas non plus que les rêves possèdent en outre – si l'on me permet l'expression – une continuité *vers l'avant*, certains exerçant, à l'occasion, des effets notoires sur la vie mentale consciente de sujets que rien ne permet de qualifier de superstitieux ou de particulièrement anormaux. Ces séquelles occasionnelles consistent, la plupart du temps, en des altérations plus ou moins nettes de l'humeur. C'est sans doute à cause de cette

[1] Publié dans *Energetik der Seele*, Rascher, Zurich, 1928, sous le titre littéral : *La Psychologie du rêve, considérations générales.*

adjonction fort lâche aux autres contenus de la conscience que le rêve est d'un souvenir si fugace. De nombreux rêves échappent dès le réveil à la remémoration, d'autres ne sont reproductibles qu'avec une fidélité des plus douteuses et il n'en est que relativement fort peu dont on puisse affirmer qu'ils sont reproduits clairement.

Ces sautes capricieuses dans la reproduction s'expliquent par la qualité des associations et des représentations qui jaillissent dans le rêve. A l'opposé de la pensée logique, caractéristique des processus mentaux conscients, la liaison des représentations dans le rêve est hautement fantaisiste; la démarche associative du songe crée des relations et des rapprochements qui, en règle générale, sont totalement étrangers au sens du réel.

C'est ce qui fait dire communément du rêve qu'il est *absurde*. Avant de porter un tel jugement, considérons que le rêve, ses tenants et ses aboutissants, forme *pour nous* une entité impénétrable; un pareil jugement de notre part n'est donc que la projection, sur l'objet, de notre incompréhension. En dépit de quoi, le rêve peut bien détenir sa signification propre.

Mises à part les tentatives, vieilles de toute antiquité, de conférer au rêve et d'en extraire un sens prophétique, c'est la découverte de Freud qui, pratiquement, représente les premières recherches entreprises pour pénétrer le sens du rêve; on ne saurait refuser à ces recherches l'épithète de scientifiques, puisque leur auteur a indiqué une technique, grâce à laquelle lui-même et de nombreux autres savants prétendent parvenir au résultat cherché: comprendre le sens du rêve, sens qui n'est pas identique aux allusions significatives contenues par fragment dans le rêve manifeste.

Il n'est pas question ici de soumettre la psychologie du rêve conçue par Freud à une discussion critique. Mon but est autre: je voudrais décrire brièvement les acquisitions aujourd'hui à peu près certaines – et probablement durables – de la psychologie onirique.

Demandons-nous tout d'abord ce qui nous autorise à attribuer au rêve une signification qui s'écarte des bribes de sens bien peu satisfaisantes, contenues dans le rêve manifeste. Une justification légitime réside dans le fait que Freud a été amené à concevoir le sens caché du rêve d'une façon tout empirique et non de façon déductive.

La comparaison de fantaisies oniriques et d'imaginations à l'état de veille chez un même individu nous livre un autre argument en faveur de l'éventualité d'une signification cachée et non manifeste. Il n'est, en effet, pas difficile de voir que ces imaginations à l'état de veille possèdent, au-delà d'un sens superficiel et concret, une signification psychologique profonde. La brièveté de l'exposé interdisant de citer un exemple, faisons simplement remarquer qu'on trouve une bonne illustration de ceci dans un genre très ancien et très répandu du récit imaginatif, représenté de façon typique par les Fables d'Esope. Il y figure, par exemple, un récit fantastique des actions du lion et de l'âne, fantasmagorie objectivement irréalisable; son sens superficiel et son acception concrète sont abracadabrants, mais sa moralité cachée est évidente pour tout lecteur tant soit peu réfléchi. Les enfants – et cela est caractéristique – marquent de l'intérêt au sens ésotérique de la fable et y prennent un vif plaisir.

Quoi qu'il en soit, cependant, l'application consciencieuse du procédé technique, grâce auquel on analyse le contenu manifeste du rêve, fournit, de loin, le meilleur argument en faveur de l'existence d'une signification onirique cachée.

Ceci nous amène à un deuxième point capital, au procédé analytique lui-même. Comme précédemment, je ne désire ni critiquer, ni défendre les découvertes et les convictions freudiennes, mais me limiter à ce qui me paraît définitivement acquis. Si nous considérons que le rêve est une création psychique, au même titre que n'importe quel autre processus mental, nous n'avons, de prime abord, absolument aucun motif de supposer que sa nature et sa destinée obéissent à des lois et à des fins totalement différentes de celles des autres opérations psychologiques. D'après le principe: *principia explicandi praeter necessitatem non sunt multiplicanda* [1], il nous faut analyser le rêve, comme nous ferions de n'importe quel autre produit psychique, tant qu'aucun fait contradictoire ne nous enseigne mieux. Nous savons que tout processus psychique, envisagé du point de vue causal, se présente comme la résultante des données psychiques qui l'ont précédé. Nous savons, en outre, que ce même processus, considéré sous l'aspect de sa finalité et au sein de l'épisode psychologique en cours, révèle un sens et une portée qui lui sont propres. Il faut appliquer au rêve cette double façon de voir. Comprendre le rêve, psychologiquement parlant, exigera donc d'abord que l'on recherche de quelles réminiscences vécues il se compose. Ainsi pour chacune des parties de l'image onirique on remontera aux antécédents. Un exemple: une personne fait le rêve suivant:

[1] Les principes explicatifs ne doivent pas être multipliés sans nécessité.

Elle se promène dans une rue où un enfant joue et court; une auto débouche qui écrase l'enfant.

Remontons aux antécédents des éléments de ce rêve, grâce aux souvenirs du rêveur. La rue, il la reconnaît pour une certaine rue qu'il a traversée la veille. L'enfant, c'est l'enfant de son frère, auquel il a rendu visite la veille. L'accident lui rappelle un accident qui eut lieu réellement quelques jours auparavant et dont il eut connaissance par les journaux. Comme l'on sait, le jugement courant s'arrête à une réduction de ce genre et l'on se dit: « Ah, ah... voilà d'où vient mon rêve! »

Il est évident qu'au point de vue scientifique une telle réduction est totalement insuffisante. Le rêveur a, la veille, traversé bien des rues; pourquoi son rêve choisit-il justement cette rue-là ? Il a entendu parler de nombreux accidents; pourquoi celui-là plutôt qu'un autre? Faire la lumière sur les antécédents, cela constitue un premier pas, mais qui est encore insuffisant, car seul un recoupement, une concordance de plusieurs causes peut livrer une détermination vraisemblable des images du rêve. On doit donc chercher à réunir, à grouper, d'autres matériaux; selon ce même principe de remémoration, on utilise « la méthode des associations libres » (Einfallsmethode). Cette recherche, évidemment, livre des matériaux très divers et fort hétérogènes, dont le seul trait commun paraît être leur rapport associatif avec le contenu du rêve, rapport sans lequel ils n'auraient pas été évoqués à l'occasion de ce rêve. Une question technique importante est de savoir jusqu'où il faut pousser cette recherche des matériaux. Car, après tout, n'importe quel point de départ dans l'âme peut servir à l'évocation de toute l'existence antérieure, ce qui théoriquement amènerait à noter pour chaque rêve toute l'histoire passée de l'individu. Cependant, il faut nous borner à l'étude des matériaux psychiques absolument indispensables à la compréhension du rêve. Leur limitation est naturellement arbitraire, dans la mesure où, comme le dit Kant, *la compréhension n'est qu'une connaissance adéquate à nos intentions.* [1] Si, par exemple, nous recherchons les causes de la Révolution

[1] Ce « nos » intentions fait entrer toute la subjectivité et toutes les fonctions de celui qui cherche à comprendre dans le phénomène de compréhension, qui est donc interrelationnel, par exemple entre médecin et malade ou entre la raison du chercheur et la nature à déchiffrer. Adieu belles illusions d'objectivité et d'absolu! (NdT)

française, nous pouvons nous livrer à des études non seulement sur le moyen âge français, mais aussi sur l'histoire grecque et romaine, quoique ces dernières ne soient pas indispensables à notre propos, puisque nous pouvons comprendre aussi bien la genèse de la Révolution sans remonter au déluge. Nous ne rechercherons donc de matériaux associatifs qu'autant qu'il paraît nécessaire pour attribuer au rêve une signification utilisable.

La réunion, en soi, des matériaux associatifs, exception faite de leur limitation, échappe à l'arbitraire du savant. Une fois réunis, ils doivent être soumis à un triage et à une élaboration dont on trouve le principe dans les reconstructions historiques ou scientifiques. Il s'agit essentiellement d'une *méthode comparative*, dont le cours bien entendu n'a rien d'automatique; il dépend, pour une bonne part, de l'adresse et des intentions du chercheur.

L'explication d'un fait psychologique exige qu'il soit envisagé à un double point de vue, au point de vue de sa *causalité*, et au point de vue de sa *finalité*. C'est à dessein que je parle de finalité pour éviter toute confusion avec la notion de *téléologie*. Par finalité j'entends simplement désigner la « tension psychologique immanente vers un but futur, vers une signification à venir ». Tout fait psychologique porte en soi une signification de cet ordre, même les phénomènes purement réactifs, comme par exemple les réactions émotionnelles. La colère qu'inspire une injure subie appelle la vengeance, un deuil ostentatoire l'éveil de la pitié chez autrui. Soumettre les matériaux associatifs engendrés par le rêve à un examen causal, c'est réduire le contenu manifeste du songe à certaines tendances et idées fondamentales, qui, dépeintes par les associations, sont naturellement toutes générales et élémentaires.

Par exemple, un jeune malade rêve:

> Je me trouve dans un jardin et j'y cueille une pomme. Je regarde avec précaution autour de moi, pour voir si personne ne m'a vu.

Ses associations sont les suivantes: il se souvient avoir dérobé une fois, étant enfant, quelques poires dans un jardin. Le sentiment d'avoir la conscience chargée, qui est particulièrement vivace dans le rêve, lui rappelle une mésaventure de la veille. Il rencontra dans la rue une jeune fille de sa connaissance, qui le laissait indifférent, et il échangea avec elle quelques mots; à cet instant passa un de ses amis et un curieux sentiment de gêne s'empara de lui, comme s'il avait eu quelque chose à se reprocher. La pomme lui rappelle la scène du paradis terrestre et le fait qu'il n'a jamais compris pourquoi goûter au fruit défendu eut des conséquences si lourdes pour Adam et Eve. Il s'était toujours irrité de cette injustice divine, Dieu ayant créé les hommes comme ils sont, avec leur âpre curiosité et leurs appétits inassouvis.

Il vient également à l'esprit du rêveur que son père l'a puni souvent pour certaines choses de façon incompréhensible, et avec une sévérité toute particulière un jour où il fut surpris à observer en cachette des petites filles au bain. Ici s'associe l'aveu que dernièrement il s'est embarqué dans une aventure sentimentale avec une servante, aventure qui n'est pas encore parvenue à ses fins naturelles. La veille du rêve il eut un rendez-vous avec la servante.

L'ensemble de ces associations trahit de toute évidence l'intime relation du rêve et de cet événement de la veille. La scène de la pomme, à en croire les matériaux associatifs qu'elle suscite, semble bien évidemment vouloir symboliser une scène érotique. Une foule d'autres motifs, d'ailleurs, incitent à penser que ce rendez-vous de la veille se répercute jusque dans les rêves du jeune homme : il y cueille la pomme paradisiaque que la réalité lui a encore refusée. Toutes les autres associations concernent l'autre fait de la veille, ce curieux sentiment d'avoir mal agi, d'avoir la conscience chargée, qui s'empara du jeune homme alors qu'il s'entretenait avec une jeune fille indifférente. Ce sentiment se retrouve dans l'évocation du péché originel et dans le rappel des velléités érotiques de son enfance, si sévèrement punies par son père. Toutes ces associations convergent vers la culpabilité.

Envisageons ces matériaux du point de vue déterministe inauguré par Freud, ou encore, comme Freud s'exprime, « interprétons » ce rêve.

Il subsiste de la journée précédente un désir insatisfait ; ce désir, en rêve, est réalisé dans le *symbole* de la pomme cueillie. Pourquoi la satisfaction du désir s'enveloppe-t-elle dans une image symbolique, au lieu de se réaliser en une pensée sexuelle claire ? Freud, pour toute réponse, attire l'attention sur le sentiment de faute commise, de culpabilité, indéniable dans notre exemple, et il dit : c'est la morale imposée au jeune homme dès son enfance, qui, s'efforçant de réprimer des vœux de cette sorte, confère à une aspiration toute naturelle une saveur embarrassante et ignominieuse. C'est pourquoi la pensée gênante refoulée ne peut se frayer un passage que de façon symbolique. Comme il y a incompatibilité entre ces pensées et la conscience morale, Freud suppose, postule une instance psychique qu'il appelle la *censure* et qui veillerait à empêcher le souhait malséant de pénétrer sans ambages dans la conscience.

La façon de voir finaliste, que j'oppose à la conception freudienne, ne signifie pas, comme je le souligne expressément, une négation des causes du rêve, mais elle n'en conduit pas moins à une tout autre interprétation de ses matériaux associatifs. Les faits en eux-mêmes, à savoir les associations, demeurent inchangés, mais on les confronte avec une autre unité de mesure. Posons le problème de façon toute simple et demandons-nous: *à quoi sert, à quoi rime le songe, que doit-il susciter ?* Cette question n'est pas arbitraire puisqu'on la pose pour toute activité psychique. Pour chacune et d'ailleurs en toute circonstance, on peut se demander « pourquoi ? » et « dans quel but ? » Toute création organique met en œuvre un système complexe de fonctions au but bien défini et chacune de ces fonctions, à son tour, peut se décomposer en une suite d'actes et de faits concourant par leur orientation à l'édifice commun. Il est clair que le rêve adjoint à l'épisode érotique de la veille des matériaux qui soulignent, en premier lieu, un sentiment de culpabilité inhérent à l'acte sexuel. Cette association a, la journée précédente, révélé toute son efficacité lors de la rencontre avec la jeune fille indifférente; là aussi le sentiment de la conscience chargée s'adjoignit spontanément et inopinément, comme si cette rencontre comportait une culpabilité quelconque de la part du jeune homme. Cet épisode aussi s'intrique au rêve; il s'y trouve amplifié par l'association de matériaux correspondants, et représenté à peu près sous la forme du péché originel, qui nous valut les calamités que l'on sait.

J'en conclus que l'auteur de ce rêve porte en lui une *tendance*, un penchant inconscient à voir *une faute*, certains diraient *un péché*, dans tout ce qui touche à *la sphère et aux satisfactions érotiques*. Il est caractéristique que le rêve s'empare du péché originel, dont le jeune homme n'a d'ailleurs jamais compris la punition draconienne. Ce rapprochement montre pourquoi le rêveur n'a pas tout simplement pensé: « Ce que je fais là n'est pas bien. » Il ne paraît pas savoir, l'idée ne l'effleure même pas, qu'il pourrait condamner ses entreprises érotiques à cause de leur moralité douteuse. C'est bien en réalité le cas. Consciemment, il pense que sa conduite est, au point de vue moral, totalement indifférente: tous ses amis et connaissances feraient de même; en outre, il ne réalise pas le moins du monde pourquoi il y aurait lieu de s'en formaliser.

Ce rêve est-il absurde ou est-il lourd de sens? Le tout est de savoir si le point de vue immémorial de la morale traditionnelle est lui-même absurde ou d'une portée capitale. Je ne veux pas me perdre dans les détails d'une discussion philosophique, mais simplement remarquer que l'humanité a, sans doute, obéi à de puissants mobiles en inventant cette morale; sinon l'on ne comprendrait vraiment pas pourquoi elle a refréné une de ses aspirations les plus puissantes. Si nous apprécions cet état de choses à sa juste valeur, il nous faut reconnaître la profonde signification d'un rêve qui montre au jeune homme la nécessité de considérer ses entreprises érotiques du point de vue moral. Les plus primitives parmi les peuplades ont, déjà, souvent une réglementation sexuelle extraordinairement sévère. Cela prouve que la morale sexuelle, spécialement, constitue, au sein des fonctions psychiques supérieures, un facteur qu'il faut se garder de sous-estimer. Dans notre cas, l'on pourrait donc dire que le jeune homme, léger, et comme hypnotisé par l'exemple de ses amis, s'abandonne à ses tentations érotiques; il oublie que l'homme est aussi un être moralement responsable, qui, s'étant lui-même donné la morale, bon gré mal gré courbe l'échine sous le joug de sa propre création. Nous pouvons, dans ce rêve, discerner « la fonction contrepoids » de l'inconscient: les pensées, penchants et tendances, que la vie consciente ne met pas suffisamment en valeur, entrent en action, comme par allusion, durant le sommeil, état où les processus conscients sont presque totalement éliminés.

Il est vrai que l'on va se demander quel profit le rêveur en obtiendra, puisque, à coup sûr, il ne saurait comprendre son rêve.

En guise de réponse, faisons remarquer que la compréhension n'est pas un phénomène purement intellectuel; l'expérience montre qu'une infinité de choses, incomprises intellectuellement parlant, peuvent influencer, voire convaincre et orienter l'homme de façon décisive. Rappelons seulement l'efficacité des symboles religieux.

L'exemple cité ici pourrait induire à penser que la fonction onirique constitue, en quelque sorte, directement une instance « moralisatrice ». Cet exemple, évidemment, paraît bien le confirmer, mais si nous nous souvenons que les rêves renferment, dans chaque cas d'espèce, les contenus subliminaux, il ne saurait être question d'une fonction « morale », dans l'acception étroite du terme. C'est ainsi que les rêves de personnes inattaquables au point de vue moral libèrent des contenus immoraux au sens courant du mot. Il est symptomatique que saint Augustin se félicitait de ne pas être responsable de ses rêves devant Dieu.

L'inconscient, c'est ce qui, d'un moment à l'autre, n'est pas conscient; c'est pourquoi il n'est pas surprenant que le rêve ajoute à la situation psychique consciente du présent tous les aspects qui seraient essentiels à une attitude radicalement différente. Il est clair que cette fonction du songe constitue une régulation psychique, un contrepoids absolument indispensable à toute activité ordonnée. Réfléchir à un problème, c'est l'envisager en vue de sa solution, sous toutes ses faces et avec toutes les conséquences qu'il comporte; ce processus mental, en quelque sorte, se perpétue automatiquement durant l'état plus ou moins inconscient du sommeil; d'après notre expérience actuelle, il semble que tous les points de vue sous-estimés ou méconnus à l'état de veille, c'est-à-dire qui étaient relativement inconscients, s'y présentent à l'esprit du rêveur, ne serait-ce que par allusion.

Le symbolisme des rêves, si discuté, sera apprécié de façon fort différente selon qu'on le considère du point de vue causal ou du point de vue final. Le déterminisme de Freud postule l'existence d'une envie, d'un souhait refoulé qui s'exprime dans le rêve. Ce désir est toujours relativement simple et élémentaire, bien que susceptible de se draper en de multiples déguisements. Ainsi, le jeune homme de notre rêve aurait aussi bien pu avoir rêvé qu'il devait ouvrir une porte avec une clef, qu'il volait en avion, ou qu'il embrassait sa mère, etc. Du point de vue freudien, tout cela pourrait avoir la même signification. Dans cette voie, l'école freudienne orthodoxe en est arrivée, pour citer un exemple frappant, à voir à peu près dans tous les objets longs qui apparaissent dans les rêves, des symboles phalliques et dans tous les objets ronds ou creux des symboles féminins.

La conception finaliste restitue aux images du rêve la valeur qui leur est propre. Si, par exemple, au lieu de la scène de la pomme, notre jeune homme avait rêvé qu'il devait ouvrir une porte à l'aide d'une clef, à ce rêve différent auraient correspondu des matériaux associatifs essentiellement différents; ceux-ci, à leur tour, auraient complété la situation consciente de façon différente et l'auraient placée dans une ambiance et un cadre bien étrangers aux circonstances générales, précisées grâce à la scène de la pomme. Vue sous cet angle, la richesse du sens des rêves repose précisément sur la diversité des expressions symboliques et non sur leur réduction univoque. Le déterminisme causal tend, de par sa nature même, vers cette réduction univoque, c'est-à-dire vers une codification des symboles et de leur sens. Le point de vue finaliste, au contraire, voit dans les variations des images oniriques le reflet de situations psychologiques infiniment variées. Il ne connaît pas pour les symboles de signification figée; pour lui, les images oniriques sont importantes en elles-mêmes, car c'est en elles-mêmes qu'elles portent la signification qui leur vaut jusqu'à leur apparition au cours d'un rêve. Dans notre exemple, le symbole, vu sous cet angle, a presque la valeur d'une parabole: il ne dissimule pas, il enseigne. La scène de la pomme fait allusion clairement à la faute personnelle, tout en évoquant la scène du paradis.

Selon le point de vue adopté, l'on concevra donc, comme on le voit, le sens du rêve de façon fort diverse. La question est de savoir quelle est la conception la meilleure ou la plus véridique. Concevoir le sens du rêve, de quelque façon que ce soit, voilà pour nous autres thérapeutes une nécessité qui est d'abord d'ordre purement pratique et non théorique. Voulant soigner nos malades, il nous faut, pour des mobiles tout concrets, tenter d'entrer en possession des moyens qui nous permettront, avec efficacité, de les éduquer. Comme notre exemple l'a clairement montré, la recherche des associations a soulevé une question bien faite pour ouvrir les yeux du jeune homme sur des choses qu'il négligeait d'un cœur léger. Mais, commettant ces négligences, il se négligeait lui-même; car il possède un sens moral et des besoins moraux, comme quiconque. Essayant de vivre sans les respecter, il vit de façon incomplète et extrême, de façon incoordonnée pourrait-on dire; ce qui comporte pour la vie psychique des conséquences comparables à celles qu'a pour le corps un régime incomplet et exclusif. Pour éduquer, pour acheminer une personnalité vers son autonomie harmonieuse, il faut tenter de lui faire assimiler toutes les fonctions demeurées embryonnaires en son sein et qui n'ont pas réalisé leur épanouissement dans la conscience. A cet effet et pour des motifs thérapeutiques, il nous faut prendre en considération les aspects inconscients des choses, que nous livrent les matériaux oniriques. On voit combien la conception finaliste peut aider à l'éducation individuelle pratique.

L'esprit scientifique contemporain est fils de la causalité; les recherches de causes à effets sont sa monnaie courante. C'est pourquoi, quand il s'agit de donner une explication scientifique de la psychologie onirique, les idées freudiennes, du plus pur déterminisme, paraissent si séduisantes. Il ne m'en faut pas moins les révoquer en doute, car elles sont forcément incomplètes, l'âme échappant à des considérations causales qui laissent dans l'ombre tout ce qui, en elle, est finalité.

Seule, la collaboration des conceptions causales et finales, collaboration qui, en raison de difficultés énormes, tant théoriques que pratiques, reste aujourd'hui encore à réaliser, est susceptible de nous amener à une compréhension meilleure de la nature du rêve.

Passons à quelques problèmes plus particuliers et tout d'abord à la question de la *classification des rêves*. N'en surestimons pas la signification pratique ou théorique. J'ai à étudier chaque année de quinze cents à deux mille rêves et cette vaste expérience m'a permis de constater qu'il y a réellement des rêves types. Mais ils ne sont pas très fréquents et l'appréciation finaliste amoindrit beaucoup l'importance, au point de vue causal, de leur signification symbolique fixe. L'importance primordiale des motifs typiques des rêves, c'est qu'ils permettent des comparaisons avec les thèmes mythologiques. De nombreux motifs mythologiques [1] se retrouvent fréquemment avec une signification analogue dans les rêves de bien des personnes. Des exemples nous entraîneraient malheureusement trop loin; j'en ai publié par ailleurs [2]. Les rapprochements entre des motifs oniriques types et des thèmes mythologiques permettent de supposer, comme le fit déjà Nietzsche, que la pensée onirique est une forme phylogénétique antérieure de notre pensée. Illustrons ceci en revenant au rêve cité plus haut. Comme on s'en souvient, la scène de la pomme y symbolisait de façon typique la culpabilité érotique. La pensée abstraite se serait exprimée: « Je fais mal en agissant ainsi. » Il est caractéristique que le rêve ne s'exprime jamais de cette façon abstraite et logique, mais toujours à l'aide de paraboles et d'allégories. Cette particularité caractérise également les langues primitives; leurs tournures fleuries nous surprennent toujours. Dans les monuments des littératures antiques, les

[1] Voir en particulier les travaux de Frobenius.

[2] Voir *Métamorphoses de l'âme et ses symboles*, préface et traduction de Yves Le Lay, Georg, Genève, et Buchet-Chastel, Paris, 1953, 2e édition, 1973.

paraboles de la Bible, par exemple, ce qui est exprimé aujourd'hui par l'expression abstraite l'était alors par l'image figurée. Même un esprit aussi philosophique que Platon n'a pas craint de définir certaines idées fondamentales par le détour de symboles.

Notre corps conserve les traces de son développement phylogénétique; il en est de même de l'esprit humain. Il est donc possible de voir dans le langage allégorique de nos rêves un reliquat archaïque.

Le vol de la pomme de notre exemple est, en outre, un de ces motifs oniriques types, qui réapparaissent en multiples variations dans quantité de rêves. C'est en même temps un thème mythologique bien connu, que nous retrouvons non seulement dans le récit biblique, mais aussi en d'innombrables mythes et légendes, provenant de toutes les époques et de toutes les latitudes. Il constitue une de ces images universellement humaines, susceptibles de renaître, autochtones, en chacun de nous et en tout temps. La psychologie du rêve ouvre ainsi la voie à une psychologie comparative générale, dont nous pouvons attendre une compréhension du développement et de la structure de l'âme humaine, analogue à celle que nous a apportée l'anatomie comparée pour l'étude du corps humain.

Le rêve nous communique donc, en un vocabulaire symbolique, c'est-à-dire à l'aide de représentations imagées et sensorielles, des idées, des jugements, des conceptions, des directives, des tendances, etc., qui, refoulés ou ignorés, étaient inconscients. *Le rêve, dérivant de l'activité de l'inconscient, donne une représentation des contenus qui y sommeillent ; non pas de tous les contenus qui y figurent, mais seulement de certains d'entre eux qui, par voie d'association, s'actualisent, se cristallisent et se sélectionnent, en corrélation avec l'état momentané de la conscience.* Cette constatation est, au point de vue pratique, d'une grande importance. Si nous voulons interpréter un rêve correctement, il nous faut une connaissance approfondie de la situation consciente correspondante; le rêve nous en révèle la face inconsciente et complémentaire, c'est-à-dire qu'il contient les matériaux constellés dans l'inconscient, de par la situation consciente momentanée.

Si l'on n'est pas au courant des données conscientes, il est impossible d'interpréter un rêve de façon satisfaisante – exception faite, évidemment, des réussites dues au hasard. Illustrons ceci par un exemple:

Je reçois, un jour, un monsieur en première consultation. Il me déclare être curieux de sciences et s'intéresser également, d'un point de vue littéraire, aux choses de la psychanalyse. Il me dit qu'il est fort bien portant et qu'il ne me consulte pas en qualité de malade mais par pure curiosité psychologique; il ajoute être largement à son aise et jouir de nombreux loisirs, durant lesquels il s'adonne à ses multiples curiosités. Il désire faire ma connaissance pour que je l'introduise dans les arcanes de l'analyse et de sa théorie. Il regrette, d'ailleurs, de présenter lui, homme normal, si peu d'intérêt pour moi, habitué à avoir affaire à des « fous ». Il m'avait écrit quelques jours auparavant pour que je lui fixe un rendez-vous. Dans le courant de la conversation, nous en venons rapidement à parler des rêves et je lui demande s'il n'en a pas eu la nuit précédente. Il me répond affirmativement et me raconte ce rêve:

Je suis dans une pièce aux murs nus, où une personne, une sorte d'infirmière, me reçoit; elle veut me contraindre à m'asseoir à une table, sur laquelle se trouve un flacon de kéfir que je dois ingurgiter. Je désirais aller chez le docteur Jung, mais l'infirmière me répondit que j'étais dans un hôpital et que le docteur Jung n'avait pas le temps de me recevoir.

Le contenu manifeste du rêve montre, déjà, que la consultation projetée a entraîné l'inconscient à prendre position d'une façon que nous ne comprenons pas encore. Les associations sont les suivantes:

« Les murs nus »: – « Une espèce de salle d'attente glaciale, comme dans un édifice public; un bureau d'entrée dans un hôpital. Je n'ai jamais été dans un hôpital comme malade. »

« L'infirmière »: – « Elle était repoussante et louchait. Je me souviens d'une tireuse de cartes, qui était en même temps chiromancienne; je la consultais pour me faire prédire l'avenir. Durant une maladie j'eus une diaconesse comme infirmière. »

« Le flacon de kéfir »: – « Le kéfir me dégoûte. Je ne peux pas l'avaler. Ma femme en prend continuellement et je la taquine à cause de cela, car elle a la marotte de prétendre que l'on doit toujours faire quelque chose pour sa santé. Il me vient à l'esprit que j'ai séjourné dans un sanatorium – j'avais les nerfs épuisés – et il m'y fallait boire du kéfir. »

Ici je l'interrompis et lui demandai si sa névrose avait complètement disparu depuis; question fort indiscrète! Il essaya de l'éluder, mais il dut finalement avouer qu'il avait toujours bel et bien sa névrose, et que, en réalité, sa femme le pressait depuis longtemps de venir me consulter. Cependant, poursuivit-il, sa nervosité n'est pas telle qu'il ait besoin d'un traitement; il n'est tout de même pas « toqué », alors que je ne soigne que des détraqués. Ce qui l'intéresse c'est seulement de connaître mes théories psychologiques, etc.

Ces matériaux dévoilent dans quel sens le consultant falsifiait la situation. Il lui convenait de pénétrer chez moi en tant que philosophe et psychologue et de reléguer l'existence de sa névrose à l'arrière-plan. Le rêve, cependant, la lui rappelle de façon très désagréable et l'oblige à être franc. Il lui faut boire cette coupe jusqu'à la lie. La tireuse de cartes abat les jeux et lui dévoile ce qu'il attend, au fond, de moi. Comme le rêve le lui dit, il doit d'abord se soumettre à un traitement, avant de parvenir jusqu'à moi, c'est-à-dire d'entamer avec moi une controverse théorique.

Le rêve rectifie la situation. Il y ajoute ce qui en fait encore partie et il améliore ainsi l'attitude générale du patient. Voilà pourquoi nous avons besoin de l'analyse du rêve dans notre thérapeutique.

Je ne voudrais cependant pas que cet exemple donnât l'impression que tous les rêves sont d'une aussi grande simplicité ou d'un type analogue. A mon avis, il est vrai, tous les rêves ont une relation complémentaire avec les données conscientes, mais il s'en faut de beaucoup que, dans tous, cette fonction compensatrice apparaisse aussi clairement que dans notre exemple. Quoique le rêve contribue au gouvernement de l'individu par lui-même en rassemblant machinalement tout ce qui a été refoulé, négligé, ignoré, sa portée compensatrice n'en est pas moins souvent confuse pour nous, qui ne disposons que de connaissances très imparfaites sur la nature et les besoins de l'âme humaine. Car il existe des compensations psychiques fort lointaines. Rappelons-nous dans ces cas que l'homme, dans une certaine mesure, est un représentant de l'humanité tout entière et de son histoire. Ce qui fut possible en grand dans l'histoire de l'humanité peut se présenter, à l'échelle, dans l'individu. Celui-ci, dans certaines circonstances, éprouve les besoins qui tenaillèrent l'humanité. Il n'y a donc pas lieu d'être surpris, si les compensations religieuses jouent un grand rôle dans les rêves. Que cela se produise, et justement à notre époque peut-être avec une acuité particulière, n'est que la conséquence naturelle du réalisme immanent de notre vision du monde.

La conception de la portée compensatrice des rêves n'est ni une invention nouvelle, ni le produit artificiel d'une interprétation tendancieuse. Montrons-le grâce à l'exemple historique d'un rêve bien connu, figurant au chapitre IV des prophéties de Daniel: Nabuchodonosor, à l'apogée de sa puissance, eut, selon son propre récit, le rêve suivant [1]:

9. Voici les visions de mon esprit pendant que j'étais sur ma couche.
10. Je regardais, et voici, il y avait au milieu de la terre un arbre d'une grande hauteur.
11. Cet arbre était devenu grand et fort, sa cime s'élevait jusqu'aux cieux, et on le voyait des extrémités de toute la terre.
12. Son feuillage était beau, et ses fruits abondants; il portait de la nourriture pour tous; les bêtes des champs s'abritaient sous son ombre, les oiseaux du ciel faisaient leur demeure parmi ses branches, et tout être vivant tirait de lui sa nourriture.
13. Dans les visions de mon esprit, que j'avais sur ma couche, je regardais, et voici, un de ceux qui veillent et qui sont saints descendit des cieux.
14. Il cria avec force et parla ainsi: Abattez l'arbre, et coupez ses branches; secouez le feuillage, et dispersez les fruits; que les bêtes fuient de dessous, et les oiseaux du milieu de ses branches!
15. Mais laissez en terre le tronc où se trouvent les racines, et liez-le avec des chaînes de fer et d'airain, parmi l'herbe des champs. Qu'il soit trempé de la rosée du ciel, et qu'il ait, comme les bêtes, l'herbe de la terre pour partage.
16. Son cœur d'homme lui sera ôté, un cœur de bête lui sera donné; et sept temps passeront sur lui. [2]

Dans la deuxième partie du rêve l'arbre se personnifie, de sorte qu'il saute aux yeux que le grand arbre, c'est le roi rêvant. D'ailleurs Daniel interprète le songe ainsi. Il signifie, sans malentendu possible, une tentative de compensation du délire des grandeurs, qui, selon les textes, évolua en une aliénation mentale réelle. Cette conception, qui voit dans les phénomènes oniriques un processus de compensation, correspond, à mon avis, à la nature des faits biologiques en général: les théories freudiennes ont une tendance analogue, lorsqu'elles attribuent au rêve un rôle compensateur relatif au maintien du sommeil. Comme Freud l'a montré, nombreux sont les rêves où transparaissent les modalités selon lesquelles certaines excitations sensorielles, susceptibles d'arracher le dormeur à son sommeil, sont défigurées et amenées, dans leur

[1] Voir illustrations, dans : C. G. Jung, *La Guérison psychologique*, ouvrage cité, page 72.

[2] Traduction Louis Segond.

déguisement, à flatter la volonté de dormir et à affermir l'intention de ne pas se laisser déranger. De même, comme Freud l'a encore montré, il existe d'autres rêves très fréquents, où des stimulations perturbatrices intrapsychiques, comme l'apparition de représentations personnelles capables de déclencher des réactions affectives puissantes, sont travesties et enrobées dans un contexte onirique, qui estompe suffisamment l'acuité des représentations pour interdire les décharges affectives excessives.

Mais ceci ne doit pas nous empêcher de constater que ce sont *justement les rêves qui apportent le plus de dérangement au sommeil*; il en existe même – plus fréquents qu'on ne le pense – dont la structure dramatique amène, pour ainsi dire logiquement, un paroxysme affectif, paroxysme si parfaitement réalisé dans le rêve, que le dormeur se trouve forcément arraché à son sommeil par les émotions déchaînées. Freud explique ces rêves en disant que la censure n'est plus parvenue à réprimer l'émotion pénible. Il me semble que cette explication ne rend pas compte des faits. Tout le monde connaît ces rêves qui s'emparent avec évidence, et on ne peut plus mal à propos, des événements pénibles et des préoccupations de l'état de veille, pour en décrire avec une minutieuse clarté les aspects les plus importuns. Il serait à mon avis injustifié d'invoquer ici la protection du sommeil et l'inhibition des affects comme fonction du rêve. Retrouver confirmation de cette fonction dans ces rêves ne nécessite rien moins qu'un renversement radical de la réalité des faits. Ceci est vrai également dans les cas où des débordements imaginatifs, sexuels et refoulés, se pressent dans les images manifestes d'un rêve.

J'en suis donc venu à penser que la conception freudienne, qui ne distingue essentiellement dans les rêves que la réalisation de souhaits et la protection du sommeil, et trop étroite, alors que l'idée fondamentale d'une fonction biologique compensatrice est certainement à retenir. Cette fonction n'est que subsidiairement compensatrice par rapport au sommeil. Son objet principal c'est la vie consciente. *Les rêves se comportent comme des compensations de la situation consciente qui les a vus naître*. Ils protègent le sommeil dans la plus grande mesure possible, c'est-à-dire automatiquement, en réponse à l'influence et à l'emprise de cet état; mais ils savent aussi l'interrompre quand leur fonction le demande et quand leurs contenus qui font contrepoids ont une intensité suffisante pour en suspendre le cours. Un élément inconscient compensateur s'amplifie intensément, lorsqu'il a une importance vitale pour l'orientation de la conscience.

Dès 1906, j'ai attiré l'attention sur les relations compensatrices existant entre le conscient et les complexes autonomes [1] et souligné en même temps leur opportunité. Flournoy, simultanément et indépendamment de mes travaux, faisait de même.[2] De ces observations se dégage la possibilité de pulsions inconscientes orientées vers une fin. Mais soulignons que l'orientation finale de l'inconscient n'a rien de commun avec les intentions conscientes concomitantes; en règle générale même, la teneur de l'inconscient contraste avec l'état conscient; c'est en particulier le cas quand le comportement conscient suit une ligne de conduite par trop exclusive, qui menace de porter atteinte aux nécessités vitales du sujet. Plus l'attitude consciente est d'un extrémisme exclusif, s'éloignant ainsi des possibilités vitales optima, et plus il faut compter avec l'apparition possible de rêves vivaces et pénétrants, au contenu richement contrasté, mais judicieusement compensateur, *comme expression de l'autorégulation psychologique de l'individu.* De même que le corps réagit de façon adéquate à une blessure, à une infection ou à un mode de vie anormal, de même les fonctions psychiques réagissent à des troubles perturbateurs et dangereux par des moyens de défense appropriés. Le songe fait partie à mon avis de ces réactions opportunes, en introduisant dans la conscience, grâce à un assemblage symbolique, les matériaux constellés dans l'inconscient par les données de la situation consciente. On trouve dans ces matériaux inconscients toutes les associations que leur effacement rendait subliminales, mais qui cependant possèdent assez d'énergie pour se manifester durant le sommeil. Evidemment l'opportunité du songe et de ses images n'éclate pas aux yeux à première vue; l'analyse du contenu manifeste du rêve est nécessaire pour dégager les éléments compensateurs de son contenu latent. La plupart des réactions de défense du corps humain sont aussi de nature obscure et en quelque sorte indirecte; il a fallu des connaissances approfondies et des recherches précises pour mettre à jour leur rôle salutaire. Rappelons-nous la signification de la fièvre et des suppurations dans une blessure infectée.

[1] *Über die Psychologie der Dementia præcox* (Marhold, Halle, 1907).

[2] *Automatisme téléologique antisuicide.* Archives de psychologie, t. VII, Genève, 1908, page 113.

Les phénomènes psychiques compensateurs étant presque toujours essentiellement individuels, cette circonstance accroît beaucoup les difficultés rencontrées pour mettre en évidence leur nature compensatrice. Un débutant, en particulier, s'égarera facilement. L'on s'attendrait, par exemple, d'après la théorie des compensations, à ce qu'un sujet qui a une attitude exagérément pessimiste à l'égard de la vie, fasse des rêves sereins et optimistes. Cette attente ne se réalisera que si la personne est sensible à ces sortes d'encouragement. Mais si son tempérament y est rebelle, ses rêves, judicieusement, broieront du noir plus encore que ne le fait sa conscience. Ils appliquent le principe *similia similibus curantur*[1].

Il n'est donc pas facile de dégager les lois qui président à la compensation onirique. La compensation, dans son essence, est intimement liée à la nature tout entière de l'individu. Les compensations possibles sont innombrables et inépuisables bien qu'avec de l'expérience on finisse par voir se cristalliser certains principes fondamentaux.

Je ne prétends nullement, en proposant la théorie des compensations, qu'elle soit la seule dont le rêve soit justiciable, ou qu'elle rende complètement compte de *tous* les phénomènes de la vie onirique. Le rêve est une apparition extraordinairement complexe, aussi complexe et insondable que les phénomènes de conscience. Il serait bien hasardeux de prétendre expliquer tous les phénomènes conscients grâce à une théorie les ramenant, sans distinction, à la satisfaction de désirs ou d'instincts; il est de même tout aussi peu probable que les phénomènes oniriques se plient à une explication pareillement simpliste. Dans le même ordre d'idées, il ne nous sera pas davantage possible de nous borner à une conception des phénomènes oniriques, qui met seulement en relief leur rôle compensateur et secondaire par rapport aux contenus conscients. L'opinion générale, il est vrai, accorde à la conscience, pour ce qui est de l'existence même de l'individu, une portée autrement plus considérable qu'elle n'en impartit à l'inconscient. Mais cette opinion courante devra sans doute être soumise à une revision, car plus notre expérience s'enrichit, plus la certitude s'affermit que la fonction de l'inconscient jouit dans la vie de la psyché d'une importance que nous ne faisons encore qu'entrevoir. C'est justement l'expérience analytique qui décèle, d'une façon de plus en plus probante, les influences de l'inconscient sur la vie consciente de l'âme – interférences dont l'existence et la signification avaient

[1] Les semblables se guérissent par les semblables.

échappé jusqu'ici. Selon ma conviction, née d'une longue expérience et d'innombrables examens, l'activité générale de l'esprit et la productivité de la psyché sont probablement autant le fruit de l'inconscient que celui du conscient. Si cette vue est exacte, c'est non seulement la fonction inconsciente qui est compensatrice et relative par rapport à la conscience, mais aussi la conscience qui est subordonnée à la teneur inconsciente momentanément constellée. Ainsi le conscient n'aurait pas seul le privilège de l'orientation active vers un but et une intention; l'inconscient, dans certaines circonstances, serait également susceptible d'assumer une direction orientée vers une fin.

S'il en est ainsi, le rêve peut avoir, le cas échéant, la valeur d'une idée positive directrice, ou d'une représentation dirigée, d'une portée vitale supérieure aux ébauches conscientes correspondantes. Cette possibilité, qui à mon avis est réelle, s'accorde avec le *consensus gentium* [1], puisque la superstition de tous les peuples et de toutes les époques voit dans le songe un oracle révélateur de vérités futures. Si l'on néglige l'exagération et le fanatisme de représentations aussi universellement répandues, elles livrent toujours une parcelle de vérité. Maeder a énergiquement souligné l'activité prospective et finale du songe; elle se présente sous la forme d'une fonction inconsciente, appropriée, qui, d'ébauche en ébauche, prépare la solution de conflits et de problèmes actuels, et cherche à la représenter grâce à des symboles élus à tâtons [2].

Distinguons la fonction prospective du songe de sa fonction compensatrice. Cette dernière envisage l'inconscient dans sa dépendance du conscient, auquel il adjoint tout cet ensemble d'éléments, qui, à l'état de veille, n'ont pas atteint le seuil, pour des causes de refoulement, ou simplement parce qu'ils ne possédaient pas l'énergie nécessaire pour parvenir d'eux-mêmes jusqu'au conscient. Cette compensation représente une autorégulation fort appropriée de l'organisme psychique.

La fonction prospective, au contraire, se présente sous la forme d'une anticipation, surgissant dans l'inconscient, de l'activité consciente future; elle évoque une ébauche préparatoire, une esquisse à grandes lignes, un projet de plan exécutoire. Son contenu symbolique renferme, à l'occasion, la solution d'un conflit. Maeder

[1] Consentement unanime.

[2] Voir Maeder : *Sur le mouvement psycho-analytique*, L'Année psychologique, t. XVIII, Paris.

l'a illustré de façon lumineuse. La réalité des rêves prospectifs de cette nature est indéniable. Il serait injustifié de les qualifier de prophétiques, car ils le sont, au fond, tout aussi peu qu'un pronostic médical ou météorologique. Il ne s'agit là que d'une anticipation des probabilités, combinaison précoce qui peut, il est vrai, concorder à l'occasion avec le cours réel des événements, mais qui peut également ne pas concorder du tout, ou ne pas concorder en tous points. Ce n'est que s'il y a concordance jusque dans les moindres détails que l'on pourrait parler de prophéties. Les pronostics de la fonction prospective du rêve sont souvent franchement supérieurs aux conjectures conscientes ; l'on ne saurait s'en étonner puisque le rêve résulte d'un brassage d'éléments subliminaux, d'une conjonction de toutes ces sensations, de tous ces sentiments et de toutes ces pensées, qui, du fait de leur relief estompé, ont échappé à la conscience. En outre, le rêve dispose encore de traces de souvenirs inconscients, qui ne sont plus en état d'influencer efficacement la vie consciente. Le rêve est donc souvent, au point de vue pronostic, dans une situation beaucoup plus favorable que le conscient.

La fonction prospective forme à mon avis un attribut essentiel du rêve ; l'on fera cependant bien de ne pas la surestimer ; sinon l'on serait facilement tenté de voir dans le rêve une espèce de psychopompe qui, douée de sagesse supérieure, serait capable d'engager l'existence dans des voies infaillibles. Autant l'on sous-estime, d'une part, la portée psychologique du rêve, autant, d'autre part, le danger est grand, pour quiconque étudie les songes et pratique leur interprétation, de surestimer la validité de l'inconscient pour la vie réelle. Quoi qu'il en soit, l'expérience actuelle nous autorise à penser que l'inconscient n'est pas loin de posséder une importance sensiblement égale à celle du conscient. Il y a, sans aucun doute, des attitudes conscientes que l'inconscient surpasse, c'est-à-dire des attitudes conscientes tellement mal adaptées à la nature de l'individualité totale, que le comportement inconscient simultanément constellé en offre une expression bien supérieure. Mais ceci n'est pas monnaie courante ; bien souvent le rêve n'élargit la vie consciente que par la contribution de quelques fragments ; dans ce cas, l'attitude consciente est, d'une part, adaptée dans une mesure presque suffisante à la réalité, et, d'autre part, elle satisfait, à peu près, à la nature essentielle du sujet. Ne prendre plus ou moins exclusivement en considération dans ce cas que la perspective inconsciente fournie par le songe, en négligeant la situation consciente, serait de la dernière maladresse et aurait pour seul résultat de désaxer et de détruire l'activité consciente. Ce n'est qu'en présence d'un comportement conscient manifestement insuffisant et déficient que l'on est en droit d'attribuer à l'inconscient une validité supérieure. Une telle appréciation repose sur des critères dont la recherche pose un problème délicat. Il est manifeste que nous ne pourrons jamais apprécier la valeur d'une attitude consciente, en nous plaçant uniquement à un point de vue collectif. Cela nécessitera bien plus une étude approfondie de l'individualité en question, et ce n'est que grâce à une connaissance poussée du caractère individuel que nous pourrons déterminer dans quelle mesure l'attitude consciente est insuffisante. Si je fais porter l'accent sur la connaissance du caractère individuel, cela ne signifie point qu'il faille négliger totalement les exigences du point de vue collectif. Comme l'on sait, l'individu est conditionné autant par ses liens collectifs que par son individualité propre. Si l'attitude consciente est à peu près suffisante, le rêve aura une signification purement compensatrice. C'est ce cas qui constitue, sans doute, la règle pour l'homme normal, menant dans des circonstances normales une vie intérieure normale. Pour ces raisons, la théorie compensatrice me paraît fournir une formule exacte en général, et en accord avec les faits; elle confère au rêve une fonction compensatrice d'une grande importance pour l'autorégulation de l'organisme psychique.

Quand un individu s'écarte de la norme et que son attitude consciente, tant objective que subjective, devient de plus en plus inadaptée, la fonction de l'inconscient, d'habitude purement compensatrice, gagne en importance et prend rang de fonction prospective dirigeante, susceptible d'imprimer à l'attitude consciente un cours totalement différent, nettement préférable au cours précédent, comme Maeder l'a montré dans ses travaux déjà cités. Dans cette rubrique doivent figurer des rêves du genre de celui de Nabuchodonosor. Il est clair qu'ils se rencontrent chez des individus qui sont restés en deçà de leur propre valeur. Il est également clair que de semblables carences sont très fréquentes. C'est pourquoi il y a souvent lieu de considérer un rêve sous l'aspect de sa signification prospective.

Mentionnons maintenant une autre face de la question, qu'il ne faut pas négliger. Nombreuses sont les personnes dont l'attitude consciente, adaptée à l'ambiance extérieure, cadre mal avec le caractère personnel. Ce sont des individus dont l'attitude consciente et l'effort d'adaptation outrepassent les ressources individuelles: ils semblent meilleurs et plus précieux qu'ils ne sont. Cet excédent d'activité extérieure n'est évidemment jamais alimenté grâce aux seules facultés individuelles; ce sont en grande partie les réserves dynamiques de la suggestion collective qui y pourvoient. Ces personnes s'agrippent à un niveau plus élevé que celui qui leur revient de nature, grâce, par exemple, à l'efficacité d'un idéal commun, au rayonnement d'un avantage collectif ou au soutien aveugle de la société. Intérieurement, elles ne sont pas à la hauteur de leur situation extérieure, et c'est pourquoi, dans tous ces cas, l'inconscient joue le rôle négatif et compensateur d'une fonction réductrice. Il est clair qu'une réduction ou qu'une dépréciation représente, dans ces conditions, une compensation au point de vue de l'autorégulation de l'individu, et que cette réduction peut avoir un caractère éminemment prospectif (voir le rêve de Nabuchodonosor). Le mot « prospectif » évoque volontiers en nous l'image de quelque chose de constructif, de préparatoire et de synthétique. Ces rêves réducteurs nous obligent à séparer nettement la notion prospective de ces évocations, car ils ne sont, en fait, rien moins que préparatoires, constructifs ou synthétiques; le rêve réducteur, au contraire, désagrège, désunit, déprécie et même détruit et amoindrit. Ceci ne veut évidemment pas dire que l'assimilation d'un facteur de réduction doive forcément endommager l'individu tout entier; au contraire cette assimilation a souvent des suites hautement salutaires en s'attaquant seulement à l'attitude et non à la personnalité totale. Mais cette efficacité secondaire ne modifie en rien le caractère du rêve, réducteur et rétrograde en son essence, qu'il vaudrait mieux ne pas qualifier de « prospectif ». Il est, ainsi, à recommander, pour des motifs de clarté, d'appeler ces rêves des *rêves réducteurs*, et la fonction correspondante la *fonction réductrice de l'inconscient*, bien qu'au fond il s'agisse toujours de la même fonction de compensation. Habituons-nous donc à attendre, en fait, de l'inconscient une diversité d'aspects comparable à la richesse nuancée de la vie consciente. Il modifie ses apparences et ses fonctions tout autant que cette dernière, et c'est d'ailleurs pourquoi il est si délicat de donner une idée vivante de la nature de l'inconscient.

Ce sont les recherches de Freud qui, les premières, ont éclairé la fonction réductrice de l'inconscient, l'interprétation freudienne se limitant en général essentiellement aux bas-fonds sexuels infantiles, personnels et refoulés de l'individu. Des recherches ultérieures ont attiré l'attention sur les éléments archaïques, c'est-à-dire sur les survivances fonctionnelles, phylogénétiques, historiques et supra-individuelles qui dorment au sein de l'inconscient. Nous pouvons donc affirmer aujourd'hui, avec certitude, que la fonction réductrice du rêve actualise des matériaux qui sont composés essentiellement de désirs sexuels infantiles refoulés (Freud), de volonté de puissance infantile (Adler), et d'un reliquat d'instincts, de pensées et de sentiments archaïques et collectifs. La reproduction de tels éléments, lourds de désuétude, est d'une efficacité incomparable, lorsqu'il s'agit de saper une superbe disproportionnée, de rappeler à un individu la vanité du néant humain et de le ramener à son conditionnement physiologique, historique et phylogénétique. Le mirage d'une grandeur et d'une importance fallacieuses se dissipe au contact révélateur d'un rêve réductif; celui-ci analyse le comportement conscient avec un sens critique impitoyable, mettant au grand jour des matériaux accablants, caractérisés par un enregistrement parfait de toutes les petitesses et de toutes les faiblesses. C'est une impossibilité en soi de qualifier de prospectif un rêve de cette nature, puisque tout, jusqu'à la dernière fibre, y est rétrospectif et ramène à un passé que l'on croyait aboli depuis longtemps. Cette circonstance n'empêche évidemment le contenu onirique ni d'être compensateur par rapport aux faits de conscience, ni de posséder une orientation finaliste, car la tendance réductrice peut avoir à l'occasion un grand rôle à jouer dans l'adaptation de l'individu. Il n'en est pas moins vrai que le contenu onirique a un caractère réductif. Il arrive fréquemment que les malades éprouvent d'eux-mêmes spontanément la relation existant entre le texte onirique et la situation consciente; selon les sentiments que cette intuition leur inspire, ils verront dans le rêve un contenu prospectif, réductif ou compensateur. Cependant, cela ne se présente pas dans tous les cas et il nous faut même souligner qu'en général, précisément au début d'un traitement analytique, le malade a une tendance insurmontable, celle de s'entêter à concevoir les résultats de l'étude analytique de ses matériaux à travers la façon de voir pathogène (donc fausse), qui était la sienne jusqu'alors.

Ces cas exigent un certain soutien de la part du médecin, qui achemine son malade vers un stade où la compréhension exacte du songe est rendue possible.

Cette complication confère une importance capitale à l'idée que le médecin se fait de la psychologie consciente de son malade. Il ne faudrait pas imaginer que l'analyse des rêves soit purement et simplement l'application pratique d'une méthode dont on s'est approprié les tours de main; elle présuppose, au contraire, une connaissance intime des conceptions analytiques dans leur ensemble, une pénétration à laquelle on ne peut prétendre qu'en se faisant analyser soi-même. La plus grosse bourde, en effet, que puisse commettre, à l'occasion, un analyste, c'est de supposer chez l'analysé une psychologie parente de la sienne propre. Cette projection peut, une fois par hasard, se vérifier, mais la plupart du temps demeurera pure projection. Tout ce qui est inconscient est, par le fait même, projeté; c'est pourquoi l'analyste doit au moins prendre conscience des contenus principaux de son inconscient, afin que des projections inconscientes ne viennent pas altérer la clarté de son jugement. Quiconque analyse les rêves de tierces personnes ne devrait jamais perdre de vue qu'il n'y a pas de théorie simple des phénomènes psychiques, de leur nature, de leurs causes ou de leurs buts. Un critère général de jugement nous fait donc défaut. Nous savons qu'il existe des phénomènes conscients et inconscients, des phénomènes sexuels, intuitifs, intellectuels, moraux, esthétiques, religieux, volitifs, etc. Mais nous ne savons rien de certain sur leur nature. Nous savons seulement que l'étude de la psyché, à partir d'un point donné, et sous un angle bien défini, fournit des détails précieux certes, mais qui ne concourent jamais en une théorie justifiant l'emploi de méthodes déductives. Nous n'avons pas non plus de théories de l'inconscient qui, délimitant son contenu qualitatif, permettraient du même coup d'interpréter les images oniriques en harmonie avec des faits bien établis. L'hypothèse de la sexualité et de ses aspirations, celle de la volonté de puissance, sont des façons de voir qui ont leur valeur, mais auxquelles il faut faire le grief de ne rendre compte en aucune façon de la profondeur et de la richesse de l'âme humaine. Si nous disposions d'une théorie de cette envergure, nous pourrions nous contenter de l'apprentissage pour ainsi dire artisanal de la méthode; il ne s'agirait plus, alors, que de déchiffrer certains signes figurant des contenus codifiés correspondants; il suffirait pour cela de connaître par cœur des règles séméiologiques. L'appréciation exacte de la situation consciente serait aussi superflue que lors d'une ponction lombaire. Mais, pour le malheur des spécialistes surmenés de notre époque, l'âme se montre de prime abord réfractaire à toute méthode qui cherche et se borne à la saisir sous *l'un* de ses aspects, à l'exclusion de tous les autres.

Nous ne savons actuellement que peu de chose des contenus de l'inconscient: ils sont subliminaux et complémentaires par rapport au conscient, donc essentiellement relatifs. C'est pourquoi l'on ne comprendra un rêve qu'en fonction de la situation consciente.

Les rêves réducteurs, prospectifs, bref compensateurs, sont loin d'épuiser l'abondance des significations possibles. Il existe une sorte de rêve que l'on peut appeler tout simplement un *rêve réactif.* L'on serait tenté d'introduire dans cette rubrique tous les rêves qui paraissent n'être dans l'ensemble que la reproduction d'un épisode puissamment affectif de la vie consciente. Mais l'analyse de ces rêves dévoile rapidement les motifs profonds qui ont valu à ces expériences une reproduction fidèle en songe. Il s'en dégage, en effet, que les péripéties vécues possèdent, outre les aspects escomptés, un côté révélateur et symbolique qui avait échappé au sujet et qui entraîne la reproduction onirique. Ces rêves ne sont donc pas ici à leur place. Doivent y figurer seulement ceux où certains faits objectifs ont créé un traumatisme psychique, dont les aspects, non purement psychiques, sont caractérisés en même temps par une lésion physique du système nerveux. Ces cas de chocs violents furent très nombreux du fait de la guerre; l'on doit s'attendre en leur présence à de nombreux rêves réactifs purs, dans lesquels le traumatisme forme la composante plus ou moins déterminante.

Il peut être important pour l'activité globale de l'âme, que l'élément traumatique, petit à petit, grâce à une réactivation fréquente, perde de son autonomie, et qu'il reprenne ainsi son rang dans la hiérarchie psychique; il serait cependant erroné d'appeler compensateur un tel rêve qui, au fond, n'est que la répétition du traumatisme. Le rêve semble bien restituer un élément autonome qui s'est séparé du reste de la psyché, mais il apparaît bientôt que l'assimilation consciente de celui-ci n'atténue en rien l'ébranlement générateur. Le rêve continue ses « reproductions » comme devant; l'élément traumatique, étant devenu autonome, poursuit son activité de lui-même, jusqu'à l'extinction du *stimulus* traumatique. « Réaliser » consciemment auparavant de quoi il s'agit ne sert à rien.

Dans la pratique, il n'est pas aisé de décider si un rêve est dû à un traumatisme ou s'il reproduit symboliquement une situation traumatisante. L'analyse peut trancher la question: l'interprétation exacte de la scène traumatisante en interrompt aussitôt la répétition, alors qu'une reproduction réactive n'en est pas le moins du monde affectée.

Il est évident que nous rencontrons les mêmes rêves réactifs *au cours d'états physiques pathologiques*, de vives douleurs, par exemple, influençant très fortement le déroulement du rêve. A mon avis, les excitations somatiques n'ont qu'exceptionnellement une portée déterminante. En général, elles sont intégrées dans l'expression symbolique de l'élément inconscient, source du rêve; autrement dit elles sont utilisées comme moyens d'expression. Il n'est pas rare que les rêves trahissent une combinaison symbolique, intime et singulière, entre une maladie physique indéniable et un problème psychique donné, le malaise corporel semblant quasiment être l'expression mimique de la situation psychique. Je cite cette particularité plus pour être complet que pour m'attarder dans ce domaine riche en énigmes. Il me semble cependant qu'il existe entre les troubles physiques et psychiques certaines corrélations dont on sous-estime en général la portée; portée qui, d'autre part, est démesurément exagérée par certains groupements, qui ne veulent voir dans le trouble physique qu'une expression du trouble psychique, comme c'est par exemple le cas pour les adeptes de la Christian Science. Si je fais ici cette constatation, c'est que les rêves apportent des éclaircissements d'un puissant intérêt sur la question de la collaboration fonctionnelle du corps et de l'âme.

Bon gré mal gré il nous faut, par ailleurs, accorder au *phénomène télépathique* le rang de déterminante possible du rêve. L'on ne saurait aujourd'hui douter de la réalité générale de ce phénomène. Il est évidemment bien simple, en se refusant à l'examen des matériaux qui en témoignent, de nier son existence; mais c'est là une attitude bien peu scientifique, qui ne mérite aucune considération. J'ai eu l'occasion de constater que les phénomènes télépathiques exercent également une influence sur les rêves; depuis les temps les plus reculés nos ancêtres l'affirmaient. Certaines personnes sont à ce point de vue particulièrement réceptives et ont fréquemment des rêves d'un caractère télépathique marqué. Reconnaître, de fait, le phénomène télépathique ne signifie point que l'on reconnaît sans condition les conceptions théoriques courantes sur la nature de l'*action à distance*. Le phénomène existe sans aucun doute possible, mais sa théorie me paraît devoir être exceptionnellement compliquée. Dans tous les cas il faut tenir compte de la possibilité d'associations concordantes, de déroulements psychiques parallèles qui, comme on l'a montré, jouent un grand rôle, particulièrement au sein d'une même famille, où ils se manifestent, entre autres, par une similitude ou une ressemblance étroite des façons d'être.[1] Il faut de même tenir compte des *cryptomnésies*, facteur que Flournoy a, pour sa part, mis en relief[2], et qui est susceptible d'occasionner, le cas échéant, les phénomènes les plus étonnants et les plus baroques. Les matériaux subliminaux se manifestant dans le rêve, rien d'étonnant à ce que la cryptomnésie y surgisse parfois de façon souveraine. J'ai eu l'occasion d'analyser assez souvent des rêves télépathiques, la signification télépathique de certains d'entre eux étant inconnue au moment de l'analyse. Celle-ci dégageait des matériaux subjectifs, au même titre que tout autre rêve, et de ce fait le rêve avait une signification en harmonie avec la situation momentanée du sujet. L'analyse ne donnait en rien à penser que le rêve fût télépathique. Je n'ai jusqu'à présent jamais rencontré de rêve dont la teneur télépathique ait résidé avec certitude dans les matériaux associatifs glanés au cours de l'analyse (c'est-à-dire dans le contenu latent du rêve). Elle résidait toujours *dans la forme manifeste du rêve.*

La littérature des rêves télépathiques ne cite en général que ceux au cours desquels un événement particulièrement affectif se trouve anticipé de façon « télépathique » dans le temps ou dans l'espace; donc seulement ceux dont l'événement possède, en quelque sorte, un retentissement humain (par exemple un décès) qui en explique ou au moins en aide à comprendre le pressentiment, ou la perception à distance. Les rêves télépathiques qu'il me fut donné d'observer correspondaient en majorité à ce type. Un petit nombre, par contre, se singularisaient par *un contenu* manifeste du rêve où la constatation télépathique avait trait à des choses totalement dénuées d'intérêt, par exemple au visage d'un personnage inconnu et indifférent, à un assemblage de meubles dans un endroit et dans des conditions indifférentes, à l'arrivée d'une lettre banale, etc. En constatant ici l'absence d'intérêt, je veux simplement dire

[1] Voir ci-dessus, page 162.

[2] *Des Indes à la planète Mars*, Editions Atar, Genève, 1900, et *idem : Nouvelles observations sur un cas de somnambulisme avec glossolalie*, Archives de psychologie, t. I, 1901.

que ni par les interrogations habituelles, ni par l'analyse je n'ai rencontré d'élément dont l'importance aurait « justifié » le phénomène télépathique. Devant ces cas, l'on est encore plus porté qu'en présence des cas cités plus haut à penser au prétendu hasard. Malheureusement ces hasards hypothétiques apparaissent chaque fois comme un *asylum ignorantiae*, comme un cache-misère. Personne ne songera à nier l'existence de hasards infiniment curieux, mais que le calcul des probabilités fasse prévoir leur retour, voilà qui fait mal présager de la nature de ces prétendus hasards. Certes, je ne professerai jamais que les lois qui les régissent soient « supranormales ». Je dis seulement qu'elles sont inaccessibles à notre savoir balbutiant. Ainsi, les teneurs télépathiques si discutées possèdent un caractère de réalité qui met au défi toutes les prévisions du sens commun. N'embrassant aucune conception théorique au sujet de ces phénomènes, je crois qu'il est bon cependant d'en reconnaître et d'en souligner la réalité. Pour les recherches oniriques, ces considérations représentent un enrichissement.

En opposition à l'*opinion freudienne* bien connue, selon laquelle le rêve, dans son essence, n'est que la réalisation d'un désir, je prétends avec mon ami et collaborateur A. Maeder que le rêve est *une autoreprésentation, spontanée et symbolique, de la situation actuelle de l'inconscient*. Notre conception s'apparente ici à celle de Silberer [1]. Cette concordance est d'autant plus réjouissante qu'elle est le résultat de travaux indépendants les uns des autres.

Notre conception s'oppose, à première vue, à la formule freudienne par son renoncement délibéré à exprimer quoi que ce soit sur le sens du rêve. Elle avance seulement que le rêve est une représentation symbolique des contenus inconscients. Elle ne discute pas la question de savoir si ces contenus sont ou ne sont pas toujours des vœux réalisés. Des recherches ultérieures, comme Maeder l'a expressément rapporté, nous ont montré clairement que le langage sexuel des rêves ne saurait être toujours soumis au malentendu d'une acception concrète [2]; ce langage sexuel est un langage archaïque qui est naturellement plein des analogies les plus immédiates sans se superposer pour cela chaque fois à une

[1] Voir les travaux de Silberer sur « la Formation des symboles », *Jahrbuch für psychoanalytische und psychopathologische Forschungen*, volumes III et IV, Franz Deuticke, Leipzig und Wien, 1912.

[2] Nous nous rencontrons ici avec Alfred Adler.

allusion sexuelle active. C'est pourquoi il est injustifié de prendre le langage sexuel du rêve dans son acception concrète, alors que d'autres contenus sont décrétés symboliques. Dès que les expressions sexuelles du langage onirique sont conçues comme les symboles de choses infiniment plus complexes, il se dégage aussitôt une conception autrement profonde de la nature du songe. Maeder l'a fort joliment décrit grâce à un exemple pratique donné par Freud [1]. Tant qu'on s'obstine à voir dans le langage sexuel du rêve son seul concrétisme, on en reste forcément à des solutions immédiates, extérieures et concrètes, ou à l'inaction correspondante, faite soit de résignation opportune, soit de paresse et de lâcheté habituelles. Mais il ne saurait y avoir ni réalisation mentale du problème, ni formation d'une attitude à son égard. Au contraire l'abandon conséquent du malentendu concrétiste y conduit aussitôt. Celui-ci réside, comme nous l'avons vu, dans une acception littérale du langage sexuel inconscient et dans un rapprochement entre les personnages oniriques et des personnes réelles. Nous sommes naturellement portés à supposer que le monde est comme nous le voyons; avec une égale légèreté, nous supposons que les hommes sont comme nous nous les figurons; ceci en l'absence de toute physique qui nous démontrerait le caractère adéquat de la représentation et de la réalité. Quoique la possibilité d'erreur grossière y soit beaucoup plus considérable que pour les perceptions des sens, nous n'en projetons pas moins, sans la moindre gêne, et ordinairement avec une irréflexion totale, notre propre psychologie dans autrui. Chacun se crée ainsi un ensemble de relations plus ou moins imaginaires, reposant uniquement sur des projections de cette sorte. Chez les névrosés, fréquents sont les cas où des projections fantastiques constituent les seules voies possibles de relations humaines. Un individu que je perçois essentiellement grâce à ma projection est une *imago* ou un *porteur d'imago ou de symbole.* Tous les contenus de notre inconscient sont constamment projetés dans notre entourage, et ce n'est que dans la mesure où nous discernons nos propres projections, nos *imagines*, dans certaines particularités des objets, que nous parvenons à les différencier des attributs réels de ceux-ci. Quand nous ne sommes pas conscients de l'origine projective de telle qualité perçue dans l'objet, nous

[1] *Jahrbuch für psychoanalytische Forschungen*, ouvrage cité, volume V, 1913, page 675.

n'avons d'autre ressource que de croire sans examen à l'appartenance réelle à l'objet de cette qualité surprenante. Toutes nos relations humaines fourmillent de pareilles projections; et quiconque ne pourrait, dans sa sphère personnelle, se représenter clairement ce que nous voulons dire, n'aurait qu'à songer à la psychologie de la presse chez les belligérants. *Cum grano salis*, l'on voit toujours ses propres fautes inavouées chez l'adversaire. Les polémiques personnelles nous en fournissent des exemples frappants. Quiconque ne possède pas un rare degré de maîtrise de soi ne planera pas au-dessus de ses projections. La projection des contenus inconscients est une donnée naturelle, normale. Cela crée chez l'individu relativement primitif cette fusion caractéristique avec l'objet que Lévy-Bruhl a désignée avec pertinence du terme *d'identité* ou *de participation mystique* [1]. Ainsi tout contemporain normal, qui n'a pas, plus que de coutume, pris conscience de lui-même, est lié à son entourage par tout un système de projections inconscientes. Le caractère de contrainte qui marque ces relations, leur aspect « magique » ou « mystique-impératif » demeure inconscient tant que « tout va bien ». Mais que survienne une démence paranoïaque, et toutes ces interdépendances inconscientes, d'origine projective, apparaîtront sous forme d'autant d'idées obsédantes paranoïaques [2]; elles sont agrémentées, en règle générale, des matériaux inconscients, qui, notons-le, constituaient déjà durant l'état normal le contenu de ces projections. Ainsi tant que l'élan vital, la *libido*, peut utiliser ces projections comme des passerelles agréables et utiles, reliant l'individu et le monde, ces projections représentent des facilités positives pour la vie. Mais dès que la libido choisit une autre voie, et dès qu'elle commence à se retirer des liens projectifs antérieurs, les projections existantes agissent alors comme des obstacles à peine surmontables, en entravant avec efficacité toute émancipation véritable des objets devenus inactuels. Un phénomène caractéristique apparaît alors: le sujet s'efforce de dévaloriser et de ravaler de son mieux les objets précédemment adorés, afin de parvenir à en libérer sa libido. Mais comme l'identité

[1] Lévy-Bruhl, *Les Fonctions mentales dans les sociétés inférieures*, Alcan, Paris, 1912.

Voir aussi ci-dessus page 162. (NdT)

[2] Le paranoïaque, en bref, c'est le malade qui se sentant – à tort – poursuivi devient lui-même « poursuiveur ». (NdT)

précédente repose sur la projection de contenus subjectifs, une séparation pleine et entière ne peut avoir lieu que si le sujet reprend possession de l'*imago* portée par l'objet, avec toute sa signification. Ce retour au détenteur se produit quand celui-ci prend conscience du contenu inconscient projeté, c'est-à-dire quand il reconnaît consciemment la « valeur symbolique » de l'objet en question.

Les projections dont nous venons de parler sont très fréquentes; cela est certain, aussi certain que la méconnaissance systématique de leur nature projective. L'on ne saurait être surpris, en présence de ces faits, de voir le sens commun, naïf, supposer en toute bonne foi et de prime abord que, quand on rêve de Monsieur X, cette image onirique « Monsieur X » est identique avec le Monsieur X de la réalité. Ce parti pris simpliste est bien en accord avec l'absence générale d'esprit critique; on ne voit aucune différence entre l'objet en soi et la représentation que l'on s'en fait. Considérée d'un œil tant soit peu critique – personne ne le niera – l'image onirique n'a qu'un rapport tout extérieur et fort ténu avec l'objet qu'elle paraît désigner. En réalité, cette image est un complexe de facteurs psychiques, complexe qui s'est formé entièrement – grâce, il est vrai, à certaines sollicitations extérieures – au sein de l'individu intime, et qui par suite se compose en substance de facteurs subjectifs, fort caractéristiques pour l'individu lui-même, mais qui n'ont souvent absolument rien à faire avec l'objet réel désigné. Nous comprenons toujours autrui comme nous nous comprenons nous-mêmes ou du moins comme nous cherchons à nous comprendre. Ce que nous ne comprenons pas en nous-mêmes nous ne le comprenons pas chez les autres et inversement. Ainsi, pour des raisons dont on n'a que l'embarras du choix, l'image d'autrui que nous portons en nous est en général hautement subjective. Comme l'on sait, même une connaissance intime ne saurait impliquer une appréciation d'autrui à son exacte valeur.

Dès qu'on s'aventure, comme le fit l'école freudienne, à trouver « impropres » et « symboliques » certains contenus manifestes du rêve, et à décréter que le rêve, évoquant – il est vrai – un clocher d'église, désigne cependant le phallus, nous n'avons plus qu'un pas à faire pour dire, à notre tour, que le rêve parle souvent « sexualité », sans désigner pour autant chaque fois *la* sexualité. Et de même que l'école freudienne n'hésite pas, à juste titre, à dire que le rêve parle du Bon Dieu pour désigner le père, de même nous disons que le rêve parle souvent du père, en faisant allusion, au fond, au rêveur lui-même. Nos *imagines* sont les parties intégrantes de notre âme, et quand notre rêve reproduit d'aventure quelques représentations, celles-ci sont avant tout *nos* représentations, à l'élaboration desquelles la totalité de notre être a contribué; ce sont des facteurs subjectifs, qui, dans le rêve, non pour des motifs extérieurs, mais de par les mouvements les plus ténus de notre âme, se groupent de telle ou telle façon, exprimant tel sens ou tel autre. Toute cette genèse est essentiellement subjective, et le rêve est ce théâtre où le rêveur est à la fois la scène, l'acteur, le souffleur, le régisseur, l'auteur et le critique. Cette vérité si simple forme la base de cette conception de la signification onirique que j'ai désignée sous le terme *d'interprétation sur le plan du sujet* [1]. Cette interprétation, comme son nom l'indique, voit dans toutes les figures du rêve des traits personnifiés de la personnalité du rêveur. Cette conception n'a pas été sans rencontrer certaines résistances. Les arguments des uns reposent sur les prémisses naïves de la mentalité normale courante, dont nous venons de parler; ceux des autres proviennent de la question de principe de savoir lequel du *plan du sujet* ou du *plan de l'objet* est le plus important. En vérité, la vraisemblance théorique du « plan du sujet » me paraît inattaquable. Le deuxième problème, en revanche, est notablement plus épineux, l'image en moi d'un objet étant à la fois élaborée subjectivement et conditionnée objectivement. Donc, quand j'en reproduis l'image en moi, celle-ci est soumise à un double conditionnement, tant subjectif qu'objectif. Pour trancher, dans chaque cas d'espèce, quel est l'aspect qui prédomine et qu'il faut principalement retenir – il ne peut s'agir évidemment que d'une prévalence – il faut rechercher si c'est à sa signification subjective ou à sa signification objective que l'image doit d'être reproduite. Quand je rêve, par exemple, d'une personne avec laquelle en réalité je suis intimement et vitalement lié, l'interprétation sur le plan de l'objet est certainement la plus proche. Quand, par contre, je rêve de façon affective d'une personne qui, dans la réalité, m'est aussi lointaine qu'indifférente, c'est l'interprétation sur le plan du sujet qui paraît la plus à propos. Il est possible cependant – et ce cas est même très fréquent dans la pratique –

[1] Voir aussi C. G. Jung, *Psychologie de l'inconscient*, préface et traduction du Dr Roland Cahen, Georg, Genève, et Buchet-Chastel, Paris, 3e édition, 1973. (NdT)

que la personne indifférente me fasse aussitôt songer à une autre personne avec laquelle je suis lié par des liens affectifs intenses. Autrefois on aurait pensé: la personne indifférente s'est substituée à l'autre afin d'exclure la gêne qui s'attache à celle-là. Je recommande dans ce cas de suivre avec sagesse la voie de la nature et de dire: la réminiscence manifestement affective a cédé la place dans le rêve à ce Monsieur X, indifférent, ce qui suggère l'interprétation du rêve sur le plan du sujet. En effet, le remplacement est un travail du rêve qui équivaut en fait à un refoulement de la réminiscence désagréable; mais si cette réminiscence se laisse mettre de côté si facilement, c'est qu'elle ne possède pas une importance de premier plan. Son remplacement me montre que cet affect existe en moi, indépendamment de l'objet à l'égard duquel il s'exerçait et que, dans ce sens, il peut être dépersonnalisé. Je puis donc me situer en marge de mon affect et ainsi le surmonter. Ce serait retomber dans l'imbrication affective personnelle que d'amoindrir la dépersonnalisation heureusement survenue dans le rêve, en la traitant de simple refoulement. Il est plus judicieux d'estimer que la substitution réussie de la personne indifférente à la personne désagréable est équivalente à une dépersonnalisation de mon affect. Par ce fait même, la valeur affective, c'est-à-dire la masse libidinale correspondante, est devenue impersonnelle; en d'autres termes, elle est libérée de la liaison personnelle qui la fixait à son objet, ce qui me permet dorénavant d'élever sur le plan du sujet le conflit réel antérieur et de chercher à comprendre dans quelle mesure il ne constitue qu'un conflit subjectif, relevant uniquement de moi seul. Citons pour plus de clarté un court exemple:

J'eus autrefois, avec un Monsieur A, un conflit personnel et pénible au cours duquel je me persuadai de plus en plus que les torts principaux étaient de son côté. J'eus à cette époque le rêve suivant:

J'ai consulté un avocat au sujet d'une certaine affaire; à mon grand étonnement il n'exige pas moins de cinq mille francs pour la consultation, ce qui suscite de ma part des protestations énergiques.

L'avocat est une réminiscence incolore et sans relief de ma vie d'étudiant, dont les années furent marquées par force disputes et controverses. La brusquerie de l'avocat me fait penser avec emportement à la personnalité de A et au conflit en cours. Je puis demeurer sur le plan de l'objet et dire : derrière l'avocat s'embusque Monsieur A, donc c'est Monsieur A qui cherche à m'exploiter et il est dans son tort. Un étudiant sans ressources m'avait prié, vers la même époque, de lui prêter cinq mille francs. Monsieur A est assimilé à un pauvre étudiant nécessiteux et, en outre, incompétent, puisqu'il débute dans les études. De quel droit un tel individu s'arrogerait-il des prétentions et émettrait-il des opinions ? Voilà qui comblerait mes désirs : mon adversaire, déprécié « en douceur », serait « mis au rancart » et ma quiétude sauvegardée. En réalité, contre toute attente, j'étais arraché par la fin de ce rêve au sommeil et je me réveillais en proie à une colère violente au sujet des prétentions abusives de l'avocat. La réalisation de mon désir m'avait donc bien peu tranquillisé.

Passons maintenant au plan du sujet; je dis alors : derrière l'avocat se profile certainement toute cette désagréable affaire A. Mais il est remarquable que mon rêve aille chercher et mette en avant cette pâle silhouette de juriste, entrevue durant ma vie d'étudiant. A l'avocat j'associe : disputes procédurières, ergotage, entêtement à avoir raison, à avoir toujours raison – et ceci évoque des souvenirs de ma vie d'étudiant, au cours de laquelle, entêté et buté, je défendais souvent ma thèse, avec et sans raison, arguant d'une apparence de droit pour conquérir au moins un semblant de supériorité. Tout ceci n'a pas été, je le sens très nettement, sans jouer un certain rôle dans mon différend avec Monsieur A.

Ainsi, ce serait donc moi-même, c'est-à-dire un élément de mon moi encore inadéquat à ma réalité présente, qui, raisonneur comme alors, cherche à me dominer, à m'exploiter à son profit, à accaparer comme par chantage une masse illégitime de libido. Si le litige avec Monsieur A s'éternise, c'est que mon moi raisonneur se refuse à abandonner la partie avant d'avoir obtenu « juste satisfaction ». Le plan du sujet nous a aiguillés vers une conception lourde de sens, tandis que l'interprétation sur le plan de l'objet demeurait infructueuse, car peu m'importe la démonstration illusoire que les rêves réalisent nos désirs.

Si lumineuse que soit l'interprétation sur le plan subjectif dans un cas semblable, elle peut n'en être pas moins totalement sans valeur dans un conflit différent, où une relation d'importance vitale est en jeu. Dans ces cas, il faut évidemment rapporter le personnage onirique à la personne ou à l'objet réel. Les critères à appliquer se dégagent, dans chaque cas d'espèce, des données conscientes, exception faite des cas où un transfert entre en jeu. Le *transfert* [1] détermine très facilement des erreurs de jugement qui font de temps en temps apparaître le médecin comme un *deus ex machina*, hors duquel il n'y a ni salut, ni réalité. C'est là ce qu'est le médecin pour son malade. Le médecin doit, dans ces cas, décider, en toute conscience et en toute indépendance, dans quelle mesure il représente vraiment un problème réel pour son patient. Dès que le plan objet devient monotone et infructueux pour l'interprétation, il est temps de voir dans la personne du médecin le symbole des contenus inconscients et projetés du patient. Si l'analyste ne se livre pas à ce travail, il est exposé à une double éventualité : soit dévaloriser et ainsi détruire le transfert en le ramenant à des vœux infantiles, soit, au contraire, prendre le transfert au pied de la lettre et se sacrifier à ses exigences (en dépit souvent des résistances inconscientes du malade). Cette deuxième éventualité n'est pas sans entraîner de graves dommages pour les deux partenaires, le plus gravement atteint étant en général le médecin. Si, au contraire, on parvient à concevoir pour l'interprétation le personnage du médecin comme un élément de l'équation personnelle du patient, si on parvient à l'élever sur le plan du sujet, tous les contenus subjectifs projetés durant le transfert peuvent faire retour au malade avec leur valeur originelle, alors que sur le plan de l'objet leur sort inévitable était d'être dégradés.

Sans doute, le lecteur qui n'est point un spécialiste de l'analyse n'appréciera pas outre mesure ces digressions sur le plan du sujet et le plan de l'objet. Mais plus on approfondit les problèmes soulevés par le rêve et moins il est possible d'écarter les points de vue techniques de la pratique et du traitement. Car il a fallu, pour que l'on progresse dans ce domaine, la cruelle et inéluctable contrainte qui émane toujours, pour le médecin, d'un cas difficile et qui lui fait sans relâche songer à perfectionner ses moyens d'action, afin de pouvoir être, dans ces cas-là aussi, d'une aide secourable. Nous sommes redevables aux difficultés du traitement quotidien de nos malades d'être acculés à des conceptions qui ébranlent jusqu'aux fondements de notre mentalité courante. Quelle vérité de La Palice que de parler de la subjectivité d'une *imago* ! Pourtant cette constatation a un je ne sais quoi de philosophique qui sonne

[1] Voir C. G. Jung : *La Guérison psychologique*, ouvrage cité, et *La Psychologie du transfert*, Albin Michel, Paris, 1980. (NdT)

mal aux oreilles de certains empiristes. Cela résulte, comme nous l'avons montré plus haut, de l'attente irréfléchie qui identifie sans recours l'*imago* et son objet. Toute perturbation apportée à une présupposition aussi immédiate a le don d'irriter. Pour la même raison, l'idée d'un « plan du sujet » attire peu de sympathie, car elle bouleverse aussi le postulat candide de l'identité des contenus de la conscience et des objets correspondants. Un des aspects de notre mentalité, comme les événements en temps de guerre le montrent éloquemment, se révèle dans les jugements, marqués au coin d'une naïveté outrancière, que nous portons sur l'adversaire, et qui, émis par nous, relatent et trahissent, par une espèce de renversement, la mesure de notre propre incurie; on accable au fond tout simplement son adversaire de tous les manquements que l'on n'ose s'avouer à soi-même. La poutre est toujours dans l'œil du voisin; c'est toujours le voisin que l'on critique et que l'on condamne; c'est toujours lui que l'on aspire à éduquer et à améliorer. Inutile de donner ici des exemples; la presse en fourmille journellement. Il va de soi que ce qui s'y déroule en grand se retrouve en plus petit chez chacun. Notre mentalité est encore si primitive, qu'elle ne s'est libérée qu'en quelques rares fonctions, et qu'en quelques domaines bien circonscrits, de l'identité originelle avec l'objet. Le primitif joint à un minimum de conscience de soi, un maximum de compénétration avec l'objet, qui est susceptible d'exercer sur lui sa magie contraignante. Toute la magie et toute la religion primitive reposent sur ces influences et interférences magiques, qui émanent de l'objet et dont il ne faut chercher l'origine que dans des projections sur l'objet de contenus inconscients. La conscience de soi au cours des millénaires s'est peu à peu dégagée d'un état d'identité originelle; elle a progressé parallèlement à une différenciation toujours plus poussée du sujet et de l'objet. Cette différenciation suggéra que certaines propriétés, attribuées dans le passé par erreur à l'objet, relevaient en réalité du sujet. Les Romains avaient cessé de croire qu'ils étaient des perroquets rouges ou qu'ils appartenaient au totem du crocodile, mais ils continuaient à croire à la force magique du verbe. Sous ce rapport, il a fallu attendre jusqu'au XVIIIe siècle, le « siècle des lumières », pour que fût accompli le pas décisif. Nul n'ignore d'ailleurs que nous sommes encore fort éloignés d'une maîtrise de nous-mêmes correspondant à notre savoir actuel. Lorsque la colère, à propos d'une futilité, nous étreint jusqu'à l'emportement, il ferait beau voir que le motif de notre fureur ne résidât pas tout entier dans telle chose agaçante ou tel individu insupportable. Partant, nous attribuons à ces choses la puissance de nous mettre hors de nous, voire de nous infliger insomnies et lourdeurs d'estomac. Nous pestons donc, sans gêne et sans réserve, contre cette détestable pierre d'achoppement, injuriant de ce fait une partie inconsciente de nous-mêmes, qui se trouve projetée dans l'élément perturbateur. Notre colère n'a pu prendre corps qu'en vertu de cette projection.

Semblables projections sont légions. Les unes sont favorables, facilitant comme un pont entre deux rives le passage de la libido; d'autres sont défavorables, sans aller pratiquement pourtant jusqu'à former des entraves, car les projections péjoratives sont en général localisées hors du cercle des relations intimes. Le névrosé, toutefois, fait exception: il entretient avec son entourage, consciemment ou à son insu, des relations d'une intensité telle qu'il ne parvient pas à empêcher les projections néfastes de se nicher, elles aussi, dans les objets les plus voisins, où elles ne laissent pas de susciter des conflits. Ceci le met en demeure de se rendre compte de ses projections primitives avec une acuité bien plus intense que ne l'a jamais fait l'homme normal. Celui-ci cultive, il est vrai, les mêmes projections, mais elles sont mieux réparties: l'objet des projections favorables est proche, celui des projections péjoratives se trouve situé à plus grande distance. Il en est de même, comme l'on sait, chez le primitif: étranger, pour lui, est synonyme d'ennemi et de mauvais. Chez nous, jusqu'à la fin du moyen âge, « l'étranger » (Fremde) et « la misère » (Elend) étaient des termes identiques. Cette localisation, cette répartition joint l'utile à l'agréable; c'est pourquoi l'individu normal n'éprouve nul besoin de rendre conscientes ses projections, quoique cet état, fait d'illusions, ne soit pas dépourvu de dangers. La psychologie de la guerre a fortement accusé tous ces traits: tout ce que notre propre nation fait est bien fait, tout ce que les autres nations font est mal. Le centre de toutes les infamies se trouve toujours à une distance de plusieurs kilomètres derrière les lignes ennemies. Cette psychologie primitive est aussi celle de chacun en son particulier; c'est pourquoi toute tentative d'élever à la conscience ces projections, inconscientes de toute éternité, se heurte à une antipathie active. Il est certain que nous serions heureux d'améliorer nos relations avec nos congénères, mais évidemment à la condition qu'ils comblent nos attentes, c'est-à-dire qu'ils se comportent comme les porteurs dociles de nos projections. Cependant, si ces projections sont rendues conscientes, des difficultés nouvelles peuvent venir entraver les relations avec les autres hommes; car cela signifie la destruction de cette passerelle d'illusions, par où se libéraient nos flots d'amour et de haine, la destruction de ce pont aux chimères, qui créait si facilement des débouchés à nos redoutables vertus réformatrices « d'amélioration » et de « relèvement » d'autrui. Ces difficultés de relation, croissantes, déterminent à leur tour, au sein du sujet replié sur lui-même, une accumulation de libido, qui pourvoira à l'acheminement vers la conscience de nouvelles projections négatives. Le sujet se trouve dorénavant placé à pied d'œuvre, face à une lourde tâche. Toutes les abjections et toutes les friponneries, dont on n'a pas craint de croire autrui capable, et dont, une vie durant, on s'est scandalisé, ne faudrait-il pas en prendre sa part ? Ce procédé a quelque chose d'irritant. On se rend compte, on est même intimement persuadé que, si tous les hommes se livraient à cet examen de conscience, la vie aurait des chances de devenir un peu plus supportable, ce qui n'empêche pas d'éprouver – tout de bon – une aversion violente à s'y soumettre soi-même. Si les autres le faisaient, quel soulagement! Mais l'entreprendre personnellement, l'idée seule en est déjà insupportable! *Le névrosé cependant, sous l'aiguillon de sa névrose, est contraint de faire ce progrès ; il n'en est pas ainsi pour l'homme normal, dont les troubles psychiques, par contre, se concrétiseront de façon vivante, sur le plan social ou politique, sous forme de manifestations psychologiques collectives, par exemple sous forme de guerre.* L'existence réelle d'un ennemi, bouc émissaire chargé de tous les péchés capitaux, quel indéniable soulagement pour la conscience! Quelle satisfaction que de clouer ouvertement au pilori le fauteur de troubles; l'on peut dorénavant proclamer bien haut qui est le responsable, ce qui souligne l'origine extérieure du désastre, et met l'attitude personnelle à l'abri de toute suspicion. Dès que l'on se représente clairement les pénibles conséquences personnelles de la conception du plan du sujet, une objection s'impose à l'esprit : est-il possible que tous ces traits fâcheux, blâmés chez les autres, se retrouvent en nous et soient notre propre apanage? S'il en était ainsi, les grands moralistes, les éducateurs clairvoyants et les bienfaiteurs de l'humanité seraient les plus mal lotis, tels, pour ainsi dire, le Christ crucifié entre les deux larrons! Il y aurait beaucoup à dire sur la mitoyenneté du Bien et du Mal et, de façon plus générale, sur les rapports étroits qui soudent en un couple deux tendances antithétiques et qui font que les « extrêmes se touchent »; mais cela nous entraînerait trop loin de notre sujet. [1]

Il ne faut évidemment pas exagérer l'interprétation sur le plan du sujet; il ne s'agit dans tout cela que d'estimer les appartenances d'une façon un peu plus critique et rigoureuse. Ce qui frappe à la vue d'une personne ou d'une chose peut être une qualité réelle, propre à la personne ou inhérente à la chose. Mais plus l'impression est subjective, plus la qualité perçue a des chances d'émaner de quelque projection. Il faut, d'ailleurs, séparer avec soin la qualité réelle inhérente à l'objet – sans laquelle la projection dont il est chargé serait bien improbable – de la signification possédée par l'investissement libidinal électif de cette qualité. Certes, il n'est pas exclu qu'une qualité psychologique se trouve projetée sur un objet qui n'en recèle pas la moindre trace (comme, par exemple, la projection de vertus magiques sur des objets inanimés). Mais il n'en est pas ainsi pour les traits de caractère et les modalités de comportement projetés couramment. Dans ces cas-là, il est fréquent de voir l'objet constituer, par quelque affinité, une occasion de choix pour la projection, qui, du même coup, s'en trouve quasiment provoquée. C'est ce qui se passe, en particulier, quand une qualité psychique se trouve projetée sur une personne qui la possède déjà à titre inconscient, état où elle possède une efficience attractive spécifique sur l'inconscient d'un sujet en mal de projection. Toute projection détermine une contre-projection chaque fois que la qualité projetée par le sujet échappe à l'investigation et à la conscience de la personne-objet qui en est le réceptacle. Ainsi, un analyste réagit à un transfert par un contre-transfert, quand le transfert initial le nimbe de propriétés qui, pour ne pas lui être conscientes – tout médecin qu'il est – n'en sont pas moins vivaces en lui. Le contre-transfert a une signification tout aussi précise que le transfert du malade: il tend à l'établissement des rapports intimes indispensables à la réalisation de certains contenus inconscients. Mais, tout comme le transfert, le contre-transfert a quelque chose de contraignant, d'obsédant; c'est un assujettissement provenant de l'identification « mystique », c'est-à-dire inconsciente, avec l'objet. Des liaisons inconscientes de cette nature suscitent toujours

[1] Voir C. G. Jung: *Réponse à Job*, traduction du Dr Roland Cahen, Buchet-Chastel, Paris, 1964.

des répulsions, des résistances, conscientes si le sujet, dans sa façon d'être, tient à ne disposer que librement de sa libido et se refuse à se la laisser soutirer par ruse ou pression, inconscientes, au contraire, si le sujet plutôt passif aime se la laisser ravir. C'est pourquoi le transfert et le contre-transfert créent des relations anormales et intenables qui tendent à leur autodestruction.

Il arrive que l'objet, réceptacle d'une projection, ne présente qu'une parcelle de la qualité projetée. La signification de la projection est alors purement subjective et incombe en entier au sujet, dont le jugement prête à une nuance minime de l'objet une valeur hors de proportion.

Mais, même quand la projection concorde avec une qualité réellement inhérente à l'objet, le contenu projeté n'en existe pas moins dans le sujet où il forme une partie de l'*imago* de l'objet. Cette *imago* de l'objet est une grandeur psychologique qu'il ne faut pas confondre avec la perception sensorielle de l'objet; elle consiste en une image existant en marge de toutes perceptions, et pourtant alimentée par celles-ci. Sa vitalité indépendante, douée d'une autonomie relative, demeure inconsciente tant qu'elle coïncide exactement avec la vie propre de l'objet. C'est pourquoi la vitalité et l'indépendance de l'*imago* échappent à la conscience qui les projette à son insu dans l'objet, c'est-à-dire les confond avec l'indépendance de l'objet. Mais, par ce fait, naturellement, l'objet se trouve doté par le sujet d'une plus-value exagérée, d'une existentialité écrasante, qui reposent sur la projection de l'*imago* dans l'objet, ou mieux sur leur identité postulée à priori; l'objet extérieur se trouve de la sorte prendre pied dans la vie intérieure et y participer; ainsi par voie inconsciente, un objet extérieur peut exercer une action psychique immédiate sur le sujet, son identité avec l'*imago* l'ayant en quelque sorte introduit au sein même des rouages de l'organisme psychique du sujet. De là la puissance « magique » qu'un objet peut détenir par rapport à des individus. Les primitifs nous en fournissent des exemples frappants; ils traitent, par exemple, leurs enfants ou toutes choses auxquelles ils prêtent une âme, comme ils traitent leur âme propre. Ils n'osent rien entreprendre à leur égard de peur d'outrager l'âme qui habite l'enfant ou l'objet. C'est la raison pour laquelle les enfants doivent rester jusqu'à la puberté aussi frustes que possible.

J'ai dit plus haut que l'existence propre de l'*imago*, animée et indépendante, passe inaperçue et demeure inconsciente, parce qu'elle se trouve identifiée à l'objet et intégrée dans ce que nous croyons être sa vitalité propre. S'il en était vraiment ainsi la mort de l'objet devrait déclencher de curieux effets psychologiques, l'objet à sa mort ne s'anéantissant pas radicalement, mais poursuivant une vie immatérielle. Ne savons-nous pas qu'il en est bien ainsi ? L'*imago* inconsciente, délestée de l'objet qui lui fait pendant, se présente comme l'esprit du défunt, exerçant dès lors sur le sujet des effets « surnaturels », que l'on est bien obligé de concevoir comme des phénomènes psychiques. Les projections inconscientes du sujet ont inoculé certaines valeurs inconscientes de celui-ci à l'*imago* de l'objet et ont contribué à identifier *imago* et objet. Lors de l'anéantissement réel de l'objet, les projections survivent. Ces phénomènes jouent un rôle d'une extraordinaire importance dans la vie des peuples primitifs et dans celle des peuples civilisés, antiques et modernes. Ils prouvent avec éclat l'existence relativement autonome *d'imagines* dans l'inconscient. Si elles habitent l'inconscient, cela tient certainement à ce qu'elles ne furent jamais consciemment distinguées des objets.

Il n'est de progrès, il n'est de perfectionnement des conceptions humaines, qui ne soient solidaires d'un progrès de la conscience individuelle : l'homme s'est perçu en marge des choses, et, par l'action, s'est imposé en face de la nature. La pensée psychologique, dans son orientation nouvelle, devra suivre hardiment la même voie: il éclate aux yeux que l'identité de l'objet et de l'*imago* subjective confère à l'objet une importance qui ne lui revient pas en propre, bien qu'il l'ait détenue de toute éternité. Car l'identité est un fait absolument originel. Elle n'en constitue pas moins pour le sujet un état de primitivité, que ses lourds inconvénients condamnent à disparaître. L'hypertrophie de la valeur de l'objet représente justement une des circonstances particulièrement susceptibles d'entraver le développement du sujet. La fascination par un objet, d'emprise quasi « magique », oriente puissamment la conscience subjective dans le sens de cet objet, et se met en travers de toute tentative de différenciation individuelle, dont le premier terme devrait évidemment résider dans une confrontation de l'*imago* et de l'objet. Comment la ligne générale de la différenciation individuelle peut-elle être préservée tant que des facteurs extrinsèques interviennent de façon arbitraire et « magique » dans l'économie psychique subjective ? Le retrait des *imagines*, qui confèrent aux objets ce que leur signification a d'excessif, restitue au sujet la masse d'énergie dissociée, dont il a le plus grand besoin pour son propre développement.

Proposer à l'homme moderne de comprendre sur le plan du sujet ses *imagines* oniriques, c'est, toute proportion gardée, comme si l'on tentait d'expliquer à un primitif, tout en faisant l'autodafé de ses fétiches et de ses figures ancestrales, que les « pouvoirs guérisseurs » sont d'une essence spirituelle, et que, loin d'habiter les objets livrés aux flammes, ils dorment dans l'âme humaine. Le primitif ressentirait une aversion légitime à l'égard d'une conception aussi hérétique; comme lui, l'homme moderne éprouve un haut-le-corps, fait de désagrément et de crainte inavouée, à l'idée de trancher à la légère l'identité, sanctifiée de toute éternité, de l'*imago* et de l'objet. Il faut avouer qu'un tel divorce aurait pour notre psychologie des conséquences incalculables: il n'y aurait plus personne à accuser, à rendre responsable, plus personne à remettre dans le droit chemin, à rendre meilleur, plus personne à punir! Au contraire, en toute chose, il faudrait commencer par soi-même, exiger de soi et de soi seul, ce que l'on exige des autres! Ces bouleversements disent éloquemment pourquoi la conception sur le plan du sujet des *imagines* du rêve n'est pas de celles qui peuvent laisser indifférent.

Outre ces difficultés d'ordre moral, il en est d'autres de nature intellectuelle. L'on m'a déjà fait l'objection que cette conception du plan du sujet représente un problème philosophique; l'application de son principe conduit bientôt aux confins des conceptions du monde, où, par le fait même, elle ne saurait se réclamer plus longtemps de la science. Je ne trouve pas qu'il y a lieu d'être surpris de voir la psychologie voisiner avec la philosophie, car l'acte de pensée, assise de toute philosophie, n'est-il pas une activité psychique, qui, comme telle, relève directement de la psychologie? La psychologie ne doit-elle pas embrasser l'âme dans son extension totale, ce qui inclut philosophie, théologie et maintes autres choses encore? En face de toutes les philosophies aux bigarrures infinies, de toutes les religions richement diversifiées, se dressent, suprême instance peut-être de la vérité ou de l'erreur, les données immuables de l'âme humaine.

Notre psychologie, qui se préoccupe avant tout de nécessités pratiques, se formalise peu de voir certains des problèmes qu'elle soulève heurter, de-ci de-là, des préjugés bien établis. Si la question des conceptions du monde est un problème psychologique, il nous faudra l'aborder, que la philosophie relève ou ne relève pas de la psychologie. De façon analogue, les questions des religions constituent pour nous, tout d'abord, une interrogation d'ordre psychologique. La psychologie médicale contemporaine, en général, s'écarte prudemment de ces domaines; mais c'est là une carence regrettable, qui s'accuse d'elle-même par le fait que les névroses psychogènes trouvent souvent, n'importe où ailleurs, des possibilités curatives supérieures à celles dont dispose la médecine classique.

Les conceptions qui ne voient dans les rêves que des satisfactions de vœux infantiles, ou des arrangements astucieux destinés finalement à satisfaire une volonté de domination également infantile, forment un cadre bien trop étriqué pour rendre compte de la complexion du rêve. Celui-ci, comme chaque maille du réseau psychique, se présente comme une résultante de la psyché tout entière. C'est pourquoi nous devons être préparés à rencontrer dans le rêve les multiples facteurs, qui, depuis les temps les plus reculés, ont joué un rôle dans la vie de l'humanité. La vie humaine, en son essence, ne se laisse ni ramener, ni réduire à telle ou telle tendance fondamentale; bien au contraire, elle se construit à partir d'une multitude d'instincts, de besoins, de nécessités, de conditionnements tant physiques que psychiques ; le rêve, en corollaire, échappera à tout monisme; quelque séduisante que puisse être, dans sa simplicité, une telle explication, nous pouvons être sûrs qu'elle est erronée, car y aura-t-il jamais commune mesure entre une théorie simple des instincts et l'âme humaine, dont le mystère n'égale que la puissance? Ceci s'étend également à l'expression de l'âme, le rêve. Si nous voulons lui rendre tant soit peu justice, nous devons avoir recours à des instruments, que seules nous livreront des investigations laborieuses dans les différents secteurs des sciences de l'esprit et des civilisations. Ce ne sont pas quelques gaillardises de corps de garde, ni la preuve de certains refoulements qui résoudront le problème du rêve. L'on a fait grief à mes travaux de ce que leur tendance pouvait avoir de « philosophique » (voire « théologique »), insinuant que « j'utilisais » l'aspect philosophique et son pouvoir explicatif, comme mes adversaires certains faits des sciences naturelles. La philosophie, l'histoire, l'histoire des religions, les sciences naturelles ne me servent qu'à la représentation des enchaînements et de la phénoménologie psychiques. Si, d'aventure, j'emploie un concept de Dieu, ou un concept tout aussi métaphysique d'Energie, c'est que j'y suis bel et bien contraint, car ce sont là des grandeurs qui préexistent dans l'âme depuis le premier commencement. Je ne me lasse pas de répéter que ni la loi morale, ni l'idée de Dieu, ni une quelconque religion ne s'est jamais saisie de l'homme de l'extérieur, tombant en quelque sorte du ciel; *l'homme au contraire, depuis l'origine, porte tout cela en lui*, et c'est d'ailleurs pourquoi, l'extrayant de lui-même, il le recrée toujours à nouveau. C'est donc une idée parfaitement oiseuse que de penser qu'il suffit de faire la guerre à l'obscurantisme pour dissiper ces fantômes. L'idée de loi morale, l'idée de Dieu font partie de la substance première et inexpugnable de l'âme humaine. C'est pourquoi toute psychologie sincère, qui n'est pas aveuglée par je ne sais quelle superbe d'esprit fort, se doit d'en accepter la discussion. Ni l'ironie mordante, ni les vaines explications ne parviendront à les dissiper. En physique nous pouvons nous passer d'un concept de Dieu; en psychologie, par contre, la notion de la divinité est une grandeur immuable avec laquelle il faut compter, tout comme avec des « affects », des « instincts », le « concept de Mère », etc. La confusion originelle de l'*imago* et de son objet étouffe toute différenciation entre « Dieu » et l'« imago de Dieu »; c'est pourquoi l'on vous incrimine de théologie et l'on comprend Dieu chaque fois que vous parlez du « concept de Dieu ». La psychologie comme science n'a pas à entreprendre l'hypostase de l'*imago* divine; elle doit simplement, conformément aux faits, compter avec la fonction religieuse, avec l'image de Dieu. La psychologie, de façon analogue, opère avec la notion d'instinct, sans, pour cela, s'attribuer la compétence de rechercher ce que l'instinct est en soi, ou si même c'est une chose en soi, etc. Chacun sait à quels faits psychologiques répond le terme d'instinct, quelque indéterminée et obscure que soit sa nature profonde. De même il est clair que la notion de Dieu, par exemple, correspond à un certain complexe de faits psychologiques et qu'elle représente ainsi une potentialité donnée avec laquelle il faut compter. Une question n'en demeure pas moins au-delà de toute psychologie: celle de savoir ce que Dieu est en soi. Je regrette de devoir répéter de pareilles évidences.

J'ai, dans ce qui précède, formulé l'essentiel de ce que j'avais à dire en fait de considérations générales sur la psychologie onirique. J'ai intentionnellement laissé de côté les détails qui doivent être réservés à la casuistique. La discussion de ces généralités nous a fait aborder de vastes problèmes, que l'on ne peut pas s'abstenir de citer lorsque l'on traite des songes. Il y aurait évidemment encore beaucoup à dire sur les buts de l'analyse onirique; mais comme elle constitue l'instrument du traitement analytique, on ne saurait le faire avec profit qu'en corrélation avec une description générale du traitement complet. Cependant, une description détaillée du traitement et de sa nature nécessite encore certains travaux préparatoires propres à éclaircir quelques aspects particuliers du problème. La question du traitement analytique est extrêmement complexe, en dépit des auteurs qui, se surpassant en simplifications, semblent vouloir faire croire que rien n'est plus facile que d'extirper les « racines » connues du mal. Que l'on se garde de toute légèreté coupable! Combien je préférerais voir la discussion approfondie des problèmes capitaux, que l'analyse a mis à jour, réservée à des savants sérieux et consciencieux.[1] Pour le reste, il serait vraiment temps que la psychologie universitaire ouvrît les yeux à la réalité et qu'elle s'intéressât, à côté des expériences de laboratoire, à l'âme humaine réelle. On ne devrait plus voir de professeurs interdire à leurs élèves de s'intéresser à la psychanalyse ou d'en utiliser les notions. On ne devrait plus adresser à notre psychologie le reproche « d'utiliser de façon peu scientifique des expériences puisées dans la vie de tous les jours ». Je sais que la psychologie générale pourrait tirer le plus grand profit d'une étude sérieuse des problèmes oniriques, pour peu qu'elle parvienne à se libérer de ce préjugé tout à fait inconsidéré et profane que le rêve n'est que l'écho d'excitations somatiques.

La surestimation de l'importance somatique est aussi en psychiatrie l'une des principales causes de la stagnation de la psychopathologie, qui ne prospère que dans la mesure où elle est directement fécondée par l'analyse. Le dogme: « les maladies mentales sont des maladies du cerveau » est une survivance du matérialisme qui fleurissait vers 1870. Il s'est transformé en un préjugé absolument injustifiable qui enraie tout progrès. Même s'il était vrai que toutes les maladies mentales fussent des maladies du cerveau, il n'y aurait encore là aucune contre-indication à l'étude scientifique

[1] Voir C. G. Jung, *La Guérison psychologique*, ouvrage cité; Dr Roland Cahen, *La Psychothérapie de C. G. Jung*, ouvrage cité; Gerhard Adler, *Etudes de psychologie jungienne*, traduit de l'anglais par L. Fearn et J. Leclercq, Collection Analyse et Synthèse, Georg, Genève, 1957.

de leur aspect psychique. Ce préjugé n'en est pas moins utilisé pour discréditer et condamner de prime abord toutes les tentatives faites dans ce sens. *Cependant la preuve que toutes les maladies mentales sont des maladies du cerveau n'a jamais été apportée*, et ne le sera sans doute jamais; car ce serait vouloir prouver que si un individu pense ou agit de telle ou telle façon, c'est que telle ou telle albumine s'est dissociée ou reformée dans tel ou tel tissu cellulaire. Une telle hypothèse mène directement à l'évangile matérialiste: « L'homme est ce qu'il *mange.* » Cette façon de penser prétend réduire la vie de l'esprit à un fonctionnement d'assimilation et de désassimilation dans les cellules cérébrales, assimilation et désassimilation qui sont nécessairement toujours figurées comme des synthèses ou des désintégrations de laboratoire; car comment nous les représenter autrement, comment nous les représenter comme la vie les crée, tant que nous ne connaissons pas et que nous ne pouvons pas suivre en pensée les processus vitaux? Et pourtant c'est ainsi qu'il faudrait pouvoir reconstituer la vie cellulaire, si l'on désire assurer la validité de la conception matérialiste. Mais, ce faisant, on aurait déjà dépassé le matérialisme, puisque la vie apparaîtrait, non comme une fonction de la matière, mais comme un processus existant en soi et auquel force et matière seraient subordonnées. La vie comme fonction de la matière exigerait *generatio aequivoca* [1]. Il faudra sans doute en attendre encore longtemps la preuve. Rien ne nous autorise, si ce n'est l'exclusivisme, l'arbitraire et l'absence de témoignage, à concevoir la vie de façon matérialiste. Nous avons tout aussi peu le droit de réduire la psychologie à un fonctionnement cérébral, sans compter que toute tentative dans ce sens est vouée à l'absurde, comme le montrent toutes celles qui furent déjà entreprises. Le phénomène psychique doit être considéré sous son aspect psychique et non pas comme processus organique et cellulaire. Autant l'on s'emporte contre les « fantômes métaphysiques », dès que quelqu'un s'avise d'expliquer les processus cellulaires de façon vitaliste, autant l'hypothèse physique est accréditée comme scientifique, quoiqu'elle ne soit en rien moins fantastique que la première. Mais elle a l'avantage de cadrer avec le préjugé matérialiste et c'est pourquoi n'importe quelle absurdité est sacrée scientifique, dès qu'elle permet de muter du psychique en physique. Espérons que les temps ne sont plus éloignés où nos hommes de science se débarrasseront de ce restant de matérialisme creux et suranné.

[1] Génération double, équivoque.

CHAPITRE VII

RICHESSE INDIVIDUELLE DU RÊVE [1]

L'utilisation thérapeutique de l'analyse onirique est encore l'objet de bien des controverses. De nombreux praticiens considèrent que l'analyse onirique est indispensable au traitement pratique des névroses; par ce fait même, ils confèrent au rêve une importance psychique fonctionnelle équivalente à celle de la conscience. D'autres, par contre, dénient toute validité à l'analyse onirique, ravalant les rêves au rang de sous-produit psychique insignifiant. Toute conception, cela va de soi, qui attribue à l'inconscient un rôle déterminant dans l'étiologie des névroses, prête également au rêve, extériorisation immédiate de cet inconscient, une portée pratique essentielle. Il est de même certain que la conception opposée, qui nie l'inconscient, ou au moins lui refuse toute efficience étiologique, décrétera la superfluité de l'analyse onirique. On pourrait déplorer que, de nos jours, plus d'un demi-siècle après qu'un Carus a forgé le concept d'un inconscient, plus d'un siècle après qu'un Kant a parlé du « champ infini des représentations obscures », deux cents ans après qu'un Leibniz a postulé un inconscient psychique, sans parler des travaux d'un Janet, d'un Flournoy et de beaucoup d'autres, qu'après tous ces témoignages la réalité de l'inconscient soit encore révoquée en doute. Cette étude étant consacrée à la pratique, je ne veux pas me laisser entraîner ici à une apologie de l'inconscient; mais nous ne pouvons pas nous dissimuler que le problème particulier de l'analyse onirique se pose ou ne se pose pas selon que l'on postule ou que l'on récuse l'inconscient. Sans l'hypothèse de l'inconscient, le rêve n'est qu'un *ludus naturae*, qu'un jeu de la nature, qu'un absurde agglomérat de bribes éparses,

[1] Conférence faite au congrès de la *Société médicale de psychothérapie* à Dresde en 1931, puis publiée dans: *Wirklichkeit der Seele* (Rascher, Zurich, 1934), sous le titre littéral : *L'Utilisation pratique de l'analyse onirique.*

déchets de la vie diurne. S'il en était ainsi, un débat sur l'utilisation pratique de l'analyse des rêves n'aurait pas l'ombre d'une excuse. Nous ne pouvons aborder ce sujet qu'en nous appuyant sur une acceptation préalable de l'inconscient, car le but que se propose l'analyse onirique n'est pas de se livrer à je ne sais quels jeux de l'esprit, mais de rechercher et de rendre conscients des contenus inconscients jusqu'alors et qui semblent devoir participer à l'explication et au traitement d'une névrose. Pour quiconque déclare inacceptable l'hypothèse de l'inconscient, la question de l'utilisation de l'analyse onirique ne se pose pas.

Si nous nous fondons sur notre hypothèse que l'inconscient a une portée étiologique et que les rêves sont l'extériorisation immédiate d'une activité psychique inconsciente, la tentative de les analyser et de les interpréter est, d'un point de vue scientifique pur, une entreprise théoriquement justifiée. Qu'elle réussisse, et nous sommes en droit d'en attendre, en marge de tout effet thérapeutique éventuel, la mise en lumière de l'étiologie psychique et la révélation de sa structure. Cependant les trouvailles scientifiques ne doivent constituer pour le praticien qu'un à-côté, heureux certes, mais accessoire, de son activité thérapeutique; aussi l'éventualité d'éclaircir en théorie les arrière-plans étiologiques justifierait-elle à peine la pratique de l'analyse onirique; à moins que le médecin ne se promette un effet thérapeutique de cette mise en lumière révélatrice: car, dès lors, l'utilisation de l'analyse onirique devient un devoir médical. On sait que l'*école freudienne* adopte en grande partie ce point de vue; elle accorde une portée thérapeutique considérable à la découverte et à l'explication, c'est-à-dire à la prise de conscience des facteurs étiologiques inconscients.

Si l'on suppose cette attente justifiée par les faits, il ne reste plus qu'à se demander si l'analyse onirique contribue (seule ou en relation avec d'autres méthodes), ou ne contribue pas à la découverte de l'étiologie inconsciente. On connaît la réponse affirmative de Freud, réponse que je puis confirmer en grande partie: certains rêves, en particulier les rêves initiaux, c'est-à-dire ceux du début immédiat du traitement, éclairent, souvent de toute la clarté désirable, le facteur étiologique essentiel. En voici un exemple:

Un homme de haute position sociale vient me consulter. Il souffre d'angoisses, d'incertitudes, de vertiges qui vont parfois jusqu'aux vomissements, à l'engourdissement cérébral, à la gêne respiratoire; en bref, un état qui ressemble à s'y méprendre au mal des montagnes. Le patient a eu une carrière exceptionnellement brillante: fils ambitieux d'un paysan pauvre, il commença modestement dans la vie; mais, nature douée, il s'éleva d'échelon en échelon grâce à un incessant labeur jusqu'à une situation dirigeante, éminemment favorable à une nouvelle ascension sociale. En fait, il venait d'atteindre le tremplin d'où il aurait pu songer aux grandes envolées, si sa névrose, tout à coup, n'était venue contrecarrer ses projets. Le malade ne pouvait s'empêcher d'exprimer sa déconvenue en une de ces phrases bien connues, qui commencent par les mots stéréotypés: « Justement maintenant que..., etc. » La symptomatologie du mal des montagnes paraît être particulièrement appropriée pour exprimer de façon imagée la situation spécifique du malade. Il me raconta d'ailleurs deux rêves qu'il avait eus la nuit précédente.

Voici le premier:

Je me trouve à nouveau dans mon village natal. Dans la rue, un groupe de petits paysans avec lesquels je suis allé à l'école. Feignant de ne pas les reconnaître, je les dépasse. J'entends alors l'un d'eux dire en me montrant: « C'est pas souvent qu'il revient au village. »

Sans la moindre acrobatie d'interprétation ce rêve rappelle l'humilité des débuts, et on comprend ce que cette allusion veut dire; elle signifie de toute évidence: « Tu oublies que tu as commencé tout en bas. »

Voici le deuxième rêve:

Je suis très pressé car je pars en voyage. Je cherche à rassembler mes bagages et ne trouve rien. Le temps presse car le train va bientôt partir. A la fin, je parviens à réunir tout mon saint-frusquin et me précipite dans la rue; mais je m'aperçois que j'ai oublié ma serviette contenant des papiers importants; je retourne la chercher, me hâtant à en perdre le souffle; je finis par la trouver, cours à la gare, mais avance à grand-peine. Enfin, dans un suprême effort, je me jette sur le quai, mais c'est pour voir le train quitter la gare. Il décrit une courbe singulière en forme d'S; il est très long, et je pense que si le mécanicien ne fait pas attention et donne toute la vapeur dès qu'il atteindra la ligne droite, les wagons de queue seront encore dans la courbe et que l'accélération les fera dérailler. En fait, le mécanicien donne toute la vapeur, j'essaie de crier, les wagons de queue oscillent de façon alarmante et finissent par dérailler. C'est une catastrophe épouvantable. Je me réveille tout angoissé.

Ici encore, il est aisé de comprendre l'imagerie du rêve; il décrit d'abord la précipitation nerveuse et vaine avec laquelle le malade cherche à aller toujours de l'avant. Mais comme le mécanicien en tête avance sans se soucier de ce qui suit, à l'arrière surviennent cette perte d'équilibre, ces oscillations – c'est-à-dire la névrose – qui engendrent le déraillement.

Le patient a manifestement atteint, à son stade actuel, le point culminant de son existence; son origine modeste et les difficultés de sa longue ascension ont épuisé ses forces. Au lieu de se contenter des résultats acquis, son ambition le pousse vers des buts encore plus élevés, dans une atmosphère où le souffle risque de lui manquer et à laquelle il n'est pas adapté. C'est alors que survient la névrose jetant l'alarme.

Par la suite, des circonstances extérieures m'empêchèrent de poursuivre le traitement; d'ailleurs mon opinion n'avait guère obtenu l'assentiment du patient. Aussi, la destinée ébauchée dans le rêve suivit-elle son cours. Par ambition le patient voulut tenter sa chance, ce qui entraîna un échec professionnel, un déraillement si complet, que la catastrophe entrevue devint réalité.[1]

Ce que l'anamnèse [2] consciente ne permettait que de supposer, à savoir que le mal des montagnes était comme la représentation symbolique d'un épuisement ascensionnel, le rêve le transforme en certitude. Il y a là un facteur de toute première importance qui parle en faveur de l'utilisation de l'analyse onirique: le rêve décrit la situation intime du rêveur, situation dont le conscient ne veut rien savoir, ou dont il n'accepte la vérité et la réalité qu'à contrecœur. Consciemment le malade ne voit pas le moindre motif d'interrompre son chemin; par ambition, au contraire, il aspire à atteindre de plus hautes cimes et il nie son incapacité, qui ne fut que trop clairement démontrée par la suite des événements. En pareil cas, le domaine conscient seul nous laisse toujours incertain. Une anamnèse peut donner lieu à telle ou telle interprétation. Après tout, n'importe quel simple soldat peut porter en son sac son futur bâton de maréchal, et tel fils d'humbles parents est parvenu aux suprêmes honneurs! Pourquoi ne serait-ce pas le cas ici? Mon jugement peut porter à faux; pourquoi mon opinion serait-elle mieux fondée que celle de mon malade? C'est ici qu'intervient le rêve, extériorisation d'un processus psychique inconscient, involontaire, soustrait à l'influence consciente, qui représente la vérité, la réalité intérieure telle qu'elle est; non pas telle que je

[1] Ce cas est repris et développé plus loin, page 279. (NdT)

[2] *L'anamnèse* est le récit historique du passé médical du malade. (NdT)

la suppose ou que je la désire, mais bien *telle qu'elle est*. C'est pourquoi je me suis fixé pour règle de considérer tout d'abord les rêves comme des manifestations physiologiques: si du sucre apparaît dans l'urine, c'est de sucre qu'il s'agit et non d'albumine ou d'urobiline ou de tel autre corps qui répondrait peut-être beaucoup mieux à mon attente. C'est-à-dire qu'à mes yeux *le rêve est une donnée de valeur pour le diagnostic*.

Ce petit exemple, comme tous les rêves d'ailleurs, nous donne plus que nous n'en attendions. Non seulement il nous fournit l'étiologie de la névrose, mais aussi un pronostic et, ce qui est mieux encore, il nous indique où doit intervenir la thérapeutique: nous devons empêcher le malade de foncer à toute vapeur; il se le dit à lui-même en toutes lettres dans le rêve.

Que cette allusion nous suffise ici, et revenons à notre préoccupation initiale de savoir si les rêves sont susceptibles de révéler l'étiologie d'une névrose. L'exemple cité en décrit un cas positif. Mais je pourrais vous rapporter un très grand nombre de rêves initiaux, même choisis parmi ceux dont la signification est transparente, et qui pourtant ne présentent pas la moindre trace de facteur étiologique. Laissons provisoirement de côté les rêves dont l'interprétation nécessite une analyse approfondie.

Il y a des névroses, on le sait, dont l'étiologie réelle n'apparaît qu'en tout dernier lieu, et il en est d'autres dont l'étiologie est d'une importance toute relative. Ceci nous ramène à l'hypothèse d'où nous sommes partis, à l'idée que la prise de conscience du facteur étiologique constitue une pièce maîtresse de la thérapeutique. Cette supposition inclut encore en grande partie la vieille théorie du traumatisme psychique. Il est indubitable que de nombreuses névroses ont une origine traumatique, mais je conteste qu'il en soit ainsi de toutes les névroses; toutes n'ont pas pour origine de pénibles expériences enfantines, vécues et par la suite déterminantes. Si je m'en prends à cette conception, c'est qu'elle incite le médecin à concentrer son attention sur le passé, sur l'enchaînement causal, à fixer son esprit sur l'origine, en négligeant le but des choses, pourtant tout aussi essentiel; et cela souvent pour le plus grand dommage du patient qui est contraint à rechercher, parfois durant des années, l'introuvable expérience traumatisante de son enfance, tout en négligeant des choses d'importance immédiate. Une attitude purement causale est trop étriquée; elle ne satisfait ni à la nature du rêve ni à celle de la névrose. Aussi, aborder un rêve avec la seule préoccupation du facteur étiologique, c'est porter un grave préjudice à son travail élaborateur et se fermer à ce qu'il a de plus productif. L'exemple cité plus haut révèle l'étiologie avec clarté; mais en outre, sous forme d'anticipation, il forme un pronostic et livre une indication thérapeutique. Et que l'on pense à la multitude de rêves initiaux qui ne soufflent mot de l'étiologie, mais traitent de tout autres questions, par exemple de l'attitude vis-à-vis du médecin. Voici, en exemple, trois rêves d'une même malade; elle consulta successivement trois analystes et chacun des rêves marque le début du traitement de l'un d'eux. Voici le premier:

Je devrais traverser la frontière, mais ne la trouve nulle part et personne ne peut me dire où elle est.

Ce traitement, infructueux, fut interrompu à bref délai. Voici le deuxième rêve:

Je devrais traverser la frontière. Il fait nuit noire et je ne trouve pas la maison de la douane. Après avoir cherché longtemps, je découvre une petite lumière dans le lointain, et pense que c'est là que la frontière se trouve. Mais pour y parvenir je dois franchir une vallée et une forêt obscures où je perds l'orientation. Je m'aperçois alors de la présence de quelqu'un qui soudain se cramponne à moi comme un fou, et je m'éveille baignée d'angoisse.

Ce traitement fut interrompu au bout de quelques semaines, après qu'une identification inconsciente entre l'analyste et l'analysée eût causé une désorientation totale.

Le troisième rêve eut lieu au début de notre traitement; le voici:

Je dois traverser une frontière; à vrai dire je l'ai déjà traversée et me trouve dans un bâtiment de la douane suisse. Je n'ai avec moi que mon sac à main et pense n'avoir rien à déclarer. Mais le douanier plonge la main dans mon sac et en retire à mon grand ahurissement deux matelas entiers.

La malade s'est mariée durant notre traitement, au début duquel elle éprouvait une aversion insurmontable contre le mariage. L'étiologie de ses résistances névrotiques ne s'est précisée qu'après de longs mois et pas la moindre allusion n'y est faite dans les trois rêves cités; tous trois, sans exception, préfigurent les difficultés qui vont naître au contact du médecin traitant correspondant.

Ces exemples, que l'on pourrait multiplier, montrent que les rêves sont souvent des anticipations qui perdent tout leur sens à être examinées d'un point de vue purement causal. Ces rêves livrent sur la situation analytique des informations irrécusables et il est de la plus grande importance thérapeutique de les apprécier à leur juste valeur. Le premier médecin, comprenant la situation avec exactitude, a adressé la malade au second. Chez celui-ci la malade a elle-même tiré les conséquences de son rêve et a interrompu le traitement. Quant à moi, mon interprétation l'a déçue [1], mais le passage de la frontière, accompli selon le rêve, lui a été d'un grand secours pour persévérer en dépit de toutes les difficultés.

Les rêves initiaux sont souvent d'une clarté et d'une transparence étonnantes. Au cours de l'analyse ces caractères se perdent rapidement; si, par exception, ils persistent, on peut être assuré que l'analyse n'a pas encore eu prise sur une partie essentielle de la personnalité. En général, peu après le début du traitement, les rêves deviennent plus obscurs et plus confus, ce qui augmente beaucoup les difficultés d'interprétation; d'autant plus que, les circonstances aidant, un plan sera bientôt atteint où, en vérité, le médecin ne dominera plus la situation. Nous n'en voulons pour preuve que cette prétendue obscurité croissante des rêves, constatation toute subjective de la part du médecin. Rien n'est obscur à qui comprend; seule l'incompréhension fait apparaître les choses inintelligibles et confuses. En eux-mêmes, les rêves sont naturellement clairs, c'est-à-dire qu'ils sont précisément ce qu'ils doivent être en fonction des circonstances momentanées. Quand par la suite, à un stade plus avancé du traitement ou après quelques années, on reconsidère ces rêves, on se prend la tête à deux mains, se demandant comment on a pu être aveugle à ce point [2]. Quand, l'analyse progressant, on se heurte à des rêves qui, comparés aux lumineux rêves initiaux, sont d'une obscurité marquée, le médecin devrait se garder d'accuser les rêves de confusion ou le malade de résistances intentionnelles; il devrait voir là un signe marquant, de sa part, le début d'une phase d'incompréhension. (Dans un même ordre d'idées, le psychiatre, qui nomme « confus » l'état d'esprit de son malade, devrait s'avouer qu'il commet une projection et se déclarer lui-même confus; car en réalité, c'est sa compréhension qui est rendue confuse par le comportement singulier de son patient.) En outre, il est d'une grande importance thérapeutique de s'avouer à temps sa non-compréhension, car rien n'est moins profitable au malade que d'être toujours compris. Le malade, de

[1] Malheureusement, Jung ne nous précise pas laquelle. Sans doute le thème des deux matelas devait-il être approfondi et élucidé. (NdT)

[2] D'où la Loi de l'Aveuglement Spécifique (voir page 32).

toute façon, n'est que trop porté à s'en remettre au savoir mystérieux du médecin et à l'engluer dans sa vanité professionnelle, à s'installer littéralement dans la compréhension « profonde » et « sûre d'elle-même » de l'analyste; il perd de ce fait tout sens du réel, ce qui est une des causes essentielles des transferts obstinés et des retards apportés au succès de la cure.

La compréhension, on ne l'oublie que trop, est un acte mental éminemment subjectif; il peut être unilatéral, le médecin comprenant, et non le malade; le médecin considère dans ce cas qu'il est de son devoir de convaincre le malade; si celui-ci ne se laisse pas persuader il lui reprochera ses résistances. Or, dans ce cas, c'est-à-dire lorsque la compréhension est unilatérale, je préfère parler, en toute tranquillité, d'incompréhension, car, au fond, il est assez peu capital que le médecin comprenne; en revanche, tout dépend de la compréhension ou de l'incompréhension du malade; c'est pourquoi il faut tendre, bien plus qu'à de la compréhension, à un *plein accord réciproque*, fruit de réflexions communes. Le danger lors d'une compréhension unilatérale, c'est que le médecin ne porte sur le rêve, à partir d'une conception préétablie, un jugement conforme à l'orthodoxie de telle ou telle doctrine, ou même à la vérité fondamentale, mais qui n'obtient pas l'adhésion spontanée du malade et qui équivaut pratiquement à une erreur, en particulier parce qu'il anticipe son développement et par là le *paralyse*. Car il ne s'agit pas d'enseigner au malade une vérité (on n'atteint ainsi que la tête, l'être pensant!); *c'est le malade lui-même, au contraire, qui doit, en se développant, se hisser à cette vérité, ce qui atteint le cœur, émeut l'être entier et jouit d'une tout autre efficacité.*

Si l'interprétation unilatérale du médecin n'est qu'en accord avec une théorie onirique ou telle autre doctrine préétablie que l'on voudra, la persuasion éventuelle du malade et avec elle un certain succès curatif reposeront essentiellement sur la *suggestion*, dont il vaut mieux ne pas être dupe. L'effet suggestif n'a en soi, il est vrai, rien de condamnable, mais il n'en reste pas moins que ses succès ont des bornes, lesquelles ne sont que trop connues; et il entraîne à la longue des conséquences secondaires sur l'indépendance du caractère, qui en font regretter l'emploi. Quiconque traite par l'analyse croit, de ce fait, implicitement, à la portée et à la valeur de la prise de conscience, grâce à laquelle des parcelles de personnalité jusqu'alors inconscientes sont placées sous la souveraineté de la conscience, de son choix et de sa critique. Le malade ainsi se trouve acculé à des problèmes qu'il doit trancher par un jugement raisonné et une décision consciente: il n'y a là rien de moins qu'une provocation directe de la fonction éthique, qui en appelle elle-même à la personnalité tout entière. L'intervention analytique se situe ainsi, à l'égard de la personnalité et de sa maturité, sur un plan notoirement plus élevé que celui de la suggestion, sorte de moyen magique, agissant dans l'ombre, sans adresser la moindre exigence d'ordre moral à la personne. La suggestion est toujours un moyen trompeur, un simple expédient qui, incompatible avec le principe du traitement analytique, doit être évité dans les limites du possible. Naturellement elle ne peut être évincée que lorsque le médecin a conscience de la menace latente de son immixtion. Inconsciemment, il ne subsistera encore que trop d'effet suggestif!

Quiconque veut éviter la suggestion consciente doit considérer que l'interprétation d'un rêve est sans valeur tant qu'elle n'a pas acquis l'assentiment du patient.

L'observation de ce précepte fondamental me paraît indispensable à l'étude des rêves auxquels j'ai fait allusion plus haut et dont l'inintelligibilité fait présager qu'ils ne seront compris ni du médecin, ni du malade. De tels rêves devraient toujours être envisagés par le médecin comme un *novum*, comme une source d'informations relatives à des conditions inconnues, desquelles il a autant à apprendre que son malade. Il serait naturel que le médecin renonçât chaque fois à tout préjugé théorique, et qu'il soit mû par le désir de découvrir une théorie onirique toute nouvelle, car ici s'ouvre un immense champ d'investigations aux pionniers de l'avenir. Prétendre que les rêves ne sont que la réalisation de désirs refoulés est une conception depuis longtemps caduque. Certes, il est aussi des rêves qui réalisent de toute évidence des vœux ou des appréhensions. Mais que ne pourrait-on y trouver en outre! Les rêves peuvent être faits de vérités inéluctables, de sentences philosophiques, d'illusions, de fantaisies désordonnées, de souvenirs, de projets, d'anticipations, voire de visions télépathiques, d'expériences intimes irrationnelles, et de je ne sais quoi encore. Car il est une chose qu'il ne faut jamais perdre de vue: la moitié de notre vie ou presque se déroule dans un état d'inconscience plus ou moins poussée. Les extériorisations spécifiques de l'inconscient qui surgissent dans le conscient, ce sont les rêves.

L'âme a un aspect diurne, la conscience; elle a aussi un aspect nocturne, le fonctionnement psychique inconscient qui se laisse concevoir comme semblable aux fantasmes d'une imagination rêveuse. Or, la conscience n'est pas constituée uniquement de désirs et de craintes mais d'une infinité d'autres choses encore; de même, et selon toute vraisemblance, l'âme de nos rêves recèle une richesse de possibilités vitales, comparable ou même supérieure à celle de la conscience, qui, par nature, est synonyme de concentration, de limitation et d'exclusivisme.

Dans ces conditions, il n'est pas injustifié, il est même indispensable de ne pas restreindre d'avance doctrinairement le sens d'un rêve. Nombreux sont les sujets, il faut bien le savoir, qui jusque dans leurs rêves imitent le jargon technique ou théorique de leur médecin, selon la vieille sentence: *Canis panem somniat, piscator pisces*, le chien rêve de pain, le pêcheur de poissons, ce qui n'implique pas que les poissons dont le pêcheur rêve soient toujours et seulement poissons [1]. Il n'est langage dont il ne puisse être abusé. Avec quelle facilité ne peut-on ici être mystifié! On dirait même que l'inconscient a une certaine tendance à empêtrer le médecin, au risque d'étouffement, dans ses propres théories. C'est pourquoi je me déprends dans l'analyse onirique, autant que faire se peut, de toute théorie; pas entièrement il est vrai, car un minimum de théorie nous est toujours nécessaire pour concevoir clairement les choses. Ainsi, c'est une attente théorique de penser qu'un rêve doit avoir un sens, ce qui ne saurait être prouvé strictement pour tous les rêves, car il en est qui ne sont compris ni du malade, ni du médecin. Cependant, il me faut croire à ce postulat dans lequel je puise le courage de m'attarder aux songes. Une autre bribe de théorie nécessairement postulée, c'est que le rêve ajoute une donnée essentielle à la connaissance consciente et que par suite un rêve qui n'y satisfait pas est insuffisamment interprété; cette hypothèse, elle aussi, est inéluctable, car, formulée ou implicite, elle justifie mes efforts analytiques. En revanche, toutes les autres hypothèses, relatives par exemple à la fonction et à la structure du rêve, sont de simples règles artisanales et doivent demeurer en permanence susceptibles de perfectionnements

[1] Le mot le plus banal peut, selon sa teneur symbolique, assumer des significations inattendues au premier abord. Que l'on pense par exemple à la portée symbolique du « poisson » dans le christianisme à ses débuts. (NdT)

ultérieurs. Il ne faut jamais, au cours de ces travaux, perdre de vue que l'on se meut sur des sables mouvants où l'insécurité est la seule certitude. N'était la crainte du paradoxe, on adjurerait l'analyste des rêves « de ne pas trop chercher à comprendre! »

En présence d'un rêve obscur il ne s'agit pas, tout d'abord, de comprendre et d'interpréter, mais *d'établir avec soin le contexte.* J'entends par là non pas la pratique des « associations libres » qui, partant des images du rêve, se perdent à l'infini, mais un examen soigneux, à tâtons, des liaisons associatives qui se groupent sans contrainte autour du rêve. La plupart des malades doivent être éduqués à cette tâche, car ils éprouvent, comme le médecin, la tendance insurmontable à vouloir tout de suite comprendre et interpréter; en particulier lorsque, grâce à des lectures ou à une analyse précédente qui a tourné court, ils possèdent une certaine formation, souvent synonyme de déformation: ils associent de façon théorique (c'est-à-dire, comme je viens de l'indiquer, en s'efforçant de comprendre et d'interpréter) sans parvenir, souvent, à dépasser ce stade. Ils désirent d'emblée, comme le médecin, arracher son secret au rêve qu'ils tiennent pour une façade dissimulant un sens réel. La prétendue façade, cependant, dans la plupart des constructions, n'est nullement un décor trompeur et déformant, mais correspond à l'ensemble de l'édifice dont elle trahit le plan, souvent à première vue. De même, l'image manifeste du rêve est le rêve lui-même et en recèle tout le sens. Lorsqu'on trouve du sucre dans l'urine, c'est bien du sucre et non une façade dissimulant de l'albumine. Ce que Freud appelle la « façade du rêve » c'est son inintelligibilité, c'est-à-dire en réalité la projection de notre incompréhension; on ne parle de la façade d'un rêve que lorsqu'on n'a pas accès à sa signification. C'est pourquoi il vaut mieux dire qu'un rêve est comparable à un texte inintelligible, indéchiffrable. On n'a que faire alors de l'idée de façade; il n'est plus besoin de lui prêter des significations cachées: il faut tout d'abord apprendre à le lire.

Le mieux, à cette fin, est d'en établir le contexte. La méthode dite des *associations libres* y conduit tout aussi peu qu'elle permettrait de déchiffrer une inscription hittite. Les associations libres, naturellement, révéleront tous mes complexes, mais je n'ai, pour ce faire, nul besoin de rêve; autant partir d'un écriteau ou d'une quelconque phrase de journal! Les associations libres « donneront » mes complexes mais n'achemineront qu'exceptionnellement vers le sens du rêve. Pour comprendre celui-ci je dois m'en tenir aussi étroitement que possible à ses images. Lorsque quelqu'un rêve d'une « table de sapin », il ne suffit pas qu'on y associe par exemple sa table de travail, pour le motif bien simple que celle-ci n'est pas en sapin. Le rêve cependant indique expressément une « table de sapin ». Supposons qu'aucune autre association ne vienne à l'esprit du rêveur, cet arrêt a une signification objective: il indique l'existence au voisinage immédiat de l'image onirique d'une obscurité particulière qui pourrait donner à penser. Une tierce personne associerait à une « table de sapin » des douzaines de choses. L'absence d'associations chez le rêveur est en elle-même significative. J'ai dans ce cas l'habitude de dire à mon malade: « Supposez que j'ignore tout de ce qu'est une « table de sapin ». Faites-moi une description de sa nature et de son histoire, telle que je comprenne de quoi il s'agit. »[1]

On parvient de la sorte à établir à peu près le contexte complet d'une image onirique. Lorsque cela a eu lieu pour le rêve entier on peut risquer l'aventure d'une interprétation.

Chaque interprétation est une hypothèse, une tentative pour déchiffrer un texte inconnu. Il est rare qu'un rêve tant soit peu obscur et isolé puisse être interprété avec la moindre certitude. C'est pourquoi j'attribue peu de poids à l'interprétation d'un seul rêve. L'interprétation n'atteint à une assurance relative qu'au cours d'une *série de rêves*, les rêves ultérieurs redressant les erreurs qui ont pu se glisser dans l'interprétation des rêves précédents. Autre avantage, les thèmes et les motifs fondamentaux y acquièrent un relief beaucoup plus accusé. C'est pourquoi j'invite mes malades à tenir un journal exact de leurs rêves et des interprétations; je les invite aussi à préparer leurs rêves comme je l'indique plus loin (page 280), de sorte qu'ils viennent à la consultation munis de rêves rédigés et de leurs contextes. A un stade plus avancé, je les charge aussi de proposer une interprétation. De la sorte, le malade apprend à composer avec son inconscient, sans l'aide du médecin.

Si les rêves n'étaient que des sources d'informations relatives à des éléments étiologiques importants, il n'y aurait pas d'inconvénient à confier au médecin tous les travaux que nécessite leur interprétation. Ou encore, si les rêves ne servaient au médecin que pour y puiser des indications utiles ou des réflexions psychologiques,

[1] Voir aussi au sujet des « associations libres » ci-dessous, page 277. (NdT)

mon procédé serait certainement superflu. Mais, comme il y a lieu de penser, mes exemples l'ont confirmé, que les rêves recèlent plus que ce que le médecin est susceptible d'utiliser pour ses propres fins, leur analyse requiert du rêveur lui-même une attention toute particulière. Car c'est parfois une question de vie ou de mort. En voici un exemple impressionnant qui, parmi beaucoup d'autres, m'est resté gravé en mémoire : un de mes collègues médecins, de peu mon aîné, se plaisait lors de nos rencontres à me taquiner sur « ma manie d'interpréter les rêves ». Un jour, me rencontrant dans la rue, il m'interpella: « Comment allez-vous? Toujours plongé dans les rêves? A propos, j'ai eu dernièrement un rêve stupide; veut-il aussi dire quelque chose? » Voici ce qu'il avait rêvé:

Je fais l'ascension d'un haut sommet et me trouve sur un névé incliné. Je monte toujours plus haut et il fait un temps splendide. Plus je monte, plus mon bien-être grandit; mon sentiment est tel que je pense: Ah! si je pouvais monter ainsi éternellement! Lorsque j'arrive à la cime je suis transporté de bonheur; mon impression de plénitude est telle que je sens pouvoir continuer à m'élever dans l'espace; je m'y risque et m'élève dans les airs. Je me réveillai dans l'extase la plus parfaite.

Je lui répondis: « Mon cher collègue, comme je vous sais alpiniste incorrigible, il me faut au moins vous adjurer de renoncer à l'avenir aux excursions solitaires. Quand vous irez en montagne, engagez deux guides auxquels vous promettrez sur l'honneur une obéissance absolue. » Il rit et s'écria en prenant congé: « Vous êtes bien toujours le même! » Je ne le revis plus. Deux mois plus tard survint le premier accident: au cours d'une excursion entreprise seul, il fut surpris par une avalanche et recouvert; une patrouille militaire qui passait par là put encore le dégager. Trois mois après ce fut la fin: lors d'une excursion sans guide, en compagnie d'un ami plus jeune, il fit à la descente, comme l'observa un guide qui se trouvait en dessous, une enjambée littéralement dans le vide, s'écroula sur l'ami qui le précédait, et ils furent tous deux précipités dans le gouffre où ils s'écrasèrent. C'était bien là l'extase, au sens plein du terme [1].

[1] Le Larousse donne de l'extase la définition suivante: « Du grec *ekstasis*, qui veut dire transport, l'extase est un ravissement de l'âme qui se trouve comme transportée hors du corps. »

Il est clair, du seul point de vue de la prophylaxie des accidents, qu'une personne sujette à des impulsions extatiques de ce genre, susceptibles de la

Jamais je n'ai pu, en dépit de tout le scepticisme et des critiques qui s'agitaient en moi, me résoudre à ne voir dans les rêves qu'une quantité négligeable. Quand ils nous paraissent insensés, c'est nous qui sommes insensés, privés, selon toute apparence, de cette finesse d'esprit nécessaire pour déchiffrer les messages énigmatiques de notre être nocturne. La psychologie médicale devrait d'autant plus se faire un devoir d'exercer sa sagacité par des travaux systématiques sur les rêves, que la moitié au moins de notre vie psychique a notre être nocturne pour théâtre; et de même que la conscience étend ses ramifications jusque dans nos nuits, l'inconscient aussi émerge dans notre vie diurne. Personne ne doute de l'importance de la vie consciente et de ses expériences; pourquoi douter alors de la signification des *déroulements inconscients*? Ils sont aussi notre vie; en eux, elle palpite autant, si ce n'est parfois davantage, qu'en notre existence diurne; et ils sont parfois plus dangereux, parfois plus salutaires que celle-ci.

Les rêves nous informant de la vie intime et secrète du patient et nous dévoilant des composantes personnelles, responsables, dans la vie diurne, de symptômes névrotiques, il devient impossible de ne soigner le malade que dans et par le conscient: le recours à l'inconscient devient inéluctable, recours qui, dans l'état actuel de notre savoir, ne semble pouvoir s'accomplir que sous forme d'*une assimilation au conscient, aussi poussée que possible, des contenus inconscients*.

Par « assimilation » il faut ici entendre l'interpénétration réciproque des contenus conscients et inconscients, et non pas l'appréciation, l'assujettissement et la déformation unilatérale des contenus inconscients par la tyrannie consciente, comme on le pense et le pratique communément. Il règne sur la valeur et la signification des contenus inconscients les conceptions les plus fausses: *l'école freudienne*, on le sait, voit l'inconscient sous un jour des plus négatifs, de même qu'elle tient l'homme primitif pour un monstre. Les contes de nos nourrices, rapportant les exactions de l'effroyable

plonger dans un ravissement accompagné d'une absence momentanée, ne devrait pas s'aventurer dans des situations où la vie dépend du moindre geste inattentif, en dépit de l'attirance qu'exerce la montagne sur le sujet, attirance précisément décuplée en fonction de la tonalité de ses aspirations psychiques profondes.

Un rêve de cette sorte représente un véritable signal d'alarme, qui ne demande qu'à être perçu, et qui mérite de l'être. (NdT) homme primitif, joints à la théorie de l'inconscient infantile, pervers et criminel, sont parvenus, en défigurant cette chose naturelle qu'est, par essence, l'inconscient, à le présenter sous les traits d'un monstre redoutable. Comme si c'était un apanage du conscient que d'enchâsser tout ce qui est bon, raisonnable, beau, tout ce qui fait la valeur de la vie! La guerre mondiale avec son cortège d'abominations [1] ne nous a-t-elle pas encore dessillé les yeux? Ne réalisons-nous toujours pas que notre conscient est encore plus diabolique et pervers que cet être de nature, l'inconscient?

Ma théorie de l'assimilation de l'inconscient s'est vu reprocher dernièrement de saper la culture et de livrer ses suprêmes valeurs à la primitivité. Une telle interprétation ne peut être fondée que sur l'hypothèse totalement erronée de la monstruosité de l'inconscient. *Cette hypothèse elle-même émane de la crainte ressentie devant la nature et la réalité dépouillée.* La théorie freudienne a inventé, pour libérer l'homme des griffes imaginaires de l'inconscient, le *concept de sublimation*; or, ce qui existe réellement échappe, en tant que tel, à l'alchimie de la sublimation, et ce qui paraît se laisser sublimer ne fut jamais ce qu'une fausse interprétation l'avait laissé paraître.

L'inconscient n'est pas un monstre démoniaque; c'est un organisme naturel, indifférent au point de vue moral, esthétique et intellectuel, qui ne devient réellement dangereux que lorsque notre attitude consciente à son égard est désespérément fausse. Plus nous refoulons en nous-mêmes, plus s'accusent les périls encourus du fait de l'inconscient. Dès l'instant où le patient commence à assimiler ses données jusqu'alors inconscientes, les dangers diminuent. La dissociation de la personnalité, la séparation minutieuse et craintive entre notre être nocturne et notre être diurne s'atténue à mesure que l'assimilation progresse. Ce que mon critique appréhende – le conscient subjugué par l'inconscient – se produit au contraire électivement lorsque l'inconscient, par l'interdit des refoulements, des interprétations fausses et des dépréciations inconsidérées, est empêché de participer à la vie.

On commet en général, lorsqu'on considère la nature de l'inconscient, l'erreur fondamentale suivante: on suppose que ses contenus sont *univoques* et pourvus d'un signe indicatif, d'un

[1] Allusion à la guerre de 1914-1918, d'une plus triste vérité encore après la nouvelle guerre mondiale et ses « inimaginables » exactions. (NdT)

coefficient immuable. Cette conception, à mon humble avis, est par trop naïve. L'âme, pareille à un système autorégulateur, est en équilibre, comme est en équilibre la vie corporelle. A tout excès répondent, aussitôt et par nécessité, des compensations sans lesquelles il n'y aurait ni métabolisme normal, ni psyché normale. Dans ce sens on peut proclamer que *la théorie des compensations* est une règle fondamentale du comportement psychique. Une insuffisance en un point crée un excès en un autre. De même, les rapports entre le conscient et l'inconscient sont aussi de nature compensatrice: ceci constitue une des règles techniques les mieux vérifiées de l'analyse onirique. Il y a toujours profit dans la pratique de l'analyse à se poser la question : quelle est l'attitude consciente que le rêve tend à compenser?

La compensation n'est pas seulement faite en général de la réalisation illusoire d'un désir; c'est, bien plus, une réalité qui, si on la refoule, ne s'en affirme que davantage. La soif ne s'apaise pas à être réprimée! C'est pourquoi, tout d'abord, il y a lieu de prendre au sérieux le contenu du rêve, de lui conférer la dignité du réel et de l'accueillir dans l'attitude consciente comme facteur codéterminant. Si l'on s'en abstient, on perpétue l'attitude consciente excentrée, excentrique, qui a déjà suscité la compensation inconsciente. La manière de parvenir à une notion exacte de soi-même et à une conduite équilibrée de son existence devient, dès lors, proprement inconcevable.

Si d'aucuns se complaisaient – on craint précisément que ma critique n'y pousse – à mettre la teneur inconsciente à la place des contenus conscients, elle refoulerait naturellement ces derniers, opération à la suite de laquelle les contenus précédemment conscients reparaîtraient, compensateurs, dans l'inconscient. De ce fait l'inconscient changerait complètement de visage: il deviendrait pointilleux, raisonnable, en opposition on ne peut plus frappante avec ce qu'il était antérieurement. On ne croit pas en général l'inconscient capable de ce renversement, quoique celui-ci soit fréquent et réponde à une de ses fonctions primordiales [1]. C'est pourquoi tout rêve est un organe d'information et de contrôle et, de ce fait, l'adjuvant le plus efficace dans l'édification de la personnalité.

[1] Pierre Janet (*Médications psychologiques*, Alcan, 1928, pages 85 et 86) a publié des observations qui illustrent bien le phénomène, sous le nom de « somnambulisme complet ». (NdT)

En soi, l'inconscient ne recèle pas de produits explosifs, à moins qu'une conscience présomptueuse ou lâche n'en ait accumulé en lui secrètement: un motif de plus de ne pas se détourner sans y prendre garde.

Pour toutes ces raisons, à chaque tentative d'interprétation onirique, je m'astreins à la règle heuristique [1] suivante: je me demande *quelle est l'attitude consciente qui est compensée par le rêve.* Ce faisant, j'établis un rapport des plus étroits entre le rêve et la situation consciente du rêveur; je vais jusqu'à prétendre qu'il est impossible d'interpréter un rêve, même à une grossière approximation près, si l'on est dans l'ignorance de la situation consciente. *Seule la connaissance de la situation consciente permet de préciser le signe sous lequel il faut placer les contenus inconscients.* Car le rêve n'est pas un événement isolé, totalement scindé de la vie éveillée et de ses caractères. S'il nous paraît tel, c'est l'œuvre de notre incompréhension, une pure illusion subjective. En réalité règne entre le conscient et le rêve une stricte causalité et un enchevêtrement de relations d'une extrême finesse.

La juste appréciation des contenus inconscients nécessite une importante et délicate procédure; donnons-en un exemple. Un jeune homme me soumet le rêve suivant:

Mon père quitte la maison dans sa nouvelle auto. Il conduit avec une grande maladresse et cette bêtise apparente m'exaspère: il roule en zigzag, fait marche arrière, risque de mettre la voiture à mal et finit par défoncer un mur, emboutissant la voiture. Je lui crie, en proie à la colère la plus vive, de se conduire raisonnablement. Mon père alors éclate de rire et je m'aperçois qu'il est complètement ivre.

Le rêve ne repose sur aucun événement réel de cette sorte. Le rêveur est persuadé que, même si son père était ivre, il ne se conduirait jamais ainsi. Lui-même est un automobiliste très prudent, très modéré quant à l'alcool, en particulier quand il doit rouler; rien ne l'irrite autant que les chauffards et les ailes écornées. Entre le père et le fils existent les meilleurs rapports. Le rêveur admire son père qui a fort bien réussi dans la vie. Sans grand effort d'interprétation, il saute aux yeux que le rêve esquisse une image du père on ne peut plus défavorable. Quelle est la signification de ce rêve pour le fils? Dans quel sens répondre à cette

[1] Du grec « heuriskein », heuristique signifie: qui vise à trouver, qui tend à la recherche. (NdT)

question? Ses relations avec son père ne sont-elles bonnes qu'en apparence? Faut-il n'y voir en réalité que des résistances surcompensées? Dans cette alternative, le contenu du rêve comporte un indice positif et il faudrait dire: « Voilà quelles sont au fond vos relations avec votre père. » Cependant les relations réelles entre le père et le fils ne témoignant d'aucune ambiguïté névrotique, il serait injustifié d'assombrir les sentiments du jeune homme par une conception aussi dévastatrice. Du point de vue thérapeutique, ce serait une bévue.

Mais alors, si les relations entre le père et le fils sont réellement bonnes, pourquoi le rêve doit-il inventer de toutes pièces une histoire aussi invraisemblable, propre à discréditer le père? Ce rêve ne peut que répondre à une tendance présente dans l'inconscient du rêveur. Existerait-il, malgré tout, quelques résistances, faites de jalousie ou de quelque autre cause mesquine? Avant de nous résoudre à charger la conscience du jeune homme, ce qui chez les êtres jeunes et sensibles n'est pas sans entraîner des conséquences parfois dangereuses, demandons-nous non plus « pour quelle cause », mais « en vue de quoi » le rêveur a fait ce rêve? La réponse à cette deuxième question serait: l'inconscient du rêveur prétend manifestement ravaler le père. Si cette dépréciation est une réalité compensatrice actuellement nécessaire, la conclusion qui s'impose est la suivante: les relations entre le père et le fils ne sont pas seulement bonnes, elles sont même *trop bonnes*. Or, en fait, notre rêveur est ce que les Français appellent un « fils à papa », qui mène, encore trop sous l'aile paternelle, ce que je nomme une *vie provisoire*. Là gît pour lui un danger précis: à force de protection paternelle, le jeune homme risque de ne pas discerner sa nature, de passer à côté de sa réalité propre; c'est pourquoi l'inconscient a recours à ce blasphème abracadabrant, qui ravale le père et met le rêveur en valeur. Certes, un procédé bien immoral! Un père à courte vue y verrait motif à pousser les hauts cris; et cependant le rêve constitue une compensation des plus salutaires: il crée entre le père et le fils une opposition, sans laquelle le fils ne prendrait jamais conscience de lui-même.

Cette dernière interprétation était la bonne: elle tomba juste, c'est-à-dire qu'elle obtint spontanément l'adhésion du rêveur, sans qu'aucune valeur réelle, importante, s'en trouvât lésée, ni chez le fils, ni chez le père. Cette interprétation cependant ne fut possible qu'en interrogeant successivement les divers éléments de la phénoménologie consciente, marquant les relations entre le père et le fils. Sans la connaissance de la situation consciente le sens réel du rêve serait demeuré en suspens.

Il est d'une importance capitale, en vue de l'assimilation des contenus oniriques, qu'aucune valeur réelle de la personnalité consciente ne soit lésée, voire détruite; *car si la personnalité consciente est amoindrie, il ne reste, pour ainsi dire, plus personne qui soit en état d'assimiler.* La reconnaissance de l'inconscient n'a rien de commun avec un de ces bouleversements sociaux qui portent au pinacle ce qu'il y avait de plus inférieur et inversement, rétablissant ainsi exactement ce même état qu'il s'était proposé d'améliorer. Il faut veiller strictement à ce que demeurent les valeurs de la personnalité consciente, la compensation par l'inconscient n'étant efficace qu'en coopération avec une conscience qui jouit de son intégrité. Au cours de l'assimilation, il ne s'agit jamais de l'alternative: ceci ou bien cela, mais toujours *du rapprochement de ceci et de cela.*

Il est indispensable pour l'interprétation d'un rêve de posséder une connaissance exacte de la situation consciente qui lui correspond; de même, pour pénétrer son symbolisme, il est tout aussi important de prendre en considération les convictions philosophiques, religieuses et morales du sujet conscient. On ne saurait trop recommander de ne pas considérer le symbolisme du rêve dans la pratique de façon sémiotique, c'est-à-dire de ne pas voir, dans les symboles, des signes ou des symptômes à signification et à caractères fixes; les symboles du rêve – véritables symboles – sont les expressions de contenus que le conscient n'a encore ni appréhendés, ni enserrés dans la formule de quelque concept; en outre, ils doivent être considérés sous l'angle de leur relativité, en fonction de la situation consciente momentanée. Je disais qu'il est recommandable de procéder ainsi *dans la pratique*; en théorie, il existe des symboles dont la signification est à peu près fixe, mais qu'il faut se garder avec intransigeance, au cours de l'interprétation, de mettre en rapport avec des choses connues et des concepts forgés d'avance. Toutefois s'il n'existait pas de tels symboles à signification fixe en principe, nous serions dans l'impossibilité de préciser quoi que ce soit de la structure de l'inconscient: nos efforts de discrimination ne pourraient s'accrocher à rien de stable.

On peut s'étonner de ce que j'attribue, même aux symboles relativement fixes, des contenus de caractères indéterminés. N'était cette indétermination, ces symboles ne seraient pas des symboles, mais des signes ou des symptômes. *L'école freudienne*, on le sait, suppose l'existence de « symboles » sexuels figés (c'est-à-dire dans ce cas de *signes* [1]) et leur attribue, une fois pour toutes, le contenu en apparence clair de la sexualité. Mais, précisément, le concept de sexualité chez Freud est d'une extensibilité indéfinie; par suite, il est tellement vague et imprécis que l'on peut y faire entrer tout ce que l'on veut. Le mot, certes, a une résonance connue, mais la chose qu'il désigne demeure cependant un X miroitant et indéfinissable, variant entre les extrêmes d'une activité glandulaire physiologique et les éclairs sublimes de la plus haute spiritualité. C'est pourquoi je préfère m'arrêter à l'idée que le symbole désigne une entité inconnue, difficile à saisir et, en dernière analyse, jamais entièrement définissable, plutôt que de m'appuyer sur une conviction dogmatique, édifiée sur l'illusion qu'un terme familier à l'oreille indique forcément une chose connue. Prenons pour exemple les symboles dits phalliques qui, prétend-on, ne désignent rien d'autre que le membre viril. Sous l'angle de la psyché, cependant, la verge semble elle-même être le symbole d'un autre contenu difficile à définir [2], illustré par le fait que les anciens et les primitifs, qui utilisaient les symboles phalliques avec grande libéralité, n'eurent jamais l'idée de confondre phallus, symbole rituel [3], et pénis, la verge. Le phallus, de toute antiquité, a désigné le « mana » créateur, « l'extraordinairement efficace », selon une expression de Lehmann, la force fécondante et médicinale, exprimé aussi de façon équivalente par le taureau, l'âne, la grenade, l'Yoni, le bouc, l'éclair, le sabot du cheval, la danse, la copulation magique dans le champ, la menstruation et encore, comme dans le rêve, par une foule d'autres analogies. A l'origine de toutes celles-ci, par conséquent aussi de la sexualité, figure une image archétypique, de

[1] Rappelons qu'un signe est un phénomène perçu qui manifeste un phénomène non perçu, la fumée que l'on voit étant un signe du feu que l'on ne voit pas. (D'après E. Baudin, ouvrage cité.) (NdT)

[2] Kranefeld l'a démontré dans un travail récent: *Komplex und Mythos* dans: *Seelenprobleme der Gegenwart* de C. G. Jung paru chez Rascher, Zurich, 1931.

[3] Phallus: « Représentation du membre viril qu'on portait dans les processions des fêtes d'Osiris en Egypte, de Dionysos dans la Grèce, etc.; le phallus était l'emblème de la force productrice de la nature. » Tels sont les renseignements que donne, par exemple, le dictionnaire Quillet. (NdT)

caractère difficile à définir, et dont le symbole primitif du « mana » paraît psychologiquement se rapprocher le plus.

Tous ces symboles sont *relativement* fixes, sans que nous ayons pour cela, en présence d'un cas concret, la certitude à priori de devoir les interpréter ainsi dans la pratique où les nécessités peuvent être d'un tout autre ordre. Certes, si notre tâche était d'interpréter un rêve théoriquement, c'est-à-dire en allant au fond des choses avec toutes les ressources de la science, il nous faudrait mettre ces symboles en rapport avec leurs archétypes. Dans la pratique cependant, cela pourrait constituer précisément une erreur, la situation psychologique momentanée du patient réclamant peut-être des mesures tout autres que des digressions sur les théories oniriques. C'est pourquoi il faut recommander de prendre surtout en considération dans la pratique la signification qu'ont les symboles en rapport avec la situation consciente, c'est-à-dire d'en user comme s'ils n'étaient pas stables. *En d'autres termes, qu'on renonce à tout savoir préalable, qu'on se garde de toute suffisance infaillible et qu'on recherche ce que les choses signifient pour le malade!* Naturellement, de ce fait, l'interprétation théorique tourne court et ne dépasse pas en général un timide début. Mais, si le praticien s'abandonne trop au maniement des symboles fixes, il s'encroûte dans la routine et dans un dogmatisme redoutable, qui lui masquent fréquemment la réalité vivante du malade. Je regrette de ne pouvoir donner un exemple; il exigerait plus de détails circonstanciés que je n'en puis fournir dans le cadre de ce travail. J'ai d'ailleurs traité de ce sujet dans d'autres publications.[1]

Le début du traitement est souvent marqué par un rêve qui dévoile au médecin le programme de l'inconscient dans toute son ampleur. Mais, pour des motifs d'ordre pratique, il est totalement impossible de faire pressentir au patient la profonde signification de ce rêve. Ici aussi, ce sont des considérations pratiques qui nous limitent. C'est à la connaissance des symboles relativement stables que le médecin doit la compréhension qu'il a du rêve, à l'insu de son malade. Cette compréhension peut avoir une grande valeur pour le diagnostic et le pronostic. Je fus un jour mandé au chevet d'une jeune fille de dix-sept ans. Un spécialiste avait parlé d'une atrophie musculaire progressive à son début, un autre penchait pour de l'hystérie, ce qui me fit appeler en consultation. Physiquement,

[1] Voir en particulier ci-dessous, p. 279.

le cas justifiait tous les soupçons; cependant il présentait aussi des symptômes hystériques. J'interrogeai la malade sur ses rêves; elle me répondit aussitôt : oui, j'ai des rêves terrifiants; je viens de faire le rêve suivant:

Je rentre la nuit à la maison; il règne un silence de mort; la porte du salon est entrouverte et j'aperçois ma mère pendue au lustre, balancée au gré du vent froid qui pénètre par la fenêtre. Puis je rêve qu'un bruit épouvantable retentit la nuit dans la maison; je m'enquiers de ce qui se passe et découvre qu'un cheval affolé galope dans l'appartement. Finalement, il trouve la porte du corridor, et se précipite par la fenêtre du couloir du quatrième étage sur la chaussée; je le vois avec frayeur étendu, fracassé, sur le sol.

Le caractère néfaste de ces rêves, à lui seul, éveille déjà l'attention et met en garde; cependant, qui n'a eu à l'occasion des cauchemars? Etudions de plus près la signification des deux symboles principaux, « la mère » et « le cheval ». Il doit s'agir d'entités équivalentes puisque toutes deux agissent de façon parallèle, elles se suicident. *La mère* est un archétype qui évoque l'origine, la nature, la création passive (d'où la matière, de materia), par suite aussi la nature matérielle, l'abdomen (matrice), l'aspect instinctif, impulsif, le côté physiologique, le corps que nous habitons et qui nous contient; car « la mère » est un vase, une forme creuse (comme l'abdomen) qui porte et qui nourrit; elle incarne donc aussi le fonctionnement végétatif (auquel elle préside), psychiquement parlant l'inconscient, les assises de la conscience. L'intériorité du fruit contenu dans la mère évoque en outre l'obscurité nocturne et angoissante (étroitesse). Ces allusions, on le voit, renferment une bonne part de l'évolution mythologique et philologique de la notion de « la mère », ou encore une partie essentielle de ce que la philosophie chinoise appelle le Yin. Cela ne saurait constituer une acquisition individuelle de cette jeune fille de dix-sept ans; nous rencontrons là un héritage collectif, encore présent et vivant dans le langage d'une part, représenté, d'autre part, dans la structure héréditaire de la psyché; on le retrouve par suite chez tous les peuples, dans tous les temps.

Ce mot de « mère », à résonance si familière, paraît se rapporter à la mère que l'on connaît le mieux, à la mère individuelle, à « ma mère »; en tant que symbole, cependant, il plonge ses racines dans un arrière-plan qui échappe obstinément à toute formule conceptuelle et que l'on ne peut que pressentir de façon vague, sous forme *d'existence corporelle*, *proche de la nature*, *secrète*, périphrase qui est déjà trop étroite et qui exclut de nombreux aspects significatifs indispensables. Le *fait psychique originel, à la base, est d'une complexité inouïe*, complexité qui ne peut être pressentie que par une représentation intuitive d'une immense ampleur. *C'est précisément pourquoi il faut des symboles.*

Si nous reportons dans le rêve la signification trouvée pour le symbole de la mère, nous obtenons l'interprétation suivante: *la vie inconsciente se détruit elle-même.* C'est là le message adressé au conscient et à quiconque a des yeux pour voir et des oreilles pour entendre.

Le cheval est un archétype très répandu dans la mythologie et le folklore. En tant qu'animal il incarne la psyché non humaine, le sous-humain, la bête en nous, et ainsi le psychisme inconscient; c'est pourquoi les chevaux du folklore sont clairvoyants, clairaudiants et parfois même doués de la parole. Animaux porteurs, les chevaux sont en étroite relation avec l'archétype de la mère (Walkyries qui portent le héros abattu au Walhalla, Cheval de Troie, etc.). Animal sur lequel l'homme s'assied, le cheval évoque l'abdomen et les poussées instinctives qui nous assaillent. Le cheval est dynamisme et véhicule; il porte vers un but comme un instinct, mais comme les instincts il est sujet à la panique, les facultés nobles du conscient lui faisant défaut. Le cheval est proche parent de la magie, c'est-à-dire des efficacités irrationnelles, des charmes, en particulier les chevaux noirs, chevaux nocturnes, annonciateurs de la mort.

« Le cheval », on le voit, est un équivalent de « la mère », à une nuance près, la signification se déplaçant de « vie originelle » (la mère) à « vie purement animale et corporelle » (le cheval). Reportons ce sens dans le rêve; il en résulte l'interprétation: *la vie animale se détruit elle-même.*

Les deux thèmes font donc entendre un son de cloche à peu près identique, le deuxième, comme c'est le cas en général, s'exprimant de façon plus spécifique. On remarquera le tact extrême du rêve: *il ne parle pas de la mort de l'individu.* Il est notoire que l'on rêve facilement de sa propre mort; cela n'est alors pas sérieux. Lorsqu'il y va réellement de la vie de l'être, le rêve parle un autre langage.

Les deux parties du rêve indiquent donc une grave maladie organique à issue fatale. Ce pronostic fut bientôt confirmé.

Cet exemple peut donner une idée approximative de la nature des symboles relativement fixes. Ils sont infiniment nombreux, se distinguant les uns des autres par des déplacements subtils des nuances et des significations. La constatation scientifique de leur nature n'est possible que grâce à des recherches portant sur la mythologie comparée, le folklore, l'histoire des religions et l'histoire linguistique. Dans le rêve, plus que dans le conscient, se révèle la nature de la psyché, ensemble de stratifications déposées au cours de l'histoire du développement humain. *Dans le rêve s'extériorisent les images et les tendances qui émanent de la nature la plus primitive de l'âme.* Par l'assimilation des contenus inconscients, nous contribuons à un rapprochement entre cette nature et la vie consciente momentanée, qui n'a que trop tendance à s'écarter des lois naturelles; *nous ramenons ainsi le malade au code de vie qui lui est propre.*

Je n'ai traité dans ce qui précède que de l'élémentaire. Le cadre de cette étude ne nous permet pas d'assembler une à une chaque pierre, et de reconstituer ainsi l'édifice qu'élève l'inconscient au cours de chaque analyse, et qu'il parachève jusqu'à la restauration définitive de la personnalité totale. *La voie des assimilations successives conduit bien au-delà du succès curatif intéressant spécialement le médecin; elle mène en définitive vers ce but lointain qui, motif peut-être primordial, occasionna la vie, je veux dire vers la réalisation pleine et entière de tout l'individu, l'individuation. Nous autres médecins sommes sans doute les premiers observateurs conscients de ce processus obscur de la nature. Mais, en règle générale, nous n'assistons qu'à l'épisode pathologique, perturbé, de ce développement et perdons de vue le malade une fois guéri.* Cependant, ce n'est qu'après la guérison que nous aurions l'occasion réelle d'étudier le processus normal qui s'étend sur des années et des dizaines d'années. Si l'on avait quelque connaissance des buts auxquels tend le développement inconscient et si le médecin ne puisait pas précisément ses connaissances psychologiques dans la phase maladive et perturbée, l'impression que laissent dans l'esprit d'un observateur les processus révélés par les rêves serait moins décousue et l'on pourrait reconnaître avec plus de clarté quel est le dessein suprême des symboles. *A mon avis aucun médecin ne devrait perdre de vue que tout procédé psychothérapeutique, et en particulier le procédé analytique, fait irruption dans un ensemble, dans un décours orienté – tantôt en tel endroit, tantôt en tel autre – découvrant chemin faisant certaines phases qui, dans leurs tendances particulières, paraissent être contradictoires. Chaque analyse ne révèle qu'une partie ou qu'un aspect du phénomène fondamental; c'est la raison pour laquelle les comparaisons casuistiques n'engendrent tout d'abord qu'une confusion désespérante.*[1] Aussi, est-ce malgré tout volontiers que je me suis cantonné dans des considérations élémentaires et pratiques, car ce n'est qu'au voisinage immédiat de l'empirisme quotidien qu'il est possible d'arriver à un accord à peu près satisfaisant.

[1] Souligné par nous, car ces lignes expliquent une bonne part de l'éparpillement et des luttes intestines de la psychologie contemporaine. (NdT)

CHAPITRE VIII

DU RÊVE AU MYTHE

I[1]

A côté de la méthode des associations[2], il en existe d'autres qui permettent aussi d'accéder à l'inconscient. La première, nous l'avons vu, nous a fait pénétrer dans une couche assez superficielle, dans un inconscient en quelque sorte relatif, dans un *inconscient personnel.* La malade, par exemple, dont l'enfant a été emporté par la fièvre typhoïde[3], aurait pu aussi bien – on ne peut s'empêcher de le penser – être consciente des mobiles de son acte. Ce cas nous montre ce que nous devons nous représenter par la notion d'inconscient personnel; il forme une couche psychique faite d'éléments qui pourraient être tout aussi bien conscients, mais qui pour certains motifs, de nature fort diverse, demeurent inconscients. Cette absorption d'événements de notre vie dans l'inconscient personnel est, durant notre existence, monnaie courante. Quand nous concentrons toute notre attention sur un certain travail qui monopolise l'énergie psychique disponible, nous ne pouvons pas en même temps penser à une autre tâche; celle-ci disparaît de notre horizon momentané à un degré tel qu'à son ressouvenir il peut se produire comme un choc en nous; cette disparition complète et fréquente est due au fait que notre énergie psychique est impuissante à maintenir à un degré suffisant de conscience un nombre élevé d'éléments. Il nous faut utiliser le potentiel d'énergie psychique dont nous disposons à éclairer fortement l'indispensable, l'accessoire demeurant dans l'ombre, où, avec « le temps, qui sur

[1] *Introduction à la psychologie analytique* (troisième partie). Voir pour les deux premières parties, les pages 71 et 143. (NdT)

[2] Quatrième conférence (suite).

[3] Voir page 155. (NdT)

toute ombre en verse une plus noire »[1], nous ne le distinguons plus, et où il tombe en désuétude. C'est dans ce domaine obscur, cette « lisière de la conscience », comme l'intitule W. James, que pénètre l'expérience d'associations. Or, il va de soi qu'en de nombreux cas il n'est pas suffisant de mettre à jour les éléments psychiques qui pourraient être tout aussi bien conscients. Dans un de nos exemples, celui de la veuve de cinquante-six ans, nous avons découvert [2] grâce à l'expérience d'associations, que cette femme déplore le départ de son fils; nous n'avons ainsi pénétré que dans un domaine où des êtres réfléchis et introspectifs s'orientent sans difficulté, et guère au-delà. Mais dans ce cas, et c'est pourquoi une expérience d'associations fut nécessaire, il s'agissait d'une personne pleine de convoitise, qui ne voulait s'avouer qu'elle avait « jeté le grappin » sur son fils. Il est pénible, pour des êtres que la faiblesse morale fait hésiter et chez lesquels la crainte de la vérité l'emporte, de devoir faire et de devoir se faire de tels aveux. Cependant, le sens commun ne peut s'empêcher de se dire que la malade aurait pu avoir conscience des motifs de ses tribulations. L'expérience des associations ne fait pas, au point de vue thérapeutique, pénétrer assez profondément, car il faut toujours se poser la question essentielle de savoir ce qui figure derrière ces complications « humaines, trop humaines ». Certes, cette femme avait par trop mis l'embargo sur son fils et elle espérait au fond d'elle-même demeurer l'unique détentrice de ce fils-amant. Mais qu'est-ce qui en elle motivait cet attachement outrancier? Si je dois traiter cette malade, il ne suffit pas que je lui dise qu'elle a procédé à un déplacement affectif et que son fils jouait pour elle le rôle d'un amant de remplacement. Cela ne lui serait pas d'un grand secours thérapeutique. Pour que nos entretiens lui soient profitables, il me faut voir clair dans ces couches de son âme où résident les motifs qui conditionnèrent son attitude et qui expliquent seuls pourquoi les choses en arrivèrent là. Or, l'expérience d'associations, en général, ne pénètre pas à une profondeur suffisante pour fournir les éclaircissements nécessaires. Peut-être cette femme souffrait-elle originairement d'un vieux complexe paternel? Celui-ci n'apparaîtrait pas clairement dans une expérience

[1] V. Hugo, *Oceano nox*. (NdT)

[2] Voir page 179. Dans la conversation rapportée qui remplace une expérience proprement dite, le mot *Noël* a joué le rôle de mot inducteur. (NdT)

d'associations à l'époque où on la tente, car ce sont les complexes relatifs au fils qui sont actuels, au premier plan, et non pas ceux relatifs au père; les révélations de l'expérience se rapporteront essentiellement au fils; le complexe paternel demeurant tout d'abord dans l'ombre, nous ne l'entreverrions peut-être que dans une expérience ultérieure, une fois que les problèmes relatifs au fils auraient été liquidés. Ce n'est qu'alors qu'il aurait des chances d'être mis en évidence. Je ne voudrais d'ailleurs pas donner ma tête à couper qu'il en serait ainsi; cette éventualité est simplement la plus probable et la plus favorable; encore exigerait-elle de longs délais avant de pouvoir être réalisée. Or, le temps est dans ce domaine un facteur essentiel, et c'est pourquoi la psychothérapie, de bonne heure, déjà bien avant Freud, a dirigé son attention sur les *rêves*.

Les médecins de l'antiquité accordaient un grand poids aux rêves; ils supposaient que ces derniers pouvaient éventuellement fournir des renseignements sur la nature de la maladie. Un grand nombre de rêves de l'antiquité, de ce fait, nous ont été conservés, tels ceux qui ont été recueillis par les « Thérapeutes ». Ceux-ci formaient une secte qui habitait dans la vallée du Jourdain et sur les rives de la mer Morte; certains de leurs récits sont parvenus jusqu'à nous. Ils étaient consultés habituellement quand, dans les cours, les devins officiels étaient au bout de leur science ou ne fournissaient, par crainte des responsabilités, qu'une interprétation édulcorée. Ces Thérapeutes guérissaient beaucoup grâce à la thérapie psychique et ils s'intéressaient régulièrement aux rêves. Saint Jean-Baptiste a été probablement un des leurs.

Les rêves sont des manifestations qui, à y regarder de près, correspondent aux complexes. Le rêve surgit durant le sommeil, qui nous plonge dans une inconscience apparente, mais qui nous laisse cependant un reliquat d'activité psychique; celui-ci pourvoit au déroulement de l'imagination onirique et à sa fixation, incertaine il est vrai, par le souvenir. Un certain raisonnement même n'est pas étranger au rêve; on s'y livre parfois à des réflexions, se demandant ce qu'il signifie, d'où il provient, à quoi prétend l'image que l'on perçoit, les restes de conscience qui subsistent durant le sommeil suffisant à l'occasion à toutes ces opérations. Les rêves éclatent dans l'état de conscience crépusculaire dû au sommeil comme les complexes dans la pleine conscience. Ce parallélisme constaté entre les rêves et les complexes, et qui incite à les rapprocher les uns des autres, s'illustre aussi par la forte affectivité qui marque fréquemment les images oniriques et qui, nous l'avons vu, est également un attribut des complexes. Ceux-ci, en outre, lorsqu'ils nous assaillent, ne se présentent jamais à notre esprit dans leur forme complète; seuls quelques-uns de leurs lambeaux atteignent à la conscience. Si le souvenir d'un événement nous poursuit, ce sont par exemple des bribes de conversation qui nous reviennent à la mémoire: « Elle a dit alors..., je lui ai répondu... »; c'est ainsi qu'un complexe échafaude un dialogue tel qu'il s'est ou qu'il aurait pu se produire dans la réalité; de même, après une dispute, on en débat seul encore pendant des heures, opposant thèses et antithèses. Il n'y a pas loin de là à la démarche propre du rêve qui, en partie à l'aide de matérieux précédemment acquis, ébauche ses constructions après que certaines règles oniriques, par le jeu de leur interposition, sont venues introduire entre le rêve et la vie diurne une discontinuité, une rupture qui ouvre la porte à une chatoyante diversité. A-t-on vécu dans la journée un épisode impressionnant, on peut être sûr, quand l'état psychique est bon, que l'on rêvera la nuit – si rêve il y a – de tout autre chose. Ainsi, on a constaté que des fiancés rêvent rarement l'un de l'autre; si cela se produit, c'est souvent l'indice d'une situation problématique, les rêves évinçant en général les images qui suscitent de trop fortes impressions. Voici d'autres exemples de la discontinuité habituelle entre la vie diurne et le rêve: j'ai observé, ayant noté tous mes rêves durant mon expédition en Afrique, n'avoir jamais rêvé d'un nègre, mais seulement de Blancs. Je ne relevai que l'exception suivante:

Un nègre venait à moi avec un fer à friser énorme et me recommandait le port des cheveux crépus; il portait une jaquette blanche.

En me réveillant, je me demandai où je pouvais bien avoir vu ce bonhomme; c'était aux Etats-Unis, mon coiffeur habituel! On avait constaté durant la guerre que tant que les soldats rêvaient de chez eux, tout se passait bien; en revanche, on savait qu'il était bon de les retirer des premières lignes dès qu'ils se mettaient à rêver de guerre et d'explosions. En fait, la plupart des combattants, tant que leur état psychique demeurait satisfaisant, rêvaient de leur foyer, de vie civile et jamais de guerre. Ces exemples témoignent de la discontinuité qui s'oppose normalement à la prolongation pure et simple dans le rêve des événements et des complexes vécus dans la vie consciente.

Quoi qu'il en soit, nous pouvons dire que les rêves, par la façon dont ils apparaissent, trahissent une singulière parenté avec les complexes: un mauvais rêve peut vous poursuivre tout le lendemain, vous gâtant l'humeur et la journée, ou encore l'on se réveille « au milieu » d'un rêve qui vous laisse en proie à des maux de tête ou à des répugnances immotivées, etc. En fait les rêves ne sont point aussi puérils qu'on le prétend couramment. Freud s'est attaché aux rêves, car il avait pressenti qu'ils contiennent des matériaux qui relèvent des complexes et qui sont comparables à ceux-ci. Il s'est efforcé de mettre au point une technique, qui permette de les atteindre, *la méthode des associations libres*. Elle consistait à prendre une à une les différentes images d'un rêve et à réunir au sujet de chacune d'elles toutes les idées qui se présentaient à l'esprit du rêveur en corrélation avec cette image. La méthode en soi aurait été excellente s'il ne s'était glissé dans son exécution des postulats théoriques, qu'il nous faudra encore discuter [1], et si on avait aussi tenu compte des faits suivants: si, à partir d'un point de départ quelconque, on établit une chaîne d'associations, on aboutit immanquablement à un complexe, sans avoir besoin d'un rêve pour cela. Nous en avons fait l'expérience en utilisant comme trame des associations les thèmes les plus banaux, par exemple un avis municipal: « Il est interdit sous peine de contravention...» et même une inscription russe. A peine quelques chaînons associatifs et déjà on patauge dans les complexes, pour la détection desquels les rêves sont superflus. La préoccupation centrale de Freud était d'aboutir à des complexes, et il a utilisé pour cela les rêves, comme nous l'avons fait de l'avis municipal, sans se demander au fond ce que les rêves qu'il utilisait signifiaient en eux-mêmes. Nous l'avons dit, il aurait pu utiliser aussi bien un jeu de cartes ou une page de dictionnaire, etc. Car les associations

[1] Ces postulats théoriques, ceux de la sexualité et d'autres, ont encombré la psychanalyse freudienne et ont été ce que le public en a surtout perçu. Pour Jung, comme il nous l'a dit, la dogmatisation par Freud de ses postulats a tenu au fait que Freud était un homme du type sentiment – c'est-à-dire un homme chez qui le sentiment était la fonction de prédilection – sentiment qui au cours de sa vie ne manqua pas d'être blessé. La pensée n'était en Freud qu'une fonction auxiliaire; c'est ce qui explique qu'il ait ignoré le jeu des hypothèses; car une pensée, quand elle est auxiliaire, est entachée en jaillissant à l'esprit de tous les caractères propres aux révélations; c'est-à-dire qu'elle est marquée au coin d'une évidence intérieure qui en rend toute discussion superflue. (NdT)

libres peuvent laisser le contenu du rêve parfaitement de côté et s'enliser dans des complexes qui ne sont pas nécessairement essentiels. Nous nous trouvons ici, en effet, dans un domaine prodigieusement riche en possibilités d'erreurs. Un errement possible est de se retrancher derrière des complexes mineurs, afin d'en dissimuler de plus pénibles. On avoue des complexes que l'on sait au fond assez bénins – les péchés véniels – mais on tait la diablerie dont il s'agit en vérité. Il est des gens qui vous déballent volontiers un monceau de noirceurs en vous disant : « Voyez quel individu je suis ! », ce déballage n'étant souvent qu'un prétexte à recouvrir une abomination – un vrai péché mortel – dont on cherche à détourner l'observateur. Les rêves, eux, traitent des faits essentiels, spécifiques, efficaces, par-delà ce que la nature de chacun peut avoir de généralement veule et de coupable. C'est pourquoi le but que doivent se proposer les associations libres, avec lesquelles par ailleurs je suis entièrement d'accord, est d'interpréter un rêve et non pas d'aboutir au magma des complexes qui sommeillent en tout rêveur [1]. Par suite les associations doivent être canalisées, limitées à la périphérie immédiate du rêve, aux éléments qui sont en rapport avec celui-ci. Il faut respecter le principe de ne retenir que les matériaux qui se groupent autour de la représentation onirique à élucider et qui en forment le contexte, et non pas ceux qui, de proche en proche, peuvent s'étendre à l'infini. Il faut faire abstraction des associations qui débordent par trop le contenu du rêve. Lorsque ayant rêvé d'une locomotive, par exemple, le rêveur parle de chemin de fer, puis passe à la Sibérie, aux bolchéviques, pour aboutir à la Société des Nations, cela est impropre et ne signifie plus rien par rapport au rêve, chacun pouvant en faire autant à partir de n'importe quoi. Ce que je désire savoir, c'est ce que signifie la locomotive pour le rêveur personnellement, et c'est pourquoi ses associations ne doivent pas s'écarter exagérément de cette locomotive. Je ne crains pas de demander par exemple au rêveur : dites-moi donc ce qu'évoque pour vous une locomotive.

– Dernièrement j'en ai vu une très grosse ; c'est là tout ce qui me vient à l'esprit.

[1] Le psychothérapeute, dans la pratique, doit moins s'efforcer de puiser dans un cas donné de nouveaux témoignages en faveur des complexes – qui sont en chacun à des titres divers – que de chercher à savoir ce que l'inconscient de son sujet fait des complexes qui sont en lui et ce qui s'y prépare.

– Supposez que je ne sache point ce qu'est une locomotive; expliquez-moi ce que c'est et ce que vous en pensez.

Il peut alors se faire que le rêveur vous raconte une histoire fort intéressante, qu'il vous donne une définition qui contient éventuellement la signification portée par la locomotive dans son rêve. Car la locomotive dans le rêve est réellement une locomotive. Cette affirmation constitue aussi *une différence essentielle entre ma conception des rêves et celle de Freud.* Comme le dit la Cabale, le rêve est réellement un rêve; il porte en lui sa signification; le rêve est ce qu'il est, entièrement et seulement ce qu'il est; il n'est pas une façade, il n'est pas quelque chose de fait ou d'apprêté, un quelconque trompe-l'œil, mais une construction parachevée.[1] Lorsqu'on s'en tient à cette hypothèse que le rêve est ce qu'il est et qu'il se contient tout entier lui-même, on trouvera dans chaque cas d'espèce la limitation nécessaire aux associations libres, limitation qui nous fera rester toujours dans le contexte, dans la trame et dans le voisinage immédiat du rêve.[2]

Plutôt que de m'aventurer dans l'abstraction je préfère montrer par un exemple pratique la façon d'aborder un rêve. Celui que j'ai l'intention de commenter a été précédé de deux autres que j'ai déjà rapportés dans un autre chapitre de cet ouvrage. Que le lecteur veuille bien les trouver dans *L'utilisation pratique de l'analyse onirique* (page 248, dernier paragraphe : « Un homme de haute position sociale... jusqu'au milieu de la page 250... que la catastrophe entrevue devint réalité. »)

L'anamnèse et le récit de ces deux rêves ont à peu près nécessité toute la première consultation, vers la fin de laquelle j'essayai de faire part au patient de ma conception; elle n'eut pas l'heur de lui plaire. J'eus l'impression qu'il croyait savoir beaucoup mieux que moi ce qu'il importait de faire. Une telle attitude chez un malade n'entame pas mon calme et je me contentai de lui dire: « Naturellement, on peut aussi concevoir les choses sous un autre angle; je vous souhaite un sommeil reposant et une bonne digestion! », sachant bien d'avance que son démon personnel ne l'en tiendrait pas quitte pour si peu et qu'il l'obligerait, en le martyrisant, à reconsidérer ses opinions. C'est pourquoi tout ce que j'aurais

[1] L'idée que le rêve dissimule quelque chose est une idée anthropomorphique!

[2] Voir aussi au sujet des « associations libres »: ci-dessus, page 257. (NdT)

pu ajouter eût été superflu. Son inconscient, me dis-je, le relancera et l'incommodera dans ses retranchements actuels de façon infiniment plus raffinée que mes plus beaux discours. Mais arrivons au rêve que nous voulons analyser plus à fond.

Le rêveur se trouve dans la ferme d'une paysanne inconnue. Il lui raconte qu'il projette de faire jusqu'à Leipzig un long voyage, qu'il doit entreprendre à pied. La paysanne le considère avec de grands yeux admiratifs, ce qui n'est pas fait pour lui déplaire. Il regarde à ce moment par la fenêtre et contemple la campagne où des faucheurs sont au travail. Soudain, à l'arrière-plan de ce paysage, alors que le rêveur se trouve dehors, apparaît une énorme écrevisse ou un énorme lézard; il est alors confronté avec le monstre qui se dirige tout d'abord à gauche, puis à droite, de sorte que le rêveur se sent pris dans l'angle de ces deux mouvements, comme dans les branches d'une paire de ciseaux. Le monstre s'approche lentement, et le rêveur se demande ce qu'il importe de faire. Il s'aperçoit alors qu'il tient à la main une baguette magique; il en donne un coup au monstre, qui meurt sur-le-champ. Le rêveur, debout devant le cadavre, doit le contempler longuement et intensément. Il se réveille au cours de ce long recueillement.

Les images de ce rêve sont très simples et très claires; comment peut-on les aborder? Je procède de la façon suivante. Je divise une page en trois colonnes; dans celle de gauche j'inscris le rêve en espaçant ses phases successives; dans celle du milieu qui est un peu plus large viendra le contexte onirique (constitué à l'aide des associations libres, comme nous l'avons dit plus haut); dans celle de droite enfin viendront figurer les conclusions que l'on peut tirer de l'ensemble. Nous traitons ainsi le rêve comme nous ferions d'une inscription fragmentaire qui viendrait d'être déterrée, que nous ne saurions déchiffrer et que nous tenterions de rendre lisible avec l'appui de renseignements et de compléments puisés dans d'autres domaines. Il nous faut, grâce à des parallèles, procéder à des interprétations. La deuxième colonne, celle du contexte, doit être alimentée par des matériaux fournis par le rêveur lui-même, car il est le seul à pouvoir décrire ce que certaines choses signifient en lui, alors qu'il nous est impossible de savoir, du dehors, quelle fonction assume une image donnée dans son psychisme. Un observateur extérieur ne saurait dire à priori à quoi et comment réagit un être, et c'est pourquoi *les symboles du rêve sont de nature essentiellement individuelle*. Il nous faut trouver dans le psychisme du rêveur de quel contexte, c'est-à-dire de quel ensemble les images oniriques sont détachées, dans quelle atmosphère elles étaient enrobées. Le contexte une fois établi, la structure du rêve apparaît beaucoup plus clairement et nous pouvons nous risquer à des conclusions. Supposons que nous ayons déjà écrit notre rêve dans la colonne de gauche et attaquons-nous à la question du contexte.

Si je vous demandais ce qu'évoque pour vous « une ferme et une paysanne », je suis sûr que beaucoup d'entre vous penseraient qu'il s'agit de la demeure maternelle et de la mère. *Ma question, cependant, serait un exemple de la façon dont il ne faut pas procéder*, car cette association n'est pas celle de notre sujet; cette ferme évoque pour lui tout autre chose, à savoir l'hospice de Saint-Jacques où en 1444 quinze cents Confédérés trouvèrent une mort héroïque.[1] Voilà ce qu'évoque à l'esprit du rêveur la maison de son rêve; personne parmi nous n'aurait songé à cette évocation et il était bien le seul à pouvoir la fournir. Il nous faudra dans la suite tenir compte de cette association très significative.

Quant à « la paysanne », elle ne lui rappelle nullement sa mère, mais une logeuse, une veuve peu cultivée avec laquelle il bavarde de temps en temps.

« Le grand voyage à Leipzig » le fait songer à la grande entreprise qu'il projette (c'est-à-dire à l'ascension des hauts sommets qui est à l'origine de son mal des montagnes figuré); il espère, en effet, être nommé professeur à Leipzig; c'est en cela que réside sa suprême ambition.

« Il doit s'y rendre à pied », c'est-à-dire, dit-il, par ses propres moyens, à l'aide de ses mérites personnels et non par quelque grâce du sort.

« L'étonnement béat de la bonne femme » signifie à ses yeux qu'il se meut dans un milieu trop modeste.[2]

[1] Cet épisode constitue un fait notable de l'histoire suisse. Il s'est produit dans les conditions suivantes : ces quinze cents hommes constituaient l'avant-garde des troupes suisses qui avait reçu l'ordre strict de ne pas attaquer, mais d'attendre que le gros des forces l'ait rejointe. Cependant, les ordres reçus furent transgressés et dès que l'ennemi fut en vue, l'avant-garde se rua contre lui; elle arrêta son avance par ce sacrifice, mais se fit massacrer jusqu'au dernier homme. Nous retrouvons ici l'idée de la ruée en avant qui entraîne des conséquences fatales, idée déjà exprimée dans le deuxième rêve où la frénésie du mécanicien en tête du train détermine le déraillement.

[2] Lorsqu'un être se croit trop bon pour son entourage, qu'il juge par trop inférieur, il s'agit presque toujours d'une infériorité que le sujet porte en lui et qu'il projette dans son monde extérieur. On pourrait dire d'ailleurs que c'est une rodomontade que d'agiter devant une personne peu cultivée cette nomination éventuelle à l'Université de Leipzig.

« L'image des faucheurs » évoque à son esprit un tableau qu'il a chez lui, une gravure sur pierre qui représente des paysans rentrant les foins. C'est tout. « Voilà l'origine de cette scène dans mon rêve. »[1]

A « l'écrevisse » il associe que c'est une espèce de monstre, un animal hybride et fabuleux, caractérisé par le fait qu'il nage en arrière. Dans le rêve, manifestement, l'animal cherche sa voie, se dirigeant d'abord à gauche, puis à droite. La gauche (sinister) lui est naturellement peu favorable, et la droite ne l'est guère plus, puisque l'animal y trouve la mort, succombant au coup de la baguette magique. Le rêveur souligne l'angle dans lequel il se trouve, formé par les deux directions suivies par le monstre.[2]

« Le combat avec le monstre » évoque pour lui la lutte du héros et du dragon.

« La baguette magique » lui remémore une baguette merveilleuse, une baguette de fée.

La raison de « son long recueillement » lui demeure obscure. Il lui fallut contempler le monstre mort, il ne saurait dire pourquoi et quelle signification cela peut bien avoir.

Voilà les matériaux. Quand une inscription est découverte et mise à jour, le sol qui l'a cachée n'en fournit pas la traduction; il en est de même du rêve et de son contexte. La traduction, dans un cas comme dans l'autre, demeure l'œuvre de l'intelligence humaine qui dispose de parcelles et de bribes, mais pour laquelle l'ensemble demeure problématique. Pour prêter un sens intelligible au rêve, il faut le faire passer à la toise des éléments de comparaison qui s'offrent grâce au contexte. A un certain point de vue, notre rêve s'intercale merveilleusement dans la série déjà commencée. Les deux rêves précédents attirent l'attention sur un retour à la jeunesse, sur l'existence simple, sur l'indispensable circonspection qui permettrait d'éviter le danger qu'il y aurait à donner pleine vapeur, et d'attendre que tout suive bien, et enfin sur la

[1] C'est comme si le rêveur me disait : le rêve n'est qu'une fresque sur un mur, sans plus d'importance, et je ne lui prêterai pas plus d'attention qu'à celle-ci!

[2] Il interprète la situation selon la doctrine freudienne, comme un désir incestueux; le monstre serait sa mère, l'angle représenterait les jambes entre lesquelles il est placé, venant de naître ou aspirant à retourner au stade prénatal.

hâte nuisible et vaine. Beaucoup de ces idées sont équivalentes les unes des autres. Dans ce troisième rêve, à nouveau, le rêveur est replacé dans une maison simple, en face d'une paysanne plus ou moins maternelle. Or, nous l'avons vu, il lui est désagréable de se voir rappeler son extraction modeste [1]; il a un peu honte de ses paysans de parents et préférerait être le fils de quelque grand personnage.

Ici, au début du rêve, le rêveur est indubitablement ramené à son origine modeste, par un rappel qui fait contraste avec sa conception et son mode de vie actuels et qui, de façon indirecte, évoque aussi sa mère; c'est précisément parce que le rêveur a des raisons subjectives de cacher son origine qu'il nous faut introduire celle-ci dans le tableau d'ensemble et tenir compte de cet état de choses. Ce début de rêve recouvre un épisode du passé, grâce à l'hospice de Saint-Jacques, où un combat disproportionné contre une supériorité écrasante entraîna des morts héroïques. Cette évocation annonce avant la lettre le combat qui va opposer le héros au dragon; elle fait présager des imaginations pareilles à celles qui se sont précipitées dans les mythes ethniques des héros, imaginations qui vont être responsables de la facilité avec laquelle notre rêveur se rendra maître du monstre. Ces imaginations, cette facilité à se débarrasser d'un monstre angoissant renferment évidemment un élément compensateur: d'une extraction très modeste qu'il s'efforce d'oublier, le rêveur est intérieurement poussé, obligé à devenir un grand bonhomme, une sorte de héros, les héros ayant toujours eu dans l'imagination des peuples une double extraction, l'une humaine, d'une part, l'autre supra-humaine, d'autre part, puisqu'ils s'abreuvaient durant leur enfance du lait de l'immortalité. Notre sujet compense ainsi un certain sentiment d'infériorité dû à son origine; de là ses rodomontades devant sa logeuse, qui incarne sa propre simplicité et en face de laquelle il éprouve le besoin d'affirmer et son envergure personnelle et le glorieux avenir qu'il escompte; la logeuse étant aussi la mère, qui évoque naturellement l'enfance et le passé, c'est devant son propre passé qu'il doit affirmer ses impulsions à l'héroïsme, ses ambitions démesurées, auxquelles il s'abandonne sans partage.

[1] Vous connaissez sans doute le roman de Paul Bourget : *L'Etape*, dont le thème est que l'individu reste toujours attaché à son origine modeste, ce qui impose des limites assez étroites à ses possibilités d'ascension sociale.

A ce moment apparaissent les faucheurs qui sont des travailleurs du sol, qui accomplissent le travail simple qui était celui de ses ancêtres et qui vivent de l'existence unie des gens de la campagne.

Cette image passe rapidement, chassée, en quelque sorte, par une image beaucoup plus impressionnante qui va nous plonger dans la mythologie. Une faille profonde, une solution de continuité sépare ces deux images du rêve, qui se mouvait jusqu'à présent dans le domaine de la psyché personnelle, c'est-à-dire dans le domaine des souvenirs et des conflits propres au rêveur. Le débat passe soudain sur un plan plus élevé et atteint aux dimensions mythologiques; il ne s'agit plus tout à coup de la lutte d'une ambition exagérée, visant à une chaire honorifique, aux prises avec une origine modeste et une étoffe qui conseillerait plus de retenue; il n'est soudain plus trace de cela. *Nous assistons à un déplacement sur le plan mythique*; notre professeur devient un Siegfried qui ne se préoccupe plus d'aller à Leipzig, mais de vaincre le monstre. Un élément nouveau apparaît, inexplicable pour le rêveur, qui se trouve soudain transporté dans un monde de fées. Le rêve s'épanouit sur un horizon plus vaste et relève de couches plus profondes du psychisme. Un destin individuel, humain, trop humain, se trouve élargi aux proportions d'un problème mythologique et d'une description mythique. C'est là quelque chose d'insolite et, pour nous, de bien peu familier. La médecine antique, cependant, celle des Egyptiens par exemple, était familiarisée avec ce problème et elle s'efforçait toujours d'élever sur ce plan supérieur la maladie, l'état d'infériorité qui fond sur l'être humain. Supposons par exemple qu'un Egyptien de l'antiquité, semblable à un M. Dupont d'aujourd'hui, aille se promener et soit mordu au pied par une vipère des sables; pour nous, lorsque M. Dupont a été piqué par un serpent, il y a là un accident malencontreux, et il faut avoir recours d'urgence à quelque médication. Le médecin égyptien, qui était en même temps prêtre, procédait pour la guérison de tout autre façon: il s'efforçait de faire passer l'accident particulier sur le plan mythologique, en se référant à quelque texte sacré, qui racontait comment le grand Dieu-Soleil parcourait ses domaines et comment la Déesse-Mère avait mis sur son chemin, secrètement caché dans le sable, un serpent venimeux. Le Dieu mettait le pied dessus, était mordu par le reptile et criait de douleur; tous les autres dieux en éprouvaient de la pitié, suppliaient la Déesse-Mère – qui avait créé le reptile venimeux – de créer aussi le contrepoison efficace; celle-ci y condescendait et guérissait le Dieu souffrant. Voilà le texte que le prêtre-médecin lisait au malade, et c'est à cela que se bornait le traitement, dont nous ne parvenons pas à comprendre la portée. Néanmoins, il nous faut bien nous dire qu'à l'échelon psychique qui était celui des Egyptiens d'alors, ce récit constituait bel et bien un procédé thérapeutique: à cet échelon, en effet, l'homme pouvait encore être facilement plongé dans l'inconscient collectif par un simple récit, dont les images s'emparaient alors de tout son être avec une puissance telle que son système vasculaire et que ses régulations humorales rétablissaient l'équilibre compromis. C'est d'ailleurs ce qui explique en toute généralité *la valeur curative de la médecine magique à l'échelon primitif*, alors que nous ne concevons la possibilité d'efficacités de cette sorte que tout au plus dans le *domaine moral*. Là, nous assistons en fait à des actions similaires et nous nous en tenons à des formes toutes semblables. Lorsque, par exemple, vous souffrez de quelque infériorité morale, de quelque conflit psychique ou de quelque grand souci, vous allez à l'église, écoutez le texte sacré, les paroles salvatrices, qui élèvent votre souffrance personnelle à la dignité d'une souffrance de la collectivité, à un niveau mythique où vous n'êtes plus un être unique, mais où vous incarnez en même temps la totalité humaine, l'humanité souffrante. Votre problème, de quelque façon, s'en trouve résolu; on invoque à ce sujet la grâce divine, alors qu'en réalité il a simplement été élevé jusqu'à un plan mythique où il n'est de problème qui n'ait sa solution; car cette mythologie de l'inconscient collectif est caractérisée par une sorte d'écoulement, qui fait naturellement jaillir un thème nouveau d'un motif finissant. Nulle part nous n'y rencontrons de stagnation effective; toutes les situations difficiles y parviennent à leur culmination, se dénouent et engendrent des situations nouvelles. Ainsi s'y déroule la mélodie infinie de la vie, telle une onde salvatrice dans laquelle on se voit momentanément plongé. Qu'on s'abandonne un temps à ce flot souverain et l'on ne manquera pas d'en sortir avec une attitude rectifiée, ce qui aide à guérir le mal moral dont on souffre.

* * *

On m'a adressé deux questions. La première se rapporte à cette mère qui eut le malheur de faire mourir son enfant.[1]

[1] Voir ci-dessus, page 155.

La *question* est la suivante: « Comment cette femme se serait-elle comportée si elle avait eu conscience de la tendance qui l'envahissait et qui la poussait à supprimer son enfant ? »

Réponse : Dans ce cas, il est probable que la catastrophe n'aurait pas eu lieu. La connaissance que la malade aurait eue de sa tendance meurtrière intime, heurtant de front son être moral, aurait engendré un conflit, aurait, à tout le moins, suspendu son laisser-aller pur et simple, l'aurait incitée à en parler à son mari ou à une personne de confiance; ou encore sa lutte intérieure lui aurait peut-être infligé une telle névrose qu'un traitement serait devenu indispensable. Bref, d'une façon ou d'une autre, il est infiniment probable que le meurtre et la psychose auraient été évités.

On peut d'ailleurs généraliser la question et se demander ce qu'il y a lieu de faire lorsque de pareilles tendances surgissent dans un être. Comment se fait-il que l'on ressente tout à coup une propension à exécuter un acte qui est un crime ? Ces impulsions sont loin d'être d'une rareté exceptionnelle. Il existe dans toute population un certain pourcentage de meurtriers réels, en marge desquels tout homme a aussi en partage une certaine inclination au mal; chacun dans un certain pourcentage, le pourcentage statistique en quelque sorte, tient de l'assassin. Et c'est pourquoi nous devons nous garder d'être trop fiers de nos vertus, qui sont toujours accompagnées de l'ombre que projettent les statistiques humaines. C'est que nous sommes tous des hommes, porteurs du mal qui est une des caractéristiques absolues de l'homme. Le mal peut étendre, hors de proportion, son emprise sur la vie intérieure chez certains individus prédisposés; ceux-ci, s'ils lui résistent, sont la proie d'un conflit; s'ils s'y abandonnent, ils tournent au crime. Il est heureux, pour nous médecins, que nous n'entrions que rarement en contact avec ces cas des plus difficiles: l'expérience montre, en effet, que chez les êtres prédestinés par leur nature à verser dans le crime, les tendances au mal, qui sont chez eux toutes naturelles, ne déterminent point de névroses. Dans les grands centres éducatifs de l'Amérique où, croyant que seule une forte éducation leur a fait défaut, on élève les enfants qui ont mal tourné dans l'espoir de les déshabituer, de les aider à se déprendre du mal, on a fait l'expérience suivante : les enfants qui n'ont versé dans la criminalité infantile que par abandon moral et par disgrâce de leur milieu, transplantés dans une atmosphère morale, en profitent à la satisfaction générale; les autres, en revanche, que la nature paraît avoir dotés d'une vocation au mal qu'ils sont obligés d'incarner, se développent médiocrement dans un climat éducatif, ont un sommeil troublé, éprouvent des maux de tête, deviennent hystériques. Lorsqu'un être a été élu par le destin pour vivre le mal, personne ne pourra l'en détourner, les méchants devant accomplir la volonté créatrice particulière qui les habite, tout comme les bons doivent réaliser la volonté au bien qui est en eux. C'est pourquoi le danger n'est pas grand qu'un être bon dans son fonds verse dans les turpitudes et soit capté par le mal. Car, en réalité, celui-ci lui répugne tellement que, quand il prend conscience de son ampleur, il recule devant son exécution. Qu'il en éprouve un conflit, qu'il en ressente de l'angoisse, c'est possible, mais tout finira par rentrer dans l'ordre pour peu qu'on ait la patience nécessaire et si le Créateur lui donna réellement le bien en partage. Par suite il y a aussi peu de mérite à être bon, que peu de vice ou de péché à être mauvais: nous ne faisons en cela que tenir les rôles qui nous ont été attribués. C'est ce que la sagesse orientale exprime en disant: « Tu joueras le rôle d'un roi ou celui d'un mendiant, ou celui d'un criminel, selon la volonté des dieux. »

La deuxième question est relative à l'astrologie; il aurait été surprenant que celle-ci ne vînt pas sur le tapis. La voici:

Question : « Si, comme vous le prétendez, notre psyché se trouve projetée dans les choses, qu'elle anime de ses propres données inconscientes, comment se fait-il que l'*astrologie* et les autres « sciences occultes » présentent de l'intérêt aux yeux de l'homme réputé conscient ? »

Réponse : L'astrologie a une grande importance et je suis loin de la sous-estimer. Cela ne veut pas dire qu'il faille supposer que les constellations éternelles soient responsables des caractères de chacun et de leurs particularités. Les constellations nous servent essentiellement à préciser notre position dans l'espace et à mesurer le temps. Mais ne soyons pas comme ce célèbre dilettante de l'astronomie qui l'admirait aveuglément en ce qu'elle permettait de fixer le poids, la composition chimique des étoiles et surtout de découvrir leurs noms! Elles ne portent pas des noms qu'elles possèdent à priori, mais bien ceux que nous leur avons donnés et qui nous servent en partie de repères dans le temps; c'est là que commence le grand problème de l'astrologie. Comment se fait-il qu'une époque, qu'une période donnée possèdent certaines qualités qui se reflètent dans les choses et les êtres qui les ont traversées ou qui y ont pris naissance, qualités qui permettent aussi de conclure en retour à l'époque où ces choses ont été engendrées? Ce problème paraît d'un point de vue philosophique être extrêmement compliqué, alors que dans la pratique il est fort simple: j'ai par exemple chez moi une vieille armoire dont un connaisseur compétent me dirait qu'elle a été faite vers 1720 à tel ou tel endroit, par tel ou tel maître. Comment le sait-il? C'est là la science du bon antiquaire! De même un fin connaisseur en vins pourra préciser l'année, le cru et la cave de tel ou tel échantillon. Il sait que le vin de telle année et de tel coteau, en raison des conditions particulières qui régnèrent alors, a acquis une saveur qui le distingue des vins que ces mêmes vignes livrèrent les autres années. Il en va de même des hommes: nous sommes nés à un moment donné, en un lieu donné, et nous avons, comme les crus célèbres, les qualités de l'an et de la saison qui nous ont vus naître. L'astrologie n'en prétend pas davantage.

II [1]

Nous avons, vous l'avez remarqué, entamé un problème difficile. Dès que l'on aborde un rêve, j'en suis fâché mais n'en peux mais, on ne tarde pas à se heurter à quelque obscurité où les difficultés s'amoncellent. J'ai longuement cherché dans ma collection un rêve simple, favorable à l'exposé que je projetais; j'y ai longtemps réfléchi et celui que je vous ai rapporté était le plus simple que j'aie trouvé. Certes, il existe des rêves d'une grande simplicité d'apparence, mais qui se révèlent, dès qu'on cherche à les comprendre, beaucoup moins simples qu'on ne le croyait. Il faut s'habituer à l'idée que s'attaquer à l'interprétation d'un rêve revient à plonger dans l'obscurité. Car, quelle que soit l'expérience que l'on puisse posséder dans ce domaine, il n'en faut pas moins considérer chaque rêve comme quelque chose d'entièrement nouveau et d'inconnu. Je n'aborde jamais l'étude d'un rêve sans adopter cette attitude. Qu'un rêve apparaisse parfaitement

[1] Cinquième conférence.

incompréhensible ne signifie pas que l'on doive s'abandonner à un sentiment d'infériorité; il est même important de s'avouer qu'il existe des problèmes qui outrepassent notre compréhension. C'est pourquoi je me suis habitué à voir tout d'abord dans un rêve quelque chose d'impénétrable; cela me donne le courage et la force de poser des questions souvent bébêtes et d'apparence puérile, qui peuvent cependant apporter de grands éclaircissements. Ces questions simplistes, en effet, on ne les risque que lorsqu'on est profondément impressionné par l'obscurité qui règne autour d'un songe. En fait, des rêves, tout simples au premier abord, conduisent vite dans de vastes pénombres. Dans notre rêve, par exemple, que vient faire cette écrevisse? La difficulté à comprendre le rêve serait bien moins grande si elle n'apparaissait pas! Le rêve, jusque-là, a des dehors très abordables: cet homme compliqué, d'autant plus imbu de son importance que ses débuts furent plus humbles, qui se croit bien supérieur à son milieu originel, cet homme tout infatué de lui-même se voit rappelé à son passé modeste. Ses associations nous ont révélé l'ampleur de ses aspirations, son espoir d'être nommé professeur à Leipzig, l'illusion de sa valeur personnelle le portant à s'identifier aux quinze cents Suisses qui arrêtèrent les Armagnacs à Saint-Jacques. Et tout à coup, dans cet ensemble de données assignables et humainement compréhensibles, surgit cette écrevisse, dont la raison d'être nous échappe complètement. Nous sommes un peu comme ce fermier de l'Ouest qui, venant à New York pour la première fois, contemple au jardin zoologique un casoar, un oiseau sans ailes [1], et qui exprime son étonnement par la réflexion: « Sacrebleu, il n'est pas possible qu'il y ait des oiseaux pareils! » Cette exclamation pourrait être *a fortiori* la nôtre, car il n'est vraiment pas d'écrevisse ou de lézard ou de monstres zoologiques d'aussi colossales dimensions; c'est une pure imagination. Toutefois, il nous faut observer que si la réalité les ignore, il s'en trouve dans les mythologies. Nous avons, par exemple à Bâle, un pareil monstre, un basilic, que cependant aucun Bâlois n'a jamais rencontré de son vivant. Mais, de telles chimères grouillent dans nos imaginations, dans les âmes qui sont *la source de toute mythologie.* La mythologie n'a pas une provenance extérieure, n'est pas un fait empirique. Si ces monstres, ces entités imaginatives ne figuraient pas en nous, comme ils n'existent pas dans le monde

[1] Genre d'oiseaux coureurs d'Australie, rappelant l'autruche. (NdT)

extérieur, on ne les aurait jamais découverts. Ces images n'auraient pas été forgées, ces monstres n'auraient pas servi d'expressions symboliques si cela ne répondait en nous à quelque besoin. Notre rêve aurait aussi bien pu parler d'un ours ou d'un lion ? Il paraît que non ! Cela n'aurait sans doute pas été suffisant ; seul un animal particulièrement compliqué et irréel pouvait exprimer, semble-t-il, un élément psychique étranger lui aussi à la réalité concrète. Les primitifs ont des expressions particulières pour exprimer les phénomènes qui leur paraissent aussi incongrus qu'inconcevables et qui sont pour eux toujours de nature magique. Quand un animal se comporte de façon inusitée, s'émancipe de ses habitudes coutumières, lorsque, par exemple, un ours fourmilier apparaît en plein jour, alors qu'on ne l'aperçoit communément que la nuit, les primitifs en ressentent une terrible surexcitation, à peu près comme si chez nous la Birse [1] remontait le Jura « ou la Tarasque la vallée du Rhône » [2]. Cela serait effectivement très alarmant, un manquement grave à l'ordre de la nature, et c'est ce que ressent le primitif dans le cas de l'ours fourmilier ; celui-ci doit être immolé, il faut procéder à des rites purificatoires pour abolir l'incongruité qui pourrait entraîner quelque catastrophe. On fit autrefois à Bâle le procès d'un coq qui avait pondu un œuf, ponte aussi incongrue que néfaste, car on croyait que, si cet œuf avait été couvé par une grenouille, un basilic aurait vu le jour, amenant avec lui la grande peste !

Et voici que surgit dans notre rêve un animal fabuleux, incongru, aux dimensions colossales, c'est-à-dire un monstrueux empêcheur de danser en rond, qui « met les pieds dans le plat » de façon aussi inouïe qu'inattendue. Représentez-vous l'état d'esprit courant de notre petit bourgeois brillamment parvenu : il vit dans le plus raisonnable des mondes, régi par un gouvernement convenable, dans lequel on peut aspirer avec les ans à gravir les échelons d'une brillante carrière. Il a d'abord été peut-être instituteur ; travailleur, il continue ses études, obtient un petit poste, devient chargé de cours à l'université, puis professeur extraordinaire et, enfin, professeur ordinaire. Pourquoi l'ascension ne continuerait-elle pas, puisque le Créateur prévoyant l'a voulu ainsi pour les êtres ambitieux ? C'est ainsi que les choses doivent se passer dans le monde

[1] Rivière qui descend du Jura et se jette dans le Rhin à Bâle. (NdT)

[2] NdT.

des hommes conscients et organisés, dans lequel il entend vivre et dont l'extraordinaire est banni. Tel est notre professeur, et les hommes de cette trempe sont en général considérés comme de braves gens travailleurs, qui constituent pour un Etat des piliers rassurants. Mais, tout à coup, voilà notre homme en proie à un trouble inexplicable. D'où peut provenir cette espèce de mal des montagnes? Il a naturellement consulté une foule de médecins, dont quelques-uns, qui étaient sincères, lui auront peut-être dit: « Cher monsieur, vous souffrez simplement d'une névrose, des pilules n'y feront rien, et il faut chercher autre chose. » Finalement il échoue chez moi et il me faut lui dire: « Oui, vous souffrez bel et bien d'une *névrose, de troubles du psychisme.* » Or, il n'a encore jamais eu pareille maladie; dans son monde, il y a place pour une carrière, mais non pour une névrose, incongruité relevant du jamais vu et de l'extraordinaire. Si vous alliez vous promener aux Langen-Erlen [1] et si vous voyiez soudain surgir, s'approchant en zigzag, un tel monstre, mi-écrevisse, mi-lézard, vous en ressentiriez non seulement de l'étonnement, mais aussi de l'angoisse; vous croiriez avoir un cauchemar ou être devenus fous; à tout le moins vous appréhenderiez un danger imminent! Ce n'est pas le cas de notre rêveur qui, étant dans son rêve devenu un héros, est, du même coup, devenu un familier des dragons. Car, *quiconque a la présomption de passer pour un héros, défie, par sa présomption même, un dragon qu'il lui faudra combattre.* Sa surestimation personnelle amoncelle dans son âme de grands dangers psychiques. Quelque chose, qui devrait exciter sa crainte, se dresse devant notre rêveur. Cependant il prend le danger à la légère et il tue le monstre d'un coup de baguette magique. Comme il parvient à conjurer avec tant de facilité apparente l'immense danger qui le menaçait, on s'attend de sa part à un triomphe, et à ce qu'il dise: « L'épreuve n'était pas si redoutable, c'était une bagatelle! » Cependant, il n'en est rien, et le rêve se termine par cette remarque singulière qu'il lui fallut contempler longuement l'animal mort. Qu'est-ce que cela peut bien signifier? Qu'en pensez-vous? Pourquoi cette longue méditation en présence du cadavre? Pourquoi le rêve adjoint-il cet appendice qui semble insignifiant?

– *Réponse d'un auditeur :* « Cela marque le début de la guérison. »

[1] Bois aux environs de Bâle. (NdT)

– *Professeur Jung :* « Ce n'est pas un début de guérison. »

– *Réponse d'un autre auditeur :* « Manifestement ce monstre est un animal singulier: il y a peut-être lieu de penser qu'il lui faut contempler longuement le cadavre pour voir de quel genre de bête il s'agit. »

– *Professeur Jung :* « Voilà l'idée la plus proche; mais, en raison de la facilité avec laquelle il immole le monstre, une autre conception se présente aussi à l'esprit. »

– *Réponse d'un autre auditeur :* « L'épreuve a été si facile qu'il en reste tout songeur, sans parvenir à s'en détacher. »

– *Professeur Jung :* « Effectivement, il philosophe, il examine pensivement la situation. Le rêve lui dit: « Réfléchis à ce que tu viens de faire et à ce que cela signifie d'avoir tué cet animal. » Il se *réveille* au milieu de ces réflexions. Or, nous nous réveillons à l'occasion d'un rêve – abstraction faite des dérangements extétieurs – au moment où son sens a atteint son point culminant et où le rêve ayant épuisé son thème met un trait final à son propre déroulement. Le réveil est probablement dû à ce que la fascination exercée par le rêve cesse soudain et à ce que l'énergie ainsi libérée provoque une reprise de conscience. Chacun sait que l'on se réveille parfois en sursaut à la fin de certains rêves. » [1]

Ainsi, la fin de ce rêve [2] doit nous induire à la réflexion. Quand j'analyse un rêve de cette sorte, je tente toujours de m'imprégner de son atmosphère, de me placer dans sa perspective; je suppose pour cela que je me trouve dans la situation du rêveur, que je viens de tuer le monstre avec facilité et que je suis là, songeur, avec mon malade en face du fait accompli; continuant la fiction, je me demande: « De quoi s'agit-il au fond, pourquoi ai-je tué ce dragon, pourquoi cela s'est-il passé ainsi et pas autrement ? » Le dénouement du rêve implique une énigme qui exige réflexion. Pourquoi ne pas tenir compte de cette invite ? Je m'efforce de m'y conformer. Je demeure avec mon malade pour ainsi dire en présence du monstre, en fais avec lui le tour, l'inspecte; nous

[1] C. G. Jung voit aussi *à ces réveils en sursaut* à la suite d'un rêve un but psychologique, celui d'obliger la conscience à prendre connaissance du rêve et de son contenu, ces réveils brusques se produisant, comme l'expérience le montre, à la suite de rêves qui, en raison de leur importance pour la vie consciente, ne devraient pas passer inaperçus. (NdT)

[2] Ce que Jung, par la suite, a appelé la « lyse », la solution, le dénouement du rêve. (NdT)

entamons une longue conversation sur les dragons, sur leurs actions, leurs pouvoirs, leurs significations, jusqu'à ce que petit à petit nous pénétrions le sens de cet épisode.

Voulons-nous ici faire de même ? Comme le rêve nous a entraînés à bien des digressions, récapitulons au préalable l'essentiel: dans un premier rêve le rêveur est ramené dans son village d'origine, ce qui constitue manifestement un rappel de sa modeste extraction. Dans le deuxième, le mécanicien de la locomotive donne pleine vapeur et provoque ainsi une catastrophe. Dans le troisième, enfin, le rêveur est au début chez lui; il apparaît clairement que ses vastes projets sont des fanfaronnades, une poudre aux yeux destinée à éblouir ceux qui ne peuvent distinguer le clinquant du précieux. C'est de la part du rêveur et à son insu une attitude très négative; il passe outre. Alors surgit ce monstre qui constitue indubitablement un grave danger; le rêveur le conjure tout d'abord de la façon la plus simple, grâce à un simple coup de baguette magique. Après quoi, pourtant, il lui faut réfléchir à son acte. Est-ce que cela, de façon purement intuitive, vous dit quelque chose ? Toute science mise à part, je serais curieux de savoir si quelque idée vous vient à l'esprit; je ne vous cache d'ailleurs pas que cette partie du rêve a été pour moi un casse-tête. Quel grand danger, abstraction faite de la névrose, peut assaillir un être dans une telle situation et s'exprimer ainsi dans un rêve ?

– *Réponse d'un auditeur :* « Le danger d'être dévoré par le dragon. »

– *Professeur Jung :* « Qu'est-ce à dire ? Le danger d'être englouti par le dragon pourrait signifier le danger d'un engloutissement par l'inconscient. Mais, à son tour, qu'est-ce que cela veut dire que d'être englouti par l'inconscient ? Que se passe-t-il alors ? Le sujet devient fou, inconscient et désorienté et perd tout contact avec lui-même et avec le monde ambiant. C'est évidemment un immense danger. Cependant, notre patient est, sa névrose mise à part, très normal, et il est peu probable qu'il verse jamais dans la folie. Il nous faut donc chercher autre chose. Quelle autre possibilité y a-t-il encore ? »

– *Réponse d'un auditeur :* « Le monstre pourrait, à côté des dangers qu'il incarne, être gros aussi de possibilités de guérison. »

– *Professeur Jung :* « Oui, c'est cela, le dragon est en même temps une possibilité de guérison, une possibilité de renaissance; lorsqu'un individu est englouti par un dragon, il n'y a pas là seulement un événement négatif; lorsque le personnage englouti est un héros authentique, il parvient jusque dans l'estomac du monstre; la mythologie dit que le héros parvient avec son embarcation et son arme dans l'estomac de la baleine. Là, il s'efforce, avec les débris de son esquif, de rompre les parois stomacales. Il est plongé dans une obscurité profonde et la chaleur est telle qu'il en perd ses cheveux. Puis il allume un feu dans l'intérieur du monstre et cherche à atteindre un organe vital, le cœur ou le foie, qu'il tranche de son épée. Durant ces aventures, la baleine a nagé dans les mers de l'occident vers l'orient, où elle s'échoue, morte, sur une plage. S'en apercevant, le héros ouvre le flanc de la baleine dont il sort, tel un nouveau-né, au moment où le soleil se lève. Ce n'est pas encore tout; il ne quitte pas seul la baleine, à l'intérieur de laquelle il a retrouvé ses parents décédés, ses esprits ancestraux, et aussi les troupeaux qui étaient le bien de sa famille. Le héros les ramène tous à la lumière; c'est pour tous un rétablissement, un renouvellement parfait de la nature. Tel est le contenu du mythe de la baleine ou du dragon. »

Si nous considérons notre rêve dans la perspective ouverte par ce mythe, il voudrait dire que si notre patient était englouti par le monstre il pourrait se trouver dans la situation d'un héros réel, ce qui serait un acheminement vers sa résurrection. Car tel est le thème mythique de la renaissance, de la résurrection, objet de tous les mystères, tant primitifs que chrétiens.

Les représentations concrétisées dans ces mythes ne sont naturellement pas déduites d'une expérience extérieure; elles correspondent à des besoins de l'âme humaine, besoins qui se forgent ces expressions singulières. Essayons de les comprendre. Nous atteignons ici à une zone psychique dans laquelle en général les associations du rêveur ne projettent plus aucune clarté. Ayons recours au schéma IV (voir *supra,* page 141). Le cercle le plus extérieur du schéma représente en quelque sorte notre surface externe, grâce à laquelle nous entrons en contact avec notre milieu et ses objets: c'est notre « fonction de sensation ». Si les sensations nous faisaient défaut, nous ne connaîtrions aucune donnée du monde extérieur. Hélène Keller était sourde-muette et aveugle et ne pouvait entrer en contact avec lui que par le toucher.[1] Si ce suprême sens du

[1] Hélène Keller est un cas célèbre. Eduquée avec clairvoyance et amour, elle parvint à un haut développement de ses facultés intellectuelles. Elle a rapporté ses expériences dans un ouvrage d'un puissant intérêt, dont a été tiré la pièce *Miracle en Alabama.* (NdT)

toucher lui avait aussi manqué elle aurait été plongée dans un affreux abîme; rien ni personne n'aurait pu parvenir jusqu'à elle. Nous dépendons des quelques lignes de transmission que constituent nos sens; ils sont comme des passerelles jetées entre le monde et nous, passerelles extérieures par rapport à la conscience, qui n'est pas périphérique, mais ancrée au plus profond de notre corps et qui est alimentée par les sensations que lui transmettent les terminaisons nerveuses sensorielles. Au fond, si on nous permet la comparaison, nous vivons dans une sorte d'espace absolument obscur qui n'est, en quelque sorte, relié avec le monde extérieur que par quelques lignes télégraphiques. Comme le schéma le représente, le moi, le complexe du moi (B, numéro 5) est cantonné à l'intérieur de ses fonctions de relation avec le monde extérieur (A, numéros 1, 2, 3, 4).[1] Le moi lui-même est fait de ses souvenirs, de ses affects, etc. (C, numéros 6, 7, 8, 9), qu'il englobe. Puis, en continuant cet ordre d'intériorité croissante, nous rencontrons une zone obscure en nous, dont l'expérience des associations nous enseigne qu'elle contient des éléments, des complexes personnels qui pourraient être tout aussi bien conscients (10). On pense, en général, avoir par une telle énumération épuisé la nomenclature psychique. Les psychologies freudienne et adlérienne, par exemple, se figurent en avoir fini avec les profondeurs de l'âme lorsqu'elles ont fait prendre à leur patient conscience de cette couche de l'inconscient personnel, au-delà de laquelle elles ne distinguent plus rien. Cependant, les faits psychiques n'arrivent pas là à leur terme. En langage philosophique, nous pouvons exprimer cela de la façon suivante : représentez-vous l'espace dans son expansion infinie; si, en partant de la couche la plus externe de notre schéma, nous rayonnons vers l'extérieur, nous tombons dans l'espace de l'infiniment grand; alors que, si de la zone C nous pénétrons dans la zone D, nous dirigeant vers le centre, nous plongeons dans l'infiniment petit, infiniment petit auquel nous ne saurions assigner de limite, vu que, dans l'espace cosmique et de façon absolue, nous ne saurions déterminer ce qui est grand et ce qui est petit. C'est pourquoi ce n'est pas une contradiction dans les termes que de situer dans cette zone centrale, D, une

[1] Les fonctions de relation, selon C. G. Jung, sont donc des intermédiaires qui, tout en relevant du moi, comme par exemple un cylindraxe relève de sa cellule-mère – à laquelle il est pourtant extérieur – occupent en quelque sorte le « no man's land » situé entre le moi et le non-moi. (NdT)

expansion indéfinie dans l'infiniment petit, expansion qui, si elle se trouve projetée dans l'espace imaginatif, acquiert des dimensions énormes. Si nous pénétrons, venant de notre monde à nous, dans cette zone centrale D, elle semble s'amenuiser toujours davantage, jusqu'à ce que, pénétrant plus avant, elle dévoile soudain un horizon immense qu'il serait insensé de vouloir minimiser. Il apparaît, par exemple, lorsque le plus banal des individus a un rêve qui offre des représentations et des ensembles imaginatifs dont on chercherait vainement la trace et l'origine dans son expérience personnelle, mais que je n'ai pas été peu étonné de rencontrer dans de vieux mythes ou dans des textes anciens, dont le rêveur n'avait cependant jamais eu connaissance.

Dans le cas que nous traitons, je puis vous assurer que la pensée de notre sujet n'était pas le moins du monde tournée vers les mythes, les dragons ou les monstres, ce qui n'empêchait pas ces représentations d'être imprimées en lui, étant inhérentes à tout le genre humain : il n'est de tribus, de peuples ou de races où l'on ne puisse en relever la présence. Nous rencontrons ici une couche psychique commune à tous les humains, faite chez tous de représentations similaires – qui se sont concrétisées au cours des âges dans les mythes – couche que j'ai appelée pour cela l'*inconscient collectif*. Celui-ci n'est pas le produit d'expériences individuelles; il nous est inné, au même titre que le cerveau différencié avec lequel nous venons au monde. Cela revient simplement à affirmer que notre structure psychique, de même que notre anatomie cérébrale, porte les traces phylogénétiques de sa lente et constante édification, qui s'est étendue sur des millions d'années. Nous naissons en quelque sorte dans un édifice immémorial que nous ressuscitons et qui repose sur des fondations millénaires. Nous avons parcouru toutes les étapes de l'échelle animale; notre corps en porte de nombreuses survivances: l'embryon humain présente, par exemple, encore des branchies; nous avons toute une série d'organes qui ne sont que des souvenirs ancestraux; nous sommes, dans notre plan d'organisation, segmentés comme des vers, dont nous possédons aussi le système nerveux sympathique. Ainsi, nous traînons en nous dans la structure de notre corps et de notre système nerveux toute notre histoire généalogique; cela est vrai aussi pour notre âme qui révèle également les traces de son passé et de son devenir ancestral. Théoriquement, nous pourrions reconstruire l'histoire de l'humanité en partant de notre complexion psychique, car tout ce qui exista une fois est encore présent et vivace en nous. Le sympathique est plus qu'un souvenir sentimental d'une existence paradisiaque; c'est un système existant et vivant en nous, qui continue de vivre, de fonctionner et de travailler, comme il le faisait de temps immémorial. Dans la sphère psychique, l'inconscient collectif est fait d'un ensemble de survivances. Certes, il n'est d'individu qui n'ait entendu parler de dragons. Mais y aurait-il là un motif suffisant pour que notre sujet en rêvât? Notre rêveur ne prendrait pas la peine d'imaginer durant son sommeil toute cette histoire, et précisément cette histoire d'un monstre mi-écrevisse, mi-lézard, si elle n'avait pour lui quelque signification! Nous assistons ici à une synthèse nouvelle, faite à l'aide de trésors ancestraux, combinaison qui se justifie par sa spontanéité organique et qui aboutit à un dragon moderne, à un dragon qui est en même temps une concession à notre temps.

Mais quelle est la signification du monstre en lui-même? Ce qui nous surprend tout d'abord c'est l'incertitude relative à la nature réelle du monstre. Est-ce une écrevisse, est-ce un lézard géant, un saurien? Quelles sont, comparées à l'homme, les caractéristiques de ces deux animaux? Ils peuvent tous deux vivre dans l'eau. L'écrevisse, outre ce caractère aquatique, a d'autres traits distinctifs: c'est un animal à carapace; cela le distingue fondamentalement des sauriens qui n'en ont pas, mais qui, présentant en revanche une colonne vertébrale et une moelle épinière, sont indubitablement d'une famille plus élevée dans l'ordre phylogénétique. La nature a procédé à deux grandes expériences; elle a d'abord créé des animaux à carapace, dont le squelette est extérieur, protégeant une masse intérieure molle; puis elle a trouvé cela insuffisant; elle paraît avoir jugé qu'il était par trop maladroit de devoir perdre tous les ans son armure, et d'être pour quelque temps complètement nu, mou et livré à tous les dangers, conditions peu favorables à un développement et à une culture plus élevés. La nature, alors, a placé la matière dure à l'intérieur, l'extérieur restant mou, et c'est ainsi que prirent naissance les vertébrés. Les sauriens, quoique étant des vertébrés, ont en commun avec les écrevisses d'être des animaux à sang froid. La différence essentielle demeure ainsi que les sauriens ont un cerveau et une moelle épinière, alors que les crustacés ne possèdent qu'un système nerveux sympathique. Ce sont là les points qu'il nous faut retenir.

Le système nerveux humain, lui, a trois subdivisions, un cerveau, siège de la conscience, une moelle épinière, sensitive et motrice, et le sympathique qui est un système nerveux particulier. Ainsi, nous sommes à la fois écrevisse (par le sympathique) et saurien (par la moelle épinière), mais ne vivons que la couche supérieure de notre psyché, tels des êtres pétris seulement de conscience, ressemblant à ces angelots dont la corporalité est réduite à une tête et à deux ailes, comme si le restant de notre corps et de notre organisme psychique était inexistant, alors qu'en réalité il est seulement tabou.

Cette écrevisse confronte notre rêveur avec la partie inférieure de sa psyché, confrontation qui paraît d'autant plus indispensable que, personnalité éminente, tout en raison consciente, notre rêveur jusqu'ici n'avait réalisé et vécu que la partie supérieure de son être. Cette attitude unilatérale l'avait fait vivre dans une sorte de monde à deux dimensions, où régnait en maître incontesté le papier imprimé, monde dont la troisième dimension, celle de la profondeur, de la profondeur obscure, était totalement bannie. C'était là l'origine de sa névrose, qui éclate précisément au moment où il se trouve confronté avec l'autre aspect de l'homme, avec l'aspect obscur de la nature humaine, qui remonte aux temps immémoriaux et jusqu'aux sauriens préhistoriques. Son âme, dans la mesure où elle était localisée dans sa moelle épinière et dans son sympathique, ce qu'on pourrait appeler son « psychisme spinal » et son « psychisme sympathique », avait été pour lui aussi inconsciente que pour n'importe qui. Mais, lorsque nous adoptons un comportement qui ne conquiert pas l'adhésion du vertébré primitif et de l'animal au système nerveux sympathique qui sont en nous, une névrose se déclare. La majorité des *hystéries* sont en corrélation plus ou moins lointaine avec des troubles abdominaux. Notre « psychisme spinal » et notre « psychisme sympathique » maintiennent notre comportement possible dans des limites étroites. Le corps se rebelle lorsque l'homme moderne, qui préside au destin de sa vie en trônant aux étages supérieurs, au sein de la conscience, les ignore et, par ses exagérations, les outrepasse. Notre sujet s'imaginait pouvoir imposer par les acrobaties de sa volonté toutes les contraintes de son ambition. Mais ce n'était qu'une chimère; il vivait sans s'inquiéter de savoir si, en bas, les autres êtres, dont il était aussi formé, le suivaient dans ses marches forcées. Il était comme l'avant-garde d'une armée qui se serait ébranlée sans plus se soucier du gros des forces, infiniment plus lent et moins mobile. *Nous oublions toujours que notre conscience n'est que l'avant-garde de notre être psychique.* Le deuxième rêve, celui du train, montre en quelque sorte le saurien, le lézard monstrueux; c'est ce rapprochement, sans doute, qui fait « serpenter » le train à la sortie de la gare, alors que l'âne de mécanicien, qui est en tête, donne pleine vapeur, faisant dérailler la queue du convoi. Dès lors, le corps du rêveur échappe à son contrôle; ses entrailles fonctionnent en toute indépendance, sans plus paraître se soucier de l'ensemble; il a des vomissements, des palpitations, des étourdissements, ses muscles le trahissent, etc. Il nous faut tenir compte du gros de notre armée, du saurien qui est en nous, et dont notre rêveur avait fait totalement abstraction; c'est d'ailleurs pourquoi, maintenant qu'il vient de l'immoler, il lui faut réfléchir à la portée de son acte. *On a une névrose pour avoir méconnu les lois fondamentales du corps vivant et pour s'en être éloigné*; le corps alors se révolte et apparaît sous une forme monstrueuse; celle-ci est destinée à impressionner profondément le sujet; celui-ci ne paraît guère se soucier de ce facteur éminemment dangereux et il le neutralise grâce à sa *baguette magique*. Qu'est cette dernière? En quoi peut consister la magie de la conscience, comment celle-ci peut-elle ensorceler? La conscience peut imaginer! Nous pouvons nier une chose en pensée, nous refuser à la considérer, convenir et décréter qu'elle est insignifiante, instituer autour d'elle la conspiration du silence. Nous pouvons ainsi, à l'occasion, nous fermer à une réalité que nous prétendons reléguer au rang d'affaire classée. Je pourrais vous en citer une foule d'exemples, grands et petits. *La convention d'insignifiance, voilà la baguette magique, la propriété dangereuse et divine de la conscience, propriété créatrice qui peut à volonté abstraire un monde et en postuler un autre.* Pour la vie, le danger manifeste qui émane de la conscience, c'est que celle-ci peut instituer, supprimer ou déplacer, selon son bon plaisir, telle ou telle chose à laquelle on est livré. C'est ainsi que prennent naissance les épidémies mentales et autres phénomènes de cette sorte. Il est bon que nous ayons en nous un appareil régulateur, notre « psychisme spinal » et notre « psychisme sympathique », susceptibles, à l'occasion, d'élever des protestations. Lorsqu'un philosophe édifie un système, ou lorsqu'un fondateur de religion en prêche une qui suscite en lui des douleurs corporelles, comme par exemple des troubles stomacaux, c'est à mes yeux le démenti le plus sévère qui puisse lui être infligé. Quelque chose doit y être en contradiction avec les vérités éternelles de la nature. C'est pourquoi je demande toujours: « Est-il névrosé ou non ? » S'il est névrosé, ses affirmations les plus solennelles s'en trouvent infirmées, et il en reçoit un démenti, quand bien même il aurait la logique pour lui: le monstre en lui dit: « Non! » Lorsque je veux savoir si une vérité est bonne et salutaire, si c'est une vraie vérité, je me l'incorpore, je l'ingère, pour ainsi dire; si elle me convient, si elle collabore harmonieusement au sein de mon organisme avec les autres éléments de mon psychisme, si je continue à bien fonctionner, à bien me porter et si rien en moi ne se révolte contre l'intruse, je me dis que c'est là une bonne vérité, qu'elle n'est pas vénéneuse, qu'elle ne me nuit pas. J'ai fait l'expérience que les choses qui sont réellement vraies, qui sont réellement à la taille de l'homme, sont pour lui d'une telle plénitude, que tout son être s'y trouve parfaitement exprimé. Une grande vérité crée dans celui qui la distingue un sentiment général de détente et d'épanouissement. C'est ce qu'a déjà voulu dire saint Paul quand il assura que toutes les créatures attendent avec nous la révélation, cette révélation qui résout et restaure tout. Une vérité qui ne fait que séduire mon intellect, qui ne fait que me tourner la tête, sans tenir compte du saurien et de l'écrevisse qui sommeillent en moi, est une piètre vérité, dont je fais bon marché, car elle ne vaut pas grand-chose. Le monstre que nous avons vu surgir dans le rêve est vraiment un animal d'impressionnantes dimensions, mesurées à la toise de notre univers. Ce monstre incarne une loi générale à laquelle on ne saurait contrevenir sans attenter gravement à la nature humaine.

Nous arrivons ainsi au terme de l'interprétation de notre rêve; je ne l'ai pas communiquée avec tous ces détails au rêveur, mais la lui ai résumée en un langage plus intellectuel. Un auditeur me demande *quelle peut être la portée pratique d'une telle interprétation.* C'est réellement une question que de savoir si l'analyse onirique a une portée pratique et si, par exemple, le rêve dont nous venons de parler est justifiable d'une application. Certes, chacun n'a pas en partage un tempérament philosophique qui le ferait se complaire dans des idées semblables à celles que nous venons de développer, et dans lesquelles il puiserait une riche substance, susceptible d'apporter des transformations profondes à sa réalité. La plupart des individus préfèrent à ces considérations quelque chose de plus concret, et c'était aussi le cas de notre sujet. Il était de ceux qui professent que tout ce qui figure dans l'homme est essentiellement là pour servir ses buts, un peu comme ce savant du moyen âge qui rendait grâce à Dieu d'avoir fait passer un fleuve à travers chaque grande ville. Cela est, après tout, un point de vue qui ne mérite pas, en dépit de son ridicule, d'être rejeté à la légère.

Je voudrais vous montrer maintenant le gain que notre sujet a tiré de son rêve, ou, plus exactement, qu'il en aurait pu tirer, et ce qui en réalité est advenu. Il jugea que l'on pouvait, certes, considérer le rêve sous l'aspect que je lui avais décrit, mais que rien ne prouvait que cet aspect fût précisément le bon. Je lui répondis: « Non, cela n'est pas prouvé, c'est seulement une conception, un point de vue, une hypothèse. Il nous faut maintenant voir, en supposant que cette interprétation serre de près la signification du rêve, quelle influence elle aura sur vous et à quel travail elle donnera lieu en vous. » On ne saurait s'attendre à ce que je puisse donner à un malade une recette toute faite et à ce que je lui dise: « Faites ceci ou cela! » Tel n'est pas mon but lorsque j'institue un traitement; car cela reviendrait à maintenir le patient dans son univers à deux dimensions, où, comme nous le disions plus haut par métaphore, l'homme n'a qu'une tête et deux ailes, univers dans lequel il s'est mû jusqu'alors et qui n'est pas le monde réel. Un tel monde est un monde enfantin, un monde puérilement raisonnable. *Le monde réel* est fait de causalité, des lois universelles de la nature, de la soumission à ces lois, de l'acceptation des vérités générales et contraignantes, mais il ignore les recettes toutes faites. Si j'avais dit à mon malade: « Il vous faut maintenant freiner, limiter vos ambitions », il aurait trouvé cela bête. Car, intelligent, il l'est autant que moi et il prétend savoir ce qu'il fait. Dans son monde, où il a fait une brillante carrière, il suffit de bien vouloir une chose pour pouvoir la réaliser, selon la devise célèbre qu'il a faite sienne: « Là où il y a une volonté se trouve aussi une voie! » De là sa peine à accepter ma conception, qui ne lui dit rien qui vaille et que pratiquement il rejette. Car, il trouve désespérément peu moderne qu'on ait pieds et poings liés et que l'on ne puisse pas faire ce à quoi l'on prétend. « Croyez-vous, pense-t-il par-devers lui, qu'à cause de cet imbécile de rêve je vais juguler toutes mes aspirations et ne plus rédiger le grand traité en dix volumes que je projette? J'ai le droit de faire ce que je veux et personne ne m'en empêchera. » Telle est la réaction de sa psyché consciente: d'un coup de baguette magique il anéantit le monstre gênant. De fait, dans la suite de notre conversation, il s'est comporté comme si le monstre – la difficulté en lui – était supprimé, volatilisé. Intérieurement, il fait litière de tout ce que je lui ai dit en pensant : ce n'est pas prouvé, ce n'est pas scientifique, ce ne sont que d'élégantes élucubrations dont le hasard est le principal artisan! La science, cependant, ne s'autorise pas à répudier purement et simplement ce qui, momentanément, cadre mal avec ses postulats; elle sait que le passage des causes aux effets exige du temps et qu'avant de conclure il faut attendre les résultats. C'est pourquoi je répliquai à mon tour au rêveur: « Qu'il en soit comme vous voudrez, je n'affirme rien; tout ce que j'ai avancé ne constitue qu'une proposition dans l'espoir de parvenir à une amélioration. Pensez-en ce que vous voudrez. N'y voyez, je le veux bien, qu'un tissu d'absurdités, mais prêtez attention à votre prochain rêve. Nous verrons ce qu'il dira de la situation! » Si le malade avait admis le bien-fondé de mes discours et s'il s'était donné la peine d'y réfléchir, il aurait fini par se dire: « Je contreviens à des principes fondamentaux de la nature humaine; cela revient à jeter un défi à une puissance qui me tient sous sa coupe et contre laquelle ma volonté ne peut rien. J'ai tout lieu de faire attention à cet écueil et d'être prudent; passer outre en pensée ne me serait d'aucun secours puisque au contraire la réflexion est de mise. » Et il se serait aussi sans doute posé la question: « De ce conflit avec une puissance dont, bon gré mal gré, il me faut tenir compte, quelle conclusion tirer? Ma situation, mon attitude actuelle ne me procurent que peu de satisfactions; il me faut adopter une ligne de conduite qui convienne mieux à mon être tout entier, qui me donne le sentiment d'être content de moi et l'assurance d'occuper ma place légitime. » Il aurait pensé peut-être alors qu'il serait bon d'accorder un peu plus d'attention à sa famille, à sa femme, à ses enfants, car là aussi les choses allaient clopin-clopant. Sa femme, en effet, de par son origine également modeste, n'était pas non plus à la hauteur des ambitions de notre homme en mal de grandeur. Aussi leur ménage n'était-il pas dépourvu de tension. Au fond, mon malade s'était abandonné à son ambition dans l'espoir d'y trouver quelque chose de nouveau; car il n'était satisfait ni de ce qu'il possédait, ni de ce qu'il était, sa vie étant privée de tout havre sentimental où la détente et le calme serein eussent rétabli la paix dans son cœur. Il paraissait « assis entre deux chaises », situation fort peu réjouissante et extrêmement incommode. S'il avait prêté l'oreille à ce que je lui avais dit, il aurait compris qu'il n'y allait cependant pas, dans son cas, de sa femme, de sa famille ou de sa chaire à Leipzig, mais qu'il s'agissait pour lui de *se mettre en harmonie avec la puissance supérieure* qui, dans les trois rêves rapportés, lui avait signifié impérieusement de s'arrêter dans sa course; qu'il s'agissait pour lui d'accomplir un retour sur lui-même, de réfléchir aux soubassements de son être, afin de se remettre en accord avec les lois générales de la vie humaine. Peut-être une réflexion, une méditation sur lui-même, sur l'essence de la vie, sur les motifs de son mécontentement, lui apporterait-elle la paix? En creusant ses propres profondeurs il atteindrait cette couche caractérisée par le saurien, ces parages où coule un flot de vie éternelle, flot qui traverse la nature, dans lequel et par lequel s'effectue toute croissance convenable et où tout s'accomplit de si parfaite façon qu'il ne reste plus ni convoitise, ni extravagances. Une telle plongée en soi, un tel retour sur soi-même sont bien connus en Orient. On leur prête la plus grande importance; je voudrais vous l'illustrer grâce à une courte histoire; je la tiens de mon ami regretté Richard Wilhelm, qui vécut longtemps en Chine.

Une grande sécheresse désolant la région de Kiautschau, les habitants étaient au désespoir. Les catholiques firent des processions expiatoires, les protestants, eux aussi, y allèrent le dimanche de leur petite prière pour la pluie, et les Chinois, enfin, n'hésitèrent pas à faire l'offrande d'un feu d'artifice. Mais tout cela fut peine perdue; le Conseil de Province décida alors de faire venir un expert, un « faiseur de pluie », d'une province de l'intérieur, du Schantung. Celui-ci répondit à l'invite et on alla au-devant de lui aux portes de la ville où on lui demanda: « Maître, que pouvons-nous faire pour toi, que souhaites-tu? » Il répondit: « Donnez-moi, en dehors de la ville, une maisonnette où je ne serai pas dérangé. » Il se retira dans la maisonnette, entourée d'un petit jardin, et y demeura invisible trois jours durant. Le matin du quatrième jour la neige tomba à gros flocons, ce qui, en cette saison, dépassait les espérances les plus optimistes. L'enthousiasme fut grand et la foule criait dans les rues: « C'est le faiseur de pluie, c'est le faiseur de pluie! » Richard Wilhelm, qui était de passage dans la ville, rendit visite à cet homme et lui demanda s'il voulait bien lui expliquer comment il avait fait la pluie. Le Chinois lui répondit avec politesse :

– Je ne l'ai point faite.

– Pourquoi t'appellent-ils alors le « faiseur de pluie » ?

– Oh ! Je peux te le dire, c'est tout simple : je viens de Schantung où il pleuvait normalement, comme il se doit et où tout était en ordre ; j'étais donc moi aussi en ordre. Or, je viens à Kiautschau où la sécheresse règne, ce qui n'est pas en ordre, ce qui fait que ce pays n'est pas en ordre et que moi qui y arrive ne suis plus en ordre non plus. C'est pourquoi il me fallut une maisonnette où je pusse être tranquille, où je pusse me plonger dans le Tao [1]. Trois jours et trois nuits j'ai travaillé à moi-même, jusqu'à ce qu'enfin j'aie à nouveau atteint le Tao ; alors, naturellement, lorsque le Tao fut rétabli, il s'est mis à pleuvoir !

Je ne sais si vous concevez toute la profondeur de cette petite histoire. Si oui, vous comprenez du même coup à quoi répond l'apparition de l'écrevisse : ce monstre est un animal propice qui veut, en quelque sorte, engloutir notre rêveur afin qu'il renaisse à l'équilibre, qu'il retrouve le « Tao » et que sa vie intérieure, après la sécheresse dévastatrice, reçoive, de façon figurée, une ondée salutaire. Mais l'intelligence en notre rêveur interdit au dragon toute activité, la seule qu'elle tolère étant la sienne propre ; et c'est pourquoi il ne se passe rien. Mon patient, par excès d'intelligence, ne trouve pas l'accès à ses profondeurs ; il est hypnotisé par la prétendue toute-puissance de la volonté et, alors que tout aurait encore pu s'arranger, il ne cède pas ; il immole le monstre, à son grand dam. Car ce monstre incarne son système nerveux inférieur, son instinct qu'il tue ainsi en lui. Or, dénué d'instincts, l'homme est semblable à un papillon ivre qui voltige sans but. Ce fut malheureusement le destin de notre sujet : rejetant mes avis, il trouva peu intéressante ma proposition d'attendre les rêves suivants ; il avait au fond escompté que je ferais disparaître sa névrose par quelque tour de passe-passe, par enchantement, ce qui lui aurait permis de persévérer dans ses ambitieuses aspirations. Comme je n'en fis rien, il jugea que j'étais aussi un incapable, et

[1] Terme intraduisible dans les langues européennes. Le Tao désigne d'une part un état contemplatif atteint par la méditation, fait en grande partie d'équilibre intérieur et d'autre part un état métaphysique, un ordre profond des choses. Voir à ce sujet : R. Wilhelm et C. G. Jung, *Commentaire sur le mystère de la Fleur d'Or*, Albin Michel, Paris, 1979. (NdT)

se mit à suivre l'ordonnance qu'il avait au fond attendue de moi : négliger sa névrose et poursuivre son chemin grâce à un effort accru de volonté. Je lui avais dit : « Vos rêves contiennent un avertissement. Vous vous conduisez exactement comme le mécanicien qui a la frénésie de la vitesse, ou comme les Suisses qui se jetèrent sur l'ennemi avec une hardiesse folle. Si vous vous conduisez comme eux, vous aboutirez à une catastrophe ! » Il ne voulut rien entendre et repartit de plus belle, ce qui eut pour piètre résultat que, trois mois après, il perdit sa situation, et qu'il dut en accepter une beaucoup plus modeste. Ainsi fut mis un point final à la brillante carrière ambitieusement entrevue. Ce fut un cas très infructueux, *le cas éternel de l'homme à succès qui se gonfle exagérément et qui est contredit par son inconscient. La contradiction s'exprime d'abord dans les rêves ; si le sujet ne l'accepte pas, c'est à la réalité qu'incombera la mission d'imposer cette acceptation, avec tous les heurts fatals que cela comporte !* [1]

J'espère que vous voyez maintenant ce qu'est à mes yeux l'interprétation des rêves. Naturellement l'interprétation ainsi comprise est compliquée et comporte bien des détours ; mais il ne saurait en être autrement, l'homme rêvant d'après ce qu'il est et en fonction de sa nature profonde. Les êtres simples ont des rêves simples, et les êtres compliqués, qui ont des cerveaux plus différenciés, ont des rêves compliqués. Abstraction faite de cela, tous les rêves ont en commun de précéder, en quelque sorte, la conscience de celui qui les rêve. Je ne comprends pas au premier abord mes propres rêves mieux que n'importe qui les siens, car ils sont toujours un peu au-delà de mon attente et de ma portée, et j'éprouve avec eux les mêmes difficultés que quiconque [2]. Le savoir n'est pas d'un avantage absolu lorsqu'il s'agit de ses propres rêves. Les rêves d'enfant déjà peuvent être d'une profondeur inouïe. Je pourrais vous en rapporter qui sont tout simplement fabuleux et tels qu'on se demande « en s'arrachant les cheveux » comment il est possible qu'un enfant rêve de pareilles choses, dont il n'a certainement jamais entendu parler. Dans cet ordre d'idées, on constate des phénomènes analogues au cours des maladies mentales, où jaillissent fréquemment à flots des représentations qui exigent pour être

[1] Rappelons que Jung a écrit ces lignes prophétiques en 1934 ! (NdT)
[2] Loi de l'Aveuglement Spécifique (voir note page 23).

comprises des connaissances approfondies. *Il en est des rêves comme il en est de la nature en général*, qui paraît témoigner d'une subtilité infinie alors qu'elle est au fond d'une simplicité telle que nous ne parvenons pas à la comprendre. Comment, par exemple, un ver luisant peut-il fabriquer de la lumière sans perdre de chaleur? Comment se fait-il, alors que nos meilleures machines n'ont un rendement pratique que de quarante à cinquante pour cent, que celles dont se sert la nature travaillent sans perte? Il nous faut bien constater, dès que nous comparons nos œuvres aux trouvailles de la nature, que nous ne sommes que des enfants; la nature dispose de connaissances merveilleuses; c'est également vrai pour notre ame, création de la nature, nature elle-même, qui détient de ce fait des connaissances inouïes, dont elle est toute pétrie et qu'elle porte en elle sans en rien savoir, connaissances dont nous pouvons cependant prendre conscience en accordant aux opérations psychiques toute l'attention et tout le sérieux qu'elles requièrent, nous attachant par exemple à l'étude de rêves de l'espèce de celui que nous avons commenté. Notre regard plonge alors toujours plus profondément dans les arrière-plans, où nous surprenons des faits que nous n'aurions pas auparavant osé imaginer.

Puisque je m'efforce de vous faire saisir sur le vif la technique de l'analyse et de l'interprétation onirique, revenons à un point laissé jusqu'ici dans l'ombre. Il est simple d'interpréter un rêve superficiellement, « à vue de nez », selon le sentiment qu'on en a. Mais on n'y trouve alors jamais plus que ce qu'on était prêt à y voir. De même lorsque nous considérons la nature superficiellement en disant : *ce n'est qu'un* caillou, ou *ce n'est qu'un* lézard, nous n'y surprenons pas grand-chose, alors que, si nous l'observons avec amour, si nous lui consacrons toute notre attention, nous entrevoyons le merveilleux secret que constitue ce même lézard, précédemment banalisé. Si vous adoptez cette dernière attitude pour aborder un rêve, vous constaterez qu'il pétille littéralement de significations et qu'il est bourré de choses inouïes. Mais, répétons-le encore, ce sera seulement le cas si vous lui consacrez l'attention nécessaire, un rêve ne livrant son secret que si nous le remplissons, tel d'une sève, de notre réflexion. Il nous aurait été si facile de sauter négligemment ce monstre maladroit et incommode; mais le rêve alors ne nous aurait rien appris! Un rêve, étudié comme nous l'avons fait, peut, à l'occasion, faire surgir et amener sur le tapis *le problème fondamental*, *crucial* d'un individu dont il dévoile les profondeurs, y puisant l'essentiel et actualisant en *un suprême débat sa conception des choses.* Des rêves aussi révélateurs sont naturellement moins fréquents chez les êtres qui pensent simplement, quoi que j'aie déjà rencontré des rêves de personnes de tournure d'esprit fort simple, exprimant en termes on ne peut plus simples des *pensées infiniment profondes.* A ce sujet, c'est intentionnellement que je vous ai raconté l'histoire du « faiseur de pluie »; car c'est bien, extérieurement, l'histoire la plus simplette et la plus modeste que l'on puisse imaginer, ce qui ne l'empêche pas de renfermer tout le mystérieux secret de l'Orient.

Le rêve dont nous avons déjà si longuement parlé suggère encore un autre problème. Notre rêveur a quarante-deux ans et sa névrose a commencé alors qu'il en avait trente-sept ou trente-huit, c'est-à-dire *au début de la deuxième moitié de la vie,* à ce moment critique où la psyché ayant atteint son point culminant se tourne, ou devrait se tourner, vers son couchant, pour redescendre la pente qu'elle a précédemment gravie. Mais les signes qui l'y invitent échappent facilement à quiconque vit seulement d'une vie cérébrale et papillonnante, en reléguant le reste de son être au rang des accessoires encombrants. C'est pourquoi l'on voit tant de névroses éclater de quarante à quarante-deux ans chez l'homme, de trente-cinq à quarante ans chez la femme, à cette période de la vie où l'on dirait qu'une nouvelle vie débute, *la vie de l'après-midi de l'existence,* la plupart des données essentielles de l'époque antérieure tendant à s'inverser. Les suprêmes ambitions de la jeunesse ne sont plus tout à fait vraies et font place à d'autres aspirations. Mais ce sont là des choses que la majorité des êtres ignorent, car nous n'avons à ce point de vue, à l'opposé de l'Orient, ni éducation, ni culture. J'ai procédé une fois à une enquête que m'avaient suggérée quelques théologiens, relative à la question suivante : les êtres souffrant de douleurs morales préfèrent-ils confier leurs maux intimes à un médecin de l'âme ou à un prêtre ? Mon questionnaire tomba par hasard entre les mains d'un Chinois qui répondit simplement : jeune, je me confierais au médecin; âgé, je m'adresserais à un sage.

Dans notre rêve, le monstre qui s'avance tantôt vers la droite, tantôt vers la gauche, revêt aussi une importance spéciale du fait qu'il se dirige contre le rêveur, c'est-à-dire contre l'attitude consciente adoptée, contre le courant de vie actuel. Cela aurait dû obliger le rêveur à reconnaître l'existence d'une puissance qui va à l'encontre de sa conscience, aveu qui est naturellement fort désagréable, car nous ne voulons pas concéder qu'il est en nous des puissances dont les volitions sont différentes des nôtres, et qui exigent d'être prises en considération. Ce que sont ces puissances, on l'ignore, mais on les aborde avec une méfiance insurmontable, et, sans y regarder de plus près, on les réprime. Or, il est de nombreuses choses précieuses qui, au premier abord, nous paraissent fort modestes et insignifiantes. Mais, « pourvu que Dieu leur prête vie », que nous leur accordions une attention suffisante et que nous leur donnions le temps de se développer, le cocon rébarbatif peut engendrer un magnifique papillon. Je n'ai pas évoqué avec mon patient cet aspect du problème, car, en raison de son attitude mentale, il n'aurait rencontré en lui aucune sympathie.

III [1]

En interprétant un nouveau rêve, nous aurons l'occasion d'aborder certaines notions essentielles, comme par exemple celle de l'*archétype, expression qui désigne une image originelle, existant dans l'inconscient*. L'archétype est aussi une manière de complexe; mais à l'opposé de ceux que nous avons étudiés jusqu'ici, il n'est plus le fruit de l'expérience personnelle; c'est un complexe inné. *L'archétype est un centre chargé d'énergie*. Le dragon, par exemple, constitue une de ces images originelles archétypiques.[2] Si, au cours de mon existence, je ne rencontre pas le dragon qui est en moi, si je mène une existence qui reste dénuée de cette confrontation, je finirai par me sentir mal à mon aise, un peu comme si je me nourrissais constamment d'aliments dépourvus de vitamines ou de sel. *Il me faut rencontrer le dragon, car celui-ci, de même que le héros, est un centre chargé d'énergie*. Si la rencontre ne se produit pas, cette carence entraînera avec l'âge une contrariété semblable à celle que fait éprouver l'omission d'un besoin naturel à l'homme.

[1] Sixième conférence.

[2] L'expérience psychologique de Jung apporte ici un sérieux atout à la théorie de l'innéisme de certaines idées, théorie dont la psychologie officielle ne voulait jusqu'ici rien entendre. (NdT)

Cela peut paraître paradoxal, mais ces images originelles – dont il existe une foule – portent chacune leur charge spécifique, dont nous ne sommes pas les bénéficiaires tant que, ne nous y étant pas encore butés, nous ne les avons pas incorporées d'une façon quelconque à la trame de notre vie. La rencontre avec le dragon peut s'effectuer selon différentes modalités, l'essentiel étant qu'il y ait confrontation. Je ferai peut-être mieux comprendre ma pensée en vous disant : on ne se sent pas tout à fait à son aise tant qu'on ne s'est pas rencontré avec soi-même, tant qu'on ne s'est pas heurté à soi-même; si l'on n'a pas été en butte à des difficultés intérieures, on demeure à sa propre surface; lorsqu'un être entre en collision avec lui-même, il en éprouve, après coup, une impression salutaire qui lui procure du bien-être.

Il est des archétypes qui sont essentiels, qui peuvent susciter des modifications fondamentales dans une vie humaine. La zone D entourant le centre dans notre schéma IV[1] est un monde mythologique et fabuleux, un monde inférieur, ou un monde supérieur — comme on le voudra — qui est formé de noyaux à potentiel énergétique; ceux-ci emplissent notre vie, et un être qui en serait dépourvu serait d'une inhumaine indifférence.

Nous avons dit plus haut que les symboles du rêve sont de nature essentiellement individuelle et qu'il y a surtout intérêt à interpréter une série de rêves, ce qui confère à l'interprétation une sécurité infiniment plus grande que lorsqu'elle porte sur un rêve isolé. Je vais dans ce qui suit – du moins en apparence – me contredire et briser les règles jusqu'ici édifiées: je vais interpréter un rêve isolé, qui ne fait pas partie d'une série et dont je ne connais pas l'auteur. J'interpréterai ce rêve « arbitrairement », mais ma façon de procéder ne sera cependant pas injustifiée. Le rêve dont nous allons parler émane, en effet, de l'inconscient collectif et est fait pour l'essentiel d'une substance mythologique. Or, si un rêve est formé de matériaux personnels, son interprétation suppose que l'on connaisse les associations du rêveur, auxquelles l'analyste ne peut guère ajouter grand-chose, une personne étant précisément dans son individualité essentiellement différente de toute autre. Chaque individu n'a-t-il pas sa vie propre, ses images et ses représentations propres ? Mais ceci, qui est capital au niveau de l'inconscient personnel, n'est plus vrai pour les matériaux qui émanent de

[1] Page 141.

l'inconscient collectif. *En face d'un archétype, l'analyste peut et doit commencer à penser*, car il relève d'une structure commune à l'humaine condition, au sujet de laquelle mes associations seront aussi valables que celles du rêveur. Je puis alors fournir les parallèles, les matériaux comparatifs, en bref, le contexte, à la seule condition de posséder un savoir suffisant. Dans le rêve dont nous venons de parler, mes connaissances ont pu contribuer à élucider la signification universelle du monstre. Et cela est plus ou moins vrai pour quiconque, car nous avons tous entendu parler de contes, de légendes et de mythologie.

Le rêve dont je me propose de vous entretenir émane d'un jeune homme qui se trouvait alors au stade prémonitoire d'une psychose manico-dépressive[1]. Le début des névroses et des psychoses est fréquemment marqué par l'apparition de rêves qui ont une grande portée, de par les indications qu'ils renferment sur les causes et la signification du trouble qui va éclater. Il semble qu'on assiste à une dernière tentative de la part de l'inconscient pour élever, d'un suprême élan, jusque dans la conscience du sujet les symboles qui pourraient, dans son désarroi, lui fournir une précieuse ligne de conduite. *L'explosion d'une névrose ou d'une psychose* est toujours marquée par une période et un état d'ébranlement au cours desquels commence à disparaître l'impression de sécurité inhérente à la vie normale. L'affolement, l'instabilité qui en résultent affectent profondément l'inconscient qui se révolte contre le désarroi, l'unilatéralité ou la perversion [2] de la conscience, révolte qui provoque de la part de l'inconscient un rêve, vrai message de circonstance. Il n'est de même pas rare de voir apparaître des troubles nerveux chez des sujets à une époque de leur vie où ils se figurent avoir atteint à une sécurité toute particulière, alors qu'ils ont, par exemple, fait leur une conviction qui leur semble irréfutable, mais qui, apparaissant plus ou moins bancale à leur inconscient, provoque sa révolte et lui fait adresser un rêve capital au conscient. Les rêves qui ont lieu au début d'une névrose ou

[1] Psychose caractérisée par une succession d'états de surexcitation et de dépression. (NdT)

[2] Le lecteur voudra bien prendre ici le terme de perversion surtout dans son sens étymologique de renversement. (NdT)

d'une psychose constituent avec les songes de la première enfance les rêves les plus intéressants que l'on puisse trouver.

Souligons encore, en guise de préambule, que je ne connaissais pas le rêveur. C'est un de mes amis, médecin aliéniste dans une clinique, qui, trouvant le rêve particulièrement significatif, me le communiqua. Son malade était un Français de vingt-deux ans, très intelligent et esthète. Comme vous le verrez, les expressions, la version du rêve sont absolument générales et n'exigent pour ainsi dire aucune association personnelle, les symboles qu'il utilise étant de l'espèce qui laisse habituellement les patients à court d'associations. Les sujets qui ont des rêves de cette sorte restent sous l'impression de leur étrangeté et ils ignorent d'où ils peuvent bien avoir tiré pareille imagerie. D'ailleurs, les matériaux associatifs qui se rapportent aux quelques allusions personnelles incluses dans le rêve, m'ont été communiqués, de sorte que nous sommes en état de comprendre celles-ci. Ajoutons encore que le rêveur a fait un voyage en Espagne et que les représentations qui jouent un rôle dans le rêve sont en majorité d'origine espagnole. C'est à son retour qu'éclata une dépression au sujet de laquelle fut porté un diagnostic de psychose maniaco-dépressive. Au bout de six mois, le malade put être libéré de la clinique, mais quelques mois après il se suicida. Sa dépression semblait alors pratiquement guérie et il mit fin à ses jours dans un état apparemment calme et raisonnable. Son rêve nous fera comprendre pourquoi il se suicida. Le voici:

Sous la cathédrale de Tolède se trouve une citerne pleine d'eau en relation souterraine avec le Tage. Cette citerne est une petite chambre obscure. Dans l'eau se trouve un très gros serpent dont les yeux brillent tels des pierres précieuses. Près de lui une coupe d'or contient un poignard. Ce poignard est la clé de Tolède et il confère à son détenteur la suzeraineté sur la ville. Le serpent – je le savais – était l'ami et le protecteur d'un certain Monsieur B. C. Celui-ci était tout d'abord avec moi dans la chambre obscure et mettait son pied nu dans la gueule du serpent qui le lui léchait de la façon la plus amicale, tous deux y trouvant du plaisir. Ainsi B. C. n'avait pas peur du serpent, parce qu'il était un enfant sans malice; dans le rêve, en effet, B. C. n'était pas adulte mais seulement âgé de sept ans. Puis je me trouve seul dans la pièce obscure et m'entretiens avec le serpent pour lequel j'éprouve un respect profond, dépourvu de crainte. Le serpent me dit que l'Espagne m'appartient puisque je suis un ami de B. C., et il me prie de lui rendre l'enfant, ce à quoi je me refuse; je lui promets par contre de descendre moi-même jusqu'à lui pour me prêter à ses caresses. Mais au lieu de cela je décide soudain d'y envoyer mon ami S. (qui descend des Maures espagnols, comme en témoignent son teint sombre et ses cheveux noirs). Cette descente exige toutefois que celui-ci retrouve au préalable les forces ancestrales de sa race. C'est pourquoi je lui dis de s'emparer de l'épée à poignée rouge qui se trouve dans la fabrique d'armes sur l'autre rive du Tage, épée antique qui provient des Athéniens ou des Phocéens de Massilia – aujourd'hui Marseille. Cet ami alla chercher l'épée et descendit dans la citerne où je lui dis de se transpercer la paume de la main gauche avec l'épée, ce qu'il fit. Mais il n'eut pas la force de demeurer en présence du serpent; subjugué par la douleur et la crainte, il pâlit et, chancelant, remonta l'escalier sans s'être emparé du poignard. De ce fait, il ne put tenir Tolède et je dus l'abandonner là, comme j'aurais fait d'un ornement.

Voilà ce que les primitifs qui jugent de la nature des songes avec beaucoup de finesse auraient appelé *un grand rêve*; les autres, les rêves courants, ne comptent pas à leurs yeux, tandis que si l'un d'eux a « un grand rêve », il a l'intuition immédiate de sa signification collective, qui lui fait éprouver le besoin de raconter le rêve à tout son entourage, comme s'il y avait là une obligation morale à l'égard de la tribu. On réunit alors le cercle des hommes, qui s'asseyent sur le sol et écoutent le récit du rêveur. Certains idiomes primitifs possèdent une expression pour le rêve ordinaire et une autre pour le grand rêve. Ce comportement singulier n'est pas seulement caractéristique des primitifs; on le rencontre aussi en Europe, à Rome, où il a duré jusqu'à la fin de la République. Nous savons par exemple que la fille d'un sénateur romain, à laquelle Minerve était apparue en rêve, se présenta devant le Sénat pour réclamer sur la foi de son rêve la restauration d'un temple de Minerve qu'on avait laissé tomber en ruines. Le Sénat, impressionné, accorda les sommes nécessaires. Ce récit exprime clairement l'intuition immémoriale du caractère collectif du grand rêve, qui n'appartient pas à celui qui l'a rêvé, mais à la collectivité, au peuple, à la totalité des êtres. Si l'interprétation d'un rêve pareil réussit, tous en tireront profit, ce que l'on ne saurait prétendre des petits rêves que l'on a couramment.

Rapportons le contexte de ce rêve impressionnant. Le rêveur, je vous l'ai dit, a séjourné en Espagne et en particulier longuement à Tolède, qui est une ville d'un cachet inoubliable. Le joyau de la ville, c'est sa cathédrale gothique, une des plus belles de l'Europe; elle a fait une impression profonde sur notre rêveur. Quiconque a pénétré dans une cathédrale gothique a ressenti combien le moyen âge chrétien et sa spiritualité y sont encore vivants et s'imposent au visiteur. Sous cette cathédrale, en quelque sorte sous le monde spirituel et rayonnant du moyen âge, figure une citerne dont l'onde obscure est en communication avec le Tage. Le Tage enserre

Tolède de trois côtés; comme tout cours d'eau, il constitue un symbole du flot de la vie qui s'écoule, du flot paternel. Nous disons par exemple: « Notre père le Rhin » (Vater Rhein!) Si vous vous trouvez jamais sur la rive d'un fleuve qui s'écoule tranquille entre deux forêts, et que vous contempliez son cours permanent et régulier, vous percevrez la valeur symbolique que le Tage peut avoir dans notre rêve. Le fleuve est relié par un bras souterrain à la citerne qui constitue ainsi une nappe isolée des flots pressés de la vie.

Tolède est encore aujourd'hui une ville fortifiée. Elle a été dans le passé une des forteresses les plus inexpugnables de l'Espagne. Longtemps capitale de la Castille, elle comptait déjà au moyen âge 200 000 habitants, et était dominée par des châteaux forts mauresques. Une semblable ville, ceinte de remparts et de tours, remplit le voyageur d'une impression inoubliable de cohésion, d'unité, de raideur hautaine contre toutes les influences émanant de l'extérieur; c'est l'incarnation d'une force souveraine; c'est pourquoi *la ville est, de temps immémoriaux, le symbole de la totalité parfaite*, capable de s'imposer par sa propre puissance en face de toutes les influences désagrégeantes, *le symbole de l'existence éternelle, telle la Jérusalem céleste*, qui incarne la plénitude des cieux, un état durable hors des atteintes du temps.

La *citerne* est une sombre caverne située sous l'église. Sous les églises du moyen âge, en général, se trouve une crypte, qui est encore chez nous un lieu d'ensevelissement et où l'on procédait autrefois aux mystères secrets. Dans l'eau de la citerne nage un *serpent*. Le serpent, comme nous l'avons dit au sujet du rêve précédent, est un animal à sang froid, un vertébré qui incarne la psyché inférieure, le psychisme obscur, l'inconscient, ce qui est rare, incompréhensible, monstrueux, ce qui peut se dresser en nous, ennemi de nous-mêmes, capable de nous rendre par exemple mortellement malades. Le serpent a des yeux qui scintillent comme des pierres précieuses, ce qui constitua de toute antiquité – les traditions qui le confirment ne manquent pas – un attribut du serpent magique. Les pierres précieuses, de même que la coupe d'or, soulignent tout ce qu'il y a là d'inestimable. La coupe représente un trésor; elle contient un poignard qui est en même temps la clé de la ville; c'est là le trésor qu'un dragon a toujours pour mission de garder. Le mot « dragon » vient du latin *draco* qui signifie simplement serpent. Le dragon, symbole de l'âme instinctive et inférieure, est en Occident un animal considéré comme néfaste, alors qu'il passe en Orient pour être un animal propice. Dans les légendes suisses, par exemple, les dragons hantent toujours le bord des eaux, sont souvent des gardiens de source, gardiens parfois fort menaçants. Ils apparaissent presque toujours en relation avec quelque trésor qu'il s'agit de leur soustraire, ici la clé de la ville dont le héros, l'ami du rêveur, devrait s'emparer. Mais cette clé n'est pas une clé ordinaire. C'est en même temps un poignard, les représentations de poignard et de clé s'étant fondues l'une dans l'autre, s'étant contaminées réciproquement jusqu'à former toutes deux un tout, une unité inimaginable. *Il est fréquent dans les rêves que des significations diverses soient condensées en un seul objet qui les exprime toutes.* Ce que l'inconscient entend formuler par cette *clé-poignard* n'est exprimable ni par le poignard seul, ni par la clé seule. Ces deux objets définissent deux aspects différents d'une même donnée inexprimable par une seule de nos représentations; c'est la tâche de l'esprit conscient de trouver le dénominateur commun à ces deux objets disparates. Le *poignard* est une arme blanche, qui entre à ce titre dans la catégorie générique de l'arme, englobée elle-même dans le concept plus général encore d'instrument. Le poignard, de même que l'épée, la lance ou la flèche, est une pièce forgée pour un but précis, en réponse à une intention, à une volonté qu'elle marque. Tout *instrument* relève d'une intention, d'une volonté déterminante qui concrétise ses moyens sous cette forme. Une lunette astronomique exprime la volonté de son constructeur de discerner les objets lointains, et un poignard celle de transpercer; la volonté de transpercer a pris corps dans cet objet forgé en pointe. Le poignard veut atteindre son but; il évoque la pénétration dans une direction précise, ce qui le rapproche singulièrement de cet autre instrument qu'est une *clé*. Une clé, elle aussi, veut pénétrer; l'intention d'ouvrir une serrure, ce que les doigts nus sont incapables de réaliser, s'est concrétisée dans une clé. Gœthe dit avec justesse dans son *Faust*: « La clé flairera l'endroit voulu, suis-la dans les profondeurs, elle te conduira chez les Mères. » Faust ignore la voie qui y conduit, mais la clé, qui est intention dirigée, la connaît et trouve son point d'application propice.

Dans cet ordre d'idées, les primitifs ne pensent pas de leur arme qu'ils la manient avec une adresse particulière, mais ils lui attribuent, tel à un être magique, une âme qui connaît le but à atteindre. Si la pointe du poignard trouve le cœur de l'adversaire, c'est qu'elle le cherche, qu'elle veut pénétrer là, le poignard conduisant la main du combattant et non le combattant le poignard. En fait, dans la psychologie des primitifs, l'instrument, non encore différencié de l'intention qu'il traduit, sert de réceptacle à sa projection.[1]

Ces commentaires révèlent ce qu'il y a de commun entre un poignard et une clé: tous deux flairent le point propice et conduisent à la réalisation d'un but. Le rêve, naturellement, ne dit pas quel est l'élément psychique en nous qui, symbolisé par la clé-poignard, est au courant de la voie à suivre; dans le cas d'un traitement il nous faudrait le rechercher.

Passons à l'*ami de notre rêveur, à ce monsieur B. C.* qui a pour démon protecteur le serpent, dont il est aussi l'ami. Dans l'antiquité, le démon individuel était fréquemment représenté par un serpent qui incarnait souvent, par exemple, l'âme des héros. Cette représentation repose sur une conception primitive. Les primitifs, lorsqu'ils ont enterré un des leurs, observent le monticule de terre fraîche qui le recouvre; le premier animal qui s'y risque est décrété dépositaire de l'âme du défunt, et on le révérera avec le plus grand respect. L'ami de notre rêveur est un ami d'enfance; il l'avait connu vers l'âge de sept ans et s'était pris d'une très vive amitié pour lui. Ces amitiés d'enfance sont souvent de nature passionnée; si on les regarde de plus près et si l'on se demande de quoi elles sont faites, on trouve fréquemment que chacun des deux amis projette dans l'autre les éléments les plus nobles et les plus précieux de sa vie intérieure, son trésor intime. L'origine de l'expression: « Mon trésor » du langage tendre est là. *C'est sans doute*

[1] Certaines langues primitives utilisent non seulement les articles: « le, la, les », mais expriment en outre de tout objet s'il est vivant ou inerte. Le primitif ne peut pas plus omettre de dire si un objet est mort ou vivant que nous n'en pouvons omettre le genre. En Australie centrale – phénomène du même ordre – des tribus très primitives vivent dans l'intime conviction que ce qui appartient à un être ne peut, de par une impossibilité foncière, appartenir à un autre. De ce fait, le vol est chez eux une chose inconnue et ils ignorent la convoitise des pays étrangers: leur conquête serait peu recommandable, les terres lointaines tenant encloses des âmes étrangères; si, d'aventure, un chef y entraînait sa tribu, les femmes y mettraient au monde de faux enfants, héritiers d'âmes de faux ancêtres. Ainsi, de toute évidence, il serait dangereux pour ces tribus d'habiter un pays autre que le leur, et c'est pourquoi elles se gardent de toute entreprise de conquête.

le plus beau mystère de l'amitié que de pouvoir croire l'ami éventuellement capable de ce que l'on n'ose espérer de soi-même. Ces amitiés d'enfance reposent fréquemment sur un secret, sur l'intuition enfantine de valeurs inestimables, d'un grand trésor caché auquel l'ami a peut-être accès. De votre vie scolaire vous vous souvenez certainement que, parmi vos condisciples, certains passaient pour des « héros »; c'étaient des natures particulièrement bien douées ou estimables, qui étaient tendrement aimées et que l'on croyait capables d'accomplir des merveilles. Ce monsieur B. C. avait été pour notre rêveur un ami idéalisé de la sorte; à ses yeux, il était censé ignorer la peur, être capable de grandes choses, et, toute pureté, il passait pour un enfant sans malice. C'est pourquoi il peut mettre son pied dans la gueule du serpent, le pied étant la partie du corps désignée traditionnellement – on vous l'a déjà dit au catéchisme – aux morsures du serpent. L'enfant de notre rêve peut se risquer dans l'antre du serpent qui a pour lui des sentiments amicaux et qui est même son protecteur. Nous rencontrons là, de nouveau, une représentation primitive et originelle: les sorciers africains passent aux yeux de leur tribu pour être accompagnés de démons, ayant forme de reptiles, et l'âme passe pour être un serpent; lorsqu'un nègre se demande avec perplexité ce qu'il doit faire, il dit en s'éloignant: « Je m'en vais parler avec mon serpent », voulant dire par là qu'il va s'entretenir avec son âme. Le serpent, dans notre rêve, non seulement n'apparaît pas sous un jour néfaste mais semble être de très bon augure; il aime le garçonnet et celui-ci le paie manifestement de retour. Nous trouvons le même motif dans le grand mystère d'Eleusis représenté sur un vase mortuaire célèbre, où l'initié caresse le serpent de Déméter, mère de la terre. De même, dans la mythologie germanique, on trouve la légende selon laquelle quiconque parviendrait à embrasser le serpent, le transformerait en une belle jeune fille; le conte du Roi des Grenouilles *(der Froschkönig)* procède d'une imagination analogue. Seul l'enfant sans malice, l'homme sans méfiance, peut ne pas s'effrayer de la présence d'un serpent, tous les autres humains en ressentent une profonde terreur. C'est là un des secrets de l'enfance qui s'évanouit avec elle: l'être, en grandissant, oublie le secret de la totalité enfantine, de l'enfant qui sait laisser vivre en lui tout un monde sans le paralyser de réflexions, de jugements, de condamnations; de l'enfant qui vit dans une sorte de Jardin du Paradis où tous les êtres croissent pacifiquement côte à côte.

Ce secret s'évanouissant avec l'âge, nous pouvons dire que seul un parfait insensé est en état de pressentir par la suite cette totalité envolée et d'affronter sans peur son démon intérieur. C'est par la grâce de son jeune ami que le serpent dit au rêveur que toute l'Espagne lui appartient. *Le pays entier* signifie à nouveau une idée de totalité. La possession de l'Espagne, du pays tout entier, est un symbole de la *totalité* déjà implicitement incluse dans la suzeraineté sur Tolède. C'est parce que le serpent défend l'accès à la totalité de l'être qu'il faut, il en exprime lui-même le désir, descendre jusqu'à lui; il adresse au rêveur la demande pressante de lui restituer l'enfant; en d'autres termes, et en passant au général, l'âme inférieure localisée dans la moelle épinière, l'instinct profond en nous, aspire à retrouver l'enfant. Au lieu de cela, on lui prodigue couramment force conseils tenus pour raisonnables. Le serpent cependant réclame expressément l'enfant joueur et sans malice; car ce n'est qu'avec lui qu'il peut s'entendre, et non avec l'adulte, le moraliste ratiocinant, qui ne sait guère que pontifier du haut de sa conscience. Quoi qu'il en soit, l'être conscient du rêveur éprouve en face du serpent de la déférence, dont l'existence seule témoigne de qualités peu communes de la part de notre malade; celui-ci parle au serpent avec respect mais sans crainte; peut-être aurait-il mieux valu qu'il en éprouvât! Cette descente dans l'antre du serpent, qui figure un problème central est, elle aussi, une reviviscence d'un patrimoine culturel ancestral. *L'initiation*, en effet, a toujours été imaginée comme un acheminement, comme une descente dans la caverne, où gisent les secrets auxquels on va être initié. *Notre rêve est donc comme la remémoration d'antiques mystères d'initiation.* Un homme habité par la méchanceté ne peut y participer, car il s'exposerait au danger d'être mordu et empoisonné; c'est d'ailleurs le motif pour lequel notre rêveur préfère user d'expédients. Il fait au serpent la fallacieuse promesse de descendre jusqu'à lui – c'est ce qu'il devrait faire – mais, au lieu de cela, il délègue l'obligation dans laquelle il se trouve à un autre ami, à un ami de l'âge adulte. Le rêve rapporte sur son compte que ce nouvel ami descend des Maures espagnols auxquels Tolède a jadis appartenu. Ces Maures n'étaient pas des chrétiens; ils étaient au contraire les ennemis mortels de l'Eglise chrétienne du moyen âge. Dès lors, un de leurs descendants ne saurait être un vrai chrétien; il demeure au fond de son être un païen, un mahométan, un adversaire irréductible de l'Eglise. Ce jeune homme a un teint sombre et une chevelure noire, ce qui marque bien son ascendance. Dans tous les cas le rêveur lui prête avec justesse une connaissance suffisante de l'espagnol, de l'arabe – ou de l'idiome convenable – pour lui permettre d'entamer une conversation profitable avec le serpent. Cet ami au teint sombre symbolise *l'ombre du rêveur*. De deux choses l'une, nous connaissons notre ombre ou ne la connaissons pas; dans ce dernier cas, nous avons fréquemment un ennemi personnel sur lequel nous projetons notre ombre, dont nous le chargeons gratuitement, qui la détient à nos yeux comme si c'était la sienne, et auquel en incombe l'entière responsabilité; c'est notre « bête noire », que nous vilipendons et à laquelle nous reprochons tous les défauts, toutes les noirceurs et tous les vices qui sont en propre les nôtres! Nous devrions prendre à notre compte une bonne part des reproches dont nous accablons autrui! Au lieu de cela, nous agissons comme s'il nous était possible ainsi de nous libérer de notre ombre; c'est l'éternelle histoire de la paille et de la poutre. Le jeune homme au teint bistre, le porteur de l'ombre du rêveur, doit, dans le rêve, accomplir à la place de ce dernier ce que le destin exige de lui. Le rêveur préfère se décharger de cette descente dans le monde reptilien, sous-jacent à l'Eglise chrétienne, sur son double obscur, sur l'autre à la peau de couleur, dont l'immoralité avérée tient à son ascendance païenne. « Qu'il fasse du serpent son affaire », pense le rêveur, qui espère ainsi tromper le reptile. Toutefois, craignant que son obscur ami ait laissé péricliter en lui les forces morales de sa race, et qu'il ne puisse plus tenter l'épreuve avec succès, le rêveur fait appel à un rite spécial pour le doter de force et de courage; il lui conseille, en vue de la réussite, de s'emparer d'une épée conservée dans une fabrique d'armes située sur l'autre rive du Tage. En fait, cette fabrique d'armes blanches existe et travaille encore de nos jours. L'épée, qui selon le rêve y est conservée, a appartenu aux Athéniens ou aux Phocéens et a donc une origine millénaire. Une épée, naturellement, a pour l'essentiel la même signification qu'un poignard; elle est seulement plus grande et constitue ici « l'épée magique » par excellence, celle dont un héros a toujours besoin. Pensez à Siegfried! Il s'agit ici d'un instrument culturel datant de la plus haute antiquité. Comme nous le disions au sujet du poignard, cette épée marque une intention; c'est la volonté concrétisée, mieux concrétisable, de l'homme, qui, grâce à elle, défend sa vie et conquiert des terres. *La volonté* est un antique bien culturel dont la naissance coïncide au fond avec l'origine de la culture. Tant que la volonté est inexistante, il ne saurait être question de quelque culture que ce soit. C'est pourquoi il est manifestement insensé de vouloir inculquer de la culture aux nègres. *La volonté n'a pris naissance et force qu'au cours des millénaires, et c'est pourquoi elle est toujours symbolisée dans les rêves sous forme d'instrument transmis de toute antiquité, de trésor ou d'arme hérités des ancêtres.* Ce patrimoine culturel ancestral dont il faut que le double du rêveur s'empare, doit lui conférer une force magique grâce à laquelle il subira victorieusement l'épreuve du serpent. En outre, pour devenir fort, l'ami doit s'infliger une blessure qui n'est autre qu'une mutilation magique, qu'un sacrifice rituel que l'on retrouve partout sous les formes les plus diverses. Pensez à la mutilation d'Odin suspendu à un arbre; vous connaissez peut-être le remarquable passage où il dit: « Durant neuf nuits, blessé par une lance, je demeurai suspendu à un arbre secoué par les vents, sacrifié à Odin, ma propre chair sacrifiée à moi-même. » *Le rite mutilateur* n'est pas d'origine chrétienne; il est d'inspiration purement païenne. Le passage de notre rêve, lui aussi, demande à être compris sous cet aspect: le rêve faisant appel à une représentation traditionnellement païenne, on conçoit que ce soit le païen sommeillant au cœur de notre rêveur, qui doive se charger de descendre jusqu'au dragon. Mais il a besoin pour cela d'une aide dont les anciens avaient le secret et qui est tombée en oubli; s'il en était détenteur, peut-être jouirait-il du courage nécessaire à l'épreuve? La mutilation a un but magique; elle symbolise un sacrifice propitiatoire de soi, qui anticipe, en quelque sorte pour la détourner, une catastrophe menaçante. Cette représentation est encore chez les primitifs extrêmement vivace et forte, comme en témoigne le récit suivant : un nègre eut une nuit un cauchemar dans lequel il se voyait poursuivi, rattrapé et brûlé vif par ses ennemis. A son réveil, il réunit aussitôt tous ses parents et les supplia de le brûler vif afin qu'il échappât à ses ennemis. Ils n'en voulurent rien faire, mais l'excitation du nègre ne cessa que lorsqu'ils consentirent à le lier et à lui allumer un feu sous les pieds. Ses brûlures furent telles que durant neuf mois il fut incapable de marcher et que ses pieds restèrent estropiés pour le reste de son existence; notre nègre cependant était satisfait: la catastrophe menaçante avait été anticipée et, dans son esprit, conjurée grâce à une mutilation symbolique.

Dans le rêve, l'ami, qui est en même temps le double et l'ombre du rêveur, doit se transpercer symboliquement la main, afin de conjurer la menace du dragon. Il obéit à cette injonction et se transperce la main gauche, le côté gauche étant toujours le côté défavorable. (De là la double signification du mot latin *sinister* ; le côté gauche est le côté obscur et inconscient, alors que le côté droit est le côté conscient; c'est la main droite que la conscience innerve principalement, l'accompagnement étant dévolu à la main gauche.) Cependant, en dépit de tous ces préparatifs, la douleur et la crainte sont trop fortes et subjuguent l'ami maure; il ne surmonte pas l'épreuve et gravit l'escalier sans être parvenu à s'emparer du poignard, clé de la ville; celle-ci, dès lors, devient inaccessible pour notre rêveur.

Nous arrivons maintenant à la fin singulière du rêve: le rêveur abandonne là l'ami en guise d'ornement. Une décoration peut être un tableau accroché au mur, un bibelot, une statue de plâtre, etc. L'ami est donc abandonné par le rêveur à titre de décoration, c'est-à-dire comme quelque chose de futile et d'insignifiant, dans une pose artificielle, privée de vie. L'ami se voit retirer sa raison d'être; il devient une manière de statue de sel, purement décorative et totalement étrangère au rôle de héros auquel il était primitivement voué. C'est là la conclusion du rêve: le rêveur n'a pas accompli la tâche qui lui incombait; il a manqué à sa promesse de descendre lui-même vers le serpent; fallacieusement, il lui a délégué un ami; *la mise en chantier de son problème vital est abandonnée à une partie inconsciente de sa personnalité*, comme si le rêveur disait en aparté à celle-ci: « Débrouille-toi, je n'en ai cure et m'en lave les mains. » Nous avons déjà commenté cette attitude au sujet du rêve précédent. Lorsqu'un problème pénible nous relance, nous brandissons la baguette magique de l'intellect, qui le bannit hors de notre pensée. Le problème se trouve alors automatiquement abandonné à l'autre qui est en nous, à notre génie, à notre ombre, à quelque parcelle inconsciente de notre être, qui doit l'endosser et qui tente bien de le résoudre, mais Dieu sait comment! Avez-vous jamais vu le film *L'étudiant de Prague*? Il décrit à merveille toute cette psychologie. Il s'agit d'un étudiant en butte à des difficultés financières. Le diable apparaît dans sa vie et lui offre une grosse somme d'argent à la condition que tout ce qui se trouve dans sa chambrette lui appartienne. L'étudiant consent au marché; car, pour ce qu'il possède, un miroir ébréché, un vieux lit défoncé, une vieille lame de duelliste, et quelques autres bricoles, le diable peut bien l'emporter! Mais le diable le prie de se mirer un instant, et comme il se regarde dans le miroir, le diable fait signe à son image qui disparaît et le suit. L'étudiant ne s'en inquiète pas outre mesure; il trouve gênant chez le barbier de ne plus se voir dans la glace, mais la perte de son image n'entraîne pas pour lui tout d'abord d'autres désagréments. Cependant, le quart d'heure de Rabelais allait venir: l'étudiant se fiança et se prit de querelle avec l'un des parents de la jeune fille. Son futur beau-père le pria, le duel étant inévitable et notre étudiant une fine lame, de ne pas tuer l'adversaire. Naturellement l'étudiant s'engagea sur l'honneur à ne lui faire qu'une égratignure. Mais le jour du duel arrivé, comme il se rendait en dehors de la ville au lieu convenu, une roue de sa voiture cassa; il dut continuer à pied à travers bois; il était en retard et s'en irritait; peu avant d'arriver, il aperçut entre les arbres un personnage qui venait à sa rencontre, une épée à la main; s'approchant, il constata que c'était un autre lui-même, en train d'essuyer dans l'herbe l'épée dégouttante de sang. Il eut alors l'intuition de ce qui s'était passé. Il se précipita dans la clairière. Le duel avait déjà eu lieu et l'adversaire gisait mort dans son sang. Ainsi, il avait trahi sa parole. Pourquoi? Parce qu'il avait remis son ombre en gage au diable. Il est toujours préférable de savoir ce qu'il en est de notre ombre, afin que le « diable » ne s'en empare point.

Nous voici en possession des amples matériaux qui forment le contexte du rêve et qui nous permettent de concevoir celui-ci comme un mythe du dragon sous forme individuelle. Le rêveur n'était pas un savant versé dans la mythologie; certes, comme quiconque, dans son enfance il fut bercé de contes et de légendes. Mais, adulte, il ne lui serait jamais venu à l'esprit de se forger pareil mythe et il ne se serait pas attendu à en rencontrer dans son imagination. Cependant, le rêve a bel et bien eu lieu en lui, c'est-à-dire que son inconscient a exprimé, à l'aide des matériaux du rêveur et sous une forme personnelle, le tableau complet d'un mythe du dragon, avec toutes ses péripéties. Ainsi, sa situation consciente, alors ébranlée, a cristallisé en lui les grandes lignes de ce mythe. Que nous en faut-il penser? Cela signifie: « Tu te trouves à une croisée de chemins, où l'être humain, s'il essaie de vivre pleinement l'orbite de sa vie, s'est déjà fréquemment trouvé avant toi. La situation qui est aujourd'hui la tienne a déjà, au cours des millénaires, été vécue un nombre incalculable de fois. » C'est ce que démontre le mythe du dragon qui se retrouve dans l'humanité tout entière, qui est répandu sur toute la terre, sans distinction de latitude ou de climat, aucun peuple n'existant sans le posséder, lui ou une imagerie correspondante. Partout nous rencontrons un héros accomplissant une tâche exceptionnelle. La généralité de cette image archétypique permet d'affirmer avec certitude qu'elle correspond à une expérience couramment vécue par l'homme et répétée à l'infini au cours des âges; chaque fois que l'être est aux prises avec une situation qu'il ne parvient pas à maîtriser, l'inconscient, en réponse à la représentation d'une tâche insoluble, d'une exigence impraticable, réagit – la faisant ainsi toujours ressurgir – en reproduisant l'image secourable du mythe du dragon. Ces images archétypiques ont – nous l'avons déjà vu au sujet du rêve précédent – une portée qui n'appartient qu'à elles: elles servent à inclure dans un cadre général et supra-individuel le cas d'espèce personnel qui paraît unique et insoluble; elles montrent du même coup que la souffrance de chacun est aussi la souffrance de tous et que la situation particulière, inextricable, constitue un problème humain absolument général. Il y a là un gain certain: le dard douloureux que plante toute situation exceptionnelle, l'impression d'isolement qu'elle inflige se trouvent supprimés et l'individu relié à l'humanité tout entière. C'est pourquoi les vieux prêtres-médecins – nous l'avons dit plus haut – utilisaient ces images archétypiques comme moyen de guérison. Ils faisaient entrevoir à leurs malades ces images consolatrices qui leur découvraient, dans leur isolement et dans leur abandon, que l'humanité entière, depuis toujours, avait participé à leurs douleurs. Ces évocations nous émeuvent et font vibrer quelque chose en nous, qui nous dit que réellement nous ne sommes plus seuls. La philosophie japonaise exprime un aspect de cette idée en disant: « Lorsque tu es seul et que tu crois pouvoir faire ce que tu veux, n'oublie pas le vieux sage qui habite en ton cœur. » *Ce vieux sage* est l'incarnation vivante en nous des images archétypiques. C'est l'homme vieux comme le monde qui, durant deux millions d'années, a vécu la vie humaine avec toutes ses souffrances et toutes ses joies, qui a emmagasiné en lui les images fondamentales de l'existence et qui, au nom de son expérience éternelle, délègue une image qui fait communier avec le fonds humain toute situation individuelle, unique en apparence. Appliquer à propos l'archétype qui convient ne constitue pas seulement l'art du medicine-man primitif et la sagesse des prêtres-médecins qui leur succédèrent, mais aussi celle de nos directeurs de conscience; car la souffrance du héros symbolique, sur laquelle repose toute la religion chrétienne, est aussi une image archétypique de cette sorte, qui élève, et ainsi la dénoue, la souffrance de chacun au niveau de la souffrance de tous. En quoi consiste l'action apaisante de ces images? Une grande souffrance, un ébranlement moral nous éloignent des assises de l'existence et des instincts; le sujet frappé éprouve alors une particularisation excessive, un isolement, une désorientation; ces images salutaires viennent montrer à l'âme souffrante dans quel état l'être se trouve, quel épisode de l'existence il vit; s'il est capable de pressentir ce qu'elles évoquent, il en aura un immense profit. La vie quotidienne en témoigne; nous y utilisons – sans disposer toutefois des mêmes ressources d'amplification – une démarche analogue. Lorsqu'un de nos proches est touché par un malheur qui le laisse éperdu on a l'habitude de lui dire: « Ne prends pas ça trop au tragique », ou: « C'est la vie, nous en passons tous par là! », ou encore: « Tu en verras bien d'autres! », etc. Une grande peine est ainsi, sans que l'on ait même besoin de faire sciemment appel à des archétypes, placée sur un terrain général, ce qui la rend plus supportable. « Mal partagé n'est plus que demi-mal », dit un proverbe allemand. Il y a là un effet salutaire qui émane des archétypes.

L'auteur de notre rêve est en proie à un profond désarroi, à une particularisation, à une désorientation telles qu'il ne sait plus trouver sa voie. Il ne se rend pas compte de l'orage qui grossit et menace, mais l'inconscient lui dit alors: « Tu te trouves aux prises avec un problème qui, depuis toujours, a été exprimé par le mythe du dragon. » Le rêve utilise même un langage plus spécifique encore, qui rajeunit de façon historique les vieilles images primitives, en y adjoignant la cathédrale de Tolède. On pourrait presque traduire ce rêve sous forme de dialogue ou d'apologue. Le rêveur, par exemple, rend visite au vieux sage, dont nous avons parlé plus haut, et lui demande: « Qu'advient-il de moi? Je ne me comprends plus! »

– « D'où viens-tu? Tu es allé à Tolède et dans la cathédrale; qu'y as-tu contemplé? Qu'est-ce qui t'y a fait l'impression la plus profonde? » Et le vieux sage de lui faire prendre conscience de sa situation: « Tu as vu en outre sous la cathédrale des choses bien curieuses, une citerne où se trouvait un dragon, un serpent qui gardait une coupe d'or, contenant la clé de la ville. » Le jeune homme ne comprend guère ce langage énigmatique. S'il pouvait résumer toutes les impressions qu'il a ressenties à Tolède – et que nous ne pouvons qu'imaginer péniblement, n'étant pas allé là-bas – il ferait certainement une description vive et frappante de l'époque médiévale dans sa magnificence et sa puissance, et de cette ville qui fut le siège de l'Inquisition après avoir été le centre de la science arabe. On y rencontre le mélange curieux de deux cultures, de la culture chrétienne et de la culture islamique et païenne. Cette fusion déclenche certainement, chez un être cultivé, de puissantes associations, qui se groupent autour de sa conception même des choses, et nourrissent ses préoccupations relatives d'une part au monde chrétien, d'autre part à un monde différent qui lui est opposé. Le monde chrétien, c'est le monde du rêveur, le monde d'en haut, alors que le monde païen est un monde souterrain qui a été surmonté. Alphonse VI a réussi à reconquérir l'Espagne et à refouler les Maures. Le serpent fut relégué et enfermé dans les bas-fonds, ce qui constitue une image apocalyptique, innée à l'être chrétien, même en l'absence de toute éducation religieuse. Nous nous figurons toujours que le christianisme consiste dans une certaine profession de foi et dans l'appartenance à l'Eglise. En réalité *le christianisme est notre monde*. Tout ce que nous pensons est le fruit du moyen âge chrétien. Notre science elle-même et, en bref, tout ce qui se meut dans nos cerveaux est nécessairement façonné par cette ère historique, qui vit en nous, dont nous sommes à jamais imprégnés et qui constituera, jusque dans les époques les plus lointaines, une couche de notre psyché, de même que notre corps porte les traces de son développement phylogénétique. Notre mentalité tout entière, nos conceptions des choses sont nées du moyen âge chrétien, qu'on le veuille ou non. Le « siècle des lumières » n'a rien effacé; l'empreinte du christianisme se retrouve jusque dans la façon dont l'homme voulut rationaliser le monde. La vision chrétienne du monde est, par suite, une donnée psychologique qui échappe aux explications intellectuelles. *C'est un passé qui, dans ses traces et ses conséquences, sera, comme tout passé, un éternel présent. Nous sommes une fois pour toutes marqués au coin du christianisme. Mais il n'en est pas moins vrai que nous portons également le signe de ce qui l'a précédé*. Le christianisme a bientôt deux mille années d'âge; dans l'histoire du monde ce n'est qu'un bref instant. Il fut précédé d'un entassement de siècles, d'innombrables millénaires où toutes choses étaient autres. L'époque historique ne remonte pas à plus de quatre mille ans avant Jésus-Christ. Avant elle s'écoulèrent cent cinquante mille à deux cent mille années d'une existence primitive de tribus, existence qui enracina ses traditions dans les êtres et dont nous sommes encore imprégnés. Loin de s'être perdue cette tradition continue de vivre en nous et l'on peut même facilement montrer qu'elle s'est organiquement fondue dans notre christianisme, l'Eglise catholique s'étant élevée sur la base d'un syncrétisme païen. Cependant, la continuité historique est interrompue par une faille qui s'exprime extérieurement dans le fait que le christianisme, selon l'enseignement religieux que nous avons tous reçu, a surgi dans l'histoire dénué de tout passé, tel un éclair dans un ciel serein. Cette conception fut sans doute nécessaire, mais je suis persuadé qu'elle est fausse, car il n'est rien qui n'ait son histoire, et le christianisme, lui aussi, quoiqu'il prétende être une révélation unique tombée du ciel, n'en a pas moins son devenir propre, ses débuts étant d'ailleurs d'une parfaite clarté. Non seulement certaines pratiques de la messe, certaines particularités des vêtements sacerdotaux sont empruntées au passé païen, mais les idées fondamentales du christianisme, elles aussi, ont leurs antécédents historiques. La faille au sein de la continuité n'est due, avons-nous dit, qu'à l'impression profonde faite par la prétendue unicité du christianisme, impression à laquelle tout le monde a succombé et qui a fait en quelque sorte édifier une cathédrale sur un temple païen, dont les vestiges furent si bien cachés que sa présence tomba dans l'oubli. Ainsi, sous la cathédrale de Tolède, est une citerne qui constitue une représentation typique d'un lieu antique d'initiation où se tient le serpent salutaire. Cette représentation du serpent dans la crypte obscure est une image païenne, qui a même survécu au sein de la tradition chrétienne et dont nous possédons une description significative datant du Ve siècle après Jésus-Christ.

Que conclure de tous ces rapprochements? Notre rêve semble dire : sous la conception chrétienne des choses subsistent les vestiges indubitables de la tradition païenne, vestiges qui naturellement font défaut dans la tradition chrétienne, car ces survivances sont inférieures et obscures, se rapportant à l'âme primitive, au « psychisme spinal », à l'être pétri d'instincts. Mais si ces éléments font défaut dans la partie supérieure du psychisme, dans la cathédrale chrétienne, ils n'en sont pas moins encore vivaces dans les bas-fonds. Les images mythologiques de son rêve auraient dû attirer l'attention du rêveur sur le fait que l'être pensant et sentant dans le sens du credo chrétien avait atteint un carrefour où il lui fallait prendre conscience d'un secret insoupçonné jusqu'alors, du secret antique du serpent. L'amitié que le rêveur avait pour ce monsieur B. C., qui savait commercer avec le serpent, aurait dû lui indiquer quelle attitude il fallait faire sienne pour aborder le dragon avec profit. Quel secret gardait ce dernier? A quoi l'Eglise chrétienne s'est-elle donc fermée? Qu'est-ce qui a été perdu de vue, oublié et recouvert par les siècles, que les anciens connaissaient encore? C'est le secret terrestre de l'*âme inférieure*, de l'*homme naturel* qui ne vit pas de façon purement cérébrale, mais chez lequel la moelle épinière et le sympathique ont encore leur mot à dire. On a cherché à fouiller, à disséquer ce secret de façon rationnelle, et on a prétendu qu'il s'agissait de ceci ou de cela, de sexualité ou d'autres choses encore; mais il échappe à ces tentatives, car il implique en même temps le problème de la conception des choses, et il demeure inabordable à quiconque n'adopte pas une *attitude religieuse* et ne s'arrête pas aux *symboles*. Car la compréhension de ce mystère les nécessite et on ne saurait l'approfondir en ne parlant que raison, et en ne disant par exemple à son malade que: « Faites ceci ou cela », ou « Telle chose est bien et telle autre mal », ou encore « N'avez-vous pas honte, rentrez en vous-même et faites votre *mea culpa* »; car autant en emporte le vent et de pareils discours ne changent rien à l'état réel du malade. Que souhaitent les vivants d'aujourd'hui? Tout plutôt que des prêches moralisateurs, dont ils connaissent depuis longtemps l'antienne. C'est pourquoi ils consultent le médecin chez lequel ils espèrent trouver un peu de compréhension humaine et quelque connaissance de la vie; leur démarche d'ailleurs s'explique, car leur premier désir est que l'on comprenne qu'il s'agite en eux quelque chose de légitime, quelque chose de réfractaire aux tentatives de bannissement moral, tentatives qu'ils ont pratiquées à satiété depuis longtemps, pour leur plus grand dam, et qui les ont conduits au bord de l'abîme. Des conflits de cette nature ne peuvent être résolus à grands coups de raison raisonnante; leur solution au contraire – la psychothérapie moderne nous le montre avec combien d'insistance - s'actualise de la plus mystérieuse façon dans un processus de croissance psychique étayée par des symboles; cette opération d'ailleurs dépasse notre entendement. Si nous étions nés Chinois, nous la comprendrions sans difficulté. Mais notre pensée est si différente, si strictement localisée dans les étages supérieurs, que nous ne parvenons pas à imaginer ce que peuvent être une croissance symbolique, une métamorphose insensible. Nous n'accordons de crédit qu'à la conscience, qui nous a permis de dominer l'espace extérieur et de maîtriser la nature ambiante, qu'elle nous rendit intelligible. Mais elle ne nous a pas été jusqu'ici d'un grand secours pour scruter notre nature intime, le monde de l'infiniment petit qui sommeille en nous (voir zone bleue du schéma IV, hors-texte, page 140), qui constitue le secret obscurément pressenti par notre être intérieur, mais dont notre conscience ignore encore tout. C'est pourquoi j'ai professé depuis toujours qu'il faut attaquer ces domaines sous leur angle irrationnel et s'enquérir tout d'abord de ce que l'inconscient peut nous en dire. Si j'avais à traiter ce patient, je ferais débuter nos entretiens en mettant la vision chrétienne du monde sur le tapis; je lui dirais: « Vous êtes, certes, d'une haute moralité, mais vous vivez dans une conception des choses qui, étant par trop raisonnable, vous a fait perdre de vue le serpent. Naturellement, votre orthodoxe conscience chrétienne vous souffle qu'il s'agit là du diable, hôte des profondeurs, et que le serpent qui l'incarne doit demeurer banni dans les souterrains, comme un dangereux commensal qu'il faut se garder de fréquenter. *Mais quand on en est aux prodromes d'une psychose, il y a sans doute lieu finalement de se soucier de ce serpent auquel les vieux sages prêtaient aussi des vertus salvatrices.* C'est parce que ce savoir s'est obscurci par la suite que le rêve dut avoir recours à l'instrument antique de connaissance, à l'épée discriminatrice, que les anciens s'étaient forgée.

J'ai encore oublié quelque chose: la garde de l'épée est rouge. Le rouge est la couleur du sang. Lorsque le sang est en jeu, la situation devient sérieuse et les alibis fallacieux ont fait leur temps. Quelle faute notre malade commet-il? Il ne soupçonne pas dans quelle situation il se trouve et ignore pourquoi il s'y est empêtré; il ignore aussi que le problème dont il souffre ne lui est pas particulier, mais constitue un mal du siècle. *Qu'est-ce qu'un problème contemporain?* Dire d'un problème qu'il est général, c'est dire qu'il existe dans les cerveaux de nombreux humains; ces derniers sont élus par le sort, en vertu de leur nature intime, pour souffrir d'une incompatibilité grave, qui devient aiguë dans le monde moderne, et pour l'élever à la dignité de problème à résoudre. Ce sont toujours des individus pris un à un qui éprouvent un problématisme latent, qui le ressentent au plus profond d'eux-mêmes, qui sont appelés à y répondre et à contribuer à sa solution, en lui cherchant, puisqu'ils ne peuvent l'éviter, une solution dans leur propre vie. Le jeune homme, auteur de notre rêve, fait partie des appelés qui doivent trouver réponse aux questions: « Que nous manque-t-il aujourd'hui? Qu'avons-nous omis? Que nous faut-il encore savoir? »; des appelés chargés de jeter un pont entre le contemporain et l'ancestral, afin que nous enjambions l'abîme béant en nous entre les couches supérieures de notre psychisme, faites de nos pensées et de nos sentiments rationnels et les couches inférieures existant de toute éternité. Il est vain de dire: « Il devrait en être autrement », car *il en est ainsi!* Cette formule stéréotypée, cependant, on l'entend toujours dès qu'il est question de difficultés dans un ordre quelconque, quoiqu'elle ne constitue pas une contribution nouvelle à la question posée, puisque chacun la connaît d'avance! C'est comme si l'on disait à un typhique, qu'il ne devrait pas avoir la fièvre typhoïde, dont il souffre précisément et qui est tout son mal! Nous devons nous efforcer de perdre l'habitude du sempiternel: « Il faudrait...! » Cette pauvre formule ne change plus rien à rien. Quand un patient vient me consulter, il ne suffit pas que je lui dise: « Vous ne devriez pas vous attacher à de pareils problèmes ! » car il les porte en lui et il nous faut bien compter avec eux. Dès qu'on use de faux-fuyants et de phrases creuses, tout est naturellement perdu; le malade demeure dans sa nuit et l'on ne saura jamais ni où le bât le blesse, ni où gît le serpent.

Au moment où notre rêve eut lieu, il y a bien des années, je ne pouvais le comprendre. Cependant j'eus le sentiment, après avoir étudié de nombreux rêves de cette sorte, que s'il m'avait été donné, à cette époque déjà, de prendre le cas en main, j'aurais pu aider le jeune homme, qui ne se serait peut-être pas suicidé. Depuis lors, j'ai vu de nombreux cas semblables. Souvent la compréhension réelle d'un rêve comme celui-ci aide à amener un tournant dans une existence. Avec des êtres sensibles et raffinés, artistes et intelligents, on ne saurait faire trop attention. Les banalités ne servent de rien; il faut être sérieux et aller au fond des choses. C'est pour des raisons particulières que le rêveur avait choisi

Tolède à la fois comme but de son voyage et comme thème de son rêve.[1]

Nous avons en toute naïveté oublié que sous notre monde de raison est enfoui un autre monde. *Je ne sais tout ce que l'humanité devra encore subir avant de se faire cet aveu!* Nous semblons, par exemple, ne pas nous douter *que c'est nous qui avons fait la guerre et nous nous imaginons qu'elle est venue d'elle-même.* Cela n'est pas aussi simple! Si notre jeune homme avait compris le sens de son rêve, il aurait dû se dire: « Je suis la proie de quelque chose qui me tient emprisonné et qui, rétrécissant mon horizon, me ferme à d'autres perceptions, et me les fait paraître étrangères. Je suis passé à côté d'un secret. » Quel est-il? Il recèle une clé, l'instrument essentiel à l'entrée dans la ville, grâce à laquelle on commanderait à l'ensemble. *L'ensemble? C'est la personnalité totale, l'âme entière et non plus seulement une de ses parcelles. Il lui faut restaurer l'unité du pays, l'intégrité du domaine psychique.* Seul sera souverain du tout celui qui aura le courage de s'emparer de la clé, dont la conquête suppose que l'on soit sans malice, c'est-à-dire comme un enfant, comme le garçonnet que fut le rêveur. Son ami B. C. remplissait cette condition car il n'avait pas peur de ce secret et il l'abordait en toute naïveté. L'enfant, n'est-ce pas, qui n'a qu'un pied dans le monde de la conscience, qui n'y est pas encore comprimé et enrégimenté, dispose toujours du flair nécessaire pour converser amicalement avec « l'animal qui est en lui »; cette dernière expression éveille dans notre esprit un dégoût profond. « Cet animal en nous » n'a cependant rien que de très naturel et il n'est pas plus abominable que les animaux qui vivent dans la nature ambiante et qui accomplissent fidèlement la volonté du Créateur, ce que nous ne saurions prétendre de nous-mêmes, nous qui cherchons toujours, par nos caprices et nos volte-face, à biaiser avec elle. Notre ambition ne vise pas à réaliser la totalité de notre être – une telle ambition serait peu commode et désagréable. Les animaux, eux, sont vraiment eux-mêmes. L'animal et la plante sont pour moi les symboles mêmes de l'être pieux. Nous avons tout lieu de nous inspirer de leur exemple; ils vivent la totalité de leur être

[1] On trouve sous la plume de Maurice Barrès dans *Greco ou le secret de Tolède* la phrase suivante: « C'est une de ces mosquées transformées en églises, qui nous font souvenir qu'une âme musulmane est captive dans les assises de Tolède. » On ne saurait fournir, je crois, meilleur témoignage en faveur de l'interprétation de C. G. Jung! (NdT)

comme l'enfant vit la sienne. Dans l'empire des hommes cette inconsciente plénitude, naturellement, a disparu. Mais pourquoi le Christ dit-il : « Soyez doux comme les colombes et intelligents comme le serpent » ? La fin de cette sentence : « Intelligents comme le serpent ! » sonne mal à nos oreilles. De même lorsqu'il dit : « Aime ton prochain... », nous trouvons cette pensée très belle... car elle nous dispense de nous occuper de nous-mêmes ; mais lorsqu'il ajoute : « Aime ton prochain, *comme toi-même !* », cette adjonction n'a plus notre adhésion et nous prétendons que ce serait faire profession d'égoïsme que de s'aimer soi-même. S'aimer soi-même ! Il n'était pas nécessaire de le prêcher aux anciens qui le faisaient naturellement. Et aujourd'hui ? Nous ferions bien de prendre un peu à cœur ce « comme toi-même ». Comment puis-je aimer autrui si je ne m'aime pas moi-même ? Comment être altruiste si on se maltraite soi-même ? Lorsque nous traitons notre personne avec la dignité qui lui revient, lorsque nous nous aimons, nous allons de découverte en découverte, nous comprenons ce que nous sommes et ce qu'il importe que nous aimions. Il ne s'agit là de rien moins que de mettre le pied dans la gueule du dragon. Quiconque est incapable d'amour sera incapable de métamorphoser ce dernier et les choses poursuivront leur ancien cours. *On a oublié que sous la cathédrale chrétienne se trouve un sanctuaire antique d'initiation où vit un serpent, fidèle gardien de la coupe d'or, qui renferme la clé de la totalité.* Il ne faut pas confondre le *soi* que nous devons aimer, avec notre petite personne, notre moi que nous n'aimons pas pour lui-même, mais que nous aimons à cause de la coupe d'or, à cause de Tolède, à cause de la ville tout entière, du pays tout entier et de ceux qui l'habitent. Le « soi » que nous devons aimer, qui se manifeste en nous à travers notre existence individuelle, est différent du moi. Le soi est notre totalité psychique, faite de la conscience et de l'océan infini de l'âme sur lequel elle flotte : *Mon âme et ma conscience, voilà ce qu'est mon Soi, dans lequel je suis inclus comme une île dans les flots, comme une étoile dans le ciel*[1]. Ainsi le soi est infiniment plus vaste que le moi. S'aimer soi-même, ce devrait être aimer cette totalité, à travers laquelle on aimerait l'humanité tout entière. Il est impossible d'aimer quiconque, si on se hait soi-même. C'est pourquoi on éprouve un malaise en présence d'un parangon de vertu qui, se mettant au supplice, est environné d'une atmosphère de martyre. Une telle vertu ressemble étrangement au vice. Quelque chose

[1] Voir page 86.

d'originairement bon s'est transformé en quelque chose qui ne l'est plus, en un faux-fuyant. De nos jours, le premier lâche venu peut affecter une grande respectabilité en allant à l'église et en « aimant son prochain ». Il y a là un état foncièrement faux, un monde artificiel.

Ces problèmes se sont emparés de notre jeune homme. Une force créatrice réside en lui, que révèle son rêve bien composé et qui devrait l'aider à résoudre le problème. Il devrait être le héros qui descend en personne dans son monde souterrain, dans sa triste cave obscure, par amour de la coupe d'or qui contient la clé menant à la totalité. Nous n'atteindrons jamais à notre totalité si nous n'endossons pas les obscurités qui sont en nous; car il n'est de corps qui, dans sa totalité, ne jette une ombre; cela non en vertu de quelques motifs raisonnables, mais parce qu'il en a été toujours ainsi et que tel est le monde. L'homme, en une certaine acception, n'est pas bon; en dépit de tout ce qu'on en peut prétendre, il ne l'est pas, et il vaut mieux, dès lors, en avoir conscience et se demander comment incorporer de façon sensée cet aspect de la nature humaine dans son tout. Les faits sont toujours présents, même si on ne doit les interpréter qu'en entrevoyant leur revers. Comment se fait-il, par exemple, qu'un brave homme de père ait un vaurien pour fils ou une fille abominable ? Les parents ne savent que se récrier : « Ah ! les pauvres enfants, où ont-ils bien pu prendre cela ?... » A quoi tient-il qu'un pourcentage surprenant de fils de pasteurs souffrent d'une *moral insanity*, une perversion du sens des valeurs ? Tout simplement à ce que leurs parents, qui font les ignorants, ont été contraints à une maudite respectabilité, dont leur nature souvent, à leur insu, avait par-dessus la tête. S'ils avaient pu être eux-mêmes, ils n'auraient pas été contraints de projeter sur leurs enfants les péchés qu'ils croyaient avoir définitivement étouffés en eux. Il y a là une grande et tragique vérité; car on ne peut être absous de péchés que l'on n'a pas commis.

Comme vous le voyez, ce problème demeure des plus complexes. Ratiociner ne sert de rien; nous dépendons dans une très forte mesure de la grâce de l'inconscient, de son bon vouloir à nous indiquer les voies qui, à travers le labyrinthe de notre psyché, doivent nous conduire à bon port. Si notre rêveur avait compris son rêve, il en aurait appris qu'il devait s'intéresser de toute urgence à son monde obscur, caché et recouvert par sa conscience morale chrétienne. Au lieu de cela que fait-il ? Il rejette tout son problématisme dans l'inconscient et le personnage du héros, qui aurait dû le guider, est réduit à l'état d'ornement. Le résultat en est que tout l'enthousiasme, tout l'élan héroïque nécessaires pour aborder le problème, que toute la tension énergétique vont être gaspillés en humeurs et en oscillations circulaires et que le rêveur sera victime d'une psychose maniaco-dépressive [1].

[1] C. G. Jung, *Dialectique du Moi et de l'inconscient*, Folio, Traduction du Dr Roland Cahen, Essais, Gallimard, Paris, 1986.

ÉPILOGUE

Les notions fondamentales de ma psychologie viennent d'être exposées tout au long de cet ouvrage. Le lecteur n'aura pas manqué de constater – aidé en cela par la traduction si compréhensive du Dr Roland Cahen – que cette psychologie ne repose pas sur des postulats académiques, mais sur l'expérience de l'homme, de l'homme sain et de l'homme malade. C'est le motif pour lequel elle n'a pu se cantonner dans l'étude de la conscience, de ses données et de ses fonctions; elle dut s'attacher à cette partie de la psyché que l'on appelle l'inconscient. Tout ce que nous avons dit de ce dernier doit être compris *cum grano salis*, car il s'agit toujours à son sujet de constatations indirectes, l'inconscient échappant à l'observation immédiate; les conceptions que nous nous en forgeons ne sont que les déductions logiques des effets qu'il exerce. Ces déductions n'ont, si on va au fond des choses, qu'une valeur d'hypothèse: quant à savoir si les représentations de la conscience sont en état de saisir et de formuler de façon adéquate la nature de l'inconscient, c'est là une question qui dépasse l'esprit humain. Mes conceptions sur l'inconscient se sont élaborées petit à petit, soit que je me sois efforcé de trouver le dénominateur commun qui rapproche en un rapport logique le nombre le plus grand possible de faits observés, soit que j'aie essayé de prévoir le développement futur, probable d'un état psychique donné, bien défini, ce qui est aussi une méthode pour éprouver la justesse de certaines hypothèses: de nombreux diagnostics médicaux, on le sait, pourraient à peine, au moment où le praticien les formule, être motivés et ne sont confirmés que par le cours prévu de la maladie.

Je suis convaincu que l'étude scientifique de l'âme est la science de l'avenir. La psychologie est la plus jeune des sciences naturelles et son développement n'a pas encore franchi le stade des premiers pas. Elle n'en constitue pas moins la science qui nous est la plus indispensable; il apparaît, en effet, avec une clarté toujours plus aveuglante, que ce ne sont ni la famine, ni les tremblements de terre, ni les microbes, ni le cancer, mais que c'est bel et bien l'homme qui constitue pour l'homme le plus grand des dangers. La cause en est simple: il n'existe encore aucune protection efficace contre les épidémies psychiques; or, ces épidémies-là sont infiniment plus dévastatrices que les pires catastrophes de la nature! Le suprême danger qui menace aussi bien l'être individuel que les peuples pris dans leur ensemble, c'est le *danger psychique*. A son égard, la raison a fait preuve d'une impuissance totale, explicable par le fait que ses arguments agissent sur la conscience, mais sur la conscience seule, sans avoir la moindre prise sur l'inconscient. Par suite, un danger majeur pour l'homme émane de la masse, au sein de laquelle les effets de l'inconscient s'accumulent, bâillonnant alors, étouffant les instances raisonnables de la conscience. Toute organisation de masse constitue un danger latent, au même titre qu'un entassement de dynamite. Car il s'en dégage des effets que personne n'a voulus, mais que personne n'est en état de suspendre! C'est pourquoi il faut ardemment souhaiter que la psychologie, ses connaissances et ses conquêtes, se répandent à une échelle telle que les hommes finissent par comprendre d'où proviennent les suprêmes dangers qui planent sur leurs têtes. Ce n'est pas en s'armant jusqu'aux dents, chacune pour son compte, que les nations pourront à la longue se préserver des effroyables catastrophes que sont les guerres modernes. Les armes amoncelées réclament la guerre! Ne serait-il pas préférable, au contraire, à l'avenir, de se défier et d'éviter les conditions – maintenant dépistées – dans lesquelles l'inconscient brise les digues du conscient et dépossède celui-ci, faisant courir au monde le risque d'incalculables ravages?

J'espère que ce livre contribuera à éclaircir ce problème, fondamental pour l'humanité.

C. G. JUNG
Küsnacht-Zürich, janvier 1944.

TABLE ANALYTIQUE

F

G

H

S

T

TABLE DES MATIÈRES

OUVRAGES DU MÊME AUTEUR

LA THÉORIE PSYCHANALYTIQUE. Traduction par Mme M. Schmid-Guisan, Editions Montaigne, Paris, 1932. Epuisé.

ASPECTS DU DRAME CONTEMPORAIN. Préface et traduction du Dr Roland Cahen, Georg, Genève, et Albin Michel, Paris, 1948.

TYPES PSYCHOLOGIQUES. Préface et traduction de Yves Le Lay, Georg, Genève, et Albin Michel, Paris, 1950. 5e édition, Georg, Genève et Buchet-Chastel, Paris, 1983.

PSYCHOLOGIE DE L'INCONSCIENT. Préface et traduction par le Dr Roland Cahen, Georg, Genève, et Albin Michel, Paris, 3e édition, 1973.

LA GUÉRISON PSYCHOLOGIQUE. Préface et adaptation du Dr Roland Cahen, Georg, Genève, et Buchet-Chastel, Paris, 1953.

MÉTAMORPHOSES DE L'AME ET SES SYMBOLES. Préface et traduction de Yves Le Lay, Georg, Genève, et Buchet-Chastel, Paris, 1953. 2e édition, 1973.

INTRODUCTION A L'ESSENCE DE LA MYTHOLOGIE (avec Ch. Kerenyi). Traduction française de Del Medico, Payot, Paris, 1953.

L'ÉNERGÉTIQUE PSYCHIQUE. Préface et traduction de Yves Le Lay, Georg, Genève, et Albin Michel, Paris, 1956. 2e édition, Georg, Genève et Buchet-Chastel, Paris, 1973.

LE FRIPON DIVIN (avec Ch. Kerenyi et Radin). Collection : Analyse et Synthèse, 1958, Georg, Genève, et Albin Michel, Paris.

PSYCHOLOGIE ET RELIGION. Traduction de M. Bernson et G. Cahen, Editions Buchet-Chastel, Paris, 1960.

UN MYTHE MODERNE. Préface et adaptation du Dr Roland Cahen, Collection des Essais, Editions Gallimard, Paris, 1960. 2e édition, 1962, puis Collection Idées.

PROBLÈMES DE L'AME MODERNE. Traduction Yves Le Lay, Editions Buchet-Chastel, Paris, 1961.

PRÉSENT ET AVENIR. Adaptation du Dr Roland Cahen, Editions Buchet-Chastel, Paris, 1962.

PSYCHOLOGIE ET ÉDUCATION. Traduction d'Yves Le Lay, Buchet-Chastel, Paris, 1963.

RÉPONSE A JOB. Traduction du Dr Roland Cahen, avec une postface d'Henry Corbin, Buchet-Chastel, Paris, 1964.

DIALECTIQUE DU MOI ET DE L'INCONSCIENT. Traduction, préface et annotations du Dr Roland Cahen, Gallimard, Paris, 1964. 2e édition, 1967. 3e édition, collection Idées, 1973. Folio, Essais, 1986.

L'AME ET LA VIE. Textes essentiels de C.G. Jung choisis par J. Jacobi. Traduction du Dr Roland Cahen et d'Yves Le Lay, Buchet-Chastel, Paris, 1965.

MA VIE (Souvenirs, rêves et pensées). Recueillis et publiés par Aniela Jaffé. Traduit de l'allemand par le Dr Roland Cahen et Yves Le Lay, Gallimard, Paris, 1966, dernière réédition, 1985.

PSYCHOLOGIE ET ALCHIMIE. Traduction du Dr Roland Cahen et d'Henry Pernet, Buchet-Chastel, Paris, 1970.

LES RACINES DE LA CONSCIENCE. Traduction d'Yves Le Lay, Buchet-Chastel, Paris, 1971.

COMMENTAIRE SUR LE MYSTÈRE DE LA FLEUR D'OR. Traduction d'Etienne Perrot, Albin Michel, Paris, 1979.

LA PSYCHOLOGIE DU TRANSFERT. Traduction d'Etienne Perrot, Albin Michel, Paris, 1980.

MYSTERIUM CONJUNCTIONIS (2 vol.). Traduction d'Etienne Perrot, Albin Michel, Paris, 1980-1982.

AÏON. Traduction d'Etienne Perrot et de Marie-Martine Louzier-Sahler, Albin Michel, Paris, 1983.

PSYCHOLOGIE ET ORIENTALISME. Traduction de Josette Rigal, Paul Kessler et Rainer Rochlitz, Albin Michel, Paris, 1985.

SYNCHRONICITÉ ET PARACELSICA. Traduction de Claude Maillard et Christine Pflieger-Maillard, Albin Michel, Paris, 1988.

LA VIE SYMBOLIQUE. PSYCHOLOGIE ET VIE RELIGIEUSE. Traduction de Claude Maillard et Christine Pflieger-Maillard, Albin Michel, Paris, 1989.

L'AME ET LE SOI. RENAISSANCE ET INDIVIDUATION. Traduction de Claude Maillard, Christine Pflieger-Maillard et Roland Bourneuf, Albin Michel, Paris, 1990.

ESSAIS SUR LA SYMBOLIQUE DE L'ESPRIT. Traduction de Alix et Christian Gaillard, et de Gisèle Marie, Albin Michel, Paris, 1991.

CORRESPONDANCE I. 1906-1940. Traduction de Josette Rigal et Françoise Périgaut, Albin Michel, Paris, 1992.

CORRESPONDANCE II. 1941-1949. Traduction de Françoise Périgaut et Claude Maillard, Albin Michel, Paris, 1993.

CORRESPONDANCE III. 1950-1954. Traduction de Claude Maillard et Christine Pflieger-Maillard, Albin Michel, Paris, 1994.

CORRESPONDANCE IV. 1955-1957. Traduction de Claude Maillard, Albin Michel, Paris, 1995.

CORRESPONDANCE V. 1958-1961. Traduction de Alix Gaillard-Dermigny et Christian Gaillard, Albin Michel, Paris, 1996.

SUR L'INTERPRÉTATION DES RÊVES. Traduction de Alexandra Tondat, Albin Michel, Paris, 1998.

Edition exclusivement réservée aux adhérents du Club
Le Grand Livre du Mois
15, rue des Sablons
75116 Paris

Cet ouvrage, reproduit photomécaniquement
par Charente-Photogravure à Angoulème,
a été imprimé par
Pollina à Luçon en Octobre 1995

N° d'impression : 74499-A
Dépôt légal : avril 1998

Imprimé en France